존 웨슬리 톺아보기

그의 삶과 신학 여정

밀알 아카데미 28

존 웨슬리 톺아보기

그의 삶과 신학 여정

케네스 콜린스 지음 / 이세형 옮김

신앙과지성사

| 한국의 독자들에게

전 세계에 흩어져 있는 웨슬리의 후예들은 오늘날 역동적으로 살아 움직이는 한국교회를 목도하고 있습니다. 또한 한국의 감리교도들은 웨슬리를 신학의 스승으로 삼아 그의 발자취를 소개하는 데도 열심을 보여주고 있습니다.

『존 웨슬리 톺아보기』를 한국어로 출판하는 일은 이 사명을 실천하는 좋은 본보기입니다. 이 책은 웨슬리의 실천신학적 관심, 웨슬리의 전기적 삶 그리고 현대적 적용을 함께 엮어 집필한 것입니다. 이 책을 통해 세계 전역에 흩어져 있는 웨슬리의 후예들이 웨슬리의 생동하는 전통에 스스로 참여하고 있음을 확인하길 바랍니다. 한국의 웨슬리 증언자들 모두가 거룩함의 능력과 은총의 풍요로움을 전 세계에 드러내 보여주는 생명력 넘치는 증거들입니다. 오늘의 교회와 웨슬리의 후예들은 허락된 하나님의 은사와 성령의 능력으로 말미암아 예수 그리스도 안에 나타난 거룩한 사랑의 아름다움과 하나님 아버지의 영광을 지속적으로 드러내고 있습니다.

바라기는 이 책을 통해 생생한 웨슬리의 유산이 한국의 독자 여러분에게 전해질 뿐 아니라 예수 그리스도 안에 나타난 하나님의 지식과 사랑으로 온 세계와 교회가 진정한 변화의 시대로 안내되기를 소망합니다.

케네스 콜린스

| 옮긴이의 글

역자는 2012년 케네스 콜린스가 쓴 『존 웨슬리의 신학』을 번역 출판한 바 있다. 오랫동안 웨슬리는 복음전도자로 평가되었다. 그러나 20세기 후반 들어 알버드 아우틀러(Albert Outler)에 의해 대중 신학자(folk theologian)로 일컬어지면서 웨슬리를 신학자로 평가하기 시작하였다. 그 후 한동안은 역사신학자들의 눈으로 그의 목회와 사상이 연구되다가 21세기 전후로 케네스 콜린스(Kenneth Collins), 랜디 매닥스(Randy Maddox), 토마스 오덴(Thomas Oden), 테오도어 러년(Theodore Runyon) 등을 통해 웨슬리 신학이 통전적 신학을 위한 모델로 제시되면서 21세기를 위한 조직신학적 저작들이 등장하게 되었다.

이 책의 저자 케네스 콜린스는 웨슬리 연구에서 특별한 위치를 점한다. 콜린스는 웨슬리를 읽고 웨슬리의 세계로 들어가 시대를 횡단하여 웨슬리 신학을 구성하고 있다. 이 과정에서 그는 철저한 자료 제시를 통해 웨슬리 신학에 명료함을 더한다. 공시적으로 자기 신학을 구성한다는 점에서 콜린스는 조직신학자이다. 그러나 그가 철저한 사료 분석을 통해 신학을 재구성한다는 점에서 교회사학자이다. 웨슬리를 조직신학으로 풀어낸 책이 『존 웨슬리의 신학』이고 역사신학적으로 풀어낸 책이 바로 『존 웨슬리 톺아보기』이다.

『존 웨슬리 톺아보기』는 웨슬리 신학 연구에서 두 가지 점이 돋보인다.

첫째는 웨슬리 신학의 전통을 서방신학에 기초한 것으로 풀이한 점이다. 한동안 웨슬리의 창조와 성화 사상을 마카리우스나 동방신학의 뿌리와 연계하여 연구한 저서들이 있었다. 그러나 이 책에서 콜린스는 철저한 자료

검증을 통해 웨슬리 신학의 점진적 발전 과정이 제시되지만 성화의 조건이 칭의이고 믿음에 의한 것임을 분명히 함으로써 웨슬리 신학의 기초가 서방 전통에 있음을 강조한다.

둘째로 이 책은 웨슬리 신학이 율법 폐기론자들과의 싸움을 통해서 발전해 간 것임을 밝히고 있다. 초기의 웨슬리는 토마스 아 켐피스와 제레미 테일러의 책을 읽고 의도의 단순성과 경건을 배웠고 윌리엄 로와의 만남을 통해 그리스도인의 완전에 대해 배웠다. 중기의 웨슬리는 루터파 경건주의인 모라비안 지도자들을 통해 올더스게이트의 내적 경험으로 안내받았고 믿음의 우위성과 공동체적 경건의 삶을 배웠다. 그리고 칼뱅주의 메도디스트 조지 휫필드와의 우정 어린 관계를 통해 교회의 경계를 뛰어 넘는 열정적 복음 운동을 시작하였다. 그러나 웨슬리는 성서적 기독교, 그리스도인의 완전을 전하는 복음 전도자로서 율법의 폐기를 주장하는 가르침과 맞서 싸웠고 이런 이유에서 윌리엄 로의 수동적 경건주의, 모라비안 교도의 정적주의, 조지 휫필드의 예정론에 반박하면서 복음은 율법의 폐기가 아니라 완성으로 이어져야 한다고 주장한다. 율법폐기론자들과의 논쟁을 통해 웨슬리는 윤리적 단계, 복음주의 단계, 복음-윤리적 단계로 그의 신학을 발전시켰다. 그의 삶은 믿음으로 말미암은 구원에 기초하면서 거룩한 사랑의 삶을 가르쳤다. 이를 위해 하나님의 법도와 의를 강조하는 윤리적인 지침이 항상 병행되었다. 이 율법에 대한 강조가 웨슬리로 하여금 하나님 사랑을 이웃 사랑으로 가져가게 했고, 개인적 성별에서 사회적 성화로, 예언적 외침과 종말론적 비전으로 나아가게 했다.

한국 교회의 위기론이 확산되고 있다. 위기는 또 다른 기회이다. 위기의 때에 우리의 할 일은 진정한 복음의 삶을 살았던 이들의 가르침을 되돌아보는 것이다. 역자는 웨슬리에게서 열정적인 하나님 사랑과 인간 사랑, 하나님의 은총으로 믿음을 통해 구원받은 자로서의 끊임없는 수행적 성화의 삶, 가난한 자와 사회적 약자를 위한 예언적 외침과 목회적 삶, 하나님 앞에서의 겸손과 복음을 위한 열정이 한국 교회의 큰 지표가 될 수 있다고 믿는다.

이 책의 출판에 도움을 준분들에게 감사를 전하며 옮긴이의 글을 마치려 한다. 먼저 아침마다 꼼꼼히 독해하며 공부모임에 참여했던 협성대학교 어학당 회원들에게 감사한다. 이들과의 공부가 역자로 하여금 이 책의 번역을 완성할 수 있도록 이끌어 주었다. 둘째는 번역된 원고를 읽고 교정에 참여해준 전기환, 김혜리, 박방초에게 그리고 색인을 정리해준 한규진에게 감사한다. 셋째는 이 책의 완성도를 위해 자신이 찍은 웨슬리 관련 사진들을 공유해준 유인선에게도 감사한다. 유인선의 사진은 책의 내용을 시각적으로 생생하게 해주었다. 마지막으로 신앙과지성사의 책을 향한 장인정신에 깊이 감사한다. 마지막까지 편집과 교정에 정성을 쏟아 주었고, 최병천 사장님은 차별화된 책을 만들기 위해 오랫동안 관심을 기울여 주셨다. 이 모든 일을 가능하게 해 주신 주님께 감사와 영광을 돌린다.

2016년 부활 첫 주

와우리 서재에서

이세형

차례

제 4 장 올더스게이트에서 만난 하나님 · 111

제 5 장 감리회의 구성과 힘 · 151

제 6 장 존 웨슬리 신학의 특성과 기준들 · 185

제 7 장 감리회의 기초를 다지다 · 219

제 8 장 영국 국교회와 거룩함 · 251

제 9 장 논쟁으로 보낸 10년 · 285

제1장

청교도와 영국 국교회가 존 웨슬리에게 남긴 것

존 웨슬리가 아버지를 도와 목회했던 엡웟 루트 교회의 옛 모습

엡웟 루트 교회의 현재 모습

제 1 장
청교도와 영국 국교회가 존 웨슬리에게 남긴 것

엘리자베스 1세(1533-1603)가 통치하던 시절, 협상을 통해 [공중예배 의식] 통일령(the Act of Uniformity)과 『공동 기도서』(*the Book of Common Prayer*)에 이의를 제기하며 열정과 원칙에 충실하자는 운동이 영국 국교회 안에 일어났다. 당시 토마스 카트라이트(Thomas Cartwright)를 포함한 여러 사람들은 영국 국교회의 교리와 정책에서 로마 가톨릭 유산을 청산하고자 하였고, 이들은 이후 청교도라 불리게 되었다. 물론 토마스 자신은 청교도로 불리기를 거부하였다. 청교도들은 감독 제도를 없애고자 하였고, 중세를 연상케 하는 다양한 의식, 예복, 관행들이 복음을 모호하게 한다고 생각하여 영국교회로부터 이들을 제거하고자 하였다.

청교도들은 영국 국교회 안에서 필요한 개혁을 이루고자 하였다. 그러나 엘리자베스의 통치가 계속되면서, 특별히 1593년에 있었던 여왕의 장로교 운동 탄압을 목격하면서, 많은 이들은 점차 자신들의 노력에 의문을 갖기 시작하였다. 이 탄압으로 인해 생겨난 교회와 사회 내 긴장은 17세기까지 이어졌고, 초기의 청교도들에게 일할 기회를 빼앗으려 했던 영국 국교회의 수도원장 윌리엄 라우드(William Laud)에 이르러서는 그 긴장이 더욱 고조되었다. 무엇보다도 라우드는 스테인드 글라스 창, 예수께서 달리신 십자가상, 성체 수령대 같은 종교개혁 이전의 예전 양식을 다시 도입하였고, 성찬상을 성전 중앙에서부터 성가대의 동쪽 끝으로 옮기도록 하였다. 그러고는 로마교회가 믿음과 두 성례의 규칙이 되는 성서를 받아들였기 때문에 진정한 교회라고 주장하였다. 이러한 라우드의 활동은 개혁교회의 신앙에 깊이 영향 받았던 청교도들을 크게 당황케 했다.

1640년 당시 장기 의회[1]의 소집과 다음 해 대주교였던 라우드가 감옥에 갇히자 (1633년 찰스 1세가 라우드를 캔터베리의 대주교에 임명한 바 있다) 청교도들은 다시 힘을 얻게 되었고, 신형군(New Model Army)[2]의 지도자이자 청교도였던 올리버 크롬웰(Oliver Cromwell) 또한 군사적으로 큰 힘을 갖게 되었다. 그러나 1640년부터 1660년까지 청교도에 의한 정치 공백 기간 동안 크롬웰은 상당한 권력을 장악한 후 호국경(護國卿, Lord Protector)[3]으로 부상하였고, 청교도들은 자신들의 뜻을 펼칠 정도로 큰 자유를 누릴 수 있었다. 하지만 이 기간 동안 청교도적 정서와 윤리에 식상한 일반 백성들의 분노가 깊어갔다. 또한 1649년 (장기 의회의 일부였던) 잔부(殘部)의회(Rump Parliament)에서 찰스 1세와 다수의 영국인들을 처형함으로써 조성된 공포 분위기는 군주제의 회복을 준비하게 하였다. 결국 1660년 군주제가 회복되었고, 찰스 2세가 1666년 공식적으로 왕관을 쓰게 되었다.

처음에는 찰스 스튜어트(Charles Stuart)의 국왕 대관식과 더불어 영국 국교회의 회복 이상의 어떤 것이 가까운 장래에 일어날 것처럼 보였다. 그리고 1661년에 모인 사보이 회의(Savoy Conference)에서는 심지어 장로교회와 영국 국교회의 통합을 고려하기까지 하였다. 그러나 이 회의는 어떤 결말도 얻지 못한 채 깨지고 말았고, 의회는 영국 국교회의 규칙을 따르지 않는 비국교도들의 활동 범위를 제한하는 법을 제정하였다. 그 한 예로 1661년 통과된 지방 자치 단체법(the Corporation Act)[4]은 영국 국교회 교인들에게만 지방 단체 관리가 되도록 제한하였고, 1662년에 통과된 (영국 국교회 예배의) 통일령(the Act of Uniformity)은 개정판 『공동 기도서』(*Book of Common Prayer*)의 사용을 강요하였던 바, 목사들에게 『공동 기도서』의 내용을 "마음으로부터 동의하고 인정하라"[5]고 요구하였다. 또한 1664년에 통과된 비밀회의령(the Conventicle Act)은 개인의 가정이건 공공장소건 영국 국교회 형식 외의 다른 형태의 예배 모임을 금하였다. 그리고 이듬해 통과된 5마일령(the Five Mile Act)은 비국교도 목사들에게 지방 자치 단체 도시로부터 5마일 밖에 머무를 것과, "반란을 일으키지 않겠다는 서약을 하지 않고는 어떤 회합에서도 설교할 수 없다."[6]고 명하였다. 거기다가 1673년에 공포된 심사율(the Test of Act)은 로마 가톨릭 교도들의 모든 공직을 박탈하였다.

이후 제임스 2세의 통치 기간 동안 로마 가톨릭교회의 두려움은 커져만 갔고, 오렌지의 윌리엄과 부인, 제임스 2세의 딸 메리 스튜어트가 1668년 영국 왕위에 초대되었던 바, 이것이 바로 그 유명한 영국의 명예혁명(the Glorious Revolution)이었다. 여러 면에서 온화하고 지혜가 있었던 윌리엄 왕은 이듬해에 신교자유령(the Toleration Act)을 공포하여 삼위일체 교리를 고백하는 비국교도들에게 예배의 자유를 허락하였다. 이처럼 종교의 자유와 양심의 자유가 자리를 잡아가면서, 독특한 운동으로서 비국교도들의 모임이 다음 세기까지 종교적 생명력을 이어갈 수 있었다. 한 세기가 지난 1715년 존 웨슬리가 아직 소년에 불과했을 때 비국교도의 수는 500만이 넘는 영국의 전체 인구 가운데 25만 명 정도에 이르렀다.[7]

어머니 수잔나 웨슬리의 유산

수잔나 웨슬리

존 웨슬리는 어린 시절 영국 국교회로부터 신학적 영향을 받았지만, 어느 정도는 어머니와 아버지의 혈통을 통해 비국교도의 유산을 전수 받았다. 예를 들면, 어머니 수잔나 웨슬리(Susanna Wesley)의 친척들 중에는 경건과 개혁의 기치를 걸고 영국교회를 떠나간 재능과 열정을 겸한 지도자들이 있었다. 수잔나의 외할아버지는 젊은 시절부터 진지하고 열정이 가득한 청교도였다. 펨브로켄셔(Pembrokenshire)에서 자란 젊은 존 화이트(John White)는 1607년 옥스퍼드 대학교의 지저스 칼리지(Jesus College)에 입학했고, 졸업 후에는 변호사가 되었다. 그 후 1640년에 국회의원이 되자 청교도의 중심인물이 되어 기성 교회를 반대하는 데 앞장섰다. 강력한 청교도 정신과 탁월한 지도력을 인정받은 존 화이트는 종교위원회의 의장으로 임명되었고 결국 역사적인 웨스트민스터 개혁교회 회의(Westminster Assembly of Divines, 1643-47)의 대표가 되었다.[8)]

그러나 수잔나는 외할아버지보다 더 깊이 청교도 활동에 관계하였다. 수잔나의 아버지인 사무엘 아네슬리 박사는 옥스퍼드의 퀸즈 칼리지(Queens College)에서 1639년과 1644년 각각 학사와 석사학위를 취득하였고 이어서 1648년 법학 박사학위를 받았다. 여러 면에서 경건하고 진지하였던 사무엘 아네슬리는 목회의 부름에 응하여 1644년 청교도 사제로 안수를 받은 후 전쟁터에서 군목으로 목회를 시작하였다.[9)] 좀 더 질서가 있고 안정된 환경에서 목회하기를 원했던 젊은 성직자 사무엘은 곧 켄트(Kent)에 있는 클리프(Cliffe) 교구에 정착하였다. 1652년경 런던에서 목회를 하고 있었던 사무엘 아네슬리는 성녀 헬렌(Little St. Helen)의 집에 세운 집회소에서 비국교풍의 탁월한 설교로 이름을 떨쳤다.[10] 1658년에 이르러 교구 목사직(rector)에서 크리플게이트(Cripplegate)의 성 자일스(St. Giles) 지역 교구장이 되었다. 그 후 1662년 영국 국교회에 순응하지 않았다는 이유로 국교회로부터 퇴출을 당하였다. 아네슬리 박사는 자신의 믿음을 견지하며 런던에 머무르면서 1696년 12월 31일 죽음을 맞기까지 비국교도의 총대주교(Patriarch of Dissent)로 섬겼다. 아주 흥미로운 것은 존 웨슬리가 자신의 실천신학을 위한 자료집으로 『기독교 총서』(*A Christian Library*)를 펴냈는데 이 총서 안에 17세기 지도자였던 아네슬리 박사의 설교를 소개하고 있다는 점이다. 아네슬리가 강조했던 그리스도인의 삶에서 성령의 역할뿐 아니라 거룩함에 대한 강조, 사랑으로 역사하는 믿음은 자연스럽게 존 웨슬리의 글에서도 나타나고 있다. 다음은 웨슬리가 소개하는 아네슬리 박사의 설교 내용 중 일부이다.

여러분은 설교의 다른 내용을 다 잊어버린다 해도 "그리스도와 거룩함, 거

존 웨슬리의 외조부 사무엘 아네슬리가 목회했던 성 자일스 교회

룩함과 그리스도"라는 두 단어를 꼭 기억하십시오. 무슨 일이 있어도 당신의 대화 속에 이 두 단어를 사용하십시오.

최고로 좋은 것은 진지한 기독교가 되는 것입니다. 철저하고 순전한 기독교가 되는 것이지요. 순전한 기독교는 도덕이 아니라 믿음입니다. 세련된 이교들은 믿음도 없고 도덕도 없습니다. 도덕도 없고 믿음도 없는 것은 진짜 위선입니다. 거룩한 믿음은 하나님과 인간이 함께 일하는 성령으로 역사하는 믿음이어야 합니다. 이 믿음은 하나님과 인간에게 사랑으로 역사하는 믿음이고, 선한 행실이 가득한 믿음입니다.[11]

아네슬리 박사는 죽기 전에 25번째 막내인 수잔나에게 자신의 원고를 남겼다. 수잔나는 1669년 1월 20일 런던에서 태어났다. 종교적인 주제가 종종 토론이 되는 거룩한 가정에서 진지한 영적 훈련을 받으며 자랐던 수잔나는 자신의 일생을 통해 경건한 영성의 삶을 살았다. 감리교의 어머니 수잔나는 청교도로서 묵상과 자기 점검을 갖는 등 무엇보다도 시간 사용에 철저하였다. 뿐만 아니라 수잔나는 젊었을 때부터 영적인 순례를 걸으면서 거룩하고 용서하시는 하나님 앞에 자기의 마음을 쏟아내곤 하였다. 사실 막내인 수잔나에게 개인적 경건의 요소들은 아주 중요하였던 바, 후에 자신의 아들인 사무엘 웨슬리 주니어(Samuel Wesley Jr.)에게 "내가 아버지 집에 있었을 때는 … 노는 시간만큼이나 경건의 훈련을 위해 시간을 사용하였다."[12]고 고백하였다.

이러한 실천신학의 요소들 말고도 아이로서 또한 어른으로서 수잔나는 주일에는 불필요한 노동을 피하고 진지한 자세로 지극히 높으신 하나님께 예배하는 엄격한 청교도적 안식일을 준수하였다. 이는 후에 자녀들에게, 특별히 존에게 유산으로 이어졌다. 웨슬리는 1746년에 쓴 논문 「감리교인의 원리들」(*The Principles of a Methodist Farther Explained*)에서 "악평이 자자한 죄인들"(notorious sinners)의 특성을 설명하였는데, 실제 그 내용은 어머니로부터

영국 런던의 수잔나 웨슬리의 옛 집

배웠던 내용을 경고조로 풀어낸 것이었다. "크게 알려진 죄인들, 맹세로 떠벌리는 자, 술주정뱅이, **안식일을 지키지 않는 자,** 호색가, 약탈자, 강도, 무자비하고 자비의 마음이 없는 인간의 탈을 쓴 늑대와 곰들이 있습니다. 당신들은 이것들보다 더 '악평이 자자한 죄인들'이 되는 것을 원하십니까?"[13)]

수잔나는 여러 청교도적인 유산을 지켜내려 하였다. 그러나 아직 13살도 되지 않았을 때 소녀 수잔나는 제도권 종교였던 영국 국교회의 일원이 되기로 결심하였다. 비국교도들과 국교도들 사이의 논쟁을 지켜보았던 어린 소녀는 선하고 충분한 이유를 갖고 자신의 미래를 결정하였다.[14)] 후에 어른이 된 수잔나는 젊었을 적 자신이 결정한 과정을 소상히 기록하였다. 그러나 불행하게도 그녀의 기록은 1709년 2월 목사관의 불로 인해 소실되었다.

수잔나는 명예혁명의 주창자였던 윌리엄 왕을 위한 사무엘의 기도에 마음을 담은 "아멘"을 하지 않는 등 자기의 뜻을 강하게 밀고 나가는 성격으로 인해 남편 사무엘의 마음을 상하게 하였다.[15)] 앞서 말했듯이, 오렌지의 윌리엄과 부인인 메리 스튜어트는 1688년 가톨릭 교도였던 제임스 2세를 폐위시켰다. 왕을 하나님께서 세우셨다고 배운 수잔나와 같은 영국 사람들은 이 일을 정서상 받아들일 수 없었다. 헨리 8세(Henry Ⅷ)에 의한 영국 종교개혁 이후 정치와 종교가 깊이 밀착되어 있었기 때문에 수잔나가 윌리엄 왕에게 유보적인 태도를 취한 것은 자연스러운 것이었다. 그러나 이러한 수잔나의 태도에 남편은 화가 나서 맹세하듯이 선언하였다. "수잔나, 당신의 고집이 그렇다면 우리가 갈라서야지! 서로 다른 왕을 지지한다면 각방을 써야 하지 않겠어?"[16] 원칙에 철저했던 완고한 성격의 사무엘은 부인과 아이들을 버리고 런던으로 가버렸다. 사무엘이 얼마 동안 가족과 떨어져 지냈는지는 논의의 여지가 있다.[17] 그러나 분명한 것은 무심한 남편이요 아버지가 된 사무엘은 결국 자신이 요구했던 어떤 것도 수잔나로부터 확답을 받지 못한 채 엡웟으로 돌아오고 말았다.[18] 사무엘이 집으로 돌아온 지 일 년도 안 된 1703년 6월 17일 존 웨슬리가 태어났다.[19]

뉴턴(Newton)이 적절하게 지적했듯이, 영국 청교도들은 "깊은 목회적 돌봄을 지닌 채, 가족의 경건에 관심하였고, 가족과 교회의 회중이 하나님의 은총을 경험하도록 노력"하였다. 수잔나가 자라나는 자녀들에게 행했던 모든 교육은 이런 청교도 전통에서 비롯된 것이었다.[20] 청교도의 조상들처럼 수잔나도 영적인 성장과 성숙을 도모하기 위해 리처드 백스터(Richard Baxter)의 책을 읽도록 권하였고, 남편 사무엘과 더불어 성서를 매일 읽고 묵상하는 것이 은총의 수단이 된다고 강조하였다. 예를 들면, 매일 아침 엡웟 목사관에서 웨슬리의 가족은 신구약성서와 시편을 읽음으로써 말씀에 기초한

엡웟의
존 웨슬리 생가

구원의 소리가 가득 울려 퍼지고 있었다.

자녀교육에 특별한 은사가 있었던 수잔나는 규칙과 정해진 방법에 따라 자녀들을 돌보았다. 예를 들면, 케지(Kezzy)를 제외한 모든 자녀들이 다

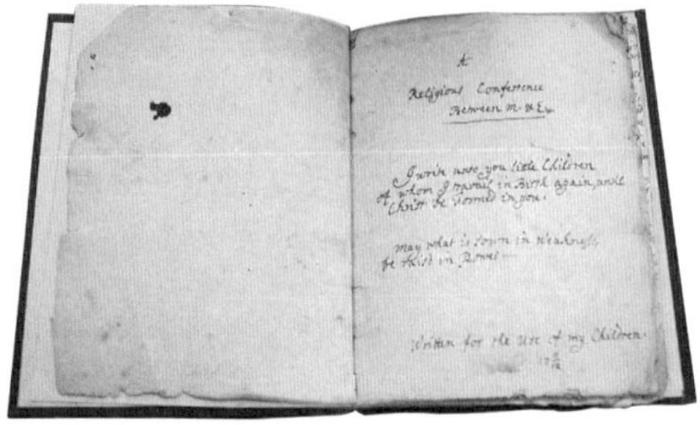

수잔나 웨슬리의 자녀를 위한 책

섯 살 되던 해에 읽기를 배웠다. 알파벳을 배우는 데 하루를 배당하였는데, 존과 다른 자녀들은 하루 안에 쉽게 알파벳을 읽혔던 반면, 메리와 앤은 하루 반이 걸렸다. 거기다가 주중 매일 정해진 시간표에 따라 자녀들 중 한 자녀와 개인적인 대화의 시간을 가졌다. 월요일은 몰리(Mollie), 화요일은 해티(Hettie), 수요일은 낸시(Nancy), 목요일은 존(John), 금요일은 패티(Patty), 토요일은 찰스(Charles) 그리고 주일은 에밀리아(Emilia)와 수키(Sukey)와 대화하였다.[21] 하루 6시간의 학교생활은 진지하고도 철저한 교육으로 진행되었고 큰 소리로 말하는 것과 거칠게 장난하는 것은 엄격하게 금지되었다. 이 규칙은 후에 존이 킹스우드(Kingswood)에서 학교를 운영할 때도 적용되었다.

후일에 자신의 젊은 시절을 회상하는 중에 어머니의 교육 수행과 훈련에 깊은 감명을 받았던 웨슬리는 어머니 수잔나에게 가정교육의 기본적인 규칙을 정리해 달라고 요청하였다. 1732년 7월 24일 아들에게 보내는 편지에서 수잔나는 자신의 방법을 세세하게 설명하였다. 자녀들이 한 살이 되었을 때, 몇몇 자녀는 한 살도 채 안되었을 때 "매를 두려워하고, 소리 내지 않고 우는 것을 배웠다. 이로써 많은 오류를 피해갈 수 있었다."[22] 자녀들이 말을 배우기도 전에 수잔나는 주일의 중요성을 강조하였다. 수잔나 자신도 젊었을 적부터 주일은 다른 날과 구별되는 거룩한 날임을 배웠었다. 또한 자녀들이 "아주 강하게" 자란 후에는 하루 세끼로 식사를 제한했고 식사 시간

사이에 뭔가 먹고 마시는 일은 허락되지 않았다. 웨슬리가의 자녀들은 옷을 입고 옷을 벗고, 침대보를 가는 일 등을 언제나 "규칙적으로 하였다."[23] 같은 편지에서 수잔나는 경건의 훈련과 종교 교육의 기초에 절대적으로 필요한 요소를 강조하였다.

> 자녀의 마음을 바로 잡기 위해서 먼저 해야 할 일은 이들의 의지를 정복하는 일입니다. … 나는 일찍 자녀들의 의지를 정복하라고 주장합니다. 왜냐하면 이것이 종교 교육의 유일한 기초이기 때문입니다. 의지가 철저하게 정복되면, 아이는 성숙한 이해를 갖기까지 부모의 생각을 따를 수 있습니다.[24]

이와 함께 수잔나는 엡웟에서 있었던 가정의 여러 "내규들"을 소개하고 있다.

1) 잘못을 저지르고 잘못을 의식한 자녀가 그 잘못을 진정으로 고백하고 고치겠다고 약속한다면, 매를 때려서는 안 된다. 그래야 거짓을 예방할 수 있다.
2) 거짓말, 도둑질, 교회나 주일에 노는 것, 불순종, 싸움 등 어떤 잘못도 벌을 받지 않고 지나쳐서는 안 된다.
3) 어떤 아이에게도 똑같은 잘못을 가지고 두 번 잔소리를 한다거나 매질을 해서는 안 된다.
4) 순종한 일에 대해서는 칭찬을 해주고 한 일에 따라 보상을 해주어야 한다.
5) 자녀가 순종하여 기쁨으로 그 일을 감당했다면, 그 일이 좀 서투르게 되었다 하더라도, 기쁨으로 순종하려 한 그 생각을 가상히 받아주고 장래에 더 잘 할 수 있는 길을 가르쳐 주어야 한다.
6) 아무리 작은 것이라도 다른 사람의 재산을 침범해서는 안 된다. 비록 그것

이 하찮은 핀이라도 남의 재산을 가져서는 안 된다.

7) 약속은 꼭 지켜져야 한다. 한번 선물을 주었으면 선물을 준 사람에게 되돌려질 수는 없다.

8) 책을 잘 읽을 때까지 여자 아이에게 일하는 것을 가르쳐서는 안 된다. 동시에 일을 할 때에는 같은 규칙이 적용되어 읽는 것이 보장되어야 한다. 이 규칙 또한 꼭 지켜져야 한다. 여자 아이들이 글을 완벽하게 읽기 전에 재봉질하는 것을 먼저 배웠기 때문에 많은 아이들이 남들이 알아들을 수 있고 이해할 수 있도록 읽기를 못하는 것이다.[25)]

현대 신학자들은 수잔나의 교육 방법이 지나치게 가혹하고 엄하다고 비판한다. 그러나 웨슬리는 결코 그렇게 생각하지 않았다. 사실 노년이 되어 웨슬리는 자신의 설교에서 "세상의 교만, 자기-의지, 사랑"이라는 불경스러운 세 가지를 조심하라고 경고하였다. 즉 하나님의 은총과 사랑이 넘치는 의지보다는 인간의 욕망과 자율에 따라 살아가고자 하는 자기-의지의 사악한 성격을 조심하라고 경고한 것이다. 진정으로 웨슬리는 자신의 유년 시절에 어머니가 베풀어 주신 가르침과 훈련에 감사하면서 다음과 같이 기록했다.

> 어머님께서 나를 위해 이전에 베풀어 주었던 목요일 저녁의 조그만 시간을 지금도 내게 다른 방식으로 할애해 주신다면, 내 마음과 판단을 새롭게 할 것이라 믿습니다.[26)]

1709년 2월 9일, 강렬한 불이 엡웟 사제관을 집어삼켰고 존 웨슬리는 지붕이 무너져 내려, 화염과 연기와 파편이 밤하늘로 튀어 오르는 순간 구출자의 품에 안겨 겨우 목숨을 부지할 수 있었다. 웨슬리는 당시의 모습을 생생하게 기억하고 있었고, 이 때문에 자신을 "불속에서 끄집어낸 타다 남은

존 웨슬리가 구사일생으로 구출되었던 1709년 엡웟 사제관 화재 당시의 모습

나무토막"(슥 3:2)이라고 불렀다. 웨슬리가 불속에서 구출된 이 사건을 두고 수잔나는 하나님의 섭리에 따른 돌보심이라고 분명하게 믿었다.

> 주님께서 이 아이에게 베푸신 자비로 인하여 이 아이의 영혼을 이전보다 더 특별하게 돌보려 한다. 나는 그의 생각에 주님의 진정한 경건과 덕을 심어 주고자 노력할 것이다.[27]

엡웟 목사관의 타다 남은 잔재들

사제관이 불타 거처할 집을 잃은 웨슬리의 자녀들은 이웃과 친구들의 집으로 흩어졌다. 목사관이 새로 지어지고 아이들이 다시 한 지붕 아래로 모였을 때에, 수잔나는 그 사이에 아이들이 욕과 저속한 노래

를 배우고, 주일을 제대로 지키지 않는 등 나쁜 습관을 들인 것을 알고는 당황하였다. 즉시 수잔나는 자녀들에게 나쁜 습관을 바꾸게 하고 그리스도인의 은총과 사제관에서의 삶에 맞는 고상하고 거룩한 습관을 가르쳤다.

수잔나는 어떤 모양으로나 은총의 수단을 규칙적으로 적용하였으며 종교 서적과 영적인 서적을 즐겨 읽었던 거룩하고 진지한 여성이었다. 또한 그녀의 폭넓은 독서는 성숙한 판단을 가능하게 하여 리처드 박스터(Richard Baxter)와 헨리 스쿠갈(Henry Scougal)의 책들뿐 아니라 카스타니자(Castaniza)의 책을 읽도록 추천하였다. 따라서 사제관에 불이 일어난 지 몇 년이 지난 1711년경 수잔나는 할레의 경건주의자 지겐발그(Ziegenbalg)의 책을 읽었다. 이 책에서 수잔나는 (타밀 나두[Tamil Nâdu]의) 트란큐바(Tranquebar)에서 사역했던 두 분의 덴마크 선교사들의 섬김에 대한 이야기에 깊은 감명을 받았다. 선교사들의 굽힐 줄 모르는 용기와 증언은 수잔나에게 "깊이 마음을 움직이는 영적 경험"이었고 이후 수잔나는 18세기의 열악한 사회적 환경을 뛰어넘어 자신이 지닌 은사와 은총을 담대하게 사용하였다.[28] 일례를 들면 1712년 사무엘이 회의를 위해 떠나면서 사무엘이 없는 사이 엡웟 교회의 보좌 신부였던 인맨(Inman)에게 설교를 부탁하였다. 수잔나는 영적인 가르침도 없고 빚을 갚아야 할 그리스도인의 의무에 대해 장황스럽게 반복하여 설명했던 인맨

사무엘 웨슬리의 서재

의 설교에 크게 실망하였다. 거기다가 본문이 로마서 1장 19절인지 마태복음 5장 19절인지 횡설수설하였다. 이런 상황에서 수잔나는 주일 저녁에 회중의 요구를 받아들여 부엌에서 저녁 집회로 모였다. 어떤 때는 (통로와 마당까지 사람들이 서서) 200여 명이 참석한 가운데 예배를 드렸다. 시편을 노래로 부르고 기도를 함께 읽은 다음에는 사무엘의 서재에서 빼온 설교 한 편을 갖고 수잔나가 풀어가면서 설교하였다. 인맨은 수잔나가 인도하는 저녁 예배의 참석수가 자신이 주일 아침에 인도하는 예배에 참석하는 수보다 더 많아지자 수잔나의 안정된 지도력에 질투를 느꼈다. 그래서 그는 사무엘에게 편지를 보내어 수잔나의 부적절한 행위에 대해 심하게 불평을 했다.

여러 면에서 전통을 지키며 질서를 유지하는 일에 관심했던 사무엘은 공식적이지 않은 예배가 보좌 신부를 화나게 할 수 있으니 부엌에서 드리는 예배를 즉시 중단하라고 아내에게 요청하였다. 그러나 어떤 일을 시작하면 쉽게 단념하지 않았던 수잔나는 사태를 아주 진지하게 생각하고 신학적 이유를 들어가며 남편에게 아래와 같이 대답했다. 그 대답은 궁극적으로 사무엘도 수긍할 수밖에 없는 것이었다.

> 당신이 결국 이 집회를 해산하는 것이 옳다고 생각한다면, 내가 나서서 집회를 해산하겠다고 말하게 하진 마십시오. 왜냐하면 그렇게 하는 것은 제 양심에 거리끼기 때문입니다. 대신 당신과 내가 우리 주 예수 그리스도의 크고 끔찍한 심판대 앞에 서게 될 때 이처럼 선을 행할 기회를 간과하였기 때문에 내려지게 될 죄와 벌이 나에게서 면제되었다는 확신과 분명한 말로 명령을 내려 주십시오.[29]

물론 존 웨슬리도 "비밀집회소들"이라고 모호하게 표현된 가정 집회에 참석하였다. 이를 통해서 웨슬리는 추수할 일꾼이 없어 마당에 추수한 곡식이 썩어가는 것을 지켜보기보다는 당시의 편견에 거슬리는 일이긴 하지만,

일반 사람들의 필요에 응답하며 목회하는 것이 더 낫다고 여기는, 모든 기능적인 목회에 대한 정의의 살아있는 예를 경험했던 것이다. 이처럼 은사와 용기를 지닌 어머니의 지도력을 경험하며 자란 웨슬리는 자신의 복음 목회를 새롭게 이해하며 세워갈 수 있었다.

아버지 사무엘 웨슬리의 유산

존 웨슬리는 어머니 쪽만큼이나 아버지 쪽으로부터도 청교도의 유산을 받았다. 예를 들면 존의 증조부인 바돌로메 웨스틀리(Bartholomew Westley)는 대학에서 물리학과 신학을 공부하였다. 그러나 성 바돌로메 축일인 1662년 8월 24일 영국 국교회의 전통을 따르지 않았다는 이유로 브리드포트(Bridport) 북쪽에 위치한 앨링턴(Allington) 교구에서 해고되었다. 5마일령에 의해 브리드포트 지역에서 쫓겨난 바돌로메는 차모스(Charmouth)로 돌아가 다음 해 얼마의 땅을 구입하였다.[30)]

바돌로메의 아들 존 웨스틀리도 비슷한 청교도적 정서를 갖고 있었다. 예를 들면, 존은 옥스퍼드 대학교의 뉴 인 홀(New Inn Hall)에서 공부하여 1654년 학사학위를 받고 1657년 석사학위를 받았다. 이때 그는 대학의 부총장이며 거룩한 청교도였던 존 오웬(John Owen)과 교제할 수 있는 기회를 얻었다. 영국 비국교도에 대한 연구로 유명한 역사학자 에드먼드 칼래미(Edmund Calamy)는 웨스틀리가 대학 시절 경건하고 진지한 삶을 살았을 뿐 아니라 동양 언어에 탁월한 능력을 갖고 있었던 까닭에 부총장의 총애를 받았다고 주장하였다. 졸업 후 웨스틀리는 멜콤 레기스(Melcombe Regis)에 소재한 "모인 교회"(gathered church)에 참여하였고 후에 블랜포드(Blanford) 인근 도르셋(Dorset)의 윈터본 위트처치(Winterbourne Whitchurch)는 웨스틀리를 초빙하였고, 목회 후보자의 심사를 맡았던 올리버 크롬웰의 위임위원회(Oliver

Cromwell's Board of Commissioners) 심판관들이 이를 승인하였다.

1661년 찰스 2세가 영국의 왕위에 오르면서 스튜어트계가 다시 힘을 갖게 되자 존 웨스틀리는 어려움이 점차 커지게 되었다. 예를 들면, 그는 강단에서 스튜어트 군주제에 반대하여 "심하게 공격"하였고 반대로 크롬웰을 찬양하였다는 혐의를 받고 있었다. 이뿐 아니라 거짓되고 사악한 교리를 가르친다는 비난에 몰렸다. 이는 목회자로서는 정말 견디기 힘든 시련이었다. 따라서 1661년 여름에 『공동 기도서』를 사용하지 않겠다고 하자, 곧바로 감옥에 갇히게 되었다. 이듬해 다시 강단에 복귀하였고 아버지 바돌로메가 그랬던 것처럼 그도 국교회에 순응하지 않았다는 이유로 교회에서 제명되었다. 웨스틀리는 사도행전 20장 32절 "나는 이제 하나님과 그의 은혜로운 말씀에 여러분을 맡깁니다."라는 본문에 의거하여 위트처치에서 고별설교를 하였다. 회중은 여기저기에서 울고 있었고 아픈 마음을 새기고 있었다. 웨스틀리는 비난으로부터 어느 정도 명예를 회복하였고 프레스톤(Preston)에 정착한 후 이곳을 기점으로 해서 풀레(Poole)에 있는 회중을 맡아 목회하였다. 1666년경 비국교도 목회자 웨스틀리는 확신을 갖고서 프레스톤에서 5마일령을 문제시하였다. 몇 년이 지난 후 가난, 투쟁, 제명의 무거운 짐을 지고 있었던 웨스틀리는 젊은 나이로 세상을 뜨고 말았다.

존 웨슬리의 아버지 사무엘 웨슬리

정확하게 한 세기가 지난 1765년 존 웨슬리는 자기의 할아버지 존 웨스틀리와 브리스톨(Bristol)의 주교였던 길버트 아이런사이드(Gilbert Ironside)가 나누었던 긴 대화를 자신의 일지에 기록하였다. 이 일지에 의하면 젊은 비국교도 목사는 자신의 입장을 변증하고 있고 아주 분명하게 자신의 목회가 "하나님으로부터 부름 받은 것이며 하나님의 축복"[31]임을 보여주고 있다. 사실 웨슬리는 1768년 1월 15일에 동생 찰스에게 쓴 편지에 아버지의 유산에 감사하면서 신실한 증언을 하고 있다. "셋 중 하나는 하나님 앞에 설 것입니다. 그러나 내가 아는 한 지난 천 년 동안 아들, 아버지, 할아버지, 5대조, 6대조가 계속해서 진정한 복음을 전한 적은 없었습니다."[32] 슬프게도 존 웨스틀리 당시의 사람들 중 일부는 웨스틀리에게 우호적이지 않았다. 프레스톤의 대리 교구장은 웨스틀리가 교회 무덤에 묻히는 것을 허락하지 않았다. 그래서 그가 언제 어디에 묻혔는지 알 길이 없다.[33]

존 웨스틀리의 자녀 가운데 가장 뛰어난 이는 사무엘이란 이름을 가진 소년이었다. 후에 사무엘은 성을 웨스틀리에서 웨슬리로 바꾸었다. 그는 1666년 자기의 아버지가 제명을 당한 지 얼마 되지 않아 윈터본 위트처치에서 태어났다. 사무엘은 먼저 집에서 교육을 받다가 후에는 비국교도들의 학원인 도체스터(Dorchester)의 자유학교(Free School)에서 교육을 받았다. 후에 그는 탁월한 고전 교육 학교인 뉴잉턴 그린(Newington Green)을 다녔다. 기존 학교 교육의 대안으로 세워진 비국교도 학원들은 클래런던 법전(Clarendon Code)의 오류를 극복하고자 설립되었다. 후에 캔터베리의 대주교가 된 토마스 세커(Thomas Secker)는 이 학원들을 "탁월한 교육의 장"[34]이라고 칭송하였다. 사실 이 학교들은 소중한 가치 교육에 집중하였기 때문에 사무엘 웨슬리가 말한 것처럼 영국 국교도들조차 자녀들을 "대학의 방탕함"[35]으로부터 보호하기 위해 이 학교에 보냈다.

뉴잉턴 그린에서 공부하는 동안 찰스 모턴(Charles Morton)의 가르침을 받았던 사무엘은 비국교도들에 반대하는 영국 국교도의 주장을 반박하는 과제를 받았다. 놀랍게도 자신의 과제를 준비하는 과정에서 사무엘은 주요 주장에서 영국 국교회가 옳았다는 결론에 이르게 되었다. 첫째로, 사무엘은 찰스 1세의 처형에 대해 비국교도들이 제시한 변론이 맘에 들지 않았다. 거기다가 많은 비국교도들의 무자비함과 이들의 "우두클럽"(牛頭, Calf's Head Club)[36]을 역겨워했다. 이 대목에서 우리는 당시 사무엘이 비국교도들에게 어떤 강한 반감을 느끼게 되었는지 그리고 왜 할아버지와 아버지를 박해했

저술 중인 사무엘 웨슬리

던 국교회에 들어가기 위해서 비국교도를 떠나게 되었는지 이해할 수 있다.

새로운 확신으로 단호히 결단을 한 사무엘 웨슬리는 1683년 옥스퍼드 대학교의 엑스터 칼리지로 향했다. 엑스터 칼리지에서 사무엘은 상급생들의 잔심부름을 하며 모자란 학비를 충당하도록 한 극빈자 장학생으로 등록했다. 학자풍이었던 사무엘은 좋은 성적으로 1688년 6월에 학사학위를 받았다. 영국 국교회 회원으로 받아들여짐과 함께 목회에 대한 재능과 품성이 인정되어 1688년 로체스터의 주교인 스프라트(Dr Sprat) 박사에 의해 부제가 되었고 1689년 런던의 주교인 콤턴(Dr. Compton) 박사에 의해 사제가 되었다.

여러 면에서 비슷한 여정을 걸었던 사무엘 웨슬리와 수잔나 아네슬리는 수잔나의 언니와 당시 유명한 출판업자였던 존 둔턴(John Dunton)의 결혼식에서 만났다. 긴 연애기간을 거친 후 사무엘과 수잔나는 1688년 11월 12일 성 메리레본(St. Marylebone) 교회에서 결혼식을 올렸다. 결혼 후 사무엘은 잠시 동안 성 보톨프 교회의 보좌 신부를 거친 후 박봉의 생활비를 보충하기 위해 6개월 계약으로 해군 군종 신부가 되어 임신한 부인을 떠났다. 해군 사목에서 돌아온 사무엘은 서레이(Surrey)의 뉴잉턴 버츠(Newington Butts)에 있는 교회 보좌 신부가 되었다. 마침내 1691년 노르만비의 마퀴스(Marquis of Normanby)의 자비로 안정된 자리를 얻어 링컨셔(Lincolnshire)에 위치한 사우스 옴스비(South Ormsby)의 사제관에 정착하였다. 이 기간 사무엘은 「아테니안 가제트」(*Athenian Gazette*)의 편집을 맡아 출판함으로써 얼마 안 되는 수입을 보태었다. 1696년경 웨슬리가(家)는 사우스 옴스비에서 엡웟으로 이사하였고, 사무엘은 엡웟의 교구 신부가 되었다. 사무엘은 엡웟의 교구 신부로 결정된 이유가 명예혁명을 옹호하는 글을 잡지에 실었던 것에 대한 메리 여왕의 보답이라고 생각했다. 그러나 사무엘이 엡웟에 파송되기 2년 전인 1694년에 메리 여왕은 죽었기 때문에, 사무엘의 생각이 옳다면, 여왕이 죽기 직전 어떤 의도를 가지고 사무엘을 엡웟에 파송하도록 요청하는 어떤 표현을 했음이 분명하다.

여러 면에서 신실하고 거룩한 삶을 살았던 사무엘은 영국 안에 불고 있었던 경건한 신도회 운동에 참여했다. "지역의 조직을 … 공고히 하고 보완하고자 했던"[37] 처음 신도회는 이민자이자 루터교 사제였던 앤서니 호르넥(Anthony Horneck)의 노력으로 1678년 런던에서 시작되었다. 2년이 지난 후 익명으로 출판된 『시골 교구 주임 사제가 교인들에게 주는 권면: 경건하고 덕 있는 삶을 위한 권고』(*The Country Parson's Advice to His Parishioners: A Serious Exhortation to a Religious and Virtuous Life*)는 신도회 운동이 계속되도록 큰 힘이 되었을 뿐 아니라 1691년 '생활방식 개혁을 위한 신도회' (The Society for the Reformation of Manners)가 창립되도록 도덕적이고 영적인 환경을 만들어 주었다. 이 신도회는 영국인들이 특별히 "세속과 방탕함"[38]을 멀리하고 법을 준수하며 공공질서를 유지하도록 평화와 정의를 독려하고 권장하였다. 1699년에 이미 '생활방식 개혁을 위한 신도회'는 건전한 기독교 문학을 보급하고 다양한 교육기관을 세우려는 의도로 '기독교 지식 증진을 위한 신도회' (the Society for Promoting Christian Knowledge, SPCK)를 탄생시켰다. 2-3년이 지난 후 '복음 전파를 위한 신도회' (the Society for the Propagation of the Gospel, SPG)가 창립되었고 이 신도회는 이내 식민지 지역에서 영국 국교회의 선교기지가 되었다. 사랑의 제국을 표방하는 신도회들은 대주교 테니슨(Archbishop Tenison)과 주교 베버리지(Beveridge)와 같은 영국 성직자들의 따뜻한 사랑을 받았다.

경건한 신도회들은 회원들에게 경건하고 거룩한 삶을 살도록 촉구하였다. 특별히 이들은 "고교회 경건"(a high-Church piety)[39]을 권장함으로써 성서를 열심히 공부하고, 경건문학을 읽도록 하였으며, 회원들에게 높은 도덕적 기준을 제시하면서 가난한 사람들의 어려운 삶을 개선하도록 도왔다. 사무엘은 신도회들의 기획과 목적에 깊은 감명을 받아 1700년 엡웟에 작은 경건회를 조직하였다. 런던에 있었던 중앙 신도회에 보낸 편지에서 사무엘은 자기가 만든 경건회 회원들이 지켜야 할 여러 의무에 대해 다음과 같이 기술하였다.

> 첫째, 하나님께 기도하기. 둘째, 회원 간의 상호 영적 발전을 도모하기 위해 성경을 읽고 경건의 삶에 대해 담론하기. 셋째, 이웃의 영적 발전을 도모하고 증진시키는 일을 위해 깊이 생각하기.[40]

1698년 사무엘은 런던에서 '생활방식 개혁을 위한 신도회'에서 설교하였는데, 그의 아들 존 웨슬리도 65년이 지난 후 같은 신도회에서 사무엘이 사용했던 동일한 성서 본문으로 설교하였다. 하이젠레이터(Richard P. Heitzenrater)가 정확하게 지적하였듯이, 어린 웨슬리가 엡웟의 신도회에 참석했다는 뚜렷한 증거는 없다.[41] 그러나 존 웨슬리가 마음과 삶의 거룩함을 독려하는 일을 기획하고 영적 성숙의 근본 요소인 상호 책임과 정직을 도모하도록 얼굴과 얼굴을 맞대고 만나는 의도적인 소규모 모임을 사용했던 것을 보면, 이들 경건 신도회의 활동내용을 익히 알고 있었다는 것을 알 수 있다.

존 웨슬리의 어린 시절

어린 시절 엡웟 사제관에서 웨슬리는 부모로부터 기도와 신앙 교육 그리고 생활 훈련을 받았다. 그러나 동생 찰스와 마찬가지로 존도 엡웟에서의 삶이 상대적으로 길지 않았다. 버킹햄 공작이 세운 런던의 차터하우스 학교(the Charterhouse School)에 지명된 존은 1714년 1월 겨우 10살의 나이에 교복을 입고 입학하였다. 차터하우스 학교는 원래는 카르토지오 수도원(Carthusian monastery)이었다. 학교장 토마스 워커(Thomas Walker)의 총애를 받았던 웨슬리는 때때로 상급생들이 하급생들의 고기반찬을 뺏는 등 괴롭힘이 있긴 했지만 학교에 잘 적응하였다.

웨슬리는 30대 중반이 되었을 때, 상대적으로 걱정이 없었던 차터하우스 시절을 회상하곤 했다. 어린 시절 웨슬리는 자신의 경건 생활에 있어서 주제넘은 모습을 보였다. 예를 들면, 웨슬리는 자서전적인 글에서 1738년 5월 24일 올더스게이트(Aldersgate)에서 종교적 경험을 하기 이전 자신의 모습을 이렇게 기술하였다.

> 향후 6-7년을 학교에서 보냈다. 외부의 제약이 사라진 나는 이전보다 겉으로 보이는 의무를 지키는 일마저 게을러지고 있었다. 그리고 이 일에 죄책감을 갖고 있었다. 겉으로 보이는 의무를 하지 않는다고 해서 세상의 눈에

존 웨슬리가 유년 시절을 보냈던 차터하우스 학교

크게 거슬릴 것은 없었지만 나는 그래야 하는 줄 알고 있었다. 나는 여전히 성서를 읽고 아침과 저녁에 기도를 드렸다. 당시 마음에 소원했던 것은 **첫째. 다른 사람들처럼 나쁜 사람이 되지 않는 것, 둘째. 종교에 대해 관대한 것. 셋째, 성서를 읽고 교회에 나가 기도를 드리는 것이었다.**[42]

이 글은 회상하면서 쓴 것이긴 하지만 당시 웨슬리의 모습을 잘 보여준다. 물론 시간이 지난 다음 쓴 것이기 때문에 약간 좋은 방향으로 각색이 되었을 것이다. 그럼에도 16세기 루터나 19세기 키르케고르가 가졌던 종교적인 감각과 판단을 보여주고 있다. 웨슬리보다 앞서 살았던 루터와 같이 그의 양심은 살아있었고 차터하우스 시절 관습적인 경건 생활에 만족하지 못하였다. 실로 은총의 수단을 포함한 경건의 의무들은 그로 하여금 "경건을 사랑"하게 하였다. 젊은 웨슬리가 비록 수도원 생활을 했던 루터만큼 무거운 양심의 가책으로 고통스러워하지는 않았지만, 그의 회고에 나타난 이야기는 다른 사람들이 거의 느끼지 않았던 양심의 아픔을 보여주고 있다. 더 나아가 웨슬리보다 후대의 사람인 키르케고르처럼 웨슬리는 다른 사람들이 그토록 쉽게 받아들였던 물음, 곧 그리스도인이 된다는 것은 무슨 의미인가라는 질문을 하고 또 의심하였던 복잡하고 신비한 인물이었다. 여기서 질문은 다음과 같다. 왜 과거를 회상하면서 웨슬리는 차터하우스에서 기도하고, 성서를 읽고, 교회에 가는 종교적인 일과에 만족하지 못했던 것일까? 다른 동료들과 달리 웨슬리는 무엇을 보았던 것일까? 어째서 웨슬리는 경건 생활을 그렇게도 열망했던 것일까?[43]

사무엘 웨슬리는 학문에 대한 열망으로 자녀들에게 최대한 교육의 기회를 열어 주었다. 덕분에 아들 찰스의 교육 여정은 만족스러웠다. 찰스는 런던에 있는 웨스트민스터 학교에 입학하였고, 이 학교에 장남인 사무엘 2세가 교사로 봉직하고 있었다. 그 후 존은 대학 진학을 준비하고 있었고, 야심가였던 아버지는 옥스퍼드 대학교에 진학할 것을 희망하였다. 여러 생각을 갖고 있던 사무엘은 아들과 사크베렐 박사(Dr. Sachverell)의 만남을 주선하였다. 이 만남을 통해 사크베렐 박사가 존을 위해 좋은 추천을 해 줄 것이라 기대하였다. 그러나 모든 기록으로 미루어 보건대 연줄이 닿은 교수와 희망이 넘쳤던 학생 사이의 만남은 매끄럽게 이어지지 않았다. 박사는 존의 왜소한 외모를 보고는 이렇게 말했다. "자네는 너무 젊어 대학에 갈 수 없어. 그리스어와 라틴어도 아직 미숙하고. 학교로 돌아가게."[44] 경솔한 박사의 말에 존의 반응은 즉각적이고도 솔직하였다. "나는 다윗이 골리앗을 바라보았던 것처럼 그를 바라보았다. 그리고 마음으로 그를 경멸하였다. 나는 '내가 당신보다 그리스어나 라틴어를 잘하지 못한다면 당연히 내가 학교에 돌아가야지.'라고 생각했다."[45]

사크베렐의 비관적인 평가에도 불구하고 존 웨슬리는 1720년 7월 옥스퍼드의 크라이스트 처치 칼리지에 입학 허가를 받았다. 차터하우스를 졸업한 웨슬리는 3년 동안 1년에 40파운드씩 그리고 마지막 학년인 4년째는 100파운드의 장학금을 받았다.[46] 그러나 이 돈은 옥스퍼드에서 공부하기에 충분한 금액이 아니었다. 그래서 수잔나와 사무엘은 때때로 존에게 돈을 보내주

1720년 존 웨슬리가 진학한 옥스퍼드 크라이스트 처치 캠퍼스 전경

었다. 이러한 지원에도 불구하고 존은 자기 아버지처럼 종종 빚에 시달렸다. 아들이 크라이스트 처치 칼리지에서 재정적인 어려움에 처하여 절망하고 있는 것을 알아차린 수잔나는 위로와 확신을 주는 말을 아끼지 않았다. "실망하지 말고 네 할 일을 다 하거라. 공부에 더 집중하고 좋아질 것이라고 희망하라. 어쩌면 이 어려운 상황에서도 올해가 끝나기 전에 우리가 좀 보탤 수 있을 것이다."[47]

뛰어난 머리와 날카로운 지성을 지닌 웨슬리는 크라이스트 처치 칼리지에서 몇몇 친구들과 종종 식사하면서 활발하게 모임을 가졌다. 젊은 시절 웨슬리는 밝은 모습에 사교성이 있어 대화와 오락을 즐겼다. 다른 학생들과 마찬가지로 웨슬리는 커피하우스를 자주 드나들었고, 강에서 뱃놀이를 하였으며, 주사위놀이와 당구, 장기, 카드놀이를 하였고, 테니스를 즐겼다. 그리고 시간과 자금이 허락할 때는 극장에 가기도 하였다. 달리 말하면 웨슬리는 젊음을 즐겼고, 경탄과 여유를 즐기는 여러 활동에 탐닉하였다. 시간에 대해 진지하고 철저하게 사용하게 된 것은 후에 웨슬리가 성숙해진 다음의 일이었다. 크라이스트 처치 칼리지에 온 지 얼마 안 되어 존은 제레미 테일러(Jeremy Taylor)의 『거룩한 삶과 죽음을 위한 규칙과 수행들』(*Rules and Exercises of Holy Living and Holy Dying*)이란 책을 읽고는 변화하기 시작하였다. 경건의 삶에 진지해진 것은 바로 이 때부터였다.

엡웟 사제관에서 수잔나와 사무엘로부터 거룩한 영향을 받았던 웨슬리는 당시 옥스퍼드에서의 생활에 잘 준비할 수 있었다. 그중 한 가지는 훈련, 원칙, 질서를 중시하는 청교도적 유산이었는데 이는 웨슬리가 가정에서부터 배운 것이었다. 웨슬리는 도덕적 올곧음을 갖고 생활하고자 하는 강한 의지가 있었다.[48] 그리고 이러한 청교도적 훈련과 영국 국교회의 감각을 종합하여 열매를 맺을 수 있는 때가 도래하고 있었다. 웨슬리는 경건한 열망을 가졌을 뿐 아니라 경건의 문제에 집중하였다. 그런데 존의 형 사무엘 2세(Samuel Jr.)는 존의 이런 태도를 달가워하지 않았다. 따라서 1721년 말 웨슬리가 크라이스트 처치 칼리지에 머물고 있을 때 사무엘은 존에게 경건뿐 아니라 지성의 훈련에도 지나치게 몰두하지 말라고 충고하였다. "네 영혼의 크기가 몸이 감당할 수 없을 정도로 크구나."[49] 이는 참으로 현명한 충고였다. 그러나 웨슬리가 그 의미를 이해하기까지는 여러 아픔을 경험해야 했고, 많은 시간이 걸렸다.

제 2 장

거룩과 성화의 재발견

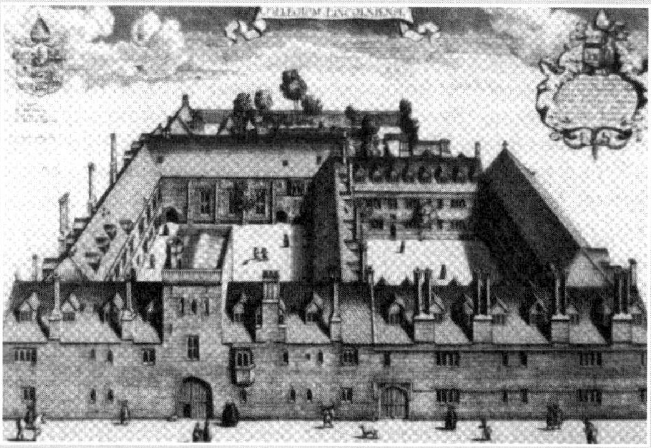

존 웨슬리의 영적 각성과 성숙의 무대가 되었던 옥스퍼드 링컨 칼리지의 모습(1675년)

옥스퍼드 링컨 칼리지

제 2 장

거룩과 성화의 재발견

크라이스트 처치 칼리지에서 머무는 시간이 마쳐질 즈음, 존은 여러 면에서 성숙 발전하였고, 영국 국교회의 사제가 되는 과정을 밟는 것에 대해 진지하게 고민하기 시작했다. 회고의 글에서 존은 아버지 사무엘이 자신이 목회의 길에 들어서도록 권하였다고 하였지만, 실제 이 문제를 거론한 것은 수잔나였다.[1] 1724년 편지에서 수잔나는 "나는 진심으로 네가 사제가 되는 과정에 들어서기를 원한다. 그러면 아버지가 섬기는 교회 중 한 교회에 와서 섬길 수 있을 것이다. 그리 되면 나도 너를 자주 보게 될 것이고 멀리 떨어져 있는 것보다 너에게 더 도움이 될 수 있지 않겠니?"[2]라고 썼다.

그 후 1725년 2월 수잔나는 "예수 그리스도로 인한 구원의 소망을 가지고 있는지, 말하자면 믿음과 회개의 상태에 있는지 알기 위해서"[3] 존 자신에 대해 철저히 점검해 볼 것을 권하였다. 이 문제는 특히 주목할 가치가 있다. 수잔나는 "성직자가 되려는 사람은 특별한 소명과 선택에 대한 분명한 확신이 있어야 한다."[4]고 생각하였다. 수잔나는 아들이 영국 국교회의 사제가 되기를 간절히 원하였고, 그렇게 되기 위해서는 "존의 삶"(the business of [his] life)[5]이 경건해야 한다고 생각하였다.

> 나는 네가 곧 바로 집사 사제로 안수를 받았으면 한다. 왜냐하면 안수를 받게 되면 실천신학 공부에 더 집중할 수 있기 때문이다. 내가 겸비한 자세로 생각건대 실천신학은 사제가 되는 과정에서 가장 훌륭한 공부라고 생각한다.[6]

그러나 사무엘은 존과 수잔나의 생각을 알게 되자 즉각 반대를 하면서 아들에게 이런 충고를 하였다. "나는 네가 서둘러 사제로 안수 받는 과정에 들어가는 것을 반대한다. 내가 마음으로 찬성을 할 때가 되면 네게 알려주겠다."[7] 1725년 2월 수잔나는 존에게 보낸 편지에서 사무엘과 자신의 관계에 남겨져 있던 앙금에 대해 적고 있다.

> 우리 가족이 안고 있는 불행은 네 아버지와 내가 생각이 같지 않다는 점이다. 나는 네 생각을 인정한다. 나는 사순절 기간이야말로 네가 사제 안수의 과정을 위해 준비할 수 있는 가장 적절한 시간이라고 생각한다.[8]

그렇지만 수잔나가 말한 불행은 그렇게 오래가지 않았다. 왜냐하면 한 달이 지나자 무슨 이유에서인지 모르지만 사무엘이 마음을 바꾸어 존이 그 해 여름에 사제 안수의 과정에 들어가기를 희망했기 때문이다. 앞서 사무엘은 존에게 목회를 위한 동기를 아주 철저하게 살피라고 요구하였고 이때 "**하나님**께 영광을 돌리는 것, 하나님의 **교회**를 섬기는 것, **이웃**을 교화하고 구원시키는 것"[9]이라는 세 가지 주요 과제를 포함시키라고 하였다. 그 후 1725년 3월에 보낸 편지에서 사무엘은 아들의 사제 안수 과정에 필요한 돈과 "여분의 재정"[10]을 지원할 것이라고 약속하였다.

영국 국교회의 사제로 목회하는 일에 부름 받았음을 생각하고 있는 동안 존은 "경건한 친구"를 만났다. 그는 웨슬리로 하여금 "대화의 형식을 바꾸고 새로운 삶에 진지해질 수 있도록"[11] 도왔다. 웨슬리의 삶에 이렇게 중요한 역할을 한 경건한 친구가 누구였을까? 아마도 웨슬리가 자주 스탠턴(Stanton)의 사제관을 방문하여 친하게 지냈던 사제의 딸 샐리 커크햄(Sally Kirkham)이 아니었나 싶다. 그러나 또 다른 작가는 코츠올드 힐스(Cotswold Hills)에 있는 워체스트터셔(Worcestershire) 브로드웨이의 존 그리피스 목사(Rev. John Griffiths)의 아들 로빈 그리피스(Robin Griffiths)였을 것이라 주장하기도 한다.[12] 경건한 친구가 누구였든 웨슬리는 그로부터 종교의 목표인 내적 경험의 중요성을 배웠고 이를 위해 기도하게 되었다.

1725년이 되기 전 어느 땐가 웨슬리는 "몇몇 루터주의 저술가들과 칼뱅주의 저술가들"의 책에 빠진 적이 있다. 이 책들은 순종의 중요성을 약화시키고 하나님의 다른 계명들을 무너뜨릴 정도로 웨슬리의 믿음을 어지럽게 해 놓았다.[13] 이후 웨슬리는 이들 대륙 개신교도들이 혼돈을 갖고 있었던 것은 "'공적과 선행'을 주장했던 교황권을 지나치게 두려워한 결과 극단에 빠진 경우"[14]라고 생각했다. 다른 것은 경시하고 믿음만을 강조하는 "믿음 맹목주의"(solifidianism)는 웨슬리를 진퇴양난에 빠지게 했다. 믿음 맹목주의를 통해서 웨슬리는 "잘못이 무엇인지 알 수 없었고, 믿음 맹목주의의 성서적이고 일반상식적인 근거를 찾을 수도 없었다."[15] 1725년 경건한 친구와의 만남이 웨슬리에게 뭔가 도움이 되었던 것은 분명하다. 그러나 무엇보다도 웨슬리의 독서 습관이 그로 하여금 더 큰 통찰과 돌파구를 찾을 수 있도록 했다.

토마스 아 켐피스와 제레미 테일러에 심취하다

1725년 존 웨슬리는 거룩한 삶의 전통에 있었던 경건주의자들을 집중적으로 공부하였다. 예를 들면 그해 5월 편지에서 웨슬리는 어머니로부터 토마스 아 켐피스(Thomas à Kempis)의 책을 추천 받았다고 썼다.[16] 중세 수도자 토마스 아 켐피스의 책 『그리스도를 본받아』(*The Imitation of Christ*)는 18세기에 이미 영적 고전이 되어 있었다. 물론 100년 전 벨러마인(Bellarmine)과 다른 학자들은 이 책의 저자가 누구인지 물음을 제기했던 적이 있었다. 어쨌든 유명작가였던, 토마스 헤머켄(Thomas Hemerken)은 켐톤(Kempton)이라는 독일 도시에서 태어났고, 그 후 그는 '공동생활형제회' (the Brethren of Common Life)가 운영하는 데벤터(Deventer)에 소재한 학교에서 교육을 받았다. '공동생활형제회'는 게하르트 그루테(Gehard Groote)의 지도하에 영혼의 내적 삶과 이웃을 자기 몸처럼 사랑함으로써 그리스도의 삶을 본받아야 할 필요성을 강조하였다. 많은 사람들이 영적 지도자 토마스 아 켐피스를 따랐다. 토마스 아 켐피스는 경건 운동의 창시자였던 그루테의 가르침을 따랐고 플로렌티우스 라데위진스(Florentius Radewijns)가 대를 이어 후계자가 되었다.

웨슬리는 『그리스도를 본받아』에 나타난 영성을 깊이 받아들였다. 특별히 내적 종교를 강조하는 부분에서 크게 감명을 받았다. 1725년 5월과 6월 어머니에게 보낸 편지에서 웨슬리는 이 책이 가르치는 영성 생활의 엄격함에 깊은 감명을 받았다고 썼다. 특별히 우리가 이 세상에서 "지속적으로 가난한 삶"(perpetually miserable)을 살아야 한다는 대목에서 크게 감동을 받았다.[17] 수잔나는 아들의 물음에 자세하고도 지혜로운 답신을 보냈다. 수잔나는 토마스 아 켐피스를 "성서의 가르침과는 반대로 즐거움이나 쾌락을 죄되고 쓸모없는 것이라고 정죄함으로써, 지식보다는 열정에 치우쳤던, 정직하지만 심지가 약한 사람이었다."[18]고 평가하였다. 그러나 같은 편지에서

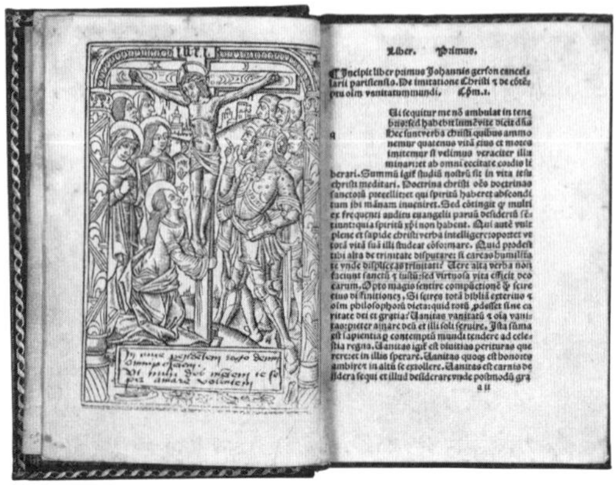

토마스 아 켐피스와 그의 대표적 저서 『그리스도를 본받아』

수잔나는 알곡과 가라지를 구분하도록 도왔다. 그 결과 웨슬리는 그리스도인의 삶에서 사려 깊은 규칙들의 필요성뿐 아니라 훈련의 필요성을 깨닫게 되었다. 달리 말하면, 그리스도 안에서 갖는 높은 목표와 부름을 성찰할 때 이성이 제시하는 규칙들이 얼마나 중요한가를 깨닫게 되었다. 1725년 6월 8일 수잔나는 편지에서 다음과 같이 분명하게 언급하고 있다.

> 이 규칙을 받아들여라. 네 이성을 약하게 하고, 예민한 양심을 무디게 하며, 하나님에 대한 감각을 흐리게 하고, 영적인 흥미를 저하시키는 것이 있다면, 간단히 말해서 제정신보다는 몸의 힘과 권위를 강조하는 것이 있다면, 그것이 아무리 순수하다 할지라도 네게 죄가 된다.[19)]

몇 개월이 지난 후 웨슬리는 같은 주제를 갖고 아버지 사무엘과 논의하였다. 사무엘도 어머니 수잔나와 아주 비슷한 충고를 한 바 있었다.

> 맑고 깨끗한 거룩함을 상징하는 어두운 예복을 입은 채 거대한 세계가 감각적인 쾌락에 미쳐 돌아가고 있다고 보는 수도자들은(contemplative men) 사태를 너무 극단으로 몰고 간다. 그 결과 이들은 결코 감각에 치우치지 말라고

하거나 하나님께서는 이런 감각들을 별 뜻도 없이 만드셨다고 가르친다. 이 가르침은 화체설(化體說)을 믿을 수 있다는 이상한 공상에 빠진 사람들의 것이다.[20)]

그럼에도 불구하고 토마스 아 켐피스의 극단적 입장에 대해 염려하였던 사무엘은 같은 편지에서 이렇게 첨언하고 있다. "금욕은 여전히 피할 수 없는 그리스도인의 의무이다. 세계는 세이렌[21)]이다. 우리는 이 유혹의 요정을 조심해야 한다."[22)]

존 웨슬리는 『그리스도를 본받아』에 대해 한때 비판했지만 여전히 그 가치를 소중하게 여겼다. 이는 1766년에 출판한 「그리스도인의 완전에 대한 평이한 해설」(*A Plain Account of Christian Perfection*)에 잘 나타나 있다. 이 논문에서 노년의 웨슬리는 젊은 시절 자신의 영적 발전을 다음과 같이 회상하고 있다.

> 나는 아 켐피스로부터 "그리스도인의 모범"을 만났습니다. 그 후 내적 종교의 본성과 내용인 마음의 종교가 이전보다 더욱 강렬한 빛으로 다가왔습니다. 나는 마음을 하나님께 온전히 드리지 않는다면 내 온 생명을 하나님께 드리는 것이 – 생명을 다 드리는 것이 가능하다고 생각한다면 – 아무 유익이 되지 못함을 알게 되었습니다. 진실로 의도의 단순성, 사랑의 순수성, 말과 행동이 하나가 되는 것 그리고 우리의 모든 기질을 지배하는 하나의 열망이 영혼의 날개들입니다. 이 날개들이 없다면 우리의 영혼은 하나님의 산에 결코 오를 수 없습니다.[23)]

이때 웨슬리는 처음으로 내적 종교의 본성과 내용 곧 의도의 단순성이 갖는 아름다움뿐 아니라 마음을 온전히 하나님께 드리는 것의 중요성을 분명하게 보았다. 달리 말하면, 웨슬리는 영적으로 말해서 더욱 민감해지고 있었고, 이전과는 다르게 마음의 미묘한 흐름과 보이지 않는 영원한 세계의 중요성을 분별할 수 있게 되었다. 중세의 수도자 토마스 아 켐피스가 웨슬리에게 가르친 것은 살아있는 종교는 언제나 마음의 변화, 우리 존재의 가장 깊은 심연에 자리한 기질의 변화와 더불어 시작된다는 것이었다. 세상은 겉으로 드러나지 않는 기질의 변화를 종종 간과하였다. 그러나 능력을 주시는 하나님의 은총을 통해서 신비하고 오묘하게 숨겨진 사랑은 하나님과 이웃의 사랑 안에서 분명하게 드러나고 심지어는 반짝반짝 빛날 수 있다.

토마스 아 켐피스를 읽을 즈음 웨슬리는 제레미 테일러의 『거룩한 삶과 죽음을 위한 규칙과 수행들』을 읽게 되었다. 캠브리지에서 태어나 자란 제레미 테일러는 양심이 깨어 있는 캐롤라인 신학자(Caroline divine)로서 대주교 윌리엄 라우드(Archbishop William Laud)의 제자였고 찰스 1세의 사제였다. 군주제가 무너진 후 테일러는 골든 그로브(Golden Grove)에 카베리(Carvery) 경과 부인 소유의 땅에 성전을 짓고 사제가 되었다. 그때에 테일러는 더블린(Dublin)에 있었던 트리니티 칼리지(Trinity College)의 부이사장이 되었고 (다운[Down], 콘너[Connor], 드로모어[Dromore]의) 영국 국교회 주교가 되었다. 여러 면에서 능력이 있었던 테일러는 던(Donne)과 앤드류(Andrews)로부터 시작된 설교가들의 황금기 마지막을 장식하고 있었다. 다른 책들과 함께 골든 그로브에서 쓴 테일러의 『거룩한 삶과 죽음을 위한 규칙과 수행들』은 단순성, 진지함, 실천성 같은 17세기 영국 영성을 담고 있었다. 영국

제레미 테일러와 그의 저서 『거룩한 삶과 죽음을 위한 규칙과 수행들』

국교회의 평신도들에게 관심했던 테일러는 교회의 사제들이 돌보지 않았던 사람들을 염두에 두면서 책의 대부분을 저술하였다.

웨슬리는 테일러의 책에서 토마스 아 켐피스의 책에서 발견했던 것과는 조금 다른 방식으로 하나님을 향한 철저한 헌신의 중요성과 의도의 순수성의 의미를 다시 발견하였다. 따라서 웨슬리는 『거룩한 삶과 죽음을 위한 규칙과 수행들』을 읽고 느꼈던 바를 후에 이렇게 회상하였다.

> 나는 이 책에서 놀랍도록 감명을 받았습니다. 특별히 의도의 순수성과 관계된 부분을 읽을 때 그랬습니다. 나는 즉시 나의 모든 생각, 말, 행동, 곧 내 모든 생명을 하나님께 드리기로 마음먹었습니다. 중간은 없다고 철저히 확신하였습니다. 내 생의 (일부분이 아니라) 전체를 하나님께 헌신하든지 아니면 나 자신에게, 결과적으로, 악마에게 헌신하든지 해야 합니다.[24]

이 상황에서 그리스도인의 삶은 하나님의 뜻에 온전히 헌신하고 성별하는 봉헌으로 이해된다. 이때 우리의 최고의 사랑과 마음의 기질이 지극히 높으신 하나님을 향한다. 전능하신 하나님은 우리 존재의 목적이고 목표이며 완성이다.

비록 웨슬리가 신학자 캐롤라인으로부터 많은 것을 배웠음에도 불구하고 모든 것이 순조로운 것은 아니었다. 당시 웨슬리를 따르던 여자 동료들 가운데 한 사람은 테일러의 『거룩한 삶과 죽음을 위한 규칙과 수행들』에 대해서 다음과 같이 진술하였다.

> (『거룩한 삶과 죽음을 위한 규칙과 수행들』)은 내가 열다섯 혹은 열여섯 살이었을 때 눈에 들어오지 않았다. 왜냐하면 그는 자신의 규칙을 따르지 않았던 사람들은 다소 구원의 길에서 배제시키는 듯했기 때문이다. 이 규칙들 중 어떤 것은 정말 실천적이지 않았다.[25]

예를 들어 본다면, 이 책은 시간을 보내는 방법으로 23개, 의도를 바로 잡는 데 10개, 의도의 순수성의 표로서 8개의 규칙을 제시한다. 이 책이 제시하는 바대로 존 웨슬리가 받아들인 거룩한 삶의 규칙 가운데 하나는 철저하게 시간을 사용하는 것이었다. "테일러가 준 충고의 결과로서 나타난 것 가운데 가장 눈에 띄는 것은 웨슬리가 거룩한 삶의 진보를 기록하고 평가하기 위해 일기를 쓰기 시작했다는 점이다."[26]

이뿐 아니라 웨슬리는 겸손에 대한 영국 국교회 주교의 평가뿐 아니라 확신의 개념에 대한 테일러의 생각을 이해하는 데 어려움을 겪고 있었다. 확신의 개념에 대한 테일러의 생각에 대해서 웨슬리는 어머니 수잔나와 관계시켰다. 웨슬리는 "진정한 참회자는 평생 용서를 위해 기도해야 하고 죽기까지 회개가 끝났다고 생각해서는 안 된다."[27]는 생각을 받아들일 수 없었다. 웨슬리는 테일러가 말하는 것처럼 "만일 우리가 구원받은 상태에 대해 확신을 가질 수 없다면, 매 순간 즐거움이 아니라 두려움과 떨림으로 보내야 한다."[28]고 생각하였다. 이런 상황에서 웨슬리는 "하나님께서 우리를 두려움으로부터 구원하신다."[29]고 결론 낼 수 있었다. 겸손에 대한 영국 국교회 주교의 평가에 대해 웨슬리는 주교 테일러가 이 주제에 대해 명쾌하게 이해하고 있지 못하며, "모든 동료 중에 최악의 사람으로 스스로를 생각하는 것은" 덕이 아니라고 생각했다. 이런 종류의 겸손은 하나님께 기쁨이 될 수 없다고 웨슬리는 주장했다. "왜냐하면 이런 겸손은 믿음에서 나온 것이 아니며, 믿음이 없이는 하나님을 기쁘시게 할 수 없기 때문이다."[30]

따라서 경건한 한 친구를 만나고, (로버트 넬슨[Robert Nelson]의 『진정한 헌신의 수행』[*The Practice of True Devotion*]과 윌리엄 베버리지[William Beveridge]의 『종교에 대한 개인적 사유들』[*Private Thoughts Upon Religion*][31]뿐 아니라) 토마스 아 켐피스와 테일러의 책을 읽음으로써, 웨슬리는 젊은 시절 독일인들의 책을 읽고 생겨난 혼돈을 말끔히 정리하기 시작했다. 그리고 무엇보다도 영적인 각성이 일기 시작했다. 독일인들의 저술들은 의도는 좋았지만 논리가 맞지 않았다. 달리 말하면 1725년 웨슬리는 처음으로 '거룩함'이 종교의 목적과 목표라고 이해하였다. 진정한 종교는 외적인 수행이나 의무뿐 아니라 마음의 기질과 사랑을 수반하며, 사랑의 사역뿐 아니라 경건의 사역도 포함한다. 곧 성서적 기독교는 반복적인 사랑의 수고와 의무라는 외적 수행뿐 아니라 하나님을 향한 헌신과 봉헌이 담긴 내적 변화를 포함한다. 웨슬리는 사제 안수를 위해 준비하는 동안 이 모든 것을 배웠다. 웨슬리에게 1725년은 아주 특별한 한 해였다.

노년이 되어 웨슬리가 자기 인생의 결정적인 해였던 1725년을 회상할 때, 자신이 경험한 각성을 진정한 기독교라는 말로 표현하였다. 예컨대 그는 초기 종교적 경험에서 이름뿐인 그리스도인(a nominal Christian)과 진정한 그리스도인(a real Christian)을 구분하였다. 예를 들면, 그의 설교 "어떤 의미에서 우리는 세상을 떠나야 한다."(In What Sense We Are to Leave the World)에서 다음과 같이 선언하고 있다.

> (대략 22세쯤 되었을 때) 이름뿐인 그리스도인이 아니라 진정한 그리스도인이 되고자 결단하여 하나님을 기쁘시게 하였을 때, 나는 자신뿐 아니라 하나님에 대해서도 무지하였습니다. 그러나 이러한 차이가 있었습니다. 나는 나 자신의 무지를 알고 있었지만, 그들은 그들 자신의 무지를 모르고 있었습니다. 나는 희미하게나마 저들을 돕고자 하였지만 허사였습니다. 슬프게도 나는 저들과의 단순한(harmless) 대화조차도 나의 선한 결단을 무력하게 한다는 것을 알게 되었습니다. 그러나 문제는 어떻게 저들을 만나지 않을 것인가였습니다. 나는 거듭 저들과 만나지 않을 것을 결단하였지만 대학을 다른 곳으로 옮기기 전까지는 다른 길이 없음을 알게 되었습니다.[32]

1784년에 쓴 이 글은 1725년 젊은 웨슬리가 가졌던 결단과 정서를 표현하고 있다. 여기서 계속해서 나타나는 바는 젊은 웨슬리가 자신의 신앙 체험뿐 아니라 다른 사람들의 신앙 체험에 대해서도 만족하지 못하고 있다는 점이다. 옥스퍼드와 다른 곳에서 만났던 웨슬리의 친구 몇몇은 자신들의 기독교적인 삶에 만족했었던 듯싶다. 그러나 분명코 웨슬리는 만족하지 못했다. 그러므로 엡웟 사제관에서의 삶으로부터 이후 목회의 삶에 이르기까지 연속성이 있다고 보며 웨슬리의 젊은 시절을 대충 넘어가는 전기 작가들은 웨슬리가 지적하고 있는 그 반대의 증거들을 간과하고 있음이 분명하다. 분명 하나님의 깊은 세계를 열망하며 만족하지 못했던 웨슬리는 은총에서 은총으로 움직여가는 영적 성장을 열망하였다. 달리 말하면 웨슬리는 우리가 영적 여정이라 말하는 세계를 추구하였던 것이다.

젊은 시절 웨슬리의 믿음에 대한 이해

22세쯤 웨슬리가 신앙 체계, 교리, 성만찬, 경건과 사랑의 사역 등에서 믿음의 목표나 목적을 이해하였지만, 상상력과 종교적 정서를 사로잡는 높은 이상을 어떻게 실현할 것인지, 예컨대 삶의 굴곡 속에서 거룩함의 목적을 실현할 수 있는 본래적인 방법을 아직 깨닫지 못하고 있었다. 일례를 든다면, 1725년 7월 29일 어머니에게 보낸 편지에서 웨슬리는 믿음의 본성에 대해 아직 제한적이고 발달되지 않은 견해를 갖고 있었다. "믿음은 일종의 신앙 체계(a species of belief)이다." 신앙 체계는 "이성의 근거에서 어떤 명제에 동의하는 것"으로 정의된다. "합리적인 근거가 없다면, 신앙 체계도 없고 따라서 믿음도 없다."[33] 또 같은 편지에서 웨슬리는 계몽주의의 자녀답게 논증적인 이성의 작용과 확증적인 힘을 아주 중요하게 생각하였다. "나는 합리적 근거에 기초하여 어떤 진리에 동의하는 것을 믿음이라 이해한다. 때문에 합리적인 근거의 깨달음이 없이 뭔가를 믿는다고 맹세하는 것은 거짓된 것이라고 생각한다."[34] 더 나아가 존 노리스(John Norris), 사무엘 클라크

(Samuel Clarke)와 같은 이들의 글을 읽었던 웨슬리는 하나님의 증언은 모든 증거 중에 가장 합리적인 것이라고 생각하여 "믿음은 필연적으로 이성을 통해 길게 논증되어야 한다."[35]는 자신의 주장이 정당하다고 생각하였다. 수잔나는 이어지는 편지에서 미묘하지만 의미있는 내용의 변화를 시도하면서, 이성이 아니라 하나님을 신뢰하는 것에 권위를 부여하였다.

젊은 시절의 존 웨슬리

> 너의 믿음에 대한 생각에 다소 오류가 있구나. … 참된 믿음의 척도는 계시자의 권위이다. 믿음의 무게는 언제나 계시하시는 분의 능력과 정직함에 대한 우리의 확신에 따른다. 거룩한 믿음(divine faith)은 하나님께서 우리에게 계시한 것에 대한 동의이다. 왜냐하면 하나님께서 거룩한 믿음을 계시하셨기 때문이다.[36]

이러한 수잔나의 편지에 대해 존은 큰 틀에서 수잔나에 동의한다고 답하였다. 웨슬리는 감탄하여 이렇게 표현한다. "저는 전적으로 어머님의 의견에 차츰 동의하게 됩니다. (수행을 포함해) 구원을 가져오는 믿음은 하나님이 믿음을 계시하였기 때문에 하나님이 계시한 것에 동의하는 것입니다. 진리란 이성으로 확증될 수 있는 것이 아니기 때문이지요."[37]

그러나 영적 각성을 경험한 1725년 믿음에 대한 이해가 바뀌었음에도 불구하고, 웨슬리는 여전히 믿음의 한 면 곧 '동의'라는 차원에 주목하였다. 동의란 살아있고 속량을 가져오는 믿음의 한 면일 뿐 결코 전체라고 생각될 수는 없다. 곧 그리스도인의 진리에 대한 지성적인 동의는 그 진리가 이성에 의해서 주장된 것이건, 하나님의 권위에 호소함으로 된 것이건 그 자체로 충분하지 않다. 왜냐하면 마음의 기질과 감정은 실제 건드려지지도 않은 채 남겨지기 때문이다. 그러므로 '동의'란 인간 삶이 지향하는 중심으로서 모든 가치의 자리를 하나님께 두는 신뢰와 같이 가야 한다. 또한 믿음은 히브리서 저자가 말하듯이 하나님의 것들을 분별하는 수단으로서 곧 영적 지각으로서 포함되어야 한다. 달리 말하면, 믿음은 영적 지식의 기관이어야 한다. 곧 실제적인 의미에서 믿음이란 영적 분별을 하는 "보는 눈"이며 "듣는 귀"이다. 그러나 웨슬리가 '동의', '신뢰', '영적 감각'이라는 믿음의 본성의 세 요소 모두를 이해하기까지는 몇 년이 더 걸렸다. 그러는 사이 웨슬리는 여러 방식과 접근을 모색하였는데 이후 그를 사로잡았던 거룩함을 실현하기 위해서 그중 몇 가지는 포기하였다.

옥스퍼드에서의 삶 – '온전한 그리스도인'을 향한 열망

1725년 9월 19일 존 웨슬리는 수잔나와 사무엘의 축복을 받으며 마침내 영국 국교회의 부제 서품을 받았다. 요크셔 상인의 아들이었던 포터(Potter) 주교가 안수식을 집례하였다. 전형적인 영국의 청교도 전통을 따라 웨슬리는 안수 받기 전날 자신의 일기에서 "규칙적인 토요일 저녁 자기-점검의 처음 결과들"[38]을 기록하였다. 그중에서 웨슬리는 "자랑, 높임 받고자 하는 열망, 무절제한 잠, 열띤 논쟁"[39]을 열거하고 있다. 자신의 삶의 새로운 결단들과 그 결단들이 지켜지지 않았던 경우를 일기 여기저기에 적어놓았다. 진정 웨슬리는 자신의 경건의 삶에 질서가 있고 규칙적이기를 원했다. 그래서 1726년 10월 "지난주의 결단들을 하루에 한 번씩 쭉 읽어가기로 결심"[40]하였다.

부제가 된 웨슬리는 옥스퍼드에서 공부를 계속하였다. 1726년 3월 17일에는 링컨 칼리지의 강사가 되었고 이 일로 아버지 사무엘은 크게 기뻐했다. "여름이 끝나기 전까지 내 운명이 어찌될 것인지는 하나님만이 아신다. 그러나 내가 어디에 있든 나의 사랑하는 아들 존이 링컨 칼리지의 강사가 되었다."[41] 이 기간 옥스퍼드의 동료 대부분은 토리당(Tories)에 속해 있었고, 그중 엑시터(Exeter)와 지저스(Jesus) 같은 소수 학과들만이 휘그당(Whig)의 정서에 빠져 있었다.[42] 1750년대 휘그당에 가장 적은 수의 학과들만이 참여할 수 있었던 것은 대학 내 퍼져 있었던 자콥파의 명성 때문이었다.[43] 종교에 관해서 옥스퍼드는 놀라울 정도로 전통적이었고, 보수적이기까지 했다. 당시 옥스퍼드는 17세기 "고 교회 신학교들의 이상"에 뿌리를 두고 있었고, 몇몇 단과대학들은 이단과 싸웠던 소중한 역사를 간직하고 있었다.[44] 예를 들면, 링컨 칼리지는 중세 기간 동안 특별히 롤라드파(the Lollards)에 반대하기 위해 세워진 학교였다. 웨슬리는 링컨 칼리지 설립의 이유가 "모든 이단을 척결하고 가톨릭 신앙을 지켜내기 위한 것"[45]이었다고 기술하기도 했다.

1726년 11월 웨슬리는 다시금 강사가 되었다. 이번에는 그리스어 강사로 또한 링컨 칼리지의 제1차 학사 시험의 시험관으로 일하였다. 그리스어 강사로서 웨슬리는 신약성서의 구절들을 뽑아 대학생들에게 강의하였다. 학사 시험의 시험관으로서 웨슬리는 대학에서 여러 주제를 비판적으로 평가하는 포럼이었던 매일의 학문적 토론을 관장하였다. 여러 면에서 학구적이고

존 웨슬리의 부제 안수증

존 웨슬리가 사용한 신구약주석

규칙적이었던 웨슬리는 1727년 2월 14일 문학 석사학위를 받았고 세 강연을 할 기회를 갖게 되었다. 첫 번째 강연은 동물들의 영혼에 대한 것이었고, 두 번째 강연은 율리우스 카이사르(Julius Caesar)에 대한 것이었으며, 세 번째 강연은 하나님의 사랑에 대한 것이었다. 강의는 호응이 컸고 자연스럽게 웨슬리는 대학에서 명성을 얻었다. 그러나 불행하게도 이들 초기 강연들의 자료는 남아 있지 않다.

링컨 칼리지에서 석사학위를 받기 바로 전에 웨슬리는 1727년 1월 다시 한 번 실천신학의 영역에서 지도를 받고자 어머니에게 편지를 썼다. 웨슬리는 생각에도 없었던 연구 계획을 세운 이유가 "알 가치조차 없는 지식이 많다는 수잔나의 의견에 완전히 수긍했기 때문"[46]이었다. 그러므로 사색적이거나 신학적인 과제들은 연구에서 완전히 접어버렸다. 수잔나는 다음의 답신에서 마음으로부터 아들의 결정에 찬성하고 있다.

> 스스로 연구 계획을 세웠다니 참으로 기쁘구나. 자신이 스스로 연구 계획을 세우는 일은 시간과 수고를 더는 가장 분명한 **방법**이지. … 정규과정에서

존 웨슬리의 아버지 사무엘 웨슬리가 교구 신부로 활동한 엡웟의 성 안드레 교회

끊임없이 연구를 하는 사람이 그렇게 많지 않으니 말이야.[47)]

앞서 존은 형 사무엘 주니어에게 보낸 편지에서 "나와 여가는 상관이 없어. 나는 살아 있는 동안 바쁘게 살 생각이야."[48)]라고 답장을 보냈다. 따라서 언제나 에너지와 추진력이 대단했던 웨슬리는 이제 방향을 정하고 더욱 정진하게 되었다.

그러나 1727년 1월에 주고받은 어머니와의 서신은 또 다른 이유에서 중요성을 갖고 있었다. 이 편지에서 웨슬리는 다시 한 번 기독교 신앙을 진지하게 생각하였음을 보여준다. 그는 경험적이고 실천적인 방식으로 신앙의 가장 깊은 세계를 알게 되었다고 주장한다. 웨슬리가 크라이스트 처치 칼리지에 다니고 있을 당시 뉴 칼리지에 재학 중이던 로빈 그리피스(Robin Griffiths)와의 대화에서 웨슬리는 이렇게 주장하였다.

> 1년 반 전에 나는 내가 친하게 지내는 젊은 신사와 함께 저녁 8시 동료들의 모임에서 살짝 빠져나왔다. 우리 둘이서 알고 지냈던 젊은 숙녀의 장례식이 치러지는 성 마리아 교회의 측면 복도에 접어들었을 때 내가 그에게 정말 나를 자신의 친구로 생각하는지를 물었다. 그리고 나를 친구로 생각한다면 왜 내게 할 수 있는 한 잘 대해주지 않느냐고 물었다. 그 친구가 무슨 소리냐고 대꾸했다. 나는 얼른 그의 말을 가로채고는 내가 그에게 원하는 바를 말해 주었다. '내가 원하는 것은 네가 온전한 그리스도인이 되는 것이야.' 이 말에 그는 이미 반 정도 수긍하고 있음을 알게 되었다. 그 친구와 나 둘이서 그 젊은 여자를 따라다니게 되었을 때 이미 확신하였듯이, 그 친구는 내게 더 큰 친절을 베풀 수 없었던 것이다.[49)]

웨슬리는 자신을 향해서뿐 아니라 자기와 가장 친했던 로빈 그리피스도 반 정도의 그리스도인이 아니라 "온전한 그리스도인"이 되기를 열망하였다. 온전한 그리스도인을 강조하였던 웨슬리는 친구들 사이에서는 정직한 친구로 비춰졌고, 웨슬리의 반대자들에게는 기이한 인물로 비춰졌던 것이다. 어떻게 링컨 칼리지 학장의 아들이 온전한 그리스도인일 수 없을까? 어떤 사람들은 이 논리를 자명한 것으로 생각하였다. 그러나 웨슬리 자신은 이 논리에 의문을 갖고 있었다.

윌리엄 로를 통해 깨달은 '성화'의 가치

1727년 8월 웨슬리는 옥스퍼드의 편안한 환경을 떠나 엡웟과 루트(Wroot)에서 아버지가 섬기는 교회의 보좌 신부로 섬기기 위해 링컨셔로 향하였다. 이 목회 현장에서 웨슬리는 목회적인 열매를 크게 맺지는 못하였지만, 영성과 기도서에 대한 책들을 계속 읽을 수 있었다. 1729년쯤 웨슬리는 윌리엄 로(William Law)가 쓴 『그리스도인의 완전』(*Christian Perfection*)과 『경건하고 거룩한 삶으로의 진지한 소명』(*A Serious Call to a Devout and Holy Life*)을 읽게 되었다. 캠브리지의 임마누엘 칼리지에서 공부한 윌리엄 로는 성직 서임을 받은 1711년 대학의 강사로 임명되었다. 하노버의 선제후(選帝侯)이자 영국 제임스 1세의 증손자가 조지 1세로서 1714년 왕위에 추대되자 로는 조지 1세의 왕위의 적법성을 인정하지 않았다. 이로 인해 강사 자격을 박탈당하였고 고향인 킹스 클리프(King's Cliff)로 돌아갔다. 그 후 얼마의 명예를 회복한 로는 1727년 프트니(Putney)에 위치한 기번(Gibbon) 가족과 제휴하였다. 결국은 유명한 역사학의 아버지인 에드워드 기번(Edward Gibbon)의 가정교사가 되었다.

윌리엄 로가 가정교사로 지도한 영국의 대표적 역사가 에드워드 기번

유명한 영국의 영성가인 로의 책을 읽으면서

웨슬리는 세 가지의 놀라운 통찰을 얻게 되었다. 첫째는, 도덕법의 범위가 "아주 높고 높으며 깊이가 있음"을 깨닫게 되었다. 그 결과 웨슬리는 "하나님께 도와달라고 애원하였고, 이전과는 달리 순종의 시간을 뒤로 미루지 않겠다고 마음먹었다."[50] 당시 영적 수행을 통해 웨슬리는 이때 받은 영적 통찰과 결단을 묶어 이렇게 탄성을 질렀다.

> 내적이고 외적인 온전한 법을 힘껏 지키려는 나의 계속된 노력으로 나는 그분에 의해 받아들여져야 하며, 이때 나는 구원의 상태에 있었다고 생각했다.[51]

이러한 결단을 통해 웨슬리는 그와 같은 삶을 갈망하는 사람에게는 좌절감을 느끼게 하는 불가능한 것이었지만, 평생 동안 거의 병적으로 도덕법에 순종하는 것을 순응이 기본으로 삼았다. 달리 말하면, 이는 성화가 칭의의 기반이 되도록 하는 것이었다.

둘째로, 웨슬리는 윌리엄 로의 작품을 통해 배운 바를 표현하였는데, 지금 이 표현들이 우리에게 익숙한 것들이 되었다. 웨슬리는 몇 년이 지나서 「그리스도인의 완전에 대한 평이한 해설」에서 다음과 같이 주장한다.

> 로가 쓴 『그리스도인의 완전』과 『경건하고 거룩한 삶으로의 진지한 소명』을 읽은 후 일이 년 지나서 나는 이전보다 더욱 반쪽짜리 그리스도인이 되는 것은 절대적으로 불가능함을 확신하게 되었다. 나는 (절대적으로 필요하다고 생각하는)그분의 은총으로 하나님께 온전히 헌신된 그리스도인이 되기로 맘먹었다. 그에게 나의 모든 영혼과 몸과 생애를 드리기로 맘먹었다.[52]

이 말들 속에는 진지함과 열정이 담겨 있다. 웨슬리는 철저한 거룩함의 행위로써 몸과 영혼과 자기의 모든 소유를 하나님께 드리기를 원했다. 다시 말하지만, 그는 자기의 존재(all that he was)와 모든 노력(all that he would ever become)이 지극히 높으신 하나님의 제단에 놓이기를 원했다.

셋째, 윌리엄 로의 『그리스도인의 완전』과 『경건하고 거룩한 삶으로의 진지한 소명』이 강한 금욕주의적 성격을 담고 있어서, 웨슬리는 이 책들의 가르침의 어떤 부분에 대해 반대하기도 하였지만, 웨슬리의 전체적인 신학 여정을 볼 때, 이 책들로부터 어느 정도 깊은 영향을 받고 있음을 보여준다. 예를 들면, 『그리스도인의 완전』에서 로는 시간 낭비와 같은 가장 순진한 오락조차 허용하지 않고 있다. 그리고 헌신된 삶의 목표를 학습하라고 권면한다.[53] 마찬가지로, 『경건하고 거룩한 삶으로의 진지한 소명』에서 로 역시 자제와 금욕의 행위가 필요함을 강조하였다. 이 덕목들 중 일부는 아주 완고하고 엄격한 것이었다. 로의 이런 금욕적 가르침은 존 타울러(John Tauler)와 존 루이스부뢰크(John Ruysbroeck)로 이어지고 결국은 웨슬리로 연결된다.

그러므로 아 켐피스, 테일러, 로로 이어지는 세 영성가의 책을 읽었던 웨슬리는 정성과 헌신을 다해 온전한 사랑으로 하나님과 이웃을 사랑하는 성화 혹은 거룩함을 종교의 목표요 목적으로 분명하게 이해하였다. 예를 들면, 그는 종종 관습적이고 외적인 종교에서는 간과되었던 의도의 순수성이 거룩한 사랑의 하나님을 섬기고 이웃을 품는 데 있어 결정적인 것임을 깨달았다. 또한 어느 정도 웨슬리 시대의 많은 사람들이 인식하지 못했던 바를 인식하였다. 이 점에서 웨슬리는 자신의 모든 생각, 말, 행위에 이르는 도덕법에 표현된 하나님의 뜻을 마음에 간직하는 철저한 방식으로 지극히 높으신 하나님께 헌신하였음이 분명하다.

윌리엄 로

웨슬리의 새로운 사상만큼이나 그 사상의 출처 또한 중요하다. 젊은 시절 웨슬리는 거룩함이나 성화에 대한 내용을 동방 교부들로부터 배운 것이 아니었다. 물론 후에 동방신학자들의 작품을 읽고 거룩함이나 성화에 대해 설명하곤 하였다. 그러나 웨슬리가 이 사상을 직접 배운 것은 서방신학자들로부터였다. 한 사람은 로마 가톨릭 신비가였고, 다른 두 사람은 진지한 영국의 지도자들이었다.[54] 사실 이 결정적인 시기 동안 웨슬리는 주로 서방신학자들과 영국교회의 사상가들이 쓴 책들을 읽었다. 웨슬리 독서 목록의 주요 저자들은 존 노리스, 프랜시스 애터베리 주교(Bishop Francis Atterbury), 프랜시스 허치슨(Francis Hutcheson), 조지 불 주교(Bishop George Bull), 사무엘 클라크, 윌리엄 로스(William Lowth), 페넬론(Fénelon), 브라운 주교(Bishop Browne), 앤토니 호르넥(Anthony Horneck) 그리고 토마스 아 켐피스, 제레미 테일러, 윌리엄 로 등이다.[55] 결과적으로 거룩함과 관련해서 서방 신학자들의 책을 많이 읽었고 영국교회의 풍요로운 전통의 뿌리도 간직하였다. 때문에 웨슬리는 가톨릭 신학자들과 영국교회 신학자들의 사상을 광범위하게 섭렵하였고, 지혜롭게도 17세기의 중요한 캐롤라인 신학에 근거를 두고 있었다. 현대 신학자들 간에는 동방의 신화(*theosis*) 개념과 웨슬리의 성화에 대한 이해를 같은 차원에 놓고 많은 논의가 있었다. 그러나 이 책에서는 웨슬리 자신이 살았던 18세기의 교회적 현실과 상황 속에서 웨슬리만이 갖는 독특함을 보여줄 것이다.[56]

옥스퍼드에서 움튼 새로운 신앙 운동 – 감리회의 첫 번째 발흥

1728년 7월 웨슬리는 옥스퍼드로 올라갔고 거기에서 몇 개월 머물러 있다가 9월 22일 영국 국교회의 사제로 안수를 받았다. 안수를 집례한 주교는 웨슬리가 부제로 서품을 받을 때 안수했던 포터 박사(Dr. Potter)였다. 안수 받은 직후 웨슬리는 아버지의 목회를 돕기 위해 엡윗과 루트로 다시 돌아왔다. 그러는 사이에 찰스 웨슬리는 옥스퍼드 크라이스트 처치 칼리지에서 공부를 시작하였고 친구들을 독려해서 매주 성만찬에 참석하기 시작했다.

1729년 1월 찰스는 형 존에게 편지를 보내어 종교에 대해 진지하게 생각하는 사람들에게 크라이스트 처치는 적절한 곳이 아님을 피력하였다.

> 크라이스트 처치는 개혁을 시작하기에 세계에서 가장 어려운 곳이야. 처음부터 자신의 종교에 대해 비웃음을 받고, 어떤 종교를 가졌다는 것으로 눈치를 먹는 곳이야.[57)]

그럼에도 불구하고, 찰스와 몇몇 친구들이 모여 대학에서 경건활동을 지속하였다. 그러다가 1729년 찰스가 보낸 보고서를 읽은 웨슬리가 마음이 움직여 크라이스트 처치의 윌리엄 모건(William Morgan), 로버트 커크햄(Robert Kirkham), 찰스가 참석하고 있던 소그룹에 참석하였다. 신입생들로 구성된 회원들은 정규적으로 성만찬에 참석하였고, 함께 기도하고 공부하였으며 종교적인 주제로 대화하였다. 후에 수립되는 옥스퍼드 감리회의 씨앗이 뿌려지고 있었던 것이다. 그러나 여름이 끝나갈 무렵 존과 찰스는 엡웟으로

존 웨슬리가 수학했던 옥스퍼드 크라이스트 처치의 내부 모습

돌아갔고 다른 회원들도 자기들 집으로 돌아가면서 이 모임은 자연스럽게 무너지게 되었다.

1729년 10월 링컨 칼리지의 학장이었던 몰리(Dr. Morley)는 칼리지에 강사가 필요하다며 그 자리에 웨슬리를 추천하였다. 몰리 박사는 웨슬리가 사무엘을 도와 보좌 신부로 목회를 돕고 있지만, "대학과 강사의 자리는"[58] 웨슬리가 돌아와 다시 일하기를 기다리고 있다고 조심스럽게 요청했다. 몰리를 만난 후 웨슬리는 그해 11월 옥스퍼드로 향하였다. 동생 찰스, 윌리엄 모건과 더불어 존 웨슬리는 여름내 떠나 있어서 모이지 못했던 소그룹 모임을 규칙적으로 다시 갖기 시작했고 대학의 교훈을 지키고자 노력했다. 곧이어 로버트 커크햄도 다시 회원으로 참여하였다. 소그룹은 결국 "홀리클럽"(Holy Club), "거룩한 클럽"(Godly Club), "성서 벌레들"(Bible Moths), "적선의 사람들"(Supererogation Men)이란 별명을 얻게 되었다. "메소디스트"(규칙쟁이, Methodist)란 명칭은 후에 크라이스트 처치의 존 빙햄(John Bingham)이 우리 가운데 "새로운 규칙쟁이들의 모임"(a new set of Methodists)이 일어나고 있다고 말한 데서 시작되었다.[59]

흥미롭게도 역사가들은 "메소디스트"라는 것이 본시 무슨 의미였는지 그 증거가 모호하기 때문에 논쟁을 했다. 예를 들면, 존은 "새 예배당의 기초를 놓음"(On Laying the Foundation of the New Chapel)이란 설교에서 메소디스트 운동을 떠올리고 있는데, 이때 웨슬리는 메소디스트라는 이름을 네로 시대 로마에서 번성하기 시작했던 고대의 의사 집단과 연관시키고 있다. 이 의사들은 "모든 질병이 특별한 식이요법과 운동을 통해서 치유될 수 있다."[60]고 생각하였다. 또한 17세기 램버스(Lambeth)에서 있었던 설교에서는 메소디스트란 이름이 "모든 수사학을 경시하였던 '평이한 지게 작대기 메소디스트들' (plain packstaff Methodists)"과 관련해서 사용되었다.[61] 그러나 하이젠레이터가 지적하는 바와 같이 "웨슬리는 결코 '메소디스트'라는 칭호를 그 사용이 모호하여 경건한 세대의 신학적 논쟁이 되었던 학문적 용어와 관계시키지 않았다."[62] 문제를 더 깊이 파고 들어가 보면, 찰스 웨슬리는 메소디스트라는 용어의 처음 사용에 대해 존과는 다른 기원을 소개하고 있다. ("이로 인해 나는 메소디스트라는 악의 없는 별명을 얻게 되었다. 이 일이 있은 지 일 년 반이 지나서 형 존은 엡웟의 보좌 신부 활동을 접고 우리를 도우러 왔다.") 또한 메소디스트의 의미에 대해서도 "대학의 법이 제정한 공부의 방식을 아주 엄격하게 따랐던 자신과 친구들에게 붙여진 이름"[63]이었다는 다른 근거를 제시하고 있다.

"메소디스트"라는 용어의 기원이 어떠하든, 메소디스트라는 별명을 얻게 된 이들은 웨슬리 형제 외에도 윌리엄 모건, 로버트 커크햄, 존 클레이튼(John Clayton), 조지 휫필드(George Whitefield), 벤자민 잉햄(Benjamin Ingham), 제임스 허비(James Hervey), 제이 브로우턴(J. Broughton), 존 화이트램(John Whitelamb), 존 갬볼드(John Gambold), 웨스틀리 홀(Westley Hall), 찰스 킨친(Charles Kinchin) 등이 있었다.[64] 처음부터 이들의 모임은 기도, 성서 읽기, 은총의 중요한 수단으로서 주의 만찬을 받기와 같은 경건의 사역에 초점을 맞

옥스퍼드에서 일어난 새로운 신앙 운동인 홀리클럽

추었다. 그러나 존 클래이튼이 모임에 합류하면서 고대 교회의 전통에 따라 (매주 수요일과 금요일) 금식을 강조하기 시작했다. 학문의 호기심이 많았던 노장 클래이튼은 맨체스터 서적 판매원의 아들로서 결국은 훌륭한 신학교수가 되었다. 원시 기독교의 중요성을 강조하는 클래이튼은 웨슬리 형제에게 토마스 디컨(Thomas Deacon)과 존 바이롬(John Byrom) 같은 맨체스터의 충성 선서 거부 성직자들의 가르침을 소개하였다. 물론 웨슬리는 이미 17세기 신학의 고교회 개념들을 익히 알고 있었고 영국 국교회의 로버트 넬슨(Robert Nelson)의 입장을[65] 잘 알고 있었다. 그러나 클래이튼은 웨슬리와 다른 이들에게 금식의 중요성과 침례와 여러 성찬적 수행들을 강조하였던,[66] 특별히 자주 성만찬을 행하는 것을 강조했던 소위 사도 헌장(Apostolic Constitutions)의 가치를 강조하였다. 사실 클래이튼이 메소디스트 모임에 참여했던 1732년 웨슬리는 로버트 넬슨(Robert Nelson)의 책 『그리스도인의 희생 – 자주 시행해야 할 위대한 의무』(*The Great Duty of Frequenting the Christian Sacrifice*)를 발췌하였다.[67]

사랑의 사역(works of mercy)에 대해 지속적인 관심을 가졌던 윌리엄 모건은 웨슬리 형제와 다른 이들에게 옥스퍼드의 감옥들 특별히 캐슬(Castle) 감옥과 보카르도(Bocardo) 감옥을 방문하도록 함으로써 메소디스트 경건 수행을 독려하였다. 이들은 감옥을 방문하여 죄수들과 함께 기도하고 성만찬을 베풀었을 뿐 아니라 『인간의 온전한 의무』(*The Whole Duty of Man*), 『그리스도인 훈계』(*The Christian Monitor*), 『제단에 가까이』(*The Companion to the Altar*) 같은 경건 서적들을 나눠주었다.[68] 이들의 지속적인 훈련과 봉사로 인해 옥스퍼드 메소디스트들은 불필요한 지출을 줄여서 가난한 사람들을 더 많이 섬길 수 있었다. 사실 웨슬리가 보여준 초기 메소디스트들의 수행은 자신들에게 필요한 것 말고는 나머지 가진 것 모두를 주는 것이었다. 당시 웨슬리 자신의 행동이 어떠하였는가는 그의 설교 "보다 더 탁월한 길"(The More Excellent Way)에서 찾아볼 수 있다. 이 설교에서 웨슬리는 이렇게 선포하고 있다.

홀리클럽 회원들이 '사랑의 사역'으로 꾸준히 방문했던 옥스퍼드 캐슬 감옥의 모습

> 옥스퍼드 메소디스트들 가운데 한 사람은 일 년에 30파운드를 법니다. 그는 28파운드로 살면서 40실링은 누군가를 위해 줍니다. 다음 해 60파운드를 벌게 되었을 때, 그는 여전히 28파운드로 살고 32파운드는 누군가를 위해 줍니다. 3년째 되는 해 그는 90파운드를 벌었고 62파운드는 누군가를 위해 줍니다. 4년째 되는 해 120파운드를 벌었는데 여전히 그는 28파운드만을 갖고 살면서 나머지 92파운드는 가난한 사람들에게 줍니다. 이보다 더 탁월한 길이 있겠습니까?[69]

웨슬리가 옥스퍼드에서 감리회 운동이 일어났던 사실을 후에 회상한 글 역시 중요한 의미를 갖는다. 왜냐하면 이 글들 속에서 웨슬리는 성서가 그의 삶의 기본적인 표준 혹은 규범을 이루는 성서적 그리스도인 됨의 중요성을 강조하고 있기 때문이다. 예를 들면, 「그리스도인의 완전에 대한 평이한 해설」에서 웨슬리는 "1729년 나는 진리의 유일한 표준으로, 순수한 종교의 유일한 모델로서 성서를 읽고 연구하기 시작했다."[70]고 진술한다. 또한 설교 "하나님의 포도원에서"(On God's Vineyard)에서 웨슬리는 이렇게 지적하고 있다.

> 4명의 젊은이가 연합한 처음부터 각자는 한 권의 책의 사람이었습니다. … 그들은 하나, 오직 하나의 판단 규칙만을 갖게 되었습니다. … 이들은 모든 면에서 성서-그리스도인(*Bible-Christians*)이 되기로 마음먹었습니다.[71]

물론 18세기 상황에서 영국 국교회 같은 국가 교회의 환경에서는 그리스도인이 되는 여러 다른 길들이 있었다. 그러나 웨슬리와 옥스퍼드 메소디스트들은 "좀 더 좁은 길"(the more narrow way)을 선택하였다. 이런 고집스런 태도 때문에 이들은 종종 동료들로부터 "성서 벌레들"(Bible moths)과 "성서 고집쟁이들"(Bible bigots)이라는 조롱과 비웃음을 받았다.

옥스퍼드 감리회가 모양을 갖추어 갈 동안 웨슬리는 학교에서는 학과의 지도 강사요 시험 지도 교수로서의 책임을 다하고 있었다. 그의 일기를 보면 이 기간 동안 웨슬리는 독일 경건주의 서적들, 특별히 바톨로메 지겐볼그(Batholomew Ziegenbalg)와 어거스트 헤르만 프랑케(August Hermann Francke)가 쓴 책들을 읽었다. 어머니 수잔나와 마찬가지로 웨슬리는 지겐볼그가 쓴 두 덴마크 선교사의 사역에 대한 설명이 교훈적이고도 교육적이라고 보았다. 또한 유럽 대륙의 여러 기독교인들과 더불어 웨슬리는 프랑케의 『니고데모』([*Nicodemus*] 또는 「인간의 두려움에 대한 논문」 [*A Treatise on the Fear of Man*])를 아주 소중하게 생각하였다. 1706년 안톤 빌헬름 뵈메(Anton Wilhelm Böhme)는 이 책을 영어로 번역하였다.[72] 사실 웨슬리는 옥스퍼드에 있는 여러 학생들 특별히 존 롭슨(John Robson)에게 이 책을 읽도록 추천하였고 나중에는 축약하여 자신의 『기독교 총서』(*A Christian Library*)에 포함시켰다.

『니고데모』의 중심 주제는 웨슬리의 목적과 정확하게 일치하였다. 여러 면에서 이 책은 은총이 넘치는 신앙의 능력을 통해 인간의 두려움을 극복해야 할 필연성을 기술하고 있다. 예를 들면 이 논문에서 프랑케는 동료 목회자들에게 다음과 같이 경고하였다. "두려움에 가득한 사람들은 일반 대중을 향해서는 거침없이 말을 쏟아내지만 지위가 높고 존경받는 사람들 앞에서는 한마디도 하지 못한다."[73] 프랑케의 말을 빌린다면, 이들이 정확하고도 솔직하게 말하지 않는 큰 이유는 "명성에 흠이 될까"[74] 두려워하기 때문이다. 거기다가 인간의 두려움이라는 주제는 고통의 두려움에 대한 부차적 주제로서 "십자가를 거북하게 여기고"(flinching from the cross),[75] 자기부정이 온전하지 못함을 말하고 있다.[76] 이는 종종 강단의 실패로 이어진다. 그러므로 김빠진 설교를 하지 않기 위해서는 인간의 두려움으로부터 구원을 받아 생명이 넘치도록 하나님을 믿어야 한다. 설교는 자신의 정직한 영적 상태의 표현이어야 한다. 프랑케는 그를 따르는 자들에게 다음과 같이 조심하라고 권고하였다.

> 우리는 스스로의 마음을 속이는 가장 위험한 속박으로부터 자유하기 위해 지속적이고도 정직하게 노력해야 합니다. 인간이 구원을 받는 데 가장 방해가 되는 것은 자신이 이미 그리스도인이 되었다고 생각하는 거짓입니다.[77]

또한 프랑케는 내적 종교[78]와 거룩함에 대해 설교하는 것의 유익한 결과를 강조하였다. "마음과 삶의 거룩함이 없이는 진정한 믿음이 존재하지 않는다. … [그러므로] 진정으로 담대한 믿음은 계속적인 사랑의 역사로 알려진다."[79] 다른 경건주의자들의 주장도 이와 비슷하였다.[80]

옥스퍼드에서 메소디스트들에게 쏟아진 경멸과 험담은 저들이 종교의 영역에서 균형과 입장이 분명하지 않다는 것이었다. 1731년 웨슬리는 펜다비스 부인(Mrs. Pendarves)에게 고백하기를, "저들은 내가 종교를 너무 극단으로 엄격하게 몰아간다는 거야. 다른 사람은 몰라도 내 자신에게 필요하지도 가능하지도 않은 무거운 짐을 지운다는 것이지."[81] 웨슬리는 초기 다른 사람들로부터 들려오는 비판을 상관하지 않았다. 대신 이렇게 대꾸하였다. "저들 말대로라면 거룩함을 방종으로 바꾼 것 말고 무엇이겠는가?"[82] 그러나 이러한 비난을 받으면서도 메소디스트들의 훈련과 엄격함은 더욱 치열하였고 그 행보는 계속되었다. 그러다가 1732년 "홀리클럽"의 창립 회원이었던 윌리엄 모건이 죽자 중대한 국면에 부딪히게 되었다. 그의 죽음이 과도한 금식 때문인 것으로 알려지면서 웨슬리는 또다시 비난을 피할 길이 없었었던 것이다. 그래서 1732년 10월 18일자로 깊은 생각을 담은 편지를 모건의 아버지 리처드 경에게 보내어 모건의 급작스런 죽음을 둘러싼 오해를 해소하고자 하였다. 이 과정에서 옥스퍼드 메소디즘에 대한 변호의 내용이 담기게 된다.

그러나 엄격함과 엄밀함과 면밀함에 대한 주장은 여전하였다. 사실 몇 년이 지난 후 1734년에 이르러 윌리엄의 형제인 리처드 모건(Richard Morgan)은 자기 아버지에게 웨슬리의 지도하에 모인 메소디스트들이 "매시간 이니 매분 자신들의 삶을 하나님께 드리지 않으면 구원받을 수 없다고 생각한다."[83]고 불평하였다. 같은 해 1월 우연한 기회에 웨슬리는 "매우 규칙적인"(exacter) 일기를 시작하였다. 이 일기에서 웨슬리는 그 당시 상황을 꼼꼼하게 기록하고 있다.

> 매 시간 분으로 나누어 자신의 결심을 깬 것과 지킨 것을 자세히 기록한다. 일상적으로 하는 독서, 심방, 글쓰기, 대화, 여타 활동들을 기록하는 것뿐 아니라 헌신의 정도(평가를 1에서 9에 이르기까지 나누어 한다), "단순성"(simplicity), "평정심"(recollection)의 정도를 평가한다.[84]

다시 한 번 리처드 모건은 차지도 덥지도 아니한 기독교는 알려진 어떤 죄보다도 가장 안 좋은 것이라고 가르쳤던 웨슬리를 한탄하였다. 웨슬리는 "종교에는 중간이란 것이 없습니다. 전적으로 종교의 수행에 참여하지 않는 사람은 흉악한 죄인보다도 더 큰 저주의 두려움에 있는 것입니다."[85]라고 주장하였다. 웨슬리가 "세상에서 만난 가장 친한 친구들 가운데 한 사람"이라고 말했던 몰리(Morley) 박사조차도 리처드 모건에게 "웨슬리 씨의 엄격한 종교 개념"[86]을 조심하라고 하였다. 그러고는 "몇몇 사람이 대학에 입학하지 않은 것은 웨슬리가 이끄는 신도회의 특성 때문"[87]이라고 하였다. 같은 맥락에서 리처드는 자신의 아버지에게 보내는 편지에서 만일 웨슬리의 지도를 계속 받게 된다면 자신은 쓰러지고 말 것이라고 결론 내렸다. 웨슬리는 이런 반응에 대해 1734년 리처드 모건 경에게 보내는 편지에서 종교에 대한 이해를 성숙하게 정리해 주었다.

> 저는 아침기도와 저녁기도, 공중기도와 개인기도 등 여러 기도에 대해 말하는 것이 종교는 아니라고 생각합니다. 또 그때나 지금이나 자유로운 세속적 삶에 뭔가 특별한 것을 덧붙인 것도 아니라고 생각합니다. 제 생각에 종교란 지속적으로 마음을 지배하는 습관이며, 하나님의 형상을 따라 생각을 새롭게 하는 것이고, 하나님의 모양을 회복하는 것이며, 마음과 삶을 지극히 거룩하신 구원자의 마음과 생각과 계속해서 하나가 되게 하는 것입니다.[88]

여기서 웨슬리는 모든 것의 심장이 되는 중심 보좌를 보여줍니다. 말하자면 메소디스트들은 경건과 사랑의 모든 사역과 활동에서 규칙과 교훈으로 거룩함 곧 마음과 삶에 거룩한 사랑을 이루는 반복적 훈련에 관심을 가졌다.

웨슬리는 노년(1781)에 자신이 쓴 『교회역사』(*Ecclesiastical History*)에서 메소디스트들의 이야기를 포함시켰다. 그는 이 책에서 메소디즘은 1739년까지 세 단계를 거쳐 왔다고 지적하였다. 옥스퍼드 시기, 조지아 시기, 런던 시기가 그것이다. 메소디즘이 1729년부터 1735년까지 옥스퍼드에서 처음 발흥한 것이라고 보는 시각은 역사적 메소디즘은 속회, 반회, 선발신도회와 같이 여러 활동과 떼어서 이해할 수 없다고 보는 학자들에게는 받아들이기 어려운 문제였다. 예컨대 존 라이트(John Wright) 같은 학자는 이 입장에서 다음과 같이 진술한다.

> 웨슬리의 사상은 메소디스트 수행의 상황에서 일어난 것이었다. 형식과 내용에 있어서 메소디스트 수행의 핵심은 메소디스트 신도회와 속회에 깊이 연관되어 있었다.[89)]

이에서 더 나아가 라이트는 다음과 같이 주장하기도 하였다.

> 메소디스트들의 수행에서 우선적인 것은 메소디스트 속회와 웨슬리의 성화교리 사이의 관계에서 분명하게 나타난다. 성화교리와 속회는 이 시기 고전적인 메소디스트 형식으로 발전하였다.[90)]

이 입장이 갖는 여타 문제는[91)] 그 기본적 정서와 내용에 있어서 메소디즘은 속회, 밴드, 선발신도회로 내적 구조가 계속 발전해 가기 전 이미 1729년에 존재했다는 점이다. 이는 메소디즘의 내적 구조의 중요성이나 다양한 메소디스트 수행의 가치를 부인하는 것이 아니라, 오히려 당시의 상황과 웨슬리 자신의 생각을 고려해 볼 때 메소디즘의 정체성을 다른 곳에서 찾을 수 있다는 주장이다. 마찬가지로 종교의 목적이 되는 웨슬리의 성화나 거룩함의 교리도 아 켐피스, 테일러, 로의 책을 읽으면서 이미 웨슬리 안에 자리하게 되었던 것이다. 후에 나타난 메소디스트 속회들은 이 내용을 바꾸거나 첨가한 것이 아니라 웨슬리가 "온 땅에 성서적 거룩함을 전파하기 위해서"[92)] 적절한 수단으로 삼았을 때 예증으로 나타난 것이었다.

마음의 할례

1733년 새해 첫날, 웨슬리는 옥스퍼드에 있는 성 마리아 교회에서 자신의 설교 가운데 가장 잘 정리되고 신학적으로 중요한 설교를 하였다. 이때 그리스도의 할례를 축하하는 예배와 모음기도에 상응하는 성서구절인 로마서 2장 29절("성령을 따라서 마음에 받는 할례가 참 할례입니다. 이런 사람은, 사람에게서가 아니라, 하나님에게서 칭찬을 받습니다.")을 성서 본문으로 사용하였다. "우리에게 성령의 참된 할례를 허락하셔서 우리의 마음과 모든 지체들이 세상과 육체의 정욕에 대해 죽고 모든 일에 있어서 주님의 뜻에 순종하게 하소서."[93] 웨슬리는 오랜 세월이 지난 1765년 5월 14일 존 뉴턴(John Newton)에게 보낸 편지에서 1733년에 행한 설교의 내용을 요약하고 있다. "나는 그때 '마음의 할례'(the Circumcision of the Heart)에 대해 설교하였습니다. 내용은 모든 죄로부터의 구원과 **분열되지 않은** 마음으로 하나님을 사랑하는 것에 대해 내가 지금 가르치고 있는 모든 내용들이 담겨 있었지요."[94] 다음 해 웨슬리는 「그리스도인의 완전에 대한 평이한 해설」이라는 논문에서 마음의 할례는 그리스도인의 완전을 표현하는 또 다른 방법이라고 밝히고 있다.

한때 노예상인으로 활동하다 회심하여 영국 국교회 사제가 된 존 뉴턴. 그가 직접 쓴 찬송시 *Amazing Grace*는 한국인이 가장 좋아하는 찬송가로 유명하다.

> [마음의 할례]는 영혼의 습관적인 기질로서 신학서적에서는 거룩함이라고 표현하지요. 이는 직접 죄로부터 깨끗하여짐, "육체와 영의 모든 더러움으로부터 깨끗하여짐," 그 결과 그리스도 예수 안에 있는 모든 덕들로 덧입음을 뜻하지요.[95]

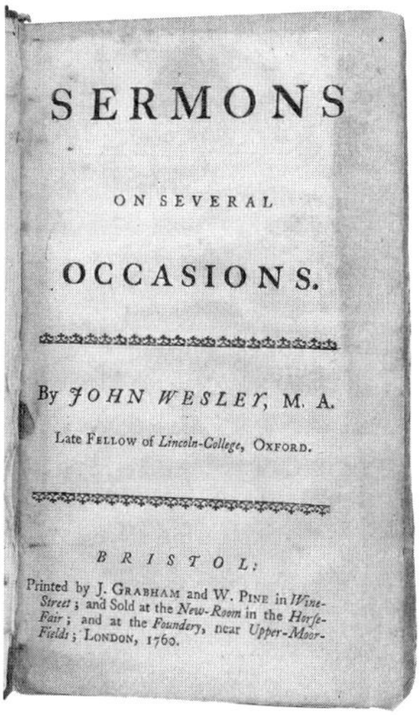

존 웨슬리의 설교전집

1748년 『설교전집』(*Sermons on Several Occasions*) 2권 서두에서 칭의에 대한 믿음과 확신을 다루는 부분에 이 설교를 수정 게재하였다. 그렇지만 몇 년이 지난 후 자신의 일지에서는 다음과 같이 기술하였다. "아닙니다. 저는 45년 전 제가 썼던 '마음의 할례'라는 설교보다 지금 더 잘 쓸 수 있다고 생각하지 않습니다."[96]

그러면 이 설교가 그렇게 중요하게 된 것은 무엇 때문일까? 한 가지는 웨슬리가 사용하는 장르의 일종으로 이 설교에서 웨슬리는 마음의 바른 기질이나 성향의 필요성뿐 아니라 내적 종교의 중요성을 강조한다는 점이다. 웨슬리는 "하나님을 받아들여 진정 그리스도를 따르는 자가 된 것을 분별하는 표징은 외적인 할례나 세례 혹은 여타 외적인 형식이 아니라, 영혼의 바른 상태"[97]라고 주장한다. 은총이 넘치며 신비에 가득한 이 내적 역사를 웨슬리는 "하나님의 소명의 봉인"[98]이라 하였고, 세속적인 것에 지속적으로 관심하면서 영적인 것을 분별하지 못하는 "세상과 더불어 어리석은 것"[99]이라 하였다.

둘째, 믿음과 소망과 사랑의 신학적 덕목들에 대한 해석을 설교본문에 적용한 결과 나타난 설교의 구조는 그리스도인의 완전을 탐구하는 웨슬리의 거시적 기획에 기여하고 있다. 신학적 덕목 각각은 그 목적이나 목표와 관계한다. 말하자면 "그리스도의 마음"과 "진정한 율법"(the royal law)에 따라 사는 것이 무엇을 의미하는지와 관계한다. 그러므로 이 상황에서 하나님은 우리의 욕망, 애정, 의도의 최고 대상이 된다. 그러나 여기서 신학적 덕목에 대한 설명은 웨슬리의 다른 설교들(예를 들면, "신생의 흔적들"[The Marks of the New

Birth])의 설명과는 다르게 나타난다. 여기서 웨슬리는 겸손의 가치를 강조한다. 겸손은 은총을 받아들임으로 믿음에 이르게 하고 다른 신학적 덕목들과 밀접히 관계하게 한다.

> 그리스도로부터 마음의 겸비함(lowliness)을 배운 사람들은 그리스도가 보여준 발자취를 따라갑니다. 이로써 이들은 자신들의 병을 깨달아 교만과 헛됨에서 벗어나 "마음의 할례"로 주어진 새로운 생각을 품게 됩니다. 이때 믿음만이 이들을 온전하게 하는 바, 믿음은 이들의 병을 치유하기 위해 하늘로부터 주어진 약입니다.[100]

그러나 겸손이 아무리 가치가 있다 하더라도 믿음에 뒤따라오는 "시녀"(handmaiden)일 뿐이다. "믿음만이 믿는 자들을 온전케 할 수 있다."[101] 물론 이 설교에 제시된 영성은 "개신교적"이며 중요한 대목에서 (종종 높으신 이에게 순종으로 표현한 것처럼) 겸비와 겸손에 우선권을 주는 로마 가톨릭 모델과 확연히 구분된다. 이 점에 대해서는 나중에 좀 더 자세하게 다룰 것이다.

간단히 말해서, "마음의 할례"라는 웨슬리의 설교가 신학적인 의미를 담아 예술적으로 구성되었지만 거룩에 대한 웨슬리만의 독특한 입장에는 변화가 보이지 않는다. 분명 1733년 성 마리아 교회에서 행한 "마음의 할례"라는 설교의 신학적 내용은 이미 1725-29년의 결정적인 시기에 정립이 되었던 것이다. 웨슬리는 전 생애를 통해 거룩의 중요성과 내적 종교의 가치(마음의 진정한 할례)를 강조하였다. 거룩에 대한 강조는 때때로 (독일 경건주의의 용어로 혹은 동방 교부들의 용어와 같이) 다양한 수사 기법으로 표현되었다. 그러나 이런 상이한 표현을 통해 미묘한 신학적 차이가 있었지만 연속성을 유지하고 있었고, 자신이 속한 영국교회의 전통에 지속적으로 연결되어 있었다.

엡웟에서의 삶

1734년 말 아버지 사무엘 웨슬리는 자신의 건강이 악화되어 가자 수잔나의 경제 상황에 대해서뿐 아니라 자신이 맡고 있는 엡웟과 루트의 교구 목회에 대해 염려하였다. 연로한 교구 신부인 사무엘은 자연스럽게 존에게 자신의 목회를 맡아줄 것을 제안하였고, 존은 이를 정중히 거절하였다. 1734년 11월 아버지에게 보내는 편지에서 웨슬리는 "제 스스로 가장 거룩할 수 있고 다른 사람들의 거룩을 가장 증진시킬 수 있는 곳이 제가 있을 곳이라고 생각합니다. 제 생각에 옥스퍼드만큼 제 발전에 어울리는 곳은 하늘 어디에도 없습니다."[102]라고 아버지의 제안에 거절하는 이유를 표현하고 있다. 사무엘은 당황했다. 그는 엡웟과 루트에서의 교구 목회가 계속되기를 희망하였다. 실망한 사무엘은 오기를 꺼려하는 아들에게 편지를 보내 이렇게 불평하였다. "우리가 삶의 여정을 선택할 때 깊이 생각하고 정해야 하는 방향은 나를 기쁘게 하는 것이 아니라 하나님의 영광과 그 영광을 증진시키는 것이 기준이어야 한다."[103]

존 웨슬리의 형
사무엘 웨슬리 2세

이도 실패로 끝나자 아버지 웨슬리는 아들 사무엘 2세에게 편지를 써서 존에게 압력을 가하도록 촉구하였다. 아버지와 마찬가지로 형 사무엘도 동생 존이 자기 사랑과 자기 이익에 빠져 순종하지 않고 있다고 비난하였다. "나는 네가 자신은 사랑하면서 이웃을 사랑하지 않고 있다고 본다."[104] 더 나아가 형 사무엘은 웨슬리가 안수식에서 자신이 감당해야 할 목회 의무를 감당하겠다고 서약했음을 주장하였다. 그러나 웨슬리는 형의 이런 주장이 역설이고 위선임을 알고 있었다. 형 사무엘은 앞서 아버지의 제안을 받아들일 경우 자기가 그렇게도 소중하게 생각했던 티버튼(Tiverton) 문법학교의 교장 직을 사임할 수밖에 없다는 이유에서 아버지의 목회 요청을 거절하였다. 그럼에도 불구하고 웨슬리는 형 사무엘의 주장을 진지하게 생각하였다. 그래서 실제로 옥스퍼드 주교였던 존 포터(John Potter)에게 편지를 써서 자신이 정말 이기심과 자기애에 빠져 있는 것인지를 물었다. 주교는 "안수 받은 성직자로서 자네가 지금의 위치나 다른 자리에서 하나님과 교회를 더 잘 섬길 수 있다고 한다면, 굳이 안수를 받았다고 해서 스스로를 교구 신부에 한정시킬 필요는 없다고 사료된다네."[105] 존은 주교에게서 받은 편지를 자기 형에게 보내면서 "나는 이제 성직자로서 지금의 위치에서 하나님과 교회를 더 잘 섬길 수 있기 때문에 내 주장에 나름의 모든 합리적 증거가 있다."[106]고 승리에 찬 어조로 주장하였다.

그러나 형 사무엘은 쉽게 물러설 수 없었다. 그래서 존은 1734년 12월 아버지에게 편지를 보냈다. 그는 왜 엡웟과 루트의 교구를 맡을 수 없는지 그 이유에 대해 20개 이상의 항목으로 정리하여 편지를 보냈다. 그 내용은 크게 두 가지로 요약된다. 첫째, 웨슬리는 자신의 거룩과 다른 사람들의 거룩이 옥스퍼드에서 가장 잘 지켜질 수 있음을 주장하였고, 다음과 같이 거룩에 대해 심오하게 정리된 정의를 하고 있다.

> 내가 거룩이라 한 것은 금식이나 육체적인 금욕 등 외적인 수단의 개량을 뜻하는 것이 아니고 외적인 것들에 앞서는 내면의 기질로서 하나님의 형상인 영혼의 갱신을 뜻합니다. 내가 뜻하는 거룩이란 겸비, 온유, 순결, 믿음, 소망, 하나님과 인간의 사랑이 담긴 복합적인 습관입니다. 그러므로 나는 내가 처한 상황에서 내 자신 안에 이 거룩함을 가장 잘 증진시킬 수 있다고 생각합니다. 왜냐하면 지금 나는 거룩에 해당하는 몇몇 특성을 향유하고 있기 때문입니다.[107]

리처드 모건 경에게 보내는 자신의 변증에서도 웨슬리는 아버지를 향해 자신의 궁극적인 목표와 목적은 거룩이며 거룩에 가장 많이 경도되어 있다고 하였다.

둘째, 웨슬리는 옥스퍼드는 진정한 그리스도인들과 교제할 수 있는 기회를 제공할 뿐 아니라 번거로운 지인들로부터 멀리할 수 있게 하기 때문에 자신의 영적 성장을 촉진할 수 있다고 주장한다. 그의 주장은 이렇다.

> 나는 경건을 해치는 사람들, 선한 사람들, 미적지근한 사람들, 종교에 큰 관심은 있지만 경건하지 않은 사람들을 어느 정도 피해갈 수 있음에 하나님께 찬양을 드립니다. 그러나 이 사람들은 부지불식간에 나의 결심을 무너뜨리고, 갖고 있는 작은 열정마저도 빼앗아 버립니다. 나는 내 모든 힘을 약하게 해서 분산시킬 뿐 아니라 깎아내리는 "세상적인 사람들"(saints of the world)에게 속하지 않았습니다. 나는 "하나님, 나를 절반의 그리스도인들로부터 건져 주옵소서."라고 기도합니다.[108]

이 기간 분명하게 드러나고 있는 진정한 그리스도인 됨에 대한 주제는 약

사무엘 웨슬리의 무덤

간의 수정을 거치면서 웨슬리 전 생애를 통해 계속 나타난다. 수정과 연속성은 웨슬리의 복합적이고도 영민한 성격을 보여준다. 웨슬리는 생각뿐 아니라 마음의 사람이었고, 논리뿐 아니라 기질과 감성의 사람이었다.

아버지 사무엘은 이 편지를 받은 후 4개월이 조금 지나 하나님의 품에 안겼다. 이 기간 존은 깊은 생각과 주저함을 거친 후에 마침내 교구 신부가 되고자 결심한다. 그러나 그의 결심은 너무 늦었다. 죽음의 여정에 들어선 아버지 사무엘은 존에게 교구나 계승해야 할 유산에 대해서 심지어는 아들에게 요구된 순종에 대해서 아무 말을 하지 않았다. 대신 사무엘은 작은 소리로 속삭였다. "아들아, 내적 증거, 내적 증거. 이것이 기독교의 가장 강력한 증거다."[109] 그렇지만 존은 아버지가 무엇을 말하고자 했는지 이해하지 못했다.

제 3 장

조지아에서의 도전과 좌절

조난의 위협과 공포 속에서도 침착하고 평화롭게 예배하는 모라비안 교도들의 모습

아메리카 조지아의 원주민들에게 설교하는 존 웨슬리

제 3 장
조지아에서의 도전과 좌절

생을 마감하는 순간 사무엘 웨슬리는 대표작인 『욥』 주석서를 캐롤라인 여왕에게 보내고 싶어 했다. 결국 사무엘은 아들 존에게 인편으로 자신의 책을 왕궁에 전해줄 것을 요청하였다. 존이 런던에 도착하였을 때 여왕은 하녀와 함께 시간을 보내고 있었다. 여왕은 하던 것을 멈추고 존에게 예의를 갖추어 친절하게 대해 주었다.[1] 여왕은 사무엘의 책이 "아주 예쁘게 제본되어" 있다고 생각했다. 그러나 "책을 펴보지도 않은 채 옆으로 제쳐 놓았다."[2] 책을 전해주고 오는 길에 존은 옥스퍼드 코퍼스 크리스티 칼리지(Corpus Christi College)의 존 버튼(John Burton) 신부를 만났다. 버튼은 웨슬리에게 식민지의 조지아 주 선교사가 되어줄 것을 간청하였다. 버튼은 웨슬리가 조지아 서배너에 있는 '기독교 지식 증진을 위한 신도회'(SPCK)의 지도 신부가 되어 선교사역을 발전시켜줄 것을 희망하였다. 자신의 생각을 구체화하기 위해서 버튼은 같은 생각을 갖고 있었던 조지아 주의 주지사 제임스 오글소프(James Oglethorpe)에게 웨슬리를 소개해 주었다.

여러 가지 생각을 갖고서 웨슬리는 엡웟으로 향하였고 홀로 된 어머니에게 자기의 생각을 털어놓았다. 그러자 수잔나는 조금도 지체하지 않고 감탄하며 말하였다. "내게 스무 명의 아들이 있다면 모두가 다 그런 모양으로 쓰임 받았으면 좋겠다."[3] 숙고와 기도를 통해서 웨슬리는 마침내 선교사로의 초청을 받아들이기로 결심하였고, 1735년 10월 10일 자기가 선교사가 되기로 결정하게 된 두 가지 이유를 적어 버튼 목사에게 편지를 보냈다. 먼저, 웨슬리는 "내 자신의 영혼을 구원하기 위해서" 식민지 조지아 주에 가려 한다고 썼다. "나는 이방인에게 그리스도의 복음을 전파함으로써 복음의 진정한 의미를 배우고자 합니다."[4] 이 편지에서 웨슬리는, "복음의 진정한 의미"라고 표현함으로써, 이 당시 아직 탐구되지는 않았지만 그에게 구원의 복음을 중요하게 여기고 있음을 보여주고 있다. 또 웨슬리는 같은 편지에서 자신을 "한탄스러운 죄인"(grievous sinner)이라고 표현할 뿐 아니라 자신을 가리켜서 아직 "어리석고 상처를 주는 여러 가지 성적 욕망에 빠져 있는"(laden with foolish and hurtful lusts)[5] 자라고 표현하고 있다. 그 후 버튼에게 보낸 답장에서 웨슬리는 복음의 심장 곧 해방을 주는 은총의 내용은 삶의 왜곡이나 일상에서가 아니고 선교를 통해서 실현되고 구체화되는 것이라고 자신의 생각을 피력하였다.

둘째, 이 편지에서 웨슬리는 선교의 열망을 전하면서 영국에 남아 있게 된다면 조지아에서 이루게 될 거룩함을 이룰 수 없을 것이라고 하였다. 웨슬리의 변론을 들어보자.

> 그러나 당신은 이렇게 물을 수도 있습니다. 조지아에서와 같이 영국에서도 당신의 영혼을 구원할 수 없습니까? 제 대답은 예(no), 그럴 수 없다는 것입니다. 저는 조지아에서 얻게 될 동일한 수준의 거룩을 이곳 영국에서 얻을 수 없을 것입니다. 이 사실을 알면서 이곳에 머무른다면, 저는 결코 합당한 거룩을 얻을 수 없을 것입니다.[6]

놀랍게도 웨슬리는 앞서 아버지가 자신에게 엡웟에 머물러 있어줄 것을 요청했을 때와 비슷한 논쟁을 여기서 하고 있다. 당시 웨슬리는 엡웟에 머물러 있는 것보다 옥스퍼드에 있는 것이 더 거룩할 수 있다고 주장했었다. 이제 웨슬리는 버튼 목사에게 조지아 주에 머무는 것이 영국에 머무는 것보다 어쩌면 옥스퍼드에 머무는 것보다 더 거룩해질 수 있을 것이라고 주장하고 있다. 장소는 바뀌었지만 웨슬리의 자기 논증 방식은 변하지 않았다.

"영국 안에도 이론적으로가 아니고 실제 이방인이 충분히 있는 상황에서" 그렇게 야심적이고 위험하기까지 한 모험을 할 필요가 있는가라는 주장에

배를 타고 아메리카 조지아로 떠나는 존 웨슬리

대해 웨슬리는 다시 한 번 선교에 대한 자신의 헌신과 영국교회를 비판하는 방식으로 자기의 주장을 견지하였다. 웨슬리는 "왜 내가 아메리카에 있는 이방인들을 향해 가야 할까요?"라고 스스로 묻고는, "영국에 있는 이방인들에게는 모세와 예언자들이 있지만, 아메리카에 있는 이방인들에게는 모세와 예언자들이 없기 때문입니다. 영국에 있는 이방인들은 복음을 듣고 진지하게 응답하지 않은 반면 아메리카에 있는 이방인들은 복음을 듣고 복음을 짓밟아 버리고 있기 때문입니다."[7]라고 답하였다. 웨슬리는 이방인들에게 복음을 설교하고 싶은 열망이 있었다. 그는 하나님의 구원의 은총에 대한 복음을 목말라 했던 선교지에서 필요한 역할을 감당하고 싶었다. 결국 웨슬리는 선교지에서 열정적이고도 경건한 열망이 일어날 것이고 어느 면에서 이러한 열망을 견지할 것이라고 생각하였다.

모라비안과의 첫 만남

1735년 10월 14일 존 웨슬리는 갓 사제 서품을 받은 동생 찰스와 함께 조지아로 출발하기 위해 그레이브젠드(Gravesend)로 향하였다. 이들과 동행한 이들 가운데는 옥스퍼드 퀸즈 칼리지의 벤자민 잉햄(Benjamin Ingham)과 런던 상인의 아들이었던 찰스 델라모트(Charles Delamotte)가 있었다. 그레이브젠드 연안 부두에서 네 사람은 경건한 주교 데이빗 니치만(David Nitschmann)의 인솔 하에 헤른후트(Herrnhut)로부터 온 26명의 모라비안 교도들과 함께 시몬즈(Simmonds) 호에 올랐다. 웨슬리는 그날의 일에 대해서 자신의 일지에 다음과 같이 쓰고 있다. "우리가 고국을 떠나는 이유는 궁핍을 피하여 (하나님은 이미 우리에게 많은 세속적 축복을 주셨다) 부나 명예의 쓰레기와 찌꺼기를 얻으려는 것이 아니라 우리의 영혼을 구하고 전적으로 하나님의 영광을 따라 살기 위함이다."[8]

일단 항해가 시작되자 웨슬리는 몇몇 동료들과 더불어 "고기를 먹거나 포도주를 마시지 않고 밥과 비스킷만으로 연명하겠다."[9]고 결심하였다. 그 후 12월 7일이 되어 웨슬리는 "환경이 우리가 익숙하게 지내온 풍요를 제공하지 못한다는 것을 알고는 저녁을 거르기로 결정하였다. 그 결정에 따라 지금까지 지내고 보니 그렇게 불편하지 않게 되었다."[10]고 고백하고 있다. 먹는 것과 관련한 웨슬리의 금욕적인 훈련은 그의 시간 사용과 잘 조화를 이룬다. 웨슬리는 정해진 규칙적 방식에 따라 시간을 사용하였던 것이다.

> 우리의 일상적인 하루 일과는 이러합니다. 아침 4시부터 5시까지는 개인기도의 시간을 가집니다. 5시부터 7시까지는 성서와 성인들을 위해 성서의 의미를 풀어쓴 논문 등을 읽습니다. 8시는 공중기도회 시간이고 이 시간에는 함께 항해했던 80명 가운데 30-40명이 참석하였습니다. 9시부터 12시까지 나는 주로 독일어를 배웠고, 델라모트 씨는 그리스어를 배웠으며 내 동생은 설교를 썼습니다.[11]

시몬즈 호는 항해에 적합하게 건조된 배였음에도 불구하고, 18세기 대서양을 횡단하는 일은 아주 위험했다. 수개월이 걸리는 항해 일정 동안 배가 대서양의 계절풍을 만날 수도 있는 일이었다. 예를 들면 11월 23일 웨슬리는 배가 뒤뚱거리고 바람이 몰아치는 바람에 객실 안에서 자던 중 잠에서 깨었다. 웨슬리는 당시 심정을 "죽고 싶지 않았다."[12]고 표현했다. 몇 주 전에도 웨슬리

조지아로의 항해 도중 거대한 폭풍을 만난 시몬즈 호

는 배에 큰 소리가 나 잠이 깼었는데 그때는 배가 위험에 처하지는 않았다. 웨슬리는 이 경험들을 다음과 같이 받아들였다. "그러나 죽을 수도 있다는 생각은 영원에 이르는 사람들이 어떻게 영원을 맞아야 할지의 물음을 생생하게 하였다."[13]

12월 동안의 항해는 대체로 순조로웠다. 그러나 1736년 1월의 날씨는 점점 악화되고 있었다. 특별히 1월 17일부터 25일 사이에 몇 번의 거대한 폭풍이 대서양에 몰아쳤고 시몬즈 호를 거세게 강타하였다. 폭풍이 불기 시작한 첫날에 대해 웨슬리는 자신의 일지에 이렇게 적고 있다. "바다가 배 앞에서 뒤까지 덮쳐 버렸다. 웨슬리와 함께 세네 사람이 사용하였던 중앙 객실의 창을 부수고 물이 쏟아져 들어왔지만 다행히 옷장 뒤로 피신해 보호를 받을 수 있었다."[14] 자연은 그토록 강력하고도 끔찍하였다. 웨슬리는 자연의 공격에 두려움을 느꼈다. "나는 내가 살아있는지 불안하였다. 그리고 죽기를 꺼려하는 내 모습이 부끄러웠다." 1월 23일 저녁 또 다른 폭풍이 인하였다. 이 당시에 대해서 웨슬리는 다음과 같이 적고 있다. "나는 스스로에게 말할 수밖에 없었다. 너는 '여전히 죽는 것을 두려워하고 있으니' 어찌 그리 믿음이 없는고?"[15] 그 후 이틀이 지나서 웨슬리는 항해 중 가장 강력하고 두려운 폭풍을 만났다. 이 폭풍을 경험한 것에 대해 자신의 몇몇 단상과 함께 저널에 생생하게 기록하고 있는데, 특별히 이 폭풍은 걱정이 많았던 여행자 웨슬리에게 지울 수 없는 인상을 남겨놓았다. 웨슬리는 다음과 같이 회상하고 있다.

> 예배가 시작되면서 시편을 읊고 있는데 바다가 요동을 치더니 중앙 돛대를 부러트리고 배를 덮쳐 갑판 사이로 물이 들어왔다. 갑자기 어둠이 모두를 삼켜버렸다. 영국인들 사이에서 두려운 비명이 터져 나오기 시작했다. 그러나 독일인들은 조용하게 찬송하고 있었다. 이후에 나는 이들 중 한 사람에게 "두렵지 않았나요?"라고 물었다. 그러자 그가 대답했다. "두렵지 않았어

요. 하나님께 감사했지요." 나는 재차 물었다. "그렇지만 아이들과 여인들은 두려워하지 않았나요?" 그가 온화한 미소로 대답했다. "아닙니다. 여인들과 아이들도 죽음을 두려워하지 않지요."[16]

위험에 처한 상황에서 보여준 모라비안 교도들의 용기와 침착함은 웨슬리에게 강한 인상을 주었다. 웨슬리는 이에 대해 다음과 같이 적고 있다. "오늘은 내가 살아온 날 중에서 가장 영광스러운 하루였다."[17]

후에 회고를 통해 웨슬리는 자연의 힘과 영혼의 상태를 연결하였음을 보여준다. "잔잔한 바다와 사나운 바다는 하나님의 사랑에 의해 평온해진 마음과 세상의 욕망의 폭풍으로 찢겨진 마음에 비교될 수 있다. 1736년 7월 웨슬리가 미국에 있을 때에 그는 끔찍한 천둥과 번개 폭풍을 경험하였다. 이때를 회상하면서 그의 일지에 다시 한 번 그는 당시 죽을 준비가 되어 있지 않았다고 고백하였다."[18] 그 후 몇 주가 지난 다음 보트를 타고 사우스 캐롤나이나 해안의 연안에 있는 세인트 헬레나 사운드 해협을 가로지르고 있을 때 불길한 폭풍을 만났다. 바람이 너무 세차고 비가 오는 바람에 배의 돛대가

침몰의 위협과 공포 속에서도 용기와 침착함을 잃지 않은 모라비안 교도들

무너져 내려 갑판 위에서 무서워 떨고 있었다. 이 경험을 회고하면서 스스로에게 다음과 같이 결론을 내렸다. "그대는 얼마나 믿음이 없는 사람인고?"[19]

신앙 체험의 시험 – 죽음에 대한 두려움

죽음에 직면했을 때 웨슬리가 느낀 두려움에 대한 이야기는 조지아 선교 기간 동안 웨슬리 자신의 영적 경험뿐 아니라 그가 평생 견지하였던 구원론적 기준을 보여주고 있다. 불행하게도 "본래적 기독교 신앙"(proper Christian faith)을 추구하는 현대 신학자들은, 웨슬리가 서배너와 프레데리카 (Frederica)에 있는 동안 보여준, 여러 면에서 가치가 있는 이 자료를 대체로 간과하였다. 당시 웨슬리가 "종의 믿음"(the faith of servant)을 갖고 있었다는 주장은 종종 구원을 가져오는 믿음의 결정적인 증기로서 제시된다.[20] 그러나 이 접근은 여러 면에서 세세한 전기적 자료로서는 마땅치 않다.

죽음에 대한 두려움의 동기에 대한 특징적인 요소와 이것이 웨슬리의 구원론적 입장에 어떻게 연결되어 있는가를 밝히기 전에, 오해를 피하기 위해서 몇 가지 구분을 필요로 한다. 1731년 1월 15일에 보낸 편지에서 웨슬리는 죽음에 대한 두려움이 다 부정적인 것은 아니라고 주장한 바 있다. 어떤 두려움은 생명의 존속을 위해 필요한 것이다. "아픔과 죽음의 두려움이 없어진다면, 어떤 동물도 충분히 생존할 수 없을 것이다."[21] 이 경우 죽음의 두려움은 실존적이거나 영적인 고통을 의미하지 않고, 생명을 유지하고 지속시키는 데 필요한 놀랍고도 유용한 "직관"이다. 이 직관은 거룩한 것과 상관없이 모든 믿는 자들에게도 필요한 직관이다. 그러나 죽음의 두려움이 갖는 부정적 의미들은 1745년 출판된 「이성과 경건의 사람들에게 던지는 계속적인 호소」(*A Farther Appeal to Men of Reason and Religion*)라는 논문에 잘 나타나 있다.

> 사람들은 일반적으로 죽음을 두려워한다. 첫째는 세상적인 행복과 쾌락을 남겨두고 떠나야 하기 때문이고, 둘째는 죽음이 가져올 아픔에 대한 두려움 때문이며, 셋째는 영원히 임할 저주에 대한 두려움 때문이다. 그러나 이들 중 어떤 것도 선한 사람들에게 문제가 될 것이 없다. 왜냐하면 선한 사람들은 참된 믿음, 온전한 자비, 끝없는 기쁨과 영원한 축복에 대한 분명한 소망에 머물러 있기 때문이다.[22]

웨슬리는 진정한 믿음의 사람들은 여기 열거한 것들로 인해 죽음을 두려워하지 않는다고 생각하였다. 그렇지만 그는 죽음의 과정에서 느끼는 육체적 아픔이 주는 두려움과 영원한 저주가 주는 두려움을 구분하였다. 이 구분은 병자와 죽어가는 자를 위한 웨슬리의 목회적 돌봄으로 이어졌다. 그래서 심판과 영원한 죽음이라는 세 번째 의미의 죽음을 반복해서 강조할 뿐 아니라 죽어가는 이의 아픔을 어떻게 약화시킬 것인가에 대해서도 관심하였다.[23]

조지아 선교를 다녀온 후 6년이 지나 웨슬리는 옥스퍼드의 성 마리아 교회에서 마지막 설교를 하였다. 이때 웨슬리는 의롭다 함을 받고 하나님으로 태어난 사람은 죽음의 두려움에서 자유하다고 선포하였고, 특별히 고통이 있는 죽음을 "노예의 영"(the spirit of bondage)과 연결하였다. 예를 들면, 웨슬리는 "성서적 기독교"(Scriptural Christianity)란 설교에서 이렇게 설명하고 있다.

> 기독교 신자는 "인간의 머리카락 하나라도 하나님께 세신 바 됨"을 알고 있기 때문에 인간이 할 수 있는 것을 두려워하지 않습니다. 기독교 신자는 하나님께서 악의 모든 세력을 매일 "그의 발아래에 놓으시기 때문에" 두려워하지 않습니다. 그는 조금도 죽기를 두려워하지 않습니다. 결코 두려워하지 않습니다. 오히려 그는 "세상을 떠나서 그리스도와 함께 있는 것을 훨씬 좋

존 웨슬리가 죽음의 두려움을 극복케 하는 그리스도교 신앙에 대해 설교한 옥스퍼드 성 마리아 교회의 내부 모습

이합니다."(빌 1:23) 그리스도는 "죽음을 통해 죽음의 힘을 가진 자와 심지어는 악마까지 부숨으로써, 평생토록 죽음의 두려움을 통해 여전히 죽음의 노예가 된 이들을 구원하셨습니다."[24]

다음 해 「이성과 경건의 사람들에게 던지는 계속적인 호소」라는 논문에서 웨슬리는 죽음에 대한 두려움을 노예의 영과 연결지으면서, 이를 복음의 자유와 대비되는 유대교적 가르침으로 이해하였다. 그는 이 논문에서 "유대인들은 죽음의 두려움에 빠져 노예 상태로 산다."[25]고 지적하였다.

그러나 죽음에 대한 두려움과 노예의 영 사이의 관계에 대한 가장 명쾌한 설명은 1746년에 쓴 "노예의 영과 양자의 영"(The Spirit of Bondage and of Adoption)이라는 설교에 등장한다. 웨슬리는 이 설교에서 자유와 능력의 복음의 은총에 앞서는 영적 조건으로서의 "율법적 상태"(legal state)를 탐구한다. 진정 "율법 아래" 있는 사람은 "죄가 영혼에 임하여 … 완전히 비참한 상황에 처했음을 깨닫습니다. … 그는 영원한 죽음의 입구인 지옥문이 그에게 임하는 것처럼 죽음의 두려움을 느낍니다."[26] 흥미로운 것은 웨슬리가 바울이 로마서 7장에서 표현했듯이 의지가 나누어진 이중성으로 곧 죽음의 두려움과 죄가 지배하는 상태로서의 노예를 탐구하고 있다는 점이다. "내가 행하는 것을 내가 알지 못하노니 곧 내가 원하는 것은 행하지 아니하고 도리어 미워하는 것을 행함이라."(롬 7:15) 다시 말하거니와 노예의 영 아래 놓인 사람들은 슬픔과 회환을 느낀다. 이들은 죽음과 악마와 인간을 두려워한다. 이들은 죄의 사슬을 부수기 원하지만 부술 수 없어 절망적으로 외친다. "오호라 나는 곤고한 사람이로다. 이 사망의 몸에서 누가 나를 건져내랴."(롬 7:24)[27] 노예의 힘에 눌린 사람들의 영적인 상태를 생각하면서 웨슬리는 이렇게 고백한다. "[이들은] 노예 아래 놓여 [신음하며] 강퍅한 [노예주인의] 폭군 아래 신음한다."[28]

어떤 이들은 웨슬리가 죽음에 대한 두려움을 주제로 탐구하고 이를 노예의 영과 연결한 것은 초기에 그랬을 뿐이라고 생각한다. 그러나 웨슬리는 이 주제에 대해 초기뿐 아니라 그의 생애 전체를 통해 탐구하였다. 예를 들면, 1750년 "율법의 기원, 본성, 속성, 사용"(The Original, Nature, Properties, and Use of the Law)이라는 설교에서 웨슬리는 독자들에게 "[노예]의 올무에 다시금 엮이지 않도록" 주의를 주었다. 그는 주장하기를 우리는 "죽음이나 지옥보다도 훨씬 더 죄를 혐오해야 하며, 죄 자체를 죄로 인한 벌보다 훨씬 더 혐오해야 한다."[29]고 하였다. 같은 해 "사탄의 전략"(Satan's Divices)이라는 설교에서 메소디스트 지도자였던 웨슬리는 하나님의 아들과 딸들에게 "여러분의 눈이 지속적으로 여러분의 모든 죄를 짊어지신 그분께 맞춰지지 않는다면, 그는 여러분으로 하여금 오래도록 '노예 상태로 있게 했던' '죽음의 두려움'에 오래도록 빠지게 할 것"[30]이라고 상기시키고 있다. 사실 1760년에 출판된 "광야 상태"(The Wilderness State)라는 설교에서 웨슬리는 천천히 그리고 미묘하게 죄로 빠져들면서 두려움의 영이 다시 나타나는 과정을 그려주고 있다.

우리는 성령의 참된 증거가 우리 마음에 있었던가 하고 의심하기 시작합니다. 우리는 우리 자신의 영혼을 속이지는 않았는지, 자연의 소리를 하나님의 소리로 오인하지는 않았는지 의심하기 시작합니다. … 그리고 이 의심들은 다시금 굴종적인 두려움과 하나가 되고, "고통을 지닌" "두려움"과 하나가 됩니다. 우리는 믿음이 있기 전에 그랬던 것처럼 하나님의 진로를 두려워합니다. 우리는 하나님의 현존에서 떠나지 않을까 또한 이전에 온전히 구원함을 받은 죽음의 두려움에 다시 빠지지는 않을까 두려워합니다.[31]

더 나아가 이후 10년이 지난 1772년 자신의 일지에 적은 대로 웨슬리는 "'노예의 영', 특별히 죽음의 두려움을 통해 완전히 비참하게 된"[32] 어떤 사람과 식사를 같이하였다.

그 외 많은 증빙자료가 있어서 더 인용할 수 있겠지만, 1781년 토머스 데븐포트(Thomas Davenport)에게 보낸 웨슬리의 편지가 아주 중요하다. 왜냐하면 이 편지에서 웨슬리는 죄의 능력이나 통치 아래 있어서 죽음과 심판의 두려움으로 고통 받는 "율법적 믿음" 곧 노예의 영은 의롭다 함을 주는 믿음이 아니며 또 그런 믿음일 수 없다고 분명하게 밝히고 있기 때문이다. 웨슬리는 다음과 같이 설명한다.

여러분은 지혜로운 의사의 손에 있습니다. 의사는 여러분의 아픈 상처를 치유하기 위해서 상처 난 곳을 찌릅니다. 그는 지금 여러분에게 두려움의 영을 주신 것입니다. 그러나 두려움의 영은 사랑과 건강한 정신의 영에 속한 것입니다. 여러분은 이제 노예의 영을 받았습니다. 노예의 영은 양자의 영에 앞서 오는 것 아니겠습니까? 주님은 저 멀리 계신 것이 아닙니다. 눈을 들어 보십시오. 그리고 주님께서 여러분의 심령에서 아바 아버지라 부르짖는 소리를 들으십시오. 여러분을 의롭게 하시는 그분께서 가까이 와 계십니다.[33]

어떤 사람들은 노예의 영이나 죽음에 대한 두려움을 의롭다 하시는 믿음과 혼돈하였다. 그러나 웨슬리는 결코 이 둘을 혼돈하지 않았다.

웨슬리는 죽음의 두려움으로부터의 자유가 중요한 구원론적 기준의 하나일 수 있는지 깊이 생각하였고 이를 참된 기독교의 동기라는 자신의 연구에서 자세하게 다루었다.[34] 따라서 1745년 출판된 「이성과 경건의 사람들에게 던지는 계속적인 호소」라는 논문에서 웨슬리는 "죽음의 두려움을 넘어서는 설교"(Sermon Against the Fear of Death)의 내용을 인용하여 "진정한 그리스도인은 … 죽음을 두려워하지 않는다."[35]고 주장한다. "필연성에 대한 사유"(Thought on Necessity)라는 글에서 웨슬리는 "불신앙을 넘어 진정한 그리스도인이 된다는 것은 얼마나 많은 모험을 필요로 하는지!"라고 하였다. "진정한 그리스도인은 하나님을 본다! 그 결과 … 그는 냉혹한 운명, 두려움, 죽음, 지옥을 밟아버린다."[36] 그러나 죽음의 두려움으로부터의 자유와 진정한 혹은 본래적인 기독교 신앙을 연결시킨 가장 좋은 예는 노년에 쿠민스(Ms. Cummins)에게 보낸 편지의 한 영적 충고에서 나타난다.

> 오! 서두르십시오! 지금 진정한 성서적 기독교인이 되십시오. 당신은 "아니 나는 이미 기독교인이지 않습니까?"라고 반문할지 모릅니다. 저는 두려워하지 않습니다. (보십시오. 제가 얼마나 자유롭게 말하고 있는지를!) 그리스도인은 죽는 것을 두려워하지 않습니다. 당신은 죽는 것을 두려워하지 않나요? 당신은 두려움에서 벗어나 그리스도와 함께 하기를 원하나요?[37]

1770년대 들어 노년의 웨슬리가 진정한 그리스도인은 죽는 것을 두려워하지 않는다고 말했다면 조지아 주에 있을 때 웨슬리를 두렵게 했던 것은 무엇인가? 죽음을 앞에 두고 두려워하지 않는 것은 웨슬리가 조지아 주에 도착해서 조지아 주를 떠나기까지 자신의 종교적인 경험에 적용했던 하나의 시험대였다. 뿐만 아니라 죽음을 두려워하지 않는 것은 젊은 시절과 노년을 통틀어 스스로에게 적용했던 시험대였다. 놀랍게도 이 기준은 지속되고 있다.

조지아에서 자라난 새로운 신앙 운동 – 감리회의 두 번째 발흥

1736년 2월 4일 정오쯤 조지아 주의 소나무 숲이 시몬즈 호의 돛대 너머로 보이기 시작했다. 그 후 이틀이 지나 배에 타고 있던 영국인들과 독일인들이 미국에 상륙을 하고는 무릎을 꿇고 항해를 안전하게 인도한 하나님께 감사의 기도를 드렸다. 신대륙에서 웨슬리는 사제로서 배에 싣고 왔던 술통들을 부수었는데, 이는 수탁자의 규정에 있는 행동이긴 했지만 식민지 지배를 하고 있던 이들에게는 주제 넘는 일로 보였다.

웨슬리는 조지아 주의 첫 영국 사제로서 1732년부터 1735년까지 서배너 정착민들의 목회자로 일했던 사무엘 퀸시(Sameul Quincy)의 자리를 물려받아 목회를 시작하였다. 그러나 퀸시는 여전히 사제관에서 살고 있었고 이사할 준비가 되어 있지 않았다. 때문에 웨슬리와 찰스 델라모트(Charles Delamotte)는 한동안 모라비안 교도들이 쓰는 막사에서 기거해야만 했다. 2월 25일 두 사람은 독일인들과 기거하기 시작했고 이를 통해서 이들은 매일 경건한 모라비안 교도들의 삶을 지켜볼 수 있었다. 이들은 아침부터 저녁까지 같은 방에서 생활하였다.

스팡겐베르크

모라비안 교도들의 삶에서 깊은 감명을 받은 웨슬리는 이들의 지도자 중 한 사람이었던 스팡겐베르크(August Spangenberg)에게 자신의 도덕적이며 영적인 행위에 대해 조언을 구할 만큼 관계가 깊어졌다. 이때 스팡겐베르크는 웨슬리에게 두 가지 질문을 던졌다. 첫째는 "당신 안에 증인을 갖고 있는가?"였고, 둘째는 "하나님의 성령이 당신이 하나님의 자녀임을 당신 영과 더불어 증언하고 있는가?"였다. 웨슬리는 탐문하듯이 묻는 이 두 가지 질문에 당황하였고 무어라 대답해야 할지 정확하게 알지 못하고 있었다. 이런 상황에서도 스팡겐베르크는 질문을 계속하였다. "당신은 예수 그리스도를 아십니까?" 웨슬리는 잠시 머뭇거린 후 대답하였다. "저는 그분이 이 세상의 구주이심을 압니다." "맞아요!" 스팡겐베르크는 대답하였다. "그렇지만 당신은 그분이 당신을 구원하셨음을 알고 계십니까?" 웨슬리의 대답은 역시 힘이 없고 확신이 없었다. "저는 그분이 저를 구원하기 위해 죽으셨기를 소망합니다." 그러자 친절한 모라비안 지도자는 그 문제를 아주 목회적인 방식으로 접근하였다. "당신은 당신 자신을 아십니까?" 웨슬리는 "그렇소!"라고 대답하였다. 그렇지만 이후 웨슬리는 자신의 일지에서 자신의 대답은 두려움에서 "의미 없이 내뱉은 말"이었음을 상기했다.[38)]

스팡겐베르크와의 대화는 여러 면에서 아주 중요한 것이었다. 웨슬리는 이 대화를 통해 자신이 하나님의 자녀라는 성령의 증언이 부족하였음을 알게 되었다. 또한 웨슬리는 스팡겐베르크가 갖고 있었던 믿음의 확신에 대해 놀라워하였다. 이는 앞서 시몬즈 호에서 모라비안 공동체가 보여주었던 견고한 확신이었다. 이 사건은 웨슬리로 하여금 더 깊이 질문하게 하였고 자연스럽게 독일어를 사용하는 모라비안 교도들로부터 많은 것을 배우고자 하였다. 결국 웨슬리는 항해와 함께 시작한 독일어 공부를 계속하였고, 시간이 지나면서 더욱 진지하게 공부하였다.

잘츠부르크 사람들

그러나 웨슬리가 조지아에서 만난 경건한 집단은 모라비안 교도들만이 아니었다. 시몬즈 호와 함께 서배너로 항해해온 런던 머천트 호(*The London*

Merchant)는 하노버 왕가의 귀족이었던 프리드리히 본 렉(Friedrich Von Reck)의 지도로 200명의 잘츠부르크 피난민을 싣고 도착하였다. 잘츠부르크에서 온 사람들은 단호하고 용기가 넘치는 개신교도들이었다. 이들은 잘츠부르크의 대 주교 퍼미안(Firmian)의 잔혹한 정책 때문에 심한 박해를 견뎌야 했다. 기독교의 은총과 사랑의 실천의 일환으로 '기독교 지식 증진을 위한 신도회' (SPCK)는 이들이 서배너로부터 북서쪽으로 30–50km 떨어진 퍼리스버그(Purrisburg) 근처 뉴 에베네저(New Ebenezer)에 정착하도록 도왔다.

잘츠부르크 이주자들을 위해서 요한 마틴 볼지우스(Johan Martin Bolzius)와 이스라엘 크리스천 그로나우(Israel Christian Gronau)라는 두 루터교 목사가 목회를 감당하였다. 이 두 루터교 목사는 어거스트 헤르만 프랑케의 지도하에 할레(Halle)에 있는 고아원에서 교사로 일하였으며 후에 미국 선교를 위해 독일에서 목사 안수를 받았다.[39] 사무엘 월스퍼거(Samuel Urlsperger)와 어거스트 헤르만 프랑케의 가르침을 받았던 볼지우스와 그로나우는 자연스럽게 할레 대학과 필립 야콥 스페너(Philipp Jacob Spener)의 전통에 기울어 있었다.[40] 살아있는 기독교 신앙, 내적 경험, 종교적 헌신에 강조점을 두었던 신학적 전통의 선조로서는 요한 아른트(Johan Arndt)와 베일리(L. Bayly) 같은 영국 청교도들이 있다. 당시 할레의 경건은 은총, 참회, 중생의 필요성을 강조하였고, 웨슬리도 같은 맥락에서 이것을 강조하였다. 웨슬리가 스펜서의 『경건의 열망』(*Pia Desideria*)을 읽었는지에 대해서는 분명한 증거가 없다. 그렇지만 "진정한 기독교"와 관련해서 웨슬리는 아른트가 쓴 고전적인 책 『참된 기독교』(*True Christianity*)를 읽고 잘츠부르크 공동체와 소통하는 것을 통해서 그 중요성을 배웠다. 웨슬리는 1736년 3월 24일 아른트의 책을 읽기 시작해서 1주일 만에 다 읽었다.

17세기와 18세기에 크게 대중적 인기를 얻었던 아른트의 저서들은 독일 경건주의의 중요한 자료가 되었다. 사실 이 기간 많은 독일 가정에서는 성서와 함께 아른트의 『참된 기독교』를 함께 갖고 있었다. 아른트의 책은

1648년 대륙으로부터 영국에 건너와 소개되었다.[41] 그 결과 할레의 경건주의자 앤토니 윌리엄 뵘(Anthony William Boehm, 1673-1722)은 – 야콥 뵈메(Jabob Boehme, 1574-1624)와 혼돈하지 말 것 – 『참된 기독교』 4권을 영어로 번역하여 적절한 서문과 함께 번역된 책을 여왕에게 선물하였다.[42] 잘츠부르크 사람들과 더불어 웨슬리는 『참된 기독교』가 갖는 세 가지 주요 주제에 큰 매력을 느꼈다. 첫째는 구원론적 주제이고, 둘째는 형식적이거나 외적인 종교에 반대되는 내적 성향을 포용하는 진정한 기독교에 대한 강조이며, 셋째는 참된 기독교가 갖는 역설적인 목표와 특성이다.

요한 아른트의 대표적 저서 『참된 기독교』

첫째, 구원론과 관련해서 볼 때 웨슬리의 후기 설교들[43]과 마찬가지로 아른트의 책도 그리스도인의 삶이 갖는 발전적 단계들에 주목한다. 아른트의 『참된 기독교』 3권 서론의 처음 부분을 보면 이 점이 분명하게 나타난다.

> 인생에서 나이가 들어가고 성숙해 가듯이 영적인 삶에서도 발전의 단계가 있다. 영적 삶의 기반은 진정한 회개(*sincere repentance*)에 있다. 이 회개로 인하여 우리는 마음으로 자신의 삶을 돌이킨다. 다음으로는 비약적인 조명(*greater illumination*)이 뒤따른다. 조명은 일종의 중간단계에 속한다. 이때 우리는 관상, 기도, 십자가를 짐으로써 매일 은총 안에서 완전을 향해 성장해 간다. 최종적인 단계로서 완전한 상태는 가장 견고한 일치(*firm union*)이다. 견고한 일치는 순수한 사랑(pure love)에 기반을 두고 세워진다. 순수한 사랑이

란 사도 바울이 "온전한 사람"이 되어 "그리스도의 충만하심의 경지에까지 이르게 된"(엡 4:13) 단계이다.[44]

여기 소개된 발전 단계의 유형은 약간의 변형을 했지만 분명 위 디오니시우스에게서 빌려온 것이었다. 그럼에도 웨슬리는 "그리스도의 충만하심의 경지에까지 이르는" 중요성뿐 아니라 순수한 사랑이란 표현을 고맙게 생각하였다.

둘째, 아른트와 웨슬리는 진정한 종교는 부분적으로는 형식적인 변화나 이름뿐인 기독교를 넘어서는 내적 갱신이라고 주장하였다. 여기서 주목할 일은 『참된 기독교』가 그리스도인 삶의 수행에 대한 강조로 시작하고 있다는 점이다.

사랑하는 기독교 독자 여러분! 이 시대의 많은 사람들이 입술로는 그리스도와 그분의 말씀을 찬양하지만 삶으로는 기독교 세계가 아니라 이방 나라에 살아가는 사람들처럼 뉘우침이 없는 경건치 못한 삶으로 인해 거룩한 복음이 크고 수치스럽게 모욕을 당하고 있습니다.[45]

루터교 신학자이자 신비주의 저술가인 아른트는 하나님을 참으로 예배하는 것에 대해 기술하면서 "하나님께서 … 명하신 것은 외적인 모양, 의식, 법령이 아니라 원칙에 있어서 신령과 진정으로 그리스도에 대한 믿음을 요구하는 내적인 것이다."[46]라고 선언하였다. 같은 책에서 아른트는 비-본래적인 기독교의 위험에 빠지지 말 것을 주의하고 있다. "말 그대로 그리스도인의 삶을 살지도 않으면서 스스로를 그리스도인이라 이름한다. 이로써 그리스도는 거부되고 잘못 전달된다."[47] 1725-29년 사이 주요 영국교회 저술가들과 다른 이들의 책을 통해 웨슬리는 기질, 내적 성정, 마음의 종교에 관심을 가지게 되었던 바, 자연스럽게 이 영역에서 아른트로부터 큰 영향을

요한 아른트

받게 되었다.[48]

셋째, 17세기 독일의 저술가인 아른트는 교리의 순수성은 언쟁과 불필요한 논쟁에 의해서가 아니라 거룩한 삶을 삶으로써 견지되어야 한다고 보았다. 한편 아른트는 "주님에 대해 논쟁하거나 강론할 수 있는 것보다 주님을 사랑하는 것이 비교도 안 되게 좋은 것"[49]이라고 가르쳤다. 웨슬리는 평화로운 관계를 위해 아른트처럼 강하게 말하진 않았다. (후에 웨슬리는 "하나님께서 실천신학은 꼭 있도록 만드셨지만 악마는 논쟁하게 하였다."라고 빈정대듯이 말을 하고는 이내 "그렇지만 실천신학이 꼭 필요한 것 아닌가! 우리는 '악마를 물리쳐야 한다.' 그렇지 않으면 악마가 '우리를 떠나지 않을 것이다.'"[50]라고 첨언하곤 하였다.) 그럼에도 불구하고 조지아 선교 이후 웨슬리는 감리회원들에게 편협함을 피하고 보편적 정신을 가르치고자 하였다.[51] 이렇게 나아갔던 것은 부분적으로는 웨슬리가 잘츠부르크 이민자들과 대화하는 것을 통해서뿐 아니라 아른트의 책을 읽었기 때문이었다.

조지아에서 만난 모라비안 교도들과 잘츠부르크 이민자들이 많은 공통점을 갖고 있었지만 또 다른 면에서는 이들 사이에 격론이 오가는 긴장이 있었다. 그 가운데 하나는 모라비안 교도들이 감독제를 따르고 있었을 뿐 아니라 사도적 계승에 대해 논리 정연하게 주장하였다. 반면 잘츠부르크 이민자들은 루터교인들과 마찬가지로 반대의 주장을 하고 있었다. 이 때문에 웨슬리는 결국 모라비안 교도들이 더 정통에 가깝다고 생각했다. 이 같은 부정적인 판단에 신경이 곤두선 볼지우스(Bolzius)는 웨슬리에게서 "교회론적 율법주의에 기반한" "가톨릭적인 누룩"[52]이 발견된다고 반박하였다. 더 나아가 볼지우스는 웨슬리와 격론을 벌이며 그리스도께서 안수와 계승에 대해 분명한 가르침을 주지도 않았고 초대 교회 교부들은 "감독 권위에 정반대"[53]되는 의견을 갖고 있었다고 주장하였다.

이 같은 주장을 넘어서서, 볼지우스는 몇 명의 잘츠부르크 이민자들과 함께 은총의 이름으로 하나님의 계명을 경시하는 모라비안 교도들의 율법 폐기론에 대해 웨슬리에게 불평하였다. 당시 자신의 신학적 입장에서 웨슬리는 교회론적 율법주의라는 말에 대해서는 관대하게 대처하면서 율법 폐기라는 말에 대해서는 아주 민감하게 반응하였다. 이 기간 웨슬리는 영국 국교회의 규정을 엄격하게 따르고 있었기 때문에 주일과 축제일에 성만찬에 참석하겠다고 앞서 공표하였다. 성만찬은 자기 죄를 마음으로 유감스럽게 생각하는 모든 이에게 열려진 것처럼 보였다. 그러나 교회에서 세례를 받지 않은 사람들은 주의 만찬에 나오는 것이 금지되어 있었다. 따라서 웨슬리는 볼지우스가 세례를 받지 않아서가 아니고 성만찬이 제대로 된 교회법을 따라 행해지지 않았기 때문에 점잖고 겸손한 볼지우스를 거절할 수밖에 없었다. 잘츠부르크 이민자들의 지도자였던 볼지우스는 이 공식적인 거부를 굴욕으로 받아들였고 이 사건은 웨슬리의 마음속에 오래도록 기억되었다. 20여 년이 지난 후 이 불행한 사건을 회상하면서 웨슬리는 "고교회라 한들 이보다 더 편협할 수 있을까?"[54]라고 후회하였다.

서배너와 프레데리카에서 보여준 웨슬리의 목회 스타일

가끔 웨슬리는 원주민들에게 설교하고 싶은 자신의 소망을 피력했다. 그러나 제임스 오글소프가 웨슬리에게 준 과제는 서배너와 프레데리카에 있는 식민지 주민의 주임 신부가 되어 섬기는 것이었다. 열정을 갖고 목회의 과제를 수행했던 웨슬리는 1736년 3월 7일 고린도전서 13장을 본문으로 설교하면서 서배너에서의 목회를 기분 좋게 출발하였다. 조지아에서 자비를 베푸는 일에 대해서 형과 마찬가지로 낙관적이었던 찰스는 몇 주 후에 존에게 편지를 썼다. "나는 왜 주님께서 나를 이곳으로 인도했는지 알 것 같소.

머지않아 '이제 그리스도의 제자가 되기 시작한 것이오.'라고 했던 이그나시우스의 말을 하고자 한다오."[55] 두 형제에게 조지아 선교의 시작은 아름다웠지만, 곧 어렵고 아픔을 남긴 목회가 되었다. 지구의 반대 저편에서 옥스퍼드의 편안함과 안전은 사라지고 없었다.

서배너와 프레데리카에서 웨슬리의 목회는 그의 회중들에게 많은 원한과 아픔을 안겨주었다. 한 예를 든다면, 웨슬리는 비국교도들의 자녀들에게 세례를 다시 베풀었으며, 세례 시 세 번 물에 잠기게 하는 것을 고집하였다. 물에 세 번 잠기게 하는 것은 급기야 서배너 제2농장 주인의 아내인 파커 부인(Mrs. Parker)의 반발을 샀다. 그녀는 자기의 자녀가 물에 잠기는 것을 거부하고 나섰다. 그러나 웨슬리는 이 점에 양보가 없었다. 그래서 결국은 다른 신부가 세례를 집례하였다. 두 달이 지난 1736년 6월 호튼 씨(Mr. Horton)는 웨슬리의 목회 양식에 문제를 제기하고는 웨슬리가 설교에서 "특정 인물을 상대로 공격"했으며, 사람들은 "당신이 무슨 교파에 속해 있는지 알 수 없으며 이런 교리를 이전에 들어본 바가 없다."[56]고 불평하였다. 웨슬리가 비국교도의 장례식 집례를 거부했던 것을 보면 왜 그토록 많은 식민지 주민들이 웨슬리를 가리켜 "위장한 교황 예찬자"[57]라고 투덜거렸는지를 이해할 수 있다.

형 존과 마찬가지로 찰스 웨슬리도 조지아 목회에서 많은 반대에 부딪혔다. 그러나 찰스가 경험한 것은 아주 악의적인 것이었다. 식민지 관리위원회의 서기이자 오글소프의 개인 비서였던 찰스는 정부의 선한 의지를 받들어 일하고 있었다. 그러던 어느 날 호킨스 부인(Mrs. Hawkins)과 웰치 부인(Mrs. Welch)이 찰스를 찾아와 자기들이 오글소프와 성관계를 가졌으며 이 소문을 찰스 웨슬리 목사가 사람들 사이에 퍼뜨리고 있다는 점을 주지사에게 알리겠노라고 뻔뻔스럽게 찰스를 협박하였다. 당연히 오글소프와 찰스 웨슬리 사이의 관계가 어색하게 되었다. 다행히 주지사가 사실을 알고는 아주 친절하고도 자애로운 방식으로 찰스의 문제를 해결해 주었다. 그럼에도 불구하고 건강상 문제와 서기 일을 성공적으로 수행할 수 없음과 악의에 찬 중상모략 때문에 찰스는 영국으로 돌아가는 것이 좋겠다고 마음먹었다. 그래서 찰스는 1736년 8월, 6개월간의 식민지 활동을 청산하고 조지아 주 프레데리카를 떠나 영국으로 향하였다.

찰스가 갑자기 떠나자 존 웨슬리는 서배너의 목회지를 떠나 프레데리카로 향하였다. 앞서 웨슬리는 상호 책임과 돌봄을 위해 서배너에 소그룹들을 세워놓았었다. 이렇게 소그룹을 만드는 것을 일러 웨슬리는 후에 "감리회의 제2차 발흥"이라고 불렀다. 작은 신도회들의 도움을 받아 존 웨슬리는 진정한 은총의 수단을 프레데리카에까지 퍼뜨릴 수 있었다. 앞서 찰스가 오글소프의 비서로서 서배너에 사업차 가야 했기 때문에 프레데리카에서 존이 동생과 함께 땅을 구입하였던 1736년 5월 웨슬리는 자신의 일지에 이렇게 기록하였다.

> 우리는 서배너에서 앞서 동의했던 바를 프레데리카에서 실행에 옮기기 시작했다. 우리의 계획은 매주일 예배가 끝난 후 오후와 저녁에 성만찬에 참여한 사람들 중에 가장 진지한 사람들과 함께 찬양하고 성서를 읽으며 대화하는 시간을 갖는 것이었다.[58)]

불행히도 프레데리카에서의 신도회도 좋은 성과를 내지 못했다. 찰스가 떠난 후 두 달이 지나 1736년 10월 웨슬리가 프레데리카 신도회로 돌아갔을 때 공중 기도예배들이 사실상 중단된 상태였다. 이렇게 느슨해진 신도회에 생명력을 넣기 위해 웨슬리는 머무는 주간 매일 저녁 정규 모임을 갖고 "고전 작가 가운데 … 가장 큰 각성을 불러온"[59)] 에프램 사이러스(Ephrem Syrus)의 책을 읽었다. 그러나 1737년 웨슬리가 마지막으로 이곳을 방문했을 때는 상황이 더 참담하였다. 그리고 그의 일기에 따르면 "감리회 저녁 모임도 없었음"[60)]을 보여주고 있다. 이런 상황에서 어떤 일도 할 수 없음을 알고 웨슬리는 실망에 빠졌다. 이런 그의 마음이 1월 26일 일기에 잘 나타나 있다.

> 20일 동안 이 불행한 곳에서 "허공을 치고 난" 지금 1월 26일 나는 마침내 프레데리카를 떠난다. 내가 떠나는 것은 (여러 차례 생명이 위협을 당하긴 했어도) 생명의 위협 때문이 아니라 이곳에서 아무것도 할 수 없다는 절망 때문이다. 나는 이곳에서 더 좋아질 전망을 보지 못했다.[61]

프레데리카에서 목회의 전초기지가 무너지자 그의 꿈이 헛된 것이었지만 웨슬리의 활동 범위는 서배너와 미국 원주민들에게로 좁혀졌다.[62]

서배너로 돌아가기 전 웨슬리는 자신의 목회에 대해 에그먼트(Egmont)의 백작에게 편지를 썼다. 그는 "서배너가 이미 내가 돌보기에는 너무 엄청납니다. … 영국에서 같은 크기의 어떤 도시보다도 이곳의 사람들은 기독교인이 되고자 열망합니다."[63] 그러므로 이 절박한 상황에 응답하기 위해서 웨슬리는 정해진 일정에 따라 신도회를 만났다. 예컨대 주일 오후뿐 아니라 수요일과 토요일 저녁 기도회가 끝난 후 이들과 만났다.[64] 이렇게 시간을 배

서배너의 원주민들에게 설교하는 존 웨슬리

정하는 일로 미루어 다시 한 번 말하지만 수잔나와 엡웟 사제관이 웨슬리에게 지속적으로 영향을 주었던 것을 알 수 있다. 그러나 얼굴과 얼굴을 맞대고 상호 책임적인 관계로 만나는 대신 웨슬리는 예배에 영국교회 형식의 반주에 맞춰 찬송을 부르게 함으로써 서배너 회중들의 영적 욕구를 충족시키고자 하였다. 앞서 1736년 5월에 웨슬리는 여러 모라비안 찬송가를 영어로 번역하였다. 다음 해 웨슬리는 이들 번역된 찬송가 여럿과 시편에서 뽑은 몇 곡과 미국에서 간행된 처음 영어 찬송가에 있던 찬송을 묶어 출판하였다. 찬송가 곡 선정 기준에 대해서 어떤 학자는 이렇게 주장한다.

> 독일어로 된 찬송가에서 번역된 이 찬송가들의 가사는 성경에 기반을 둔 경건주의의 마음을 담고 있는 내용들이다. 은총에 완전한 의존, 사랑의 중심, 차가운 마음을 녹이는 순수한 불에 대한 열망 등 당시 웨슬리의 영적 추구의 중심이 되는 주제들을 보여주고 있다.[65]

보다 개인적인 차원에서 보면 웨슬리의 금욕적인 성향들은 그의 형 사무엘이 볼 때는 깜짝 놀랄 정도로 지속되었던 듯싶다.[66] 또한 웨슬리의 경건에 대한 진지함에 대해서도 모두가 알고 있었던 것같다. 그러나 이 기간 썼던 편지들의 내용을 보면 웨슬리는 경건을 "세상에서 가장 즐거운 것"[67]으로 생각하였다. 한 예를 들어본다면, 1737년 3월 29일 배스(Bath) 출신의 잘 알려진 복음 전도사 월터 채프먼(Walter Chapman) 목사의 어머니로 알려진 채프먼 부인(Mrs. Chapman)에게[68] 보내는 편지에서 웨슬리는 "진정한 경건이나 거룩함은 기쁨의 충만을 가져온다. 그러므로 거룩함이나 진정한 경건이 없다면 계속적인 기쁨은 있을 수 없다."[69]고 주장하였다. 그럼에도 불구하고 다른 사람들은 이 주장을 지지하지 않는다. 대신 서배너에서 웨슬리의 목회는 기쁨도 위로도 없었고 진지함과 계속되는 도전만이 있었다. 사실 다음 달 "교육을 받은 한 남자"가 웨슬리의 신생에 대한 설명에 대해 문제제기를 하였다. “이런 것이 기독교라면 무엇 때문에 기독교인이 알렉산더 대왕보다도 더 용감해야 하는 것입니까?”[70] 그러나 이 사람들은 종종 완고하고도 엄격해 보이는 목회 스타일을 넘어 성실하고도 진지했던 설교의 배후에 웨슬리의 깊은 애정의 마음이 있었다는 것을 몰랐다.

소피아 홉키와의 만남과 이별

앞서 서배너에서 자신의 목회적 소임을 다하고 있는 동안 웨슬리는 치안장관 토마스 커스턴(Thomas Causton)의 조카인 소피아 홉키(Sophia Hopkey)를 소개받았다. 처음부터 웨슬리와 소피아는 서로 감정적으로 끌리는 관계인 듯 보였다. 이때 소피아는 겨우 18살이었다. 부인이 있으면 웨슬리에게 훨씬 더 좋을 것이라 생각한 오글소프는 소피아와 가능한 한 많은 시간을 보내보라고 권하였고 1736년 10월 25일 프레데리카에서 서배너로 출항을 할 때는 같은 배에 타도록 배려함으로써 두 사람의 관계가 더 가까워지도록 도왔다. 웨슬리는 둘이 같은 배를 타고 가는 여행이 자신에게 위험할 수 있다고 생각하였다. 그래서 다음 날 아침 도보이 사운드(Doboy Sound)를 지나고 있을 때 웨슬리는 소피아의 의도가 고상하고 순결한지 확답을 받기 위해서 자신에게 던졌던 질문들을 소피아에게 물었다. “소피아 양, 당신은 죽음이 두렵지 않아요?” 그러자 소피아가 “전혀 두렵지 않아요. 저는 더 이상 살기를 원치 않아요.”라고 아무런 생각 없이 대답했다. “하나님께서 지금 저를 데려가신다면! 전 평안히 쉼을 얻을 거예요. 이 세상에서 제가 예상하는 것은 비참한 삶뿐이에요.”[71]

소피아의 과외 선생으로서 실천신학과 프랑스어 분야를 가르치고 있던 웨슬리는 그녀와 많은 시간을 보냈다. 이렇게 가까이서 개인적인 접촉을 하다 보니 웨슬리는 이 젊은 여인에게 친절과 애정을 표현하게 되었다. 자연스럽게 둘의 관계는 깊어만 갔고, 웨슬리는 지나친 애정의 결과에 대해 두려움을 느끼기 시작했다. 달리 말하면, 웨슬리는 창조자보다는 피조물을 더 사랑하지 않을까 두려웠다. 어쩌면 소피아가 식민지 원주민들에게 복음을 전하려는 그의 높은 이상과 소명을 잊게 할지 모른다는 두려움이 들었다. 예컨대 선교를 통해 복음의 깊이를 알고자 했던 웨슬리의 소명을 왜곡시킬지 모른다는 두려움이 들었다. 젊은 여인과 사랑에 빠지면서 목회의 과제에 헌신하는 일과의 사이에서 갈등하게 된 웨슬리는 규칙과 결단을 통해 자신의 사랑의 감정을 통제하고자 하였다. 예를 들면, 1736년 11월 초, 웨슬리는 소피아의 몸을 만지지 않기로 마음먹었다. 그러나 이 결단을 한 지 10일도 지나지 않아 웨슬리는 소피아의 손을 잡고 "한두 차례 키스를 하였다."[72]

지나친 애정을 통제하려는 자신의 결심을 더 확고히 하기 위해서 웨슬리는 결혼하지 말아야 할 몇 가지 이유를 정리하였다. 이중에는 웨슬리 자신이 아직 결혼해서 살 만큼 강하지 않으며, 결혼했을 경우 식민지 원주민들과의 삶에 방해가 될 것이고, 소피아가 결혼하지 않을 것이라고 생각했다.[73] 그래서 웨슬리는 식민지 원주민들에게 목회를 감당하기까지 결혼하지 않겠노라고 소피아에게 자신의 마음을 전하였다. 웨슬리가 자기의 의중을 전하자 소피아는 마음에 혼란을 느꼈다. 그러고는 다음 날 냉담한 태도로 더 이상 웨슬리와 아침을 같이 하지 않을 것이며 혼자 웨슬리의 집에 놀러 오지도 않을 것이라고 말하였다. 다음 날 소피아는 웨슬리와 더 이상 프랑스어를 공부하지 않겠노라고 선언하였다. 이 선언에도 불구하고 소피아는 여전히 감정적으로는 웨슬리에게 묶여 있었다. 일주일 후 웨슬리가 영국으로 돌아갈 것을 계획하고 있음을 알았을 때, 소피아는 "안색이 여러 번 변하면서"[74] 탄식하듯이, "뭐라고요! 영국으로 돌아간다고요? 그러면 내가 사랑했던 사람이 조지아를 떠난단 말인가요?"[75]라고 말하였다. 후에 웨슬리가 이 말을 상기시키며 소피아에게 물었을 때, 소피아는 "당신은 내가 이 세상에서 가장 사랑했던 친구예요."[76]라고 눈물 흘리며 대답하였다.

1737년 3월 초 웨슬리는 그의 규칙, 결단, 이유들이 자신의 마음에 싹튼 사랑의 감정을 다스리거나 통제하는 데 아무런 효력이 없음을 깨닫기 시작했다. 진정 소피아와의 한 번의 눈맞춤, 소피아에 대한 단 한 번의 생각, 그녀가 부드럽게 한 번만 만져주어도 웨슬리의 모든 결단은 쉽게 잊혀졌다. 내면의 통제에서 실패를 경험한 웨슬리는 소피아와의 관계를 정리하기 위해서 "외면적"인 수단을 사용하였다. 웨슬리는 경우의 수가 셋이 있는 주사위를 던졌다. 첫 번째 수에는 "결혼"이라고 써 넣고, 두 번째 수에는 "올 한 해만이라도 결혼에 대해 생각지 말자."라고 써 넣고, 세 번째 수에는 "결혼에 대해서는 생각지 말자."[77]라고 써 넣었다. 그러고는 주사위를 던져 세 번째 수의 결과를 얻었다. 그리고 다른 질문으로 다음 번 주사위를 던지고는 델라모트(Mr. Delamotte) 씨가 함께 할 때만 소피아를 만나겠다는 결론을 얻었다. 그러나 3일째 되는 날 웨슬리는 정원을 거니는 소피아를 보았고, 델라모트 씨가 자리하지 않았음에도 소피아와 대화를 나누었다. 웨슬리는 이 사건을 두고 "악한 영이 지배했었다."고 말하였다. 그러나 두 사람만의 애틋한 대화는 커스턴 부인(Mrs. Causton)이 들어오면서 멈추게 되었다. 후에 웨슬리는 이 순간을 "불에서 건짐 받은 부지깽이"(snatched as a brand out of the fire)[78]라고 표현했다.

마침내 1737년 3월 9일 소피아는 웨슬리에게 "당신이 반대하지 않는다면"[79] 청혼한 윌리엄슨(Mr. Williamson)에게 결혼할 의사를 밝히겠노라고 통보하였다. 웨슬리는 생각해 보았다. "'만일에 소피아가 당신이 나와 결혼해 주지 않는다면?' 이라고 물은 것이라면 어떻게 되는 것인가? 그러나 나는 생각을 점검한 후 '소피아는 그토록 진지한 여인이지.' 라고 생각을 정리했다."[80] 당황한 웨슬리는 집으로 돌아와 정원을 거닐었다. 마음으로 평화를 구하였으나 평화가 임하지 않았다. 웨슬리는 자신의 일지에 이렇게 고백하였다. "지금까지 살면서 이런 적이 없었다."[81] 그는 아픔으로 고백하였다. "하나님께서 내게 적절치 못한 애정을 허락하셨다. 그리고 내 영이 그 독을 마셨다. … '그녀를 더 이상 보지 않으리라!' 그렇게 생각하는 것은 날선 검이 내 생각을 찌르는 것과 같았다."[82] 그 사이 소피아는 자신이 밝힌 의도를 실현하고 부분적으로 견디기 힘들었던 커스턴 가정을 도망할 생각으로 은총이나 경건과는 상관없었던 윌리엄슨과 1737년 3월 12일 퍼리스버그(Purrysburg)에서 결혼식을 올렸다.

웨슬리가 소피아의 결혼 전에는 그녀에게서 신실함과 은총만을 보았다면, 결혼 후에는 소피아의 교활함과 위선을 파고든 듯하다. 소피아로부터 퇴짜를 당하고 심사가 꼬이게 된 웨슬리는 새로 결혼한 윌리엄슨 부인(소피아 홉키)에 대해 "결혼 전의 불성실함과 결혼 후의 배은망덕"[83]을 고발하였다. 더 나아가 꼼꼼하게 따지는 것과 정확한 것을 좋아했던 웨슬리는 윌리엄슨 부인에게서 교회 생활의 허점을 지적하였다. 그중의 하나가 주의 만찬에 자주 빠지는 것이었다. 1737년 7월 3일 그녀가 성만찬을 받으러 나왔던 어느 날, 성만찬 예배가 끝난 후 웨슬리는 윌리엄슨 부인과 대화하면서 교회 생활에서 고쳐야 할 것들을 일러주었다. 웨슬리의 지적 사항은 공중예배에 나올 때 반밖에 집중하지 않는 것, 금식을 간과하는 것, 성만찬을 받을 수 있는 기회를 반밖에 참여하지 않는 것 등이었다. 또한 웨슬리는 윌리엄슨 씨와 결혼할 의사가 전혀 없었다고 반복해서 표현했던 소피아의 거짓말과 위선을 비난하였다. 교회에서의 생활과 도덕 실천에 있어서의 이런저런 위반사항에 대해 웨슬리는 1737년 8월 7일 성만찬에 나온 윌리엄슨 부인에게 성찬 분급을 하지 않음으로써 공개적인 굴욕을 주었다.

토마스 커스턴은 자기나 자기 부인과 관련된 일 외에는 어떤 소송도 제기하지 않겠노라고 웨슬리에게 약속을 했었다. 그럼에도 불구하고 치안장관인 그는 몹시 화가 나 있었다. 그래서 그는 웨슬리가 그의 조카에게 왜 주의 만찬을 주지 않았는지 그 이유를 밝히도록 요청하였다. 커스턴은 가족의 명예를 지킬 생각으로 웨슬리가 여러 차례 소피아에게 청혼을 하였지만 윌리엄슨 씨를 사랑하였기에 그의 청혼이 거절된 것에 앙심을 품고 소피아에게 성만찬 분급을 거부한 것이라는 소문을 퍼트렸다. 바로 26명으로 구성된 대배심원단이 구성되었고 웨슬리에 대한 10개의 고소장이 접수되었다. 그러나 웨슬리는 이 법정에 어떤 영향도 미칠 수 없었고, 그의 목회가 사실상 끝났음을 직감하고는 "식민지 원주민들에게 복음을 전할 가능성이 없으니"[84] 영국으로 돌아가겠노라고 선언하였다. 그 후 웨슬리는 법원의 결정이 날 때까지 출발하지 않겠다며 마음을 정리하지 못하고 있다가 돌연 1737년 12월 2일 "발에 먼지를 털고" 조지아 주를 떠났다. 웨슬리는 "돌이켜 보니 1년 9개월 동안 (의무로서가 아니라 내가 할 수 있어서) 복음을 설교하였다."[85]라고 회고했다.

고향으로 돌아오다

육로로 사우스 캐롤라이나를 통과한 후 웨슬리는 퍼시 선장(Captain Percy)이 지휘하는 사무엘 호(Samuel)에 승선하였다. 크리스마스 전날에 배는 찰스턴(Charleston)에서 항해를 시작하였고 이내 육지가 사라져 갔다. 며칠이 지난 후 웨슬리는 큰 두려움에 싸여 이렇게 고백하였다.

> (바람이 조금씩 불고 있었고 바다는 잔잔하였지만) 나는 앞으로 어떤 위험이 몰아칠지 몰라 두려움에 떨면서 … 진지하게 도움을 청하는 울부짖음의 기도를 드렸다. 순간 기도가 하나님을 기쁘게 하였고 영혼에 마음의 평화를 회복하였다.[86]

이처럼 불안으로 동요를 경험한 후 웨슬리는 "어떤 경우든 마음이 편치 않은 사람은 (몸의 고통이 동반될 수 있음) 스스로 아직 믿는 자가 아니라는 생각을 갖고 있는 것입니다."라고 주장하였다. 좀 더 구체적으로 말한다면, "죽음에 대한 염려로 마음이 편치 않으십니까? 그렇다면 그는 '죽는 것이 곧 얻는 것입니다.'라는 사실을 믿지 못하고 있는 것입니다."[87)]

1738년 1월 초 영국으로 돌아오는 길에 웨슬리는 조지아에서의 목회를 전체적으로 돌아보았다. 그러고는 자신의 영적 상태를 평가하고는 일지에 다음과 같은 글을 올려놓았다.

> 내가 확신하며 확실히 입증할 수 있는 내적 감정들 :
>
> 1. 불신앙. 내 마음이 곤경에 빠지지 않을 만큼 그리스도에 대한 신앙을 갖고 있지 않았다. 내가 하나님을 믿고 또 바르게 그(그리스도)를 믿었더라면 마음이 곤경에 빠지지 않았을 것이다.
> 2. 교만. 내 과거의 삶을 돌아보니 내가 갖고 있지 않다고 생각한 교만을 갖고 있었다.
> 3. 망각. 폭풍 가운데서는 매번 하나님께 부르짖지만, 조용할 때는 부르짖지 않는다.
> 4. 정신의 경솔함과 방만함. 부담이 거둬지면 정신이 경솔하고 게을러진다. 가르침의 말보다는 원수를 대하듯 말을 한다.[88)]

웨슬리는 삶과 죽음에서 고요한 평화를 주는 믿음을 위해 기도하였고 겸손으로 마음이 채워지기를 위해 기도하였다. "제게 믿음을 주십시오. 그렇지 않으면 제가 죽을 것입니다. 제게 겸손한 영을 주십시오. 그렇지 않으면 제 영혼이 너무 힘이 듭니다."(*Mihi non sit suave vivere*)[89)]

그달 말이 되었을 때 웨슬리는 불신앙과 죽음에 대한 두려움을 분명하게 연결시켰다. 이 주제는 이 기간 계속해서 제기된 문제였다.

> 나는 아메리카 원주민들을 회개시키고자 식민지에 갔습니다. 그러나 오! 나는 누가 회개시킬 것입니까? 누가 무엇이 나의 불신앙의 악한 마음으로부

터 구원할 것입니까? 나는 입만 무성한 종교인입니다. 어떤 위험도 보이지 않을 때는 말도 잘하고 내 스스로 생각도 합니다. 그러나 죽음이 눈앞에 보이고 영혼이 번민에 싸이게 되면 심지어 "죽는 것이 얻는 것이다."라는 말조차 할 수 없습니다.[90]

이후 웨슬리는 다시 한 번 죽음의 두려움을 죄로 인한 평화의 부재와 연결시킬 뿐 아니라 고통스런 의심과 두려움과 연결시켰다. "나는 순종과 불순종 사이를 왔다 갔다 합니다. 그러고는 지속적으로 내가 옳은지 그른지를 놓고 의심하면서 당혹감과 복잡한 구조에 빠져 순종할 마음도 여력도 열정도 갖지 못합니다."[91] 웨슬리는 영적 능력과 승리를 희망하였다. 그러나 그는 의심과 두려움을 곤혹스러워하였고, 가끔은 죄의 능력에 굴복하곤 하였다. 직관적으로 웨슬리는 그리스도인의 자유는 이렇지 않다는 것을 알았고, 감각적으로 이를 희미하게 감지하고 있었다.

영국 국교회의 사제로서 웨슬리는 1725년 이후 자신의 생각을 사로잡았

미국 조지아 주 서배너에 세워져 있는 존 웨슬리의 동상

던 거룩함을 자신의 삶에서 실현시키지 못했다는 점을 통렬하면서도 정직하게 인식하고 있었다. 불순종과 죄에 대해 지속적으로 갈등할 뿐 아니라 사랑했다고 생각한 여인을 공개적으로 망신을 주는 등 웨슬리의 완고하고도 둔감한 목회적 돌봄은 그를 계속 따라다니며 괴롭히고 있었다. 목회의 실패 경험은 그의 양심을 짓누르고 있었고 자연스럽게 평화를 빼앗아 가고 있었다. 진정 거룩함의 이상과 그의 실제적인 수행 사이의 불평등은 염려와 두려움을 낳았다. 이로써 웨슬리는 마음의 성정 속에 자리하게 될 결정적 은총의 부재를 깨닫게 되었다.

그러나 조지아에서 웨슬리는 성실했다. 그는 가능한 한 하나님의 모든 은총을 사용하려 하였고, 규칙적으로 성만찬을 시행하였다. 그는 매일 성서를 읽고 기도하였다. 가난한 사람들을 신중하게는 아닐지라도 신실하게 섬겼다. 제레미 테일러의 책들을 읽고 "다른 길은 없다고 생각하고 철저한 확신 가운데 자신의 모든 생각과 밀과 행동을" [하나님께] 헌신하였다.[92] 다시 말하지만, 그는 세례자였고, 진지하면서도 덕망이 높은 자였다. 그런데 신성회의 지도자이면서 영국 국교회의 사제였던 존 웨슬리에게 무엇이 부족했단 말인가?

그러므로 전기적 관점에서 보았을 때 조지아 경험이 인상적인 것은 웨슬리가 분명 모범적으로 그리스도인의 삶을 살려고 노력하였고, 마음에 의도한 정도로 거룩함을 실현하고자 하였으나 그의 수고가 지속적으로 수포로 돌아갔다는 점이다. 앞서 지적했듯이, 웨슬리는 이성과 규칙과 결단으로써 마음의 성정뿐 아니라 자신의 영적 삶을 다스리고자 하였다. 그러나 그는 거듭 실패하였다. 바울이 로마서 7장 15절에서 "나는 내가 하는 일을 도무지 알 수가 없습니다. 내가 해야겠다고 생각하는 일은 하지 않고, 도리어 해서는 안 되겠다고 생각하는 일을 하고 있으니 말입니다."라고 묘사한 것처럼 웨슬리는 조지아에 있는 동안 두 개의 생각과 의지를 갖고 있었다. 달리 말하면 그의 사랑은 무질서하였고 나누어져 있었다. 때로는 이 둘이 서로 갈등하기도 하였다. 그러므로 조지아 선교 이야기를 읽어보면 웨슬리가 당시 자신의 삶과 성품에 만족을 느끼지 못하고 있었으며, 행복하지도 않았음을 알 수 있다. 거룩함과 행복이 복잡하게 관계되어 있다면, 웨슬리는 그토록 찾았던 거룩한 사랑을 실현할 다른 수단을 강구해야만 했다. 그러나 높은 이상과 희망으로 시작한 서배너와 프레데리카의 선교는 아픈 현실과 깊은 절망으로 끝을 맺었다.

제 1 장
올더스게이트에서 만난 하나님

존 웨슬리가 설교했던 옥스퍼드의 성 마리아 교회 내부
와 외관 그리고 그의 명설교들이 행해진 강대의 모습

존 웨슬리가 설교했던 옥스퍼드 성 마리아 교회. 그의 "믿음으로 말미암은 구원"이라는 설교가 대표적이다.

제 4 장

올더스게이트에서 만난 하나님

1738년 2월 1일 사무엘 호가 영국 딜 항구(Deal Harbor)에 들어오고 있는 사이 조지 휫필드는 식민지 이사회로부터 서배너의 목사가 되어 달라는 초청을 받아들고 조지아 주로 출발하기 위해 기다리고 있었다. 젊은 옥스퍼드의 메소디스트였던 휫필드는 자신의 여정과 웨슬리의 여정이 교차되는 것에 주목하였다. 같은 시점에서 웨슬리는 도착하고 있었고 자신은 새로운 출발선에 서 있었던 것이다. 휫필드는 이 순간을 감격하여 이렇게 기술하였다. "사람들은 웨슬리가 딜 항구를 빠져 나갈 때 내가 웨슬리를 만났더라면 기쁘지 않았을까 생각했을 것이다. 그러나 나는 하나님이 이 모든 일에 있어서 가장 좋은 것으로 안내하였다고 생각하였다."[1)]

휫필드가 신대륙으로 떠나고 있을 때 영국 식민지 지역들에서는 이미 부흥의 불길이 타오르고 있었다. 노스햄턴(Northampton)은 조나단 에드워즈(Jonathan Edwards)의 차분한 지도력을 바탕으로, 북부 뉴저지의 래리턴 밸리(Raritan Valley)에서는 테오도어 프래리그휘센(Theodore Frelighuysen)의 노력으로, 동일 지역의 장로교회에서는 윌리엄과 길버트 테넨트(William and Gilbert Tennent)의 심령을 찌르는 설교를 통해서 부흥의 불길이 일어나고 있었다. 1730년대 이들 지역에서 일어난 부흥 운동은 식민 지역으로 하여금 연합과 공동의 목표를 갖게 하였다. 그 결과 휫필드가 1740년 순회여행을 하고 있을 때에는 대 각성 운동(Great Awakening)으로 번져가고 있었다. 주의 깊게 연구한 역사가들은 18세기 복음주의 활동이 서서히 일어나고는 있었지만 대서양을 사이에 두고 영국과 북아메리카에 동시에 번져갔던 운동으로 파악하였다. 존 웨슬리가 탄 배는 2월 어느 날 아침 영국에 닻을 내리고 있었다. 그러나 웨슬리는 아직 영국의 각성 운동을 위해 준비되지 않은 상태였다.

조지아에서의 악몽과도 같은 경험과 염려와 두려움이 뒤범벅되어 안정을 찾지 못하고 있던 웨슬리는 1738년 2월 1일 근거도 없는 깊은 생각에 잡혀 있었다. 이날 쓴 일지에서 웨슬리는 그의 영적 상태에 대해 네 가지의 아주 우울한 모습을 보여주고 있다. 첫 번째 문제에 대해 다음과 같이 기술하고 있다.

> 내가 조지아 주의 인디언들에게 기독교의 본성을 가르치기 위해 조국을 떠난 지 거의 2년 하고도 4개월이 지났다. 그러나 그동안 내 스스로 배운 것이 무엇이란 말인가? (나는 한심한 사람 중에서도 가장 한심한 사람이다.) 다른 사람들을 개종시키겠다고 아메리카에까지 간 나는 어째서 하나님께 개종되지 않았을까?[2)]

몇몇 이전의 전기 작가들은 웨슬리의 영적 상태의 무게감을 강조하기 위해 위 주장을 따로 인용하여 사용하였다. 그러나 위 인용구를 이런 식으로 사용하는 것은 공정한 것도 아니고 정확한 것도 아니다. 얼마의 시간이 지난 1774년 웨슬리는 이때 쓴 일지의 내용 중에 "다른 사람들을 개종시키겠다고 아메리카에까지 간 나는 어째서 하나님께 개종되지 않았을까?"라는 문장 뒤에 "거부자"(disclaimer)라는 이름을 달아놓았다. 이 말의 의미는 "나는 이를 확신하지 않는다."라는 의미였다. 따라서 웨슬리는 조지아에 있는 동안 하나님께 개종되었는지 되지 않았는지 확신이 없었다. 달리 말하면 그의 의심은 두 가지 가능성에 모두 열려 있었다. 이후 웨슬리는 자신이 "회심"이라는 용어를 거의 사용하지 않았다고 주장하곤 했다. 그러나 실제로는 자신의 글에서 30여 차례 이상 "회심"이라는 용어가 등장하고 있다. 물론 회심이란 용어의 반 이상은 다른 사람들의 글을 인용하는 가운데 등장한다.

2월 1일에 대한 웨슬리의 두 번째 회상은 아주 겸허하고 자기-성찰적인 것이었다. 나는 이 부분에서 깊은 인상을 받았는데 오늘의 관점에서 보더라도 아주 잘 정리된 내용으로서 (진정한) 그리스도인이 된다는 것이 무슨 의미인가라는 주제였다. 웨슬리는 자신의 일지에서 다음과 같이 적고 있다.

> 어째서 나는 감성적이고, 흠이 없는 도덕적 의로움을 가진 있는 그대로의 "나 스스로에 대해 알지 못하는가?" 또한 (좀 더 정확하게 말하면) 모든 기독교의 진리에 대해서 어째서 **합리적인 확신**(rational conviction)을 가지지 못하는가? 이 모든 것이 그리스도인의 거룩한 하늘의 신성한 성격입니까? 결코 그렇지 않습니다. 하나님의 성경이 참이라면, 우리가 여전히 "율법과 계명"(the law and the testimony)에 따라 살아야 한다면, 이 모든 일들은 그리스도를 믿음으로 새로워질 때 더욱 거룩하고 정의롭고 선한 것이 됩니다. 그러나 그리스도를 믿지 않고는 이 모든 것이 "배설물과 찌꺼기"(dung and dross)일 뿐입니다.[3)]

그러나 1774년 웨슬리는 자신의 자서전적인 자료에 '거부자'라는 이름을 첨가하였다. "그때까지도 나는 아들의 신앙이 아니고 종의 신앙을 갖고 있었다." 다른 말로 하면, 웨슬리는 1738년이 아니라 그 이후에 믿음의 여러 단계 혹은 차원을 구분하였던 것이다. 따라서 1774년 웨슬리가 회고하면서 쓴 글에는 1738년 초기의 영적 상태가 앞서 그가 주장했듯이 그렇게 "어둡거나" "절망적인 것"은 아니었음을 보여주고 있다. 말하자면 웨슬리는 믿음과 은총을 측정하는 기준을 갖고 있었다. 그런데 그가 갖고 있었던 기준이 구원을 가져다주는(saving) 은총이고 믿음이었던가? 웨슬리의 신학적 여정을 살펴보면 그의 글에 나타난 종의 믿음은 여러 모양으로 정의되고 있고 언제나 의롭다 하시는 믿음을 구성하고 있는 것은 아님을 보여주고 있다. 때문에 종의 믿음이 언제나 의롭다 하시는 믿음이라고 주장했던 학자들은 그 주장을 멈출 필요가 있다. 이들의 주장은 웨슬리의 초기 전기에 기초하여 구성된 오류이다.[4]

웨슬리의 세 번째 자신의 영적 상태에 대한 기술은 가장 절망적이고 정확하지 않은 표현으로 되어 있다. "나는 '진노의 자녀요, 지옥의 상속자'입니다."[5] 분명 이 표현은 지나치게 강하게 되어 있다. 그래서 감정이 섞인 표현으로 보인다. 1774년 웨슬리는 이 표현에 거부자인 "나는 믿지 않는다."라고 덧붙였다. 1738년 초 젊은 성공회 사제였던 웨슬리는 그가 그림을 그리고 있었던 거룩함에 대해 충분히 이해하고 있지 않았던 듯싶다. 그는 지속적으로 염려와 두려움과 싸웠다. 그렇지만 그는 "진노의 자녀요 지옥의 상속자"는 아니었다. 적어도 그 점은 분명하였다. 그때에 웨슬리는 은총과 믿음의 발전과 단계들을 구분하여 중생과 구원의 은총에 이르지 못한 사람들을 격려하였다. 반면 "본래적인"(the proper) 기독교 믿음이 무엇인지에 대해 결정적인 표준을 제시하였다.

마지막으로 웨슬리는 딜 하버에 있으면서 자신의 영적 상태를 일지에 기록하는 중에 자기가 원했던 믿음은 "하나님에 대한 분명한 신뢰와 확신이었고 이로써 그리스도의 공로로 죄가 용서되고 하나님의 은총에 부합하게 되는 것"[6]이었음을 깨닫게 되었다. 이후 1774년 '거부자'란 말에서 표현되었듯이 웨슬리가 원했던 믿음은 "아들의 믿음"이었다. 예컨대 믿음은 "그 믿음을 가졌다는 것을 인식하지 않고는 가질 수 없다. … 왜냐하면 믿음을 가진 자마다 '죄로부터 자유하기' 때문이다."[7] 따라서 당시 웨슬리는 분명 '진노의 자녀'나 하나님의 자녀가 아니었고 아직 죄의 지배로부터 자유하지도 않았다. 나이가 들어 노년기에 이른 웨슬리가 자신의 젊었을 때를 회상하면서 쓴 글에 의하면, 1738년 웨슬리는 하나님의 자녀가 누리는 자유 곧 "아들의 믿음"이 주는 자유를 열망하였다고 기록하고 있다.

며칠 후 사무엘 호의 승객들이 하선을 하고 웨슬리는 다시 런던에 돌아왔다. 이때 웨슬리는 조지아 주를 향해 떠나면서 가졌던 꿈, 곧 인디언들에게 복음을 전하는 일이 이루어지지 않았음에도 불구하고 하나님께서는 "어떤 면에서 '나를 겸비케 하여 내 마음에 있던 것을 보여주었다.'"[8]고 생각했다. 이후 성공회 사제요 선교사였던 웨슬리는 자신의 이러한 경험과 당시 자신이 아주 겸비하여 마음에 상처를 갖고 있었기 때문에 더 심각하게 자신을 알게 되었다. 그러므로 조지아의 선교 여정은 누군가 말했듯이 아주 부정적인 것만은 아니었다. 선교지에서의 실패 경험은 웨슬리로 하여금 겸손한 마음으로 마음을 열어 하나님의 계획하신 바를 받아들일 수 있었던 것이다.

페터 뵐러를 통해 새롭게 발견한 믿음에 대한 진리

1738년 2월 7일 웨슬리는 네덜란드 상인이었던 봐이난츠(Mr. Weinantz)의 집에서 모라비안 선교사 페터 뵐러(Peter Böhler)를 만나는 행운을 얻었다. 웨슬리는 후에 자신의 일지에 "이날은 꼭 기억되어야 할 날"[9]이라고 기록함으로써 이때 뵐러와의 만남을 중요하게 생각하였음을 보여주고 있다. 1712년 마인의 프랑크푸르트에서 태어난 뵐러는 경건주의 공동체에서 자랐다. 예를 들면 1731년 그는 예나(Jena)에서 공부를 시작하였고 웨슬리가 조지아 주에서 만났던 모라비안 사제인 스팡겐베르크가 지도하고 있었던 헤른후트(Hernhut) 학생회에 등록하였다.[10] 대학에 머무는 동안 뵐러는 모라비안

페터 뵐러

교도들의 최고 지도자이자 필립 야콥 스페너(Philip Jacob Spener)의 대자(代子, godson)인 진젠도르프(Zinzendorf) 백작을 만난 직후 자신의 삶에 "갑작스런 변화"(instantaneous)를 경험하였다. 모라비안 경건을 인정하고 섬기려는 열정이 있었던 뵐러는 1737년 헤른후트에서 믿음의 형제단에 가입하였다. 그 후 뵐러는 곧바로 영국으로 건너가 런던과 옥스퍼드에 주로 머물며 활동하던 중 웨슬리를 만났던 것이다.

뵐러와의 처음 만남이 중요하긴 했지만 웨슬리는 뵐러가 당시 주장하던 바를 완전히 이해하지 못했다. 심지어 뵐러는 웨슬리가 가지고 있던 철학이 무엇이든 다 버려야 한다고 주장하였다. "내 형제여, 내 형제여, 당신은 당신의 철학을 깨끗이 버려야 합니다."(*Mi frater, mi frater, excoquenda est ista tua philosophia.*)[11] 웨슬리는 뵐러가 이해하고 있었던 믿음의 본성에 대해 호기심을 갖고 더 배우기를 원했다. 그러나 그 사이 웨슬리는 조지아에서 했던 예전 방식대로 규칙과 결단을 통해 그의 영적 삶을 훈련하고 있었다. (이것이 뵐러가 웨슬리에게 말했던 웨슬리의 철학을 뜻하는 것이었을까?) 예를 들면 2월 말 들어서 웨슬리는 이전의 결단들을 적어가면서 갱신을 하고 있었다. 그리고 그 결단들을 완전히 수행할 능력은 없었지만 완성하고픈 열망이 있었다.

3월에 웨슬리는 늑막염에서 회복 중인 동생 찰스 웨슬리를 방문하러 옥스퍼드에 올라간 길에 뵐러를 다시 만났다. 3월 5일 뵐러와의 대화 중에 "'우

리에게 유일하게 구원을 가져오는 믿음'이 부족하다는 것"[12] 곧 불신앙을 확신하게 되었다. 즉시 웨슬리는 믿음에 대해 설교하는 일을 멈추었다. 그 이유는 믿음이 부족한 사람이 어떻게 다른 사람들에게 믿음에 대해서 설교할 수 있을까 하는 생각 때문이었다. 뵐러는 웨슬리와의 상담에서 이렇게 충고해주었다. "믿음을 가질 **때까지** 믿음에 대해 설교하십시오. 그러고 나서 믿음을 가졌으면 믿음을 가졌기 때문에 믿음에 대해 설교하십시오."[13] 다음 날 3월 6일 웨슬리는 그의 마음에 완전한 믿음이 없었지만 믿음에 대한 설교를 시작했다. 믿음으로만 구원받을 수 있다는 웨슬리의 설교를 처음 들은 사람은 사형선고를 받고 복역 중이던 클리포드(Mr. Clifford)였다. 후에 웨슬리는 「소위 감리교도들이라 불리는 이들에 대한 간략한 역사」(*Short History of the People Called Methodists*)라는 글에서 당시 나누었던 "지적인 회심"(intellectual conversion)에 대해 자세히 설명하면서 이것이 자신의 목회에 미쳤던 유익한 점이었다고 정리해주고 있다.

> 나는 아직 구원을 가져다주는 믿음의 본성을 깨닫지 못했음에도 불구하고 여러 교회에서 믿음에 대해 설교를 했습니다. 그러나 3월 6일 월요일 바로 믿음이 구원을 가져다준다는 것을 깨닫는 순간 지체 없이 이를 선포하였습니다. 그리고 하나님께서는 내 목회를 통해서 이전과는 다른 방식으로 역사하기 시작하였습니다.[14]

그 후 한참이 지난 1774년 웨슬리는 "우리에게 유일하게 구원을 가져오는 믿음의 부족" 곧 불신앙에 대해 확신하고 있었던 3월 5일의 일지에 "완전한 그리스도인의 구원"과 함께 "거부자"라는 표제를 첨부하는 것이 맞다고 생각하였다. 이 상황에서 "완전한 그리스도인의 구원"이라는 용어는 진정한 기독교에 대해 웨슬리가 잘 정리한 또 다른 주제이다. 예컨대 "진정한," "참된," "본래적인"(심지어는 "합리적인")이라는 동의어를 모두 포함하는 주제이다. 그러므로 이 용어를 사용함으로써 웨슬리는 결국 1738년 3월에 어느 정도의 믿음이 있었다는 점과, 그때의 믿음이 "완전한 그리스도인의 구원"에는 미치지 못했음을 회고하고 있다. 달리 말하면, 그 사이 나이가 들고 많은 목회적 경험을 거친 웨슬리는 어느 정도의 은총과 조명에 종의 믿음이 필요함을 인지하고 인정하면서도 다른 한편에서는 "고유한 기독교 신앙"의 높은 표준을 고집하였다. 웨슬리의 성숙한 입장이 지닌 미묘함을 이해하기 위해서는 이 두 요소를 같이 인지하고 주장해야 한다.

3월 말 피터 뵐러는 웨슬리와 함께 경건주의적 전통의 방식으로 구원을 가져다주는 믿음의 본성을 설명하였다. 여기 믿음의 본성은 거룩함(죄로부터의 자유)과 행복(용서받았다는 자각에서 오는 평화와 기쁨)으로 열매 맺는 바, 이들과 나눌 수 없는 관계를 갖는다. 예컨대 뵐러는 이전의 아른트, 스페너, 프랑케와 마찬가지로 구원을 가져다주는 믿음을 칭의와 법적인 변화와 연결시켰을 뿐 아니라 중생과 참여적 변화와도 연결시켰다.[15] 웨슬리는 이 교리가 하나님에 대한 것인지 살피기 위해서 그리스어 성경을 연구하였다. 그러고는 4월 말에 뵐러를 다시 만났을 때 젊은 모라비안이었던 뵐러가 구원을 가져다주는 믿음의 본성에 대해 말했던 바에 수긍하였다. "인간은 하나님에 대해 분명한 신뢰와 확신을 갖습니다. 그리스도의 공로를 통해서 인간의 죄가 용서함 받으며 인간은 하나님의 은총과 화해를 이룹니다."[16] 그러나 웨슬리는 뵐러가 제시하였듯이 이 믿음이 어떻게 한순간에 주어지는 즉각적인 것인지에 대해서는 여전히 이해할 수 없었다. 다시금 웨슬리는 성서를 연구하였다. 그러고는 놀랍게도 "즉각적인 회심과 다른 경우, 곧 사도 바울의 느린 회심과 같은 경우가 거의 존재하지 않음을 발견하였다."[17] 그러나 웨슬리는 여러 살아있는 간증을 경험하고서야 "여기 내 논쟁을 끝낸다. 나는 이제 '주님 나의 믿음 없음을 도와주소서!'라고 울부짖을 수밖에 없다."[18]라고 솔직하게 고백하였다. 웨슬리의 위대한 전기 작가인 로버트 수데이(Robert Southey)는 이 점을 쉽게 인정할 수 없어 이렇게 질문하였다. "명민한 웨슬리가 35살이 되도록 성서가 기록하고 있는 즉각적인 회심을 알지 못한 채 성서를 연구해 왔다는 것이 가능이나 한 것입니까?"[19]

어쨌든, 웨슬리가 오해를 없애기 위해서 구원을 가져다주는 믿음의 즉각적인 본성이 무엇인지 생각해보는 것이 중요하다. 웨슬리는 신앙인들이 구원의 정확한 시간, 속량의 정확한 날짜나 시간을 알아야 한다고 주장하지는 않았다. 또 구원을 가져다주는 믿음의 실현이 언제나 극적이어야 한다고 주장하지도 않았다. 대신 속량의 즉각적인 본성을 고백함으로써 구원을 가져다주는 믿음이 지닌 단순한 선물의 의미를 강조하고자 하였다. 사도 바울의 말로 한다면, 구원을 가져다주는 믿음은 "누구도 자랑하지 못하도록 행위의 결과가 아닌 하나님의 선물"(엡 2:8-9)이었다. 마찬가지로 이 은총은 점진적인 변화(incremental change) 곧 정도(degree)의 변화뿐만 아니라 순전한 질적인 변화 곧 인간의 노력, 욕망, 의지가 아니라 하나님만 하실 수 있는 변화를 가져온다. 더 나아가 구원을 가져다주는 은총의 즉각적인 본성을 강조함으로써 웨슬리는 (윌리엄 제임스의 표현을 빌리자면) 건강한 영혼이건 병든 영혼이건 모든 사람들이 다시 태어나야 한다고 주장하였다.[20] 그러므로 은총은 가능할 뿐 아니라 현실적이어야 한다. 은총은 상상 속에 있을 뿐만 아니라 실현되어야 한다. 그리고 그 과정이 아무리 길고 어렵다 하더라도 그 정확한 순간이 인식되든 인식되지 않든 하나님의 은혜와 은총에 기초해야 한다. 이것이 뵐러가 웨슬리와 공유했던 신학적 유산의 일부이다.

1738년 5월 1일 웨슬리는 병이 재발하여 템플 바(Temple Bar) 근처인 제임스 휴턴(James Hutton)의 집에 휴식을 취하고 있었던 동생 찰스를 방문하였다.[21] 여기서 뵐러의 충고에 따라 작은 신도회가 구성이 되었는데 이후 페터 래인(Fetter Lane) 신도회로 발전이 되었다. 이론상 페터래인은 영국 국교회의 신도회였다. 그러나 여러 면에서 "이 신도회는 밀접하게 모라비안 체계에 기초하여 세워진 신도회였다."[22] 웨슬리는 11개의 신도회 규칙을 만들었는데 이중에는 회원들이 일주일에 한 번 만나야 하며, "반회들" 혹은 더 작은 모임들로 나누어져야 하고 "자신들의 심령 상태에 대해 자유롭고 솔직하며 간략하게 말해야 한다."[23]는 내용이 포함되어 있었다. 이 신도회는 앞서 옥스퍼드와 조지아 주에서 세워진 메소디스트 신도회들과 마찬가지로 기독교는 사회적 종교로서 "외로운 개인 중심의 종교로 전향하게 될 때 기독교를 파괴하게 된다."[24]는 기본적인 가르침을 강조하였다. 페터래인의 등장은 웨슬리에게 아주 의미 있는 일이었다. 이런 이유에서 웨슬리는 후에 페터래인의 출현을 "제3의 메소디즘의 발흥"(the third rise of Methodism)이라고 하였다.

한동안 모라비안과 루터교의 믿음에 대한 이해를 공부한 웨슬리는 자기가 인정한 대로 아직 부족한 믿음에 대해 설교하였고 영국교회의 기도의 형식에 자신을 묶어두지 않고 "자유롭게"(indifferently) 기도하기 시작했다. 존 웨슬리의 이 같은 태도는 친구와 반대자들 모두에게 수수께끼였고 이해할 수 없는 것이었다. 예를 들면 웨슬리가 구원을 가져다주는 믿음의 본성과 열매를 탐구한다는 소식을 듣자마자 브로우턴(Mr. Broughton)은 "웨슬리가 이런 일로 고통을 느낀 것을 보면 믿음을 가지지 않았었다고 결코 생각할 수 없다."[25]는 입장에 반대하였다. 그러나 5월 10일부터 13일까지 웨슬리의 마음의 상태는 아주 어두웠고 심지어는 우울하기까지 했다. 웨슬리는 "책을 읽을 수도, 묵상을 할 수도, 노래나 기도를 할 수도, 그 밖의 어떤 일도 할 수 없었다."[26]고 기록하였다. 그러나 남북 캐롤라이나 주로 떠나면서 보낸 뵐러의 편지가 어느 정도 위로가 되었다. 진지한 모라비안 선교사 뵐러는 이렇게 제시하였다.

> 불신앙의 죄를 인식하고 아직 죄를 극복하지 못했다면 오늘 바로 예수 그리스도의 피를 통해 그 죄를 극복하였는지 살펴보십시오. 간청하노니 당신의 예수 그리스도를 믿는 것을 연기하지 마십시오. 불쌍한 죄인들에게 약속하신 주님의 약속을 당신의 마음에 새기십시오. 다른 사람들을 위해 행하신

> 그분의 약속이 당신에게 막혀 있을 수 없습니다. 주님의 사랑은 얼마나 크고 표현할 수 없이 깊으신지요. 분명코 주님은 도울 준비가 되셨습니다. 우리의 불신앙 외에는 그 어떤 것도 우리를 막을 수 없습니다.[27]

뵐러와 관계하면서 웨슬리는 자신을 변호하면서 "다른 사람들처럼 그렇게 심하게 죄를 짓지는 않았다."[28]고 말한 적이 있었다. 그러자 뵐러는 즉시 "당신은 구원자를 믿지 않을 만큼 충분히 죄를 지은 것입니다."[29]라고 대답하였다. 진젠도르프와 루터를 생각나게 하는 내용이었다.

기쁨은 많이 부족하지만 자신이 새롭게 발견한 믿음에 대한 진리를 어느 정도 확신하였던 웨슬리는 영국의 여러 교회로부터 강단권이 거부되는 것을 경험하였다. 1738년 2월 제일 먼저 성 요한 복음교회가, 다음으로 홀본(Holborn)에 있는 성 안드레 교회가 웨슬리를 거부하였다. 그 후 1738년 5월에 이르러서는 전체적인 분위기가 웨슬리를 강단에 세우지 않는 것으로 흘러갔다. 예컨대 성 캐서린 크리, 성 로렌스, 성 헬렌, 성 앤, 성 요한 와핑, 성 베넷, 성 앤톨린, 그리고 블룸버리에 있는 성 조지 교회에서 웨슬리에게 강단을 허락해주지 않았다. 이 교회들은 실제로 웨슬리에게 이렇게 말했다. "여기서는 더 이상 설교하지 마시오!" 웨슬리는 선포할 수 있는 설교가 있었고 시간과 힘이 남아 있다고 생각했지만 빠르게 청중을 잃어가고 있었다.

윌리엄 로 – 웨슬리 형제의 세례 요한

그러나 웨슬리는 영국교회의 여러 목회자들뿐 아니라 그때까지도 신학적 멘토로서 거룩한 신비가의 삶을 살고 있었던 윌리엄 로와도 긴장관계에 놓이게 되었다. 예를 들면, 1738년 5월 14일 쓴 편지에서 웨슬리는 이제까지로가 쓴 두 편의 실천적인 논문(「그리스도인의 완전에 대한 실천적인 논문」 *A Practical Treatise Upon Christian Perfection*과 「신령하고 거룩한 삶으로의 진지한 부르심」 *A Serious Call to a Devout and Holy Life*)을 모델로 설교하였는데 별 효과가 없었다고 불평하였다. 웨슬리는 하나님의 율법이 거룩하다고 인정하였다. 그러나 그 거룩한 율법을 이루려고 노력하는 순간 "그 율법의 기준이 인간에게 너무 높아 율법의 행위로는 어떤 육체도 의롭다 함을 얻을 수 없음"[30]을 발견하게 되었다. 웨슬리는 이런 상황을 극복하기 위해서 두 배의 노력을 기울였고 자기 임의대로 은총의 모든 수단을 사용하였다. 그러나 여전히 그는 "율법으로는 인간이 살 수 없고 각 사람의 마음에 있는 법이 율법과 끊임없이 싸울 수 있을 뿐 아니라 우리를 더 깊은 죄의 법에 사로잡히도록 이끌어 간다."[31] 고 확신하였다.

웨슬리는 하나님께서 거룩한 사람(페터 뵐러)을 보내 자신을 새롭게 인도하기까지 무거운 짐을 지고 살아왔다고 윌리엄 로에게 고백하였다. 뵐러는 이렇게 선언하였다. "믿으십시오. 그러면 구원을 받을 것입니다. 모든 마음을 다해 주 예수 그리스도를 믿으십시오. 그러면 어떤 것도 불가능하지 않을 것입니다."[32] 이때 웨슬리는 분명히 감정적인 차원은 아니더라도 인식적인 차원에서 "믿음이 구원을 가져올 뿐 아니라 하나님께서 값없이 주시는 선물이 됨"[33]을 깨달았다. 이 시점에서 화가 치밀어 분노하였던 웨슬리는 로를 심하게 꼬집으며 비판하듯이 질문하였다. "당신께서 내게 이런 가르침을 주지 않았음을 어떻게 우리 주님께 답할 것입니까?"[34] "어찌해서 나는 당신이 그리스도의 이름을 부르는 것을 듣지 못하였습니까?"[35] 제자였던 웨슬리는 로에게 "심문"에 가까운 질문을 계속하였다. 그러나 웨슬리의 비판의 핵심은 믿음의 본성에 대한 것이었다. 그는 윌리엄 로가 충분한 영적 감각과 통찰을 갖고 있지 않았기 때문에 로의 보호 아래 있었던 자신이 구원을 가져오는 믿음에 대해서 어떤 개념을 가질 수 없었다고 생각하였다. 이 점에 대해서 웨슬리는 이렇게 기술하고 있다.

당신은 내가 이미 믿음이 있음을 알기 때문에 지금까지 해온 가르침을 주었다고 한다면, 당신은 나에 대해서 아무것도 모르는 것입니다. 당신은 나의 영을 전혀 분별하지 못했습니다. 내가 아는 바로는 나는 믿음이 없었습니다. [믿음을 가졌다고 한다면] 이는 악마의 믿음이요 유다의 믿음이었습니다. 마음이 아니라 머리로만 살아가는 사색적이며 개념적이고 오만한 그림자였습니다. 그러나 진정한 믿음이란 예수의 피로 살아있고 의롭다 칭하는 믿음입니다. 믿음은 모든 죄를 깨끗하게 하고 아버지께 자유롭게 나갈 수 있게 하며 "하나님의 영광의 소망 안에서 기뻐하게 합니다."[36)]

여기서 웨슬리는 정직하고도 성실하게 "사색적이며 관념적이고 오만한 그림자에 속하는" 형식적인 기독교와 좀 더 본래적으로 말하면 "예수의 피로 살아있고 의롭다 칭하는 믿음을 지닌" 하나님의 아들이나 딸에 속하는 믿음을 구분한다. 오랫동안 웨슬리는 형식적인 믿음에서 고통을 받아왔다. 여기 사용된 용어들은 그 의미의 차이를 분명히 할 뿐 아니라 설명을 분명히 할 필요가 있다. 특별히 웨슬리가 의롭다 하는 믿음이 "모든 죄를 깨끗하게 한다."고 기술하는 부분에서 더욱 그렇다. 그러나 웨슬리는 넓은 의미에서 의롭다 하는 믿음이 거룩함과 행복(혹은 능력과 평화)을 수반한다는 기본적인 생각을 분명하게 인식하고 있었다. 그리고 웨슬리는 자신이 이 모든 것을 이해할 수 없었던 것은 윌리엄 로 때문이었다고 불평하였다. 찰스 웨슬리 또한 실망에 찬 어조로 윌리엄 로를 "우리의 세례 요한"이라고 언급했던 것이다. 예컨대 윌리엄 로는 웨슬리 형제가

찰스 웨슬리가 회심한 존 브레이의 집

"구원을 찾아 신음하기까지 계율에 포함된 십계명의 율법"[37] 아래 묶어 두었던 것이다.

올더스게이트 – 확신을 통한 해방과 승리

존과 마찬가지로 찰스 웨슬리도 피터 뵐러를 잘 알고 있어서 뵐러로부터 영적인 돌봄과 지도를 받고 있었다. 예를 들면 1738년 5월 초 찰스는 "하나의 참된 살아있는 믿음의 본성에 의해 '은총을 통해 우리가 구원을 받는다.'"[38]고 이해하였다. 5월 말 찰스가 (모라비안과 관계하고 있었던 영국 국교회 교인 윌리엄 홀랜드가 소개해준) 루터의 『갈라디아서 주석』(*Commentary on Galatians*)을 읽기 시작하면서 찰스는 자신의 일지에 이렇게 당혹감을 고백하였다.

> 우리의 교회가 오직 믿음에 의한 칭의와 같이 이렇게 중요한 조항에 기초하고 있다는 사실을 누가 믿을 것인가? 특별히 우리의 강령(Articles)과 설교(Homilies)가 폐기되지 않고 중심 가르침이 없어지지 않은 상태에서, 믿음에 의한 칭의 교리를 새로운 교리라고 생각해야 한다는 것이 놀라운 일 아닌가?[39]

여기서도 찰스는 형 존과 마찬가지로 "게으르고 죽은 믿음이 아니라 사랑으로 역사하며 모든 선한 일과 거룩함을 내는 믿음"[40]을 원하였다.

5월 19일 금요일 아직 찰스가 병상에 누워 있을 때 터너 부인(Mrs. Turner)은 찰스에게 믿음이 생길 때까지 병상에서 일어나서는 안 된다고 말하였다. 이 여인이 진정으로 그리하는 것인지 떠보기 위해서 찰스는 그녀의 믿음에 대해 질문하였다. "그러면 하나님께서는 당신에게 믿음을 선물로 주셨습니까?" "예. 주님께서 제게 믿음을 선물로 주셨습니다." 이내 여인으로부터 대답이 돌아왔다. 아직 그녀의 대답에 만족을 얻지 못한 찰스는 형 존이 그랬듯이 탐색적인 질문을 계속 하였다. "그러면 당신은 기꺼이 죽고자 하십니까?" "예. 그렇습니다. 저는 이 순간 죽어도 좋습니다."라고 터너 부인이 선언하였다. 터너 부인의 선언은 해방을 주시는 속량의 은총을 증언하고 있었고 이를 통해서 찰스는 어느 정도 앞으로 일어날 일을 준비하고 있었다. 이틀 후 찰스는 침상에 누워 있는 동안 누군가 방으로 들어오는 소리를 들었다. 그리고 조용하지만 아주 분명한 음성이 들렸다. "나사렛 예수의 이름으로 일어나 믿으라. 그리하면 네 모든 병이 나음을 얻으리라."[41] 처음에 찰스는 친구인 무스그레이브 부인(Mrs. Musgrave)이 말한 것으로 생각하였다. 그러나 실제 이 말을 한 것은 터너 부인이었다. 이 사실을 모르고 있었던 찰스는 터너 부인에게 지하로 내려가서 무스그레이브 부인을 데려오라고 하였다. 터너 부인이 지하로 내려간 사이 찰스는 "이상한 마음의 떨림"(a strange palpitation)을 경험하였다. 그리고는 두려움으로 이렇게 고백하였다. "내가 믿습니다. 내가 믿습니다."[42] 이제 찰스는 복음의 은혜로움과 능력을

존 웨슬리가 올더스게이트의 신도회를 참석하기 직전에 찾았던 성 바울 교회

지성적으로 이해하였을 뿐 아니라 자신의 기질과 사랑의 감정으로 경험하였다. 그의 생각뿐 아니라 마음이 이제 구원자께 속하였다.

며칠 후 1738년 5월 24일 이른 아침 존 웨슬리는 성서를 묵상하는 중에 그날 저녁에 있을 일을 암시하는 성경 구절을 우연히 읽게 되었다. "이로써 그 보배롭고 지극히 큰 약속을 우리에게 주사 이 약속으로 말미암아 너희로 정욕을 인하여 세상에서 썩어질 것을 피하여 신의 성품에 참예하는 자가 되게 하려 하셨으니."(벧후 1:4) 그날 오후 웨슬리는 런던의 성 바울 교회에서 있었던 저녁 기도회에 참석하였다. 이때 찬양대가 푸셀의 깊은 영감이 있는 찬양 곡 〈오! 깊은 곳으로부터 주님께 나아갑니다〉(Out of the deep have I called unto thee, O Lord)[43]를 부르고 있었다. 이 찬양 곡은 마음의 고뇌와 거룩한 열망을 함께 담아 웨슬리의 영적 상태를 잘 표현하고 있었다. 그날 저녁 내키지는 않았지만 올더스게이트 거리에 있는 신도회에 참석하기 위해 저녁 기도회를 빠져 나와 성경을 펴니 "네게 하나님의 나라가 멀지 않도다."[44]라는 구절이 눈에 들어왔다. 이 세 요인은 다른 사람들의 눈에는 우연처럼 보이지만 후에 웨슬리는 지극히 높으신 하나님께서 가까이 다가와 신비한 은총으로 나타낸 하나님의 섭리의 계시적 사건으로 생각하였다. 사실 이날 웨슬리에게 임한 은총의 실현은 아주 중요한 것이어서 자신의 일지에 "이야기식의 내용"을 삽입해 놓았다. 예컨대 1738년 5월 24일 올더스게이트 거리의 모임 이후에 일어났던 일들을 자세하게 설명할 뿐 아니라 그 이전의 영적 삶에 대해서 요약한 것을 첨부해 놓았다. 이처럼 5월 24일의 일에 대한 이야기 체의 글, 1738년 10월에 형 사무엘에게 보낸 편지에서 "올더스게이트 경험"에 대한 언급, 그리고 7년 후 1745년 12월 30일에 "존 스미스(John Smith)"에게 보낸 편지에서 이 사건이 갖는 의미를 분명하게 밝히고 있다.[45]

자신의 영적 삶에 대해서 웨슬리는 자신이 서배너에 있을 때에는 "율법 아래에서" 자신의 의나 의롭다 함을 이루고자 하였고 때문에 그리스도로부터 오는 의를 알지 못하였으며, "허공을 치고 있었음"을 지적하였다.[46] "이

상태에서 나는 싸움을 계속하고 있었습니다. 그러나 정복할 수 없었습니다. 이전에는 의도적으로 죄를 지었습니다. 이제는 죄 짓는 것을 원치 않습니다. 그러나 여전히 나는 죄를 섬기고 있습니다." 웨슬리는 계속되는 영적 싸움의 패배와 죄가 지배하는 삶을 살고 있었다. 웨슬리는 이런 자신의 모습을 "넘어지고 일어나고 또 넘어지고"[47]라고 표현하였다. 그러나 웨슬리는 이런 상황은 성서적 기독교의 모습이 아니며 그리스도인의 고유한 믿음은 그가 아직 실현하지 못한 승리요 평화라고 이해하였다. 분명코 웨슬리는 자신이 했던 사랑의 수고나 사제 서품 과정을 기억해보고 선교여정을 생각해보아도 이 믿음을 확신할 수 없었다. 그러나 웨슬리는 스스로를 크게 비판하는 일을 멈추었다. 대신 깊은 겸손과 아픔을 지닌 정직함으로 사람들에게 고백하였다. 웨슬리는 자신의 영적 삶에 만족하지도 않으며 이런 영적 상태를 그리스도인의 고유한 믿음이라고 고백하고 싶지 않다는 것을 고백하였다.

이러한 변화의 과정에서, 피터 뵐러가 죄로부터의 자유, 포로 된 자들에게 구원을 선포하는 "새로운 복음"(new gospel)을 선포할 때, 웨슬리는 뵐러의 가르침을 진지하게 받아들였다. 놀랍게 보일지 모르겠지만, 바로 이때 웨슬리는 그리스도 안에 살아있는 믿음과 분리될 수 없는 두 개의 열매, 곧 "죄를 지배하고, 용서로부터 오는 계속적인 평화"[48]가 있음을 깨닫기 시작했다. 달리 말하면, 웨슬리는 "과거에 지은 죄가 용서받았다는 것과 현재의 모든 죄로부터의 자유하게 된 것"[49]을 의미하는 그리스도 안에 살아있는 믿음을 소망하였다. 20세기에 활동한 웨슬리 전기 작가들은 대부분 이전의 단계 곧 확신에 주목하였다. 그러나 아래에 인용한 올더스게이트 이야기에 분명하게 나타나는 바, 이때 웨슬리의 삶에 가장 중요한 것은 (확신과 접속되어 있는) 확신 이후의 단계인 죄의 능력으로부터의 자유였다.

자신의 자서전적인 이야기에서 웨슬리는 1738년 5월 24일 이전의 영적 상태를 "이상한 무관심, 우울함, 냉담함, 자주 죄에 빠짐"[50]으로 표현하였다. 그러나 올더스게이트 이야기를 통한 반전을 기록하고 있는 이는 19세기 전기 작가들이 아니고 웨슬리 자신이었다. 따라서 1738년 5월 24일 일어났던 일에 대해서는 웨슬리 자신이 가장 잘 표현해주고 있다.

> 저녁에 나는 별로 내키지 않는 걸음으로 올더스게이트 거리에 있는 한 신도회에 참석하였는데 거기에서 한 사람이 루터의 로마서 서문을 읽고 있었다. 8시 45분경에 그가 그리스도 안에 있는 믿음을 통한 하나님께서 마음에 변화를 일으키시는 일을 설명하고 있었다. 그때 나는 내 마음이 이상하게 훈훈해지는 것을 느꼈다. 나는 내가 그리스도를 신뢰하고 있으며, 구원을 위해 그리스도만을 믿고 있음과, 내 죄를 아니 내 죄까지를 다 거두어 가시고 나를 죄와 죽음의 법에서 구원하셨다는 확신을 얻었다.[51]

독일 경건주의자들과 영국교회 교인들은 루터의 로마서 서문을 크게 소중히 여겼다. 왜냐하면 루터의 로마서 서문은 신생의 필요성과 살아있는 믿음을 위해 고전적인 표현을 담고 있었기 때문이었다.[52] 아래 발췌 인용한 내용을 살피면서 16세기 로마서 서문의 용어를 주목해보라. (이미 피터 뵐러가 전

웨슬리가 회심을 체험한
올더스게이트 거리

개한 주제) 불신앙의 내용과 그 후 뒤따라오는 고유한 그리스도인 믿음의 필요성에 대해 강조한 부분을 특별히 주목해보라.

> 그러므로 믿음만이 우리를 의롭게 하며 성령으로 외적인 선한 사역을 기뻐한다면, 불신앙은 창세기 3장에 나오는 대로 낙원에서 아담과 이브에게 그랬듯이 죄를 짓게 하고 육체를 낳으며, 외적인 악한 사역을 기뻐한다.
> 그러므로 그리스도께서는 요한복음 16장 8-9절에 "그분이 오시면 죄와 의와 심판에 대하여 세상이 잘못 생각하고 있는 점을 깨우쳐 주실 것이다. 죄에 대하여라고 한 것은 사람들이 나를 믿지 않기 때문이다."라고 하였다. … 불신앙은 모든 죄의 뿌리요, 수액이며, 최고의 기도이다.[53]

마틴 슈미트(Martin Schmidt)에 따르면, 올더스게이트 모임에서 봉독자가 다음과 같은 내용을 읽을 때 웨슬리는 이상하게 그의 마음이 훈훈해짐을 느꼈다. "그러나 믿음은 우리를 변화시켜 하나님의 자녀로 새롭게 태어나게 하는 우리 안에 일어나는 하나님의 역사이다.(요 1:12-13) 믿음은 옛 아담을 죽이고, 마음과 영과 생각과 능력에 있어서 우리로 온전히 다른 사람이 되게 하며, 믿음은 믿음으로 성령이 역사하게 한다."[54] 그러므로 웨슬리가 올더스게이트 거리의 모임에 앉아 루터의 종교개혁 고전에 쓰인 말씀을 듣고 있을 때, 메소디스트 지도자인 웨슬리가 예배에서 위로를 주고 구원을 가져다주는 은총을 받아들인 감각 기관은 눈이 아니고 개신교 방식대로 귀였다. 예컨대 웨슬리는 말씀을 듣고 그들은 말씀이 매개가 되어 마음에 성령의 현존을 경험하였다. 이러한 선포의 패러다임, 적절한 시간에 선포된 말씀을 들음으로 더 깊은 하나님의 은총의 세계로 참여하는 것, 바로 말씀에 의한 속량은, 영국 제도를 휩쓸었던 복음주의 부흥 운동을 통해 웨슬리 형제, 조지 휫필드, 존 케닉(John Cennick) 등의 설교에서 계속해서 강조되었다.

또한 우리가 다시 한 번 주목해 보아야 할 점은 웨슬리 자신의 올더스게이트 이야기는 단순히 확신의 요소만을 강조하는 것이 아니란 점이다. 오히려 확신을 중생의 또 다른 표현 방법인 "죄와 사망의 법으로부터" 속량함을 받은 해방과 관계하여 보아야 한다. 사실 웨슬리는 올더스게이트 경험 직후 확신의 중요성을 간과하지 않으면서도 이전과는 다른 방식으로 영적 승리를 강조하였다. "나는 이 안에서 지금의 상태와 이전의 상태 사이에 차이를 발견하였다. 나는 은총 아래에서뿐 아니라 율법 아래에서 온 힘을 다해 분투하고 싸우고 있었다. 그럼에도 이때 나는 자주는 아니더라도 가끔 죄와 사망의 지배를 받았다. 그러나 지금 나는 언제나 죄와 사망의 정복자가 되었다."[55] 5월 25일 웨슬리는 다시금 외쳤다. "그러나 나는 이것을 안다. 이제 나는 하나님과 평화하다. 나는 오늘 죄를 짓지 않는다."[56] 그리고 5월 29일 기쁨의 느낌이 분명하지 않았지만, 웨슬리는 여전히 이렇게 고백할 수 있었다. "나는 지속적인 평안을 누리고 있고 불안한 생각이 조금도 들지 않는다. 나는 죄에서 자유롭고 거룩하지 못한 욕망을 조금도 갖고 있지 않다."[57]

존 웨슬리의 서방 신학적 성향

진정한 의미에서 페터 뵐러는 구원을 가져다주는 믿음에서 비롯된 두 열매 곧 거룩함과 칭의를 강조하였다. 웨슬리는 이 두 열매를 1738년 3월에 머리로 받아들였고, 1738년 5월 24일 마음의 기질과 성향 안에 구체적으로 경험하였다. 이는 웨슬리의 구원론이 많은 부분 서방의 개신교 전통을 기본적으로 따르고 있음을 보여준다. 이후 웨슬리의 성화에 대한 이해는 초기 성화와 온전한 성화 모두 주로 동방의 성향을 나타낸다는 주장이 있지만, 이는 점차 다음 두 가지 이유에서 힘을 잃고 근거마저 무너지게 되었다.

첫째, 웨슬리는 후에 자신의 글들 속에서 중생(죄의 힘으로부터의 자유)과 칭의(죄의 죄책감으로부터의 자유)가 신자의 삶 속에 동시적으로 일어난다고 주장하였지만, 중요한 것은 은총에서 비롯된 이 둘 사이에 논리적인 구분을 하였다는 점이다. 그런데 이 구분은 웨슬리 당시 동방 정교회나 로마 가톨릭에서 발견되거나 전개된 바가 없다. 그러므로 "신생"(The New Birth)에서 웨슬리는 "사유의 순서에 있어서는 칭의가 신생에 앞섭니다. 우리는 먼저 하나님의 진노가 거두어졌음을 인식합니다. 그런 후 그분의 성령이 우리의 마음에 역사하기 시작합니다."[58]라고 설교하였다. 뿐만 아니라 웨슬리는 "칭의는 단지 관계의 변화를 의미하지만, 신생은 실제적인 변화를 의미한다고 함으로써 은총에서 비롯된 이 둘의 다른 특성을 주목하였다. 우리를 의롭다 하시는 하나님은 우리를 **위해** 뭔가를 하는 반면 우리를 다시 낳는 하나님은 우리 **안에** 역사한다."[59]

이렇게 이해될 경우 칭의는 죄인들이 하나님의 은총(favor)에 회복되도록 하나님과의 관계를 변화시킨다. 다른 한편 중생(regeneration)은 적어도 부분적으로라도 하나님의 거룩한 형상에 회복되도록 사람들의 내적인 본성을 변화시킨다. 웨슬리는 "믿음으로 말미암은 칭의"(Justification by Faith)라는 설교에서 칭의를 다음과 같이 설명한다.

> 칭의는 **실제로**(actually) 공의롭고 의롭게 된 것이 아닙니다. 실제로 공의롭고 의롭게 된 것은 어느 정도 칭의 바로 다음에 따라오는 열매로서의 성화입니다. 칭의는 분명한 하나님의 은사이고 전혀 다른 본성에 해당합니다.[60]

칭의와 성화를 구분하여 시간적인 순서가 아니라 논리적 순서를 정함으로써 웨슬리는 당시 루터, 칼뱅, 크랜머로 이어지는 바울 계열의 진리를 강조할 수 있었다. 바울의 위대한 진리는 하나님께서 의로운 자가 아니라 죄인을 의롭다 칭하는 것이기 때문에 성화나 거룩함은 어떤 의미에서든 칭의를 앞설 수 없으며 칭의의 기본이 될 수 없다는 것이었다. 다시 반복해서 말한다면, 웨슬리는 칭의와 성화를 은총의 구별된 사역으로 보았다. 바로 이 구별은 웨슬리가 기본적으로 개신교 성향을 지니고 있었음을 보여준다. 아우틀러가 정확하게 표현하였듯이, “1738년은 웨슬리의 신학적 전환의 해(*annus mirabilis*)였고 … 올더스게이트는 오직 믿음과 거룩한 삶의 우선성을 바꾼 해였으며 그 후 이 둘의 순서가 바뀌지 않았다.”[61]

둘째로, 웨슬리는 하나님의 은총을 획일적인 의미가 아니라 지극히 높으신 하나님의 은혜(favor)와 능력(power) 혹은 능력을 주시는 현존(enabling presence)이라는 두 방식으로 인식하였다. 현대의 몇몇 신학자들은 은혜와 능력의 구분이 웨슬리의 구원론에서 “동방의” 유산을 무리하게 읽어내는 반면 웨슬리 신학 형성에 많은 부분을 차지하는 개신교적 흐름을 놓치게 한다고 주장한다.[62] 일반적으로 현대 신학자들의 주장은 은혜(favor)로서의 은총이 칭의의 법적인 내용을 가리키고 있고, 능력 혹은 능력을 주시는 현존으로서의 은총이 최초의 성화와 온전한 성화의 참여적 내용을 가리킨다. 그러나 현대의 이 같은 구분은 설명이 충분치 않다. 예컨대 대륙의 경건주의자들이 강조하였고 피터 뵐러를 통해 웨슬리에게 전달된 진리들 가운데 하나는 하나님의 은혜로서의 은총은 칭의뿐 아니라 성화 혹은 거룩함도 가리킨다.

여기서 우리는 고뇌에 찬 올더스게이트의 돌파구를 통해 웨슬리의 위대한 통찰이 등장함을 볼 수 있다. 말하자면 아 켐피스, 테일러, 로가 쓴 서방 전통의 자료를 읽은 후 웨슬리가 삶의 목표로 삼은 거룩함은 그의 생애에서 그 동기가 아무리 크고 진지하더라도 결코 행위나 결단이나 인간의 의지와 노력에 의해서가 아니라 하나님의 은총과 은혜의 결과로서 단순하면서도 경이롭게 이루어졌던 것이다. 분명 웨슬리는 **오직 은총으로만**(*sola gratia*)이라는 종교개혁의 낭랑한 외침을 계속하였다. 이 점을 후에 웨슬리는 이렇게 선포하였다. “우리가 믿음으로 의롭다 함을 얻는 것처럼, 믿음으로 거룩함을 얻습니다. 믿음은 칭의의 조건인 것처럼 성화의 조건이자 유일한 조건입니다.”[63] 또 다른 곳에서 웨슬리는 이 점을 더욱 강조하여 주장하였다.

"우리는 인정합니다. 의롭게 하고 거룩하게 하며 영화롭게 하는 것은 하나님 홀로의 사역입니다. 칭의와 성화와 영화 이 셋이 구원의 전체를 구성합니다."[64] 그러므로 종교개혁의 통찰이며 강조인 은총의 선물은 웨슬리 신학에서 법률상의 내용뿐 아니라 참여의 내용도 담고 있다.

웨슬리의 온전한 성화 교리뿐 아니라 칭의와 신생의 교리는 은혜로서의 은총 개념을 담고 있다. 그러나 웨슬리는 칭의의 은총과 성화의 은총을 구분하는 율법폐기론적(antinomian) 의미(우리가 죄인이지만 그리스도의 의로움이 우리를 덮는다)를 피해간다. 웨슬리의 사유에서 처음 은총은 그리스도의 속량의 사역과는 달리 칭의의 은총으로서 죄의 용서를 받을 수 없는 죄인들을 하나님께서 의롭다 하기 때문에 전가된(덮어씌워진, imputed) 은총이어야 한다. 반면 후기 은총(과 이 은총의 결과)은 적어도 공로의 냄새가 없는 순전한 선물을 표상하지만 전가된 것이 아니라 분여된(imparted) 것이다. 예컨대 신자들은 하나님의 은혜와 능력을 주시는 현존의 결과로서 실제 거룩하게 된다.

믿음으로 말미암은 구원

6월 11일 웨슬리는 옥스퍼드 성 마리아 교회의 기품 있는 교인들 앞에서 자신이 새롭게 발견한 믿음에 대해 증언하였다. 이를 두고 아우틀러는 웨슬리의 "복음주의적 선언"(evangelical menifesto)이라 하였다. 이날 웨슬리는 에베소서 2장 8절을 본문으로 하여 "믿음으로 말미암은 구원"(Salvation by Faith)이란 제목으로 설교하면서 세 가지 중요한 질문을 제시하였다. 첫째, 웨슬리는 "어떤 믿음을 통해 우리가 구원을 받는가?"라고 묻고는 믿음을 가져오는 믿음은 "그리스도 안에 있는 믿음이며, 그리스도와 그리스도를 통한 하나님이 믿음의 진정한 대상"[65]이라는 근본적인 진리를 강조하였다. 웨슬리는 예수 그리스도에 기초하는지 여부에 따라 의롭다 하시는 믿음과 "이

교도의 믿음"(faith of a heathen)을 구분하였다. 웨슬리는 올더스게이트 경험을 기술하는 글의 서문에서 자신의 영적 자서전을 간략하게 소개하고 있는데, 이전에는 그가 믿음의 본래적 대상에 주목하지 않았다고 고백한다. 예컨대 당시 웨슬리는 하나님 안에 있는 믿음만을 생각하였지, 그리스도 안에 혹은 그리스도를 통한 믿음을 생각하지 못했다.[66] "다시 말하거니와, 나는 이 믿음이 전혀 없다는 것을 알지 못했습니다. 다만 이 믿음이 충분치 않다고만 생각했습니다."[67] 그러므로 의롭게 하는 믿음은 어느 정도 존재하고 있던 믿음이 자라거나 정도의 문제가 아니고, 질적으로 전혀 다른 믿음을 뜻한다. 실제로 8년이 지난 1746년에 웨슬리는 자신의 부흥 운동이 성공한 이유가 부분적으로는 그리스도께 초점을 맞추었기 때문이라고 보았다.

> 1738년부터 지금까지 나는 예수 그리스도를 지속적으로 전하고, 전체 건물의 기초로 삼았으며, 모든 것의 모든 것이 되게 하였고, 처음과 나중이 되게 하였습니다. 그리고 "하나님 나라가 가까웠다. 회개하고 복음을 믿으라."는 말씀에 기초하여서만 설교하였습니다. 그러자 "하나님의 말씀"이 그루터기에 붙은 불처럼 퍼져 나갔습니다.[68]

더 나아가 웨슬리는 의롭게 하는 믿음은 "악마의 믿음"과 다르다고 선언한다. "악마의 믿음은 사색적이고 합리적인 믿음이며, 냉담하고 생명이 없는 동의이고, 머리로 하는 생각의 훈련일 뿐 아니라 마음의 성향입니다."[69] 이것은 웨슬리가 믿음을 설명하는 데 지성적인 요소를 배제하는 것이 아니라 지성적인 요소만으로 충분하지 않음을 지적하고 있는 것이다. 믿음은 지성적일 뿐 아니라 마음의 성향과도 이어져야 한다. 예컨대 생각은 마음을 깨우고 마음은 생각을 사로잡아야 한다. 머리와 가슴은 "이것과 저것 둘 다"이지 "이것이냐 저것이냐의 양자택일"이 아니다. 분명 웨슬리는 죄인이 하나님의 의롭게 하시는 은총에 응답할 때 머리뿐 아니라 전 존재로 응답해야 함을 깨달았던 것이다.

마지막으로 6월의 아침 성 마리아 교회에서 선포한 의롭게 하는 믿음은 사도들의 믿음을 넘어선 내용을 설교하고 있는 바, 그리스도가 이 땅에 있었을 때 "의롭게 하는 믿음은 예수 그리스도의 죽음의 필요성과 공로를 인정하고 예수 그리스도의 부활의 능력을 인정한다."[70] 그러므로 이 믿음은 그리스도의 죽음이 인류를 영원한 죽음으로부터 구원하는 충분한 수단이 되며, 그리스도의 부활이 인류를 생명과 불멸로 회복시키는 치료의 수단이 된다.[71] 웨슬리는 기독교 신앙이 다음과 같이 이루어졌다고 주장한다.

> [기독교 신앙은] 그리스도의 전체 복음에 동의하는 것뿐 아니라 그리스도의 피에 온전히 의존하는 것이며, 그리스도의 삶과 죽음과 부활의 공로를 신뢰하는 것이고, 우리를 위해 주시고 우리 안에 살아계신 그리스도께 우리의 속죄와 생명을 드리는 것입니다. 인간이 하나님 안에서 확신하는 바는 그리스도의 공로를 통해 인간의 죄가 용서 받았으며 하나님의 은혜와 화해되었다는 것입니다.[72]

1738년 이후 웨슬리는 자연스럽게 믿음을 동의와 신뢰라는 용어로 정의함으로써, 한번 얻은 믿음은 없어지지 않는다고 이해하였다. 예를 들면 1743년에 쓴 「이성과 경건의 사람들에게 던지는 계속적인 호소」에서 웨슬리는 이렇게 지적하고 있다.

> 바르고 진실된 기독교 신앙은 성서와 우리의 신앙 강령이 참되다고 믿는 것뿐 아니라 분명한 신뢰와 확신을 가짐으로써 … 그리스도를 통해 영원한 저주로부터 구원을 받은 것이다.[73]

그 후 몇 년이 지나 "하나님 나라에 이르는 길"(Way to the Kingdom)이라는 설교에서 웨슬리는 독자들에게 믿음이란 성서에 동의하는 것으로 끝나지 않음을 환기시키고 있다.[74] 또한 1785년에 출판한 "교회에 대해서"(Of the Church)라는 설교에서 노년의 웨슬리는 젊은 시절 "복음주의적 선언"(evangelical manifesto)에서 했던 것처럼 믿음에 대해 (이교도의 믿음도 아니고, 악마의 믿음도 아니며, 사도들의 믿음도 아닌) 부정의 방식을 사용하여 설명하였다. 웨슬리의 믿음에 대한 설명이 계속되는 것은 참으로 놀랍다.

웨슬리는 옥스퍼드 회중을 향해 행한 "믿음으로 말미암은 구원"(Salvation by Faith)이란 설교의 두 번째 질문 "무엇이 믿음을 통한 구원인가?"에 대해 기독교가 말하는 구원은 현재적(present) 구원이며 지금 여기서 죄로부터의 구원을 뜻한다고 선포하였다. "이 믿음을 통해 사람들은 죄책감으로부터뿐 아니라 죄의 능력으로부터도 구원을 받습니다."[75] 웨슬리는 이 점을 자세하게 설명한다.

> 그러므로 이것이 현세에서도 얻게 되는 믿음을 통한 구원입니다. 즉 죄로부터의 구원과 죄의 결과들로부터의 구원입니다. 죄로부터의 구원이라 함은 때로 "칭의"라는 말로 표현되는 바, 가장 큰 의미에서 볼 때 믿음을 가진 죄인의 영혼에 실제로 적용된 그리스도의 속죄에 의해서 죄책감과 징벌로부터의 구원을 의미하고, 죄의 결과들로부터의 구원이라 함은 그리스도를 통해 "믿음을 가진 죄인의 마음 안에 형성된" 그리스도를 통한 죄의 능력으로부터의 구원을 뜻합니다. 그러므로 믿음으로 의롭다 함을 얻었거나 구원을 얻은 사람은 진정 "다시 태어난 것입니다."[76]

한참이 지난 후 웨슬리는 생의 왜곡과 굴곡 한가운데 실현된 현재적인 은총의 점유라는 중요한 진리를 표현하였는데, 이런 표현이 1762년 출판된 글에서는 "근본을 흔드는 일격, 혹은 자신의 친구들 집에서 찔린 그리스도"(A Blow at the Root, Or Christ Stabbed in the House of His Friends)라는 표현처럼 좀 더 격하게 등장한다. 웨슬리의 표현을 보자.

> 아닙니다. 그럴 수 없습니다. 누구도 하나님과 더불어 살지 못할 것입니다. 그러나 이제 하나님께 살아난 자는 하나님과 더불어 살게 될 것입니다. 누구도 하늘나라에서 하나님의 영광을 즐길 수 없을 것입니다. 그러나 이 땅에서 하나님의 형상을 입은 사람은 하나님의 영광을 즐기게 될 것입니다. 여기서 죄로부터 구원을 얻지 못한 사람은 저 세상의 지옥으로부터 구원을 받을 수 없습니다. 이 땅에서(below) 하나님의 나라를 얻지 못한 사람이 있다면, 누구도 위에 있는 하나님의 나라를 보지 못할 것입니다. 하늘나라에서 그리스도와 더불어 통치하는 자들은 이 땅에서 그리스도가 그 안에 다스리도록 해야 할 것입니다.[77)]

"우리가 몇몇 반대들에 대해 어떻게 대답할 수 있을까요?"라는 웨슬리의 세 번째 주요 질문은 당시 18세기의 영국교회 회중들의 마음에 있었던 비판을 생각해서 한 것이었다. 여기서 영국교회 회중들은 a) 이 가르침은 사람들로 하여금 절망에 이르게 할 것이며, b) 이 가르침은 "불안한 교리"(uncomfortable doctrine)라고 비판하였다. 첫 번째 비판에 대해서 웨슬리는 믿음으로 말미암은 칭의 교리가 사람들로 하여금 자신들의 의를 추구하는 노력에 한계를 깨닫게 함으로써 하나님 홀로 주시는 칭의를 받을 수 있기 때문에 결국은 유익한 것이라고 변증하였다. 웨슬리 자신이 상상해서 만들어낸 두 번째 비판에 대해서는 39개 조항의 종교 강령에 있는 한 구절 ("우리가 믿음으로 말미암아 의롭다 함을 얻는다는 것은 가장 건강한 교리이며 가장 위로가 넘치는 교리이다.")을 인용하여 답하였다. 그러나 웨슬리 설교에 나타난 칭의 교리의 설명은 모라비안과 종교개혁에 영향을 받은 것이었다. 사실 당시 웨슬리는 올더스게이트 경험에 깊이 빠져 있어서 "그 영광스러운 만군의 주"와 같은 마르틴 루터의 용어를 사용하기까지 하였다. 결국 이 용어는 1746년 판 설교에서는 빠지게 되었다.

그러나 모든 것이 잘된 것만은 아니었다. 성 마리아 교회에서 웨슬리가 담대하게 설교를 했음에도 불구하고 계속되는 그리스도인의 삶에 일어나는 의심과 두려움의 문제에 대해 관심하였다. 웨슬리는 모라비안 교도들과의 친분에서 많은 것을 얻었다. 그러나 웨슬리가 올더스게이트 경험을 한 이후 그의 신학과 영적인 표현이 어색한 것은 주로 모라비안 교도들의 잘못된 가르침 때문이었다. 모라비안 교도들은 칭의와 칭의에 필연적으로 동반하는 신생은 죄의 능력뿐 아니라(이 점은 분명하다) 죄의 존재(이 점은 분명하지 않다)까지도 제거한다고 가르쳤다. 예를 들면 웨슬리는 사무엘 호를 타고 영국으로 돌아오는 길에 다음과 같은 비합리적인 기대감을 표현하였다. "내가 원하는 믿음은 그리스도의 공로를 통해 내 죄가 용서 받았으며 내가 하나님의 은혜와 화해되었다는 하나님 안에서의 분명한 신뢰와 확신입니다. … 왜냐하면 믿음을 가진 자마다 '죄로부터 자유하게 되고,' '죄의 전체 몸통이 그리스도 안에서 무너지기' 때문입니다."[78]

1741년 출판된 "온전에 가까운 그리스도인"(The Almost Christian)이란 설교에서 웨슬리는 본질적으로 중생과 온전한 성화를 동일시하는 방식으로 "온전한 그리스도인"(altogether Christian)을 표현하였다. 이는 분명 영국의 모라비안 교도들을 통해 웨슬리에게 전달된 잘못된 가르침이었다. 예컨대 웨슬리는 역설적이게도 진정한 그리스도인을 아주 비현실적인 용어로 설명하였다. "그[진정한 그리스도인]의 기쁨은 모든 것이 되시는 주님 안에 있습니다. 그는 주님께 모든 감사를 드립니다. 그의 모든 '열망은 하나님께 있습니다.'"[79] 웨슬리는 재차 이렇게 표현한다.

> 마음에 거하는 하나님의 능력으로 교만, 분노, 욕망, "모든 불의," "육체와 영의 모든 더러움으로부터" "마음을 깨끗하게 하는" 믿음을 가진 자는 그저 온전에 가까운 그리스도인이 아니라 온전한 그리스도인입니다.[80]

그러나 앞에 표현된 내용들은 분명 (죄의 능력으로부터의 자유를 수반하는) 신생의 자유를 표현하고 있는 것이 아니라 온전한 성화의 자유를 표현하고 있다. 진정 성서 어디에도 그리스도 안에 있는 (아버지나 어머니가 아니라) 자녀들이 그들 마음에 자리한 교만, 분노, 욕망으로부터 자유할 것이라고 주장하지 않는다. 그러나 웨슬리가 이를 정확하게 구분하여 의롭다 함을 받은 사람은 죄책감으로부터 자유하고, 중생한 사람은 죄의 능력으로부터 자유하며, 온전히 성화를 이룬 사람은 죄의 존재로부터 자유하다고 정리하기 위해서는 어느 정도의 시간을 필요로 하였다. 분명한 것은 진정한 혹은 온전한 그리스도인의 특징인 모든 죄(심지어는 죄의 존재)로부터 자유를 1738년 3월부터 5월까지 그리고 그 이후에 웨슬리가 자신의 설교의 복음의 내용으로 삼았기 때문에 여러 교회로부터 "여기서는 더 이상 설교할 수 없소."라는 거절을 당했던 것이다.

헤른후트를 찾아서 – 모라비안 교도들과의 대화

모라비안 교도들이 전해준 유산을 (좋은 것이든 나쁜 것이든) 아직 전체적으로 파악하지 못했던 웨슬리는 특별히 올더스게이트 경험을 한 이후 더욱더 이들과 깊은 교제를 원하였다. 이를 위해서 웨슬리는 벤자민 잉햄(Benjamin Ingham)과 요한 될치히(Johan Töltschig)와 함께 1738년 초여름 드레스덴(Dresden)으로부터 50km 떨어진 모라비안 정착지인 헤른후트로 향하였다. 7월 4일 웨슬리는 마리엔본(Marienborn)에 도착하였고, 거기서 그는 모라비안 교도들의 지도자인 진젠도르프 백작과 대화하였다. 이 공동체는 웨슬리를 받아들이는 데 다소 이중적 잣대를 적용하고 있었다. 심지어는 웨슬리가 주의 만찬에 참석하는 것도 거부하였다. 웨슬리의 초기 교회론적 태도를 생각나게 하는 이 사건에 대해서 벤햄(Benham)은 다음과 같이 기록하고 있다.

잉햄은 성만찬에 참석하는 것이 허락되었다. … 그러나 회중은 웨슬리에 대해서 선동적인 사람(*homo perturbatus*)으로 마음보다 머리가 앞서며, 그가 모라비안 공동체에 정착을 해야 할 경우, 언제나 열정적인 영국 국교인임을 자임하면서 영국 국교회 사제로서 선한 영향을 미치려는 열망이 있음을 보았다. 때문에 이들이 웨슬리가 성만찬에 참여하는 것을 허락하는 것은 바람직한 것이 아니라고 생각하였다.[81)]

이렇게 멋쩍은 일을 당했음에도 불구하고 이틀 후 웨슬리는 자신의 일지에 이들로부터 "외적인 죄뿐 아니라 내적인 죄로부터"(from inward as well as outward sin)[82)] 구원받은 사람들의 살아있는 증거를 보았다고 적었다.

7월 말 웨슬리와 동료들이 바이마르(Weimar)에 도착하였을 때 도시를 지키는 문지기가 왜 헤른후트까지 가느냐고 물었다. 아주 까다롭게 심문하는 문지기의 물음에 웨슬리는 "기독교인들이 사는 곳을 방문하고 싶어서"라고 대답하였다. 마침내 1738년 8월 1일 웨슬리와 그의 친구들은 당시 보헤미아의 접경 지역이었던 헤른후트에 도착하였다. 모라비안 정착지에서 웨슬

존 웨슬리가 방문할 당시의 헤른후트 전경

리는 크리스천 데이비드(Christian David), 마이클 린너(Michael Linner), 아비드 그라딘(Arbid Gradin)의 증언을 듣게 되었다. 예를 들면 크리스천 데이비드는 죄가 아직 자신 안에 동요하고 있고 남아 있음에도 불구하고 지배하지는 않는다고 주장하였다.

> 나는 그때 하나님의 자녀들을 향한 처음 약속은 "죄가 너를 더 이상 지배하지 않을 것"이라는 것을 알지 못했습니다. 대신 죄를 용서 받을 때부터 내 안에 죄를 느껴서는 안 된다고 생각했습니다. 그러므로 내가 죄를 극복했음에도 불구하고, 죄가 내 안에 동요하고 있고 또 때로 "내가 넘어질 만큼 죄의 상처가 나를 찌르고 있었기 때문에 나는 여전히 죄를 용서 받지 못했다고 두려워하였습니다. 때로는 내가 넘어질 수 있다는 아픔이 밀려왔습니다. 죄가 지배하지는 않았어도 죄가 내 안에 남아 있었고, 죄에 정복을 당하지는 않았어도 지속적으로 죄의 유혹을 받고 있었습니다.[83]

이러한 구분은 웨슬리에게 큰 도움이 되었다. 결국 웨슬리는 후에 주밀한 집중을 갖고 이 구분을 발전시키곤 하였다. 그러나 이때까지만 해도 칭의로부터 자연스럽게 나타나는 열매들에 대한 웨슬리의 생각은 비합리적이었다. 왜냐하면 그는 마음이 실제로 깨끗하게 될 것이라고 기대하였기 때문이었다. 1738년 10월 헤른후트를 다녀온 직후 웨슬리는 이렇게 기록하고 있다. "나는 이 점에 있어서 새로운 피조물이라고 감히 말씀드릴 수 없습니다. 왜냐하면 다른 욕망들이 제 마음에 일어나고 있기 때문입니다. 그렇지만 이 욕망들이 지배하지는 않습니다."[84]

마이클 린너 또한 모든 의심과 두려움을 내어쫓고 믿음으로 말미암은 칭의를 수반하는 완전한 확신을 주장함으로써 웨슬리의 생각을 더 복잡하게 하였다. 린너는 이렇게 외쳤다. "진정 성령의 인도는 영혼에 따라 다양하게 나타납니다. 나는 한순간 죄의 용서와 그 용서에 대한 완전한 확신을 주는 것이 성령의 일반적인 방식이라고 생각합니다."[85] 웨슬리는 이미 영국 모라비안 교도였던 피터 뵐러로부터 이 가르침을 배워 알고 있었다. 그러나 이 가르침은 웨슬리에게 슬픔과 염려의 개념이 되었다. 예컨대 성 마리아 교회에서 "믿음으로 말미암은 구원"이라는 설교를 하기 전날 웨슬리는 그를 몹시 당황스럽게 하는 편지 한 통을 받았다. 편지에는 의심이나 두려움을 가진 자는 믿음이 약할 뿐 아니라 "믿음이 전혀 없는 것"[86]이라고 적혀 있었다. 깊은 혼돈에 빠진 웨슬리는 사도 바울이 고린도 교인들이 "육체적"이었음에도 불구하고 "그리스도 안에 있는 아이들"이라고 했던 점을 들어 스스로를 위로하였다. 웨슬리는 "이들의 믿음이 약하긴 했어도 어느 정도의 믿음을 갖고 있었다."[87]고 주장하였다. 그럼에도 불구하고 웨슬리는 한동안 정리되지 못하고 혼동 가운데 있었다. 사실 1738년 10월 영국으로 다시 돌아왔을 때 웨슬리는 "완전한 믿음의 확신"[88]이 부족하다는 이유로 무거운 마음을 갖고 있었다. 따라서 믿음으로 말미암은 칭의와 완전한 확신을 하나로 보는 것은 모라비안 교도들이 웨슬리에게 전해준 두 번째 오류였다. 뒤범벅이 된 죄의 교리와 더불어 중생의 자유와 온전한 성화를 섞어버린 이런 잘못된 개념은 부분적으로는 올더스게이트 경험 이후에도 고민, 슬픔, 기쁨의 부족으로 고심하였던 웨슬리의 영적 상태를 설명해 주고 있다.

다시 영국으로

1738년 9월 16일 웨슬리는 다시금 런던으로 돌아왔다. 그는 자기가 없는 사이 페터래인 신도회원의 수가 열 명에서 서른두 명으로 증가한 것에 대해 기뻐하였다. 그러나 9월 한 달 동안 웨슬리의 모라비안 교도들에 대한 순수 감정이 조금씩 벗겨지기 시작했다. 9월 27일 혹은 28일 즈음에 웨슬리는 자신의 최근 방문과 관련해 몇 가지 비판을 담은 편지를 썼다. 이중에서도 웨슬리는 모라비안 교도들이 특별히 금식을 간과하고 있으며, 행동이 경솔하고, 시간을 잘 사용하지 못하며, "교활하고, 간사하며, 위선적"[89]이라고 비판하였다. 그럼에도 불구하고 웨슬리는 이 판단이 옳은지 여전히 의심을 하고 있었기 때문에 이 편지를 조용히 한쪽으로 밀쳐두었다. 그러다가 편지의 내용은 결국 (1740년 8월 8일 자) 긴 편지로 발전되었다. 이 편지에서 웨슬리는 모라비안 교도들이 여러 면에서 지나치다고 비판하였다.

1738년 10월 후반 이후 웨슬리는 구원과 기독교 신자 됨의 의미에 있어서 다른 의견을 갖고 있었던 큰형 사무엘 2세와 서신을 나누었다. 이 편지에서 웨슬리는 "구원 혹은 죄에 대한 승리"를 가져오는 "그리스도를 통해 하나님을 신뢰하고 마음에 평화를 느끼는" 정도의 믿음을 갖고 있다고 주장하였다. "그러나 성령의 증거는 갖고 있지 않으며 이를 기다린다."[90] 또한 웨슬리는 그리스도인에 대한 정의를 다음과 같은 말로 정리하였다.

> 내게 그리스도인은 그리스도를 믿음으로 죄가 더 이상 지배하지 않는 사람입니다. 이 점에서 나는 지난 5월 24일까지는 그리스도인이 아니었습니다. 왜냐하면 그때까지 죄와 계속해서 싸웠음에도 불구하고 나는 죄의 지배를 받고 있었기 때문입니다. 그러나 확실히 그때부터 지금까지 죄가 나를 지배하는 것이 아니고 그리스도 안에 있는 하나님의 값없이 주시는 은총이 나를 지배하고 있습니다.[91]

이 편지를 살펴보면 1738년 5월 24일 웨슬리의 올더스게이트 경험과 그 이후 수개월이 지나 쓴 자료가 언급되어 있다. 다시 말하지만 이 편지를 통해 우리는 5월 24일에 뭔가 중요한 일이 있었음을 알 수 있다. 또한 웨슬리가 이 사건을 어떻게 생각하였는지도 알 수 있다. 웨슬리는 이 사건을 은총의 실현으로 보았고, 죄의 능력으로부터 자유하게 된 시간으로, 이후 설교에서 언급하였듯이 분명한 신생의 표징들 중 하나인 구원(deliverance)으로 생각하였다. 그러나 형 사무엘은 다른 사람들과 더불어 생각이 달랐다. 그래서 이렇게 물었다. "너에게 죄 없는 상태가 계속된 적이 있는가? 그리고 결코 넘어지지 않았는가? 아니면 네가 건방진 죄들(presumptuous sins)로부터 자유하다고 하는 것인가?"[92] 이 예리한 질문을 던진 사무엘은 자기 지식에 기초하여 결론을 내렸다. "만일 네가 죄 없는 상태가 계속된다면 동의할 수 없지만, 건방진 죄들로부터 자유하다면 누가 너를 반대하겠느냐?"[93]

형의 계속되는 반대에 대해 동생 웨슬리는 한 발자국도 양보하려 하지 않았다. 웨슬리는 좀 더 깊게 파고들어 "영국교회의 교리가 믿음으로 말미암은 칭의에 대한 논쟁점을 어떻게 풀어가고 있는지 탐구하기"[94] 시작했다. 영국교회의 설교들을 자세하게 읽고 탐구한 이후 『영국교회의 설교에 나타난 구원, 믿음, 선행의 교리』(*The Doctrine of Salvation, Faith, and Good Works Extracted from the Homilies of the Church of England*)라는 책자를 다양한 계층의 독자들을 겨냥하여 출판하였다. 그리고 두어 달이 지난 후 웨슬리는 믿음으로만 얻는 칭의를 다룬 바네스(Barnes)의 두 편의 논문을 출판하였다. 믿음으로 말미암은 칭의를 주제로 한 논문을 출판한 이유는 몇 가지 그 동기와 목적이 있어서였다.

첫째, 웨슬리가 모라비안 계열의 루터교회가 가르치는 믿음으로 말미암은 칭의 개념을 앞서 받아들였다면, 그리고 어떤 경우든 이 개념이 자신이 속한 영국교회의 가르침과 일치한다면, 웨슬리는 이 가르침이 자신이 속한 영국교회의 전통에 의해 정확하게 해명되고 가르쳐져야 하며 선포되어야 한다고 생각했다.

둘째, 웨슬리는 형 사무엘과 다른 사람들이 칭의와 신생을 수반하는 열매들에 대한 웨슬리 자신의 생각에 분명히 반대하는 것을 잘 알고 있었다. 그래서 웨슬리는 영국교회의 가르침에 호소함으로써 구원을 가져오는 믿음에 수반된 자유에 대해 합리적인 대답을 주고자 하였다. 이런 노력의 결과 웨슬리는 영국 종교개혁 교리를 전체적으로 공부하게 되었고, 구체적으로는 토마스 크랜머(Thomas Cranmer)의 연구와 사상을 더 깊이 알게 되었다.

셋째, 1738년 11월경 안내 책자 몇 권을 출판하였을 때 웨슬리는 이미 구원론과 관련한 확신과 다른 문제에 대한 자신의 이해에 수정이 필요하다고 생각했고, 때문에 이에 따른 연구가 뒤따라야 한다고 생각하였다. 한편 옥스퍼드에 머물던 친구 리처드 비니(Richard Viney)에게 자신은 여전히 의심과 두려움이 있으며, 기도가 차갑고 기쁨이 부족하다고 고백한 바 있는데, 이는 웨슬리의 경험이나 그 경험에 적용하고 있는 기준에 혹은 이 둘에 뭔가 문제가 있었음을 보여준다. 웨슬리의 슬픔, 마음의 무거움은 11월 말까지 계속 커져갔고, 이를 본 조지아 선교를 같이 떠났고, 마음을 나눌 수 있는 친구였던 찰스 델라모트(Charles Delamotte)가 웨슬리를 호되게 비판하였다. 델라모트의 비판이 너무 심하고 부정적이었음에도 불구하고 웨슬리는 자신의 일지에 "내가 깊은 문제에 빠져 있다."[95]고 기록하였다.

웨슬리는 1739년과 1740년대를 거쳐 이 문제를 정리하였다. 드물긴 하지만, 칭의는 확신과 상관없이 일어날 수 있으며 의롭다 하는 믿음은 의심과 두려움이 있을 수 있다. 달리 말하면, 이 경우 어느 정도의 확신과 어느 정도의 믿음이 존재하며 칭의와 칭의를 동반하는 신생도 존재한다. 그러나 이런 경우는 (온전한 성화에 속하는) 죄의 존재로부터의 구원이 아니고 죄의 능력이나 지배로부터만의 구원이다. 그러므로 영국 모라비안 교도들이 웨슬리에게 가졌던 허황된 기대감은 오히려 웨슬리의 올더스게이트 경험 이후 마음의 무거움에 대한 웨슬리의 고백을 설명하는 데 도움이 되었다. 이들의 기대에도 불구하고 올더스게이트 경험은 웨슬리에게 여전히 중요하였고 결정적이었다. 과장과 잘못된 개념을 벗기고 보니, 올더스게이트는 웨슬리에게 죄책감(칭의)과 죄의 능력(중생)으로부터 자유를 얻은 시간이었을 뿐 아니라, 그가 이미 하나님의 자녀라는 어느 정도의 확신을 경험하여, 은총과 경외감에 싸여 "아바 아버지"라고 외칠 수 있는 계기였다. 그러므로 올더스게이트는 놀라운 은총의 역사였다.

옥외설교 – 모든 세계는 나의 교구

1738년 늦은 가을 웨슬리는 서둘러 런던에 올라가 조지아로부터 방금 돌아온 조지 휫필드를 만났다. 웨슬리는 자기보다 10살 정도 나이가 어렸음에도 한때 옥스퍼드의 근로 장학생이었고 홀리클럽의 같은 회원이었던 휫필드와 아주 가까운 사이였다. 웨슬리는 휫필드의 열정이 넘치는 정신, 참여적 자세, 친근감 있는 태도를 좋아했던 듯싶다. 다른 사람들과 더불어 웨슬리는 냉담한 회중을 감동시켜 눈물을 흘리게 하는 휫필드의 설교 능력, 수사력, 매력에 푹 빠졌다. 설교에 특별한 은사가 있었던 휫필드의 설교를 듣고자 했던 사람들에게 벤자민 프랭클린은 "그의 설교를 들으러 갈 때는 빈 주머니로 가라, 그렇지 않으면 가진 것을 다 내놓게 될 것"이라고 충고하곤 하였다. 소문에 의하면 휫필드는 단지 "메소포타미아"라는 단어를 발음하는 것으로 회중의 눈가를 적실 수 있었다고 한다.

조지 휫필드

여러 면에서 창조적이고 인습을 벗어났던 휫필드는 1739년 3월 브리스톨에서 옥외설교를 하고 있었다. 처음에 웨슬리는 풀밭 위에서 비가 내려 진흙에 빠지는 환경에서 이루어진 휫필드의 옥외설교에 두려움을 느꼈다. 웨슬리는 "처음에 나는 이처럼 이상한 방식으로 설교하는 것에 스스로 적응할 수 없었다."[96]고 기록하였다. 웨슬리는 덧붙여 기록하였다. "나는 영혼을 구원하는 일이 교회 안에서 이루어지지 않는다면 죄가 아닐까(almost a sin) 생각했었음이 분명하다."[97] 그러나 휫필드는 언제나 그랬듯이 설득적이었다. 이 주제와 관련해 휫필드가 무엇을 말했는지 그 내용을 다 알 수 없지만, 여러 교회들로부터 설교를 거부당한 웨슬리에게 교회 안에서보다는 교회 밖에서 더 많은 영혼을 구원할 수 있다고 확신을 주지 않았나 싶다. 휫필드가 무엇이라 말을 하였든 웨슬리는 휫필드의 초청을 받아들였다. 1739년 4월 2일 오후 4시에 간선도로에서 "좀 더 대담해지기로 맘먹고는 시가지로 연결된 나지막한 언덕 위에 서서 대략 3,000명의 군중을 향해 구원의 기쁜 소식을 선포하였다."[98] 이보다 며칠 앞서 웨슬리는 존 클레이튼에게 편지하여 모든 세계는 나의 교구라고 선포하였다. "나는 구원의 좋은 소식을 듣고자 하는 모든 사람들에게 선포하는 것이 충족되어야 하고 옳으며 내게 주어진 의무라고 생각합니다."[99] 이제 옥외설교를 시작으로 웨슬리의 선포는 현실이 되었다.

웨슬리가 어떤 내용으로 설교하였는가에 대한 단서는 당시 그의 일지에서 찾아볼 수 있다. 4월 25일 웨슬리는 뱁티스트 밀스(Baptist Mills)에서 2,000명이 넘는 청중에게 "너희가 두려움으로 노예의 영을 받은 것이 아니라 양자의 성령을 받았으므로 우리가 아바 아버지라 부르느니라."[100]라는 제목으로 설교하였다. 영국의 복음주의 부흥 운동의 시점에서 웨슬리는 복음의 좋은 소식으로서 죄의 노예나 지배로부터 자유를 설교하였다. 그러나 휫필드는 이 점에서 웨슬리와 의견을 달리하면서 좀 더 비관적인 개념에 집착하였다. 이후 이들의 신학적인 날선 공방은 여전히 계속되었다.

우정을 소중하게 생각했던 웨슬리는 "값없이 주시는 은총"(free grace)을 주제로 설교하는 휫필드의 칼뱅주의적 입장을 직접 겨냥해 도전을 해야 하나 망설였다. 분명코 휫필드는 모든 죄인에게 구원이 적용되는 것은 문제가 있다는 점을 시사하곤 하였다. 망설이던 웨슬리는 4월 26일 "설교도 하고 출판도 해야겠다."고 마음을 먹었다. 며칠이 지난 4월 29일 웨슬리는 브리스톨에서 "값없이 주시는 은총"이라는 제목의 설교를 통해 칼뱅주의 예정론을 비난하는 한편, 구원이 모든 사람에게 값없이 주어진 것이며, 그리스도를 필요로 하는 모든 사람은 구원자에게 나아올 수 있다고 주장하였다. 이 설교가 출판되자 자연스럽게 휫필드는 화를 냈고 둘은 나누어지게 되었다. 그리고 부흥 운동의 두 축이었던 휫필드와 웨슬리의 불화는 쉽게 치유되지 않았다. 웨슬리와 휫필드는 손을 잡자마자 서로 다른 길을 가기 시작했던 것이다.

존 웨슬리의 옥외 설교

1739년 4월쯤 웨슬리와 휫필드 사이에 어려움이 있었음에도 불구하고 옥외설교와 영국에서 부흥 운동을 위한 다른 요인들은 여전히 자리를 지키고 있었다. 예컨대 설교가들은 거룩함과 사랑으로 무장하고 있었고, 용서, 해방, 평화의 메지시를 선포하고 있었으며, 이들의 설교에 귀를 기울이는 청중이 있었다. 1738년 5월 24일 웨슬리에게는 두 가지 요인이 이미 준비되어 있었다. 그리고 마지막 세 번째 요인은 1739년 4월 2일이 되어서야 준비되었다. 그러나 이 모든 요인들은 모두 필요한 것들이었고, 영국 전역을 휩쓸고 지나갈 각성 운동을 일으키고 견지하는 데 어떤 요인도 다른 두 요인을 배척하지 않았다. 올더스게이트 경험과 광범위한 신학적 현장이 없는 옥외설교는 공허한 것이었고, 옥외설교 없는 올더스게이트 경험은 초점이 상실되는 것뿐 아니라 방향이 없는 것이기까지 했다. 웨슬리는 계획하지 않은 곳에서 자신의 소명을 발견하였고, 은총은 그의 소명을 분명하게 하였다.

제 5 장
감리회의 구성과 힘

런던의 웨슬리 기념 예배당 옆에 위치한 파운더리 기념 예배당

파운더리 기념 예배당의 내부 모습. 웨슬리는 이곳에서 평신도 설교를 도입했다.

제 5 장
감리회의 구성과 힘

조지 휫필드와 마찬가지로 존 웨슬리가 옥외설교가였다는 것은 어떤 특정 지역 교회에 머물러 있지 않고 영국 전역을 여행하며 순회 설교를 했다는 의미가 된다. 여러 영국교회들로부터 설교를 금지당했던 웨슬리는 소들의 목축지나 지방 장터에서 설교함으로써 회중을 만날 수 있었다. 그러나 자유가 주어진 전통을 벗어난 행보에도 불구하고 웨슬리는 종종 지역의 지도자들의 저항에 부딪히게 되었다. 예를 들면, 1739년 늦은 봄에 바스(Bath, 영국 남서부의 도시)의 신사였던 비우 내시(Beau Nash)가 웨슬리의 설교권을 문제 삼고 나왔다. 그리고 웨슬리의 집회가 비밀집회로서 불법이며 치안에 방해가 되는 모임이라고 주장하면서, 웨슬리의 설교는 "청중들의 정신을 잃게"(out of their wits)[1] 한다고 주장하였다.

이러한 비난은 다소 의외라 할 수 있다. 왜냐하면 모든 자료를 통해 볼 때 웨슬리의 설교 스타일은 차분하고 진지했으며 꾸밈이 없었다. 강단에서 했던 것과 마찬가지로 옥외에서도 그의 설교는 인기를 얻으려는 이상한 모습의 모방이 아니라 진지하게 하나님 나라를 선포하는 것이었다. 거기다가 웨슬리는 설교를 극적으로 몰아가지도 않았다. 예컨대 소리를 지른다든지, 강한 몸동작으로 춤을 춘다든지, 팔을 휘두른다든지, 과격한 몸동작을 하는 것은 그의 설교 스타일이 아니었다. 그러나 웨슬리가 설교할 때 명쾌하고도 설득력 있는 방식으로 구원의 좋은 소식을 선포하였을 때 사람들은 마치 전능하신 하나님의 두려움이 임한 것처럼 마음을 찢으며 뒤로 넘어져 쓰러지거나 울부짖곤 하였다. 사실 바스에서 비우 내시를 만난 후 10일이 지나 웨슬리가 와핑(Wapping)에 있는 신도회 모임에서 권고의 말씀을 전하고 있을 때, 몇몇 사람들이 쓰러지고, 다른 사람들은 떨며 전율하였으며, 나머지 사람들은 "몸의 모든 부분에 경련을 일으키며 넘어졌다. 그 떨림이 너무 격렬하여 네다섯 사람이 달려들어도 이들 중 한 사람을 통제할 수 없었다."[2] 이 사건을 두고 웨슬리는 "나는 히스테리 환자와 간질병 환자의 발작을 보아왔지만, 이들의 경련은 종류가 다른 것이었다."[3]고 하였다. 당연히 소란스러웠던 집회의 소문이 영국 전역으로 퍼져나갔고 웨슬리의 형 사무엘까지 이렇게 질문하고 나섰다. "이 소동이 교회의 특별기도(collects)를 드릴 때 시작된 것인가? 아니면 그 이전 성별된 제단에서 설교할 때 시작된 것인가?"[4] 1739년 10월에 쓴 편지에서 웨슬리는 형의 비판에 대해 자세하게 설명하고 있다.

> 이 사역이 "성별된 제단"에서 시작하지 않았다고 해서 그렇게 많은 영혼을 죽음으로부터 구원하고 그렇게 많은 죄를 덮으신 하나님을 어찌 찬양할 수

> 없단 말입니까? … 나는 하나님이 어디든 계심을 알고는 기뻐하고 있습니다. 나는 교회의 예식과 의식을 사랑합니다. 그러나 나는 우리의 위대한 주님은 예식이나 의식 없이도 일하실 수 있음을 보고 즐거워합니다.[5]

그 후 웨슬리는 복음을 가능한 많은 사람들에게 전하기 위해서 때로 "교회의 예식과 의식"을 생략할 뿐 아니라 영국교회의 교구 경계를 어기기까지 하였다. 이것이 많은 성직자들을 거슬리고 불만스럽게 하였다. 그해 6월 웨슬리는 자신의 순회 설교에 대해서 찰스에게 "하나님께서 나로 하여금 모든 사람들에게 선한 일을 하라 하시네. 무지한 자들을 가르치고, 악한 자들을 개혁하며, 덕이 있는 자들을 격려하게 하셔. 그런데 사람들은 다른 교구에서는 이런 일을 하지 못하게 명령하고 있어. 이런 일을 절대 하지 말라고 그러네."[6]라는 내용의 편지를 보냈다. 몇 달이 지난 후 웨슬리는 같은 내용의 편지를 제임스 허비에게 보냈다.

아버지의 무덤 위에서 설교하는 존 웨슬리

> 복음을 전하는 것이 제게 던져진 하나님의 명령입니다. 내가 복음을 설교하지 않는다면 내게 화가 미칠 것입니다. 그런데 당신께서는 내게 교구 안에서만 설교하도록 원하십니다. 형제여, 무슨 교구를 말씀하시는 겁니까? 나는 교구가 없습니다. 앞으로도 교구가 주어질 것이라고 생각지 않습니다. 나의 재능을 땅에 묻어야 하겠습니까? 그렇게 된다면 나는 악하고 무익한 종인 것입니다.[7]

웨슬리는 일반 소명과 특별 소명을 구분함으로써 찰스와 다른 사람들에게 자신의 "새로운 방법"인 혁신적 복음주의 기법을 정당화하였다.

> 내가 받은 일반 소명은 주교를 통해 받은 사제 안수입니다. "너는 이제부터 하나님의 말씀을 전할 권위가 주어졌노라. 나의 특별 소명은 진리이신 하나님께서 나의 목회 사역을 통해 일하심으로 입증됩니다."[8]

그러나 역설적이게도 웨슬리는 몇 년이 지난 후 존 롬리(John Romley) 목사로부터 엡웟의 강단에서 설교할 수 없다는 통보를 받는다. 롬리 목사는 웨슬리의 아버지 사무엘 목사가 욥기서 주석서를 편찬하고 있을 때 필사생(筆寫生)으로 일했던 이다. 강단 사용을 거부당한 웨슬리는 아버지 사무엘의 무덤 위에서 경외감과 은총이 넘치는 분위기로 설교하였다. "나는 아버지의 강단에서 3년 설교했던 것보다 아버지의 무덤 위에서 3일 설교한 것이 청중에게 더 큰 영감을 던졌다고 확신하는 바입니다."[9]

이 기간 웨슬리는 자신이 영국교회와 좋은 관계에 있었다고 생각하였다. 1739년 9월 고지식한 한 성직자가 어떤 점에서 감리회 모임과 영국교회가 다르냐고 웨슬리에게 물었을 때, 웨슬리는 이 질문을 새로운 기준이나 교회의 정책과 치리에 대한 문제로 이해하지 않고 단순한 교리에 대한 질문으로 이해하였다. 그래서 웨슬리는 "우리가 설교하는 교리는 영국교회의 교리입니다."라고 답하였다. "진정 기도와 종교 강령과 설교 안에 영국교회의 기본적인 교리가 분명하게 담겨 있습니다."[10] 다음 달 웨일즈에 있는 아버가베니(Abergavenny)에서 사도행전 28장 22절의 내용으로 설교하면서 "대부분의 지역에서 배척을 받고 있는 영국교회의 평범한 전통적 종교를 '감리회'의 새로운 이름으로 묘사한 것입니다."[11]라고 하였다. 엑시터 칼리지(Exeter College)의 참사회 의원이었던 워커 박사(Dr. Walker)조차도 "웨슬리 자네가 말한 것이 모두 참이요, 당신의 설교는 영국교회의 교리가 맞소."[12]라고 동의하였다. 그러나 그는 이내 덧붙여 말하기를, "웨슬리의 설교는 신중하기보다는 위험하오. 사람들을 열광주의 아니면 절망으로 이끌 수 있소."[13]라고 하였다. 그럼에도 불구하고 성령으로 새롭게 된 말씀의 명확한 표현으로 "평범한 전통적 종교"를 이전에는 없었던 생명과 소망 속에 불러일으키고 있었다. 그러므로 동료 성직자들은 웨슬리의 설교를 즐겨 들으려 하지 않았는지 모르지만 가난한 사람들은 웨슬리의 설교를 즐겨 경청하였다.

강단에 선 평신도

처음부터 웨슬리는 감리회를 영국교회의 한 부분으로 이해하였다. 경건한 신도회 운동과 마찬가지로 감리회 신도회들도 어머니 교회인 영국교회에 새로운 생명과 활력을 불어넣으려고 시도하였다. 이런 이해를 갖고 있었던 웨슬리는 자연스럽게 갱신의 필요성을 느끼고 있었던 여러 영국 성직자들이 "성서적 거룩함을 온 땅에 전파하려는" 그의 사명에 도움을 줄 것이라고 기대했다. 그러나 영국교회의 성직자들은 대체로 웨슬리의 사역에 참여하지 않았고 1738년 웨슬리와 연대하였던 옥스퍼드 감리회원의 몇 명 안 되는 성직자들조차 자신들의 목회를 이유로 웨슬리를 떠나가 버렸다. 그러므로 급증하는 수확을 거두어들이기에는 사람이 턱없이 부족했던 터라 웨슬

킹스우드 학교의 옛 모습(좌)과 현재 모습(우)

리는 안수 받지 않은 평신도들에게 설교의 목회적 과제를 주어 활동하게 할 수밖에 없었다. 웨슬리는 종종 복음을 위해 수고하는 이들 평신도 설교가들을 자기의 자녀들이라고 칭하곤 하였다. 그린(Green)이 표현한 것처럼 "지도자와 평신도 설교자들의 관계는 부모 자식의 관계였다."[14]

웨슬리 연구에서 처음 감리회 평신도 설교에 대해 많은 논의가 있어 왔다. 그런데 이 문제와 관련해 헨리 랙(Henry Rack)은 "부분적으로는 어떻게 정의하느냐의 문제이다."[15]라고 정리하였다. 이를 위해 설교자 몇몇을 들어 설명할 수 있다. 웨슬리는 영국 국교도가 된 퀘이커 교도의 아들이었던 존 센닉(John Cennick)에게 1739년 여름 브리스톨과 킹스우드에 가서 신도회의 사역을 도우라고 요청하였다. 센닉의 많은 재능에 감명을 받은 조지 휫필드는 후에 웨슬리에게 1740년대 후반 갱부들의 자녀들을 위해 브리스톨 인근에 세운 킹스우드 학교의 초대 교장으로 평신도 설교가인 센닉을 보내줄 것을 제안했다. 설교를 할수록 점차 칼뱅주의자로 기울면서 센닉은 결국 휫필드의 진영으로 넘어가게 되었다. 그러나 웨슬리는 상호 동의하에 센닉과 결별한 것은 어떤 교리적 차이 때문이 아니었고, 센닉이 "우리 신도회 안에 예정론자들이 여럿 있습니다."[16]라고 악의적으로 설교하고 완고하였기 때문이라고 주장하였다.

1739년 브리스톨에서 회심을 경험한 토마스 맥스필드(Thomas Maxfield)는 1740년에서 41년으로 넘어가는 겨울 웨슬리의 도움을 받아 허락된 기도와 권면과 권고를 할 뿐 아니라 웨슬리가 부재한 사이 신도회 모임에서 설교하였다. 당시 신도회에서 설교하는 일은 토마스에게 허락된 일이 아니었다. 여행에서 돌아온 웨슬리는 토마스의 월권 사실을 알고 이 일을 정리하고자 어머니에게 불평을 털어놓았다. "토마스 맥스필드가 설교가가 되었어요." 그런데 놀랍게도 수잔나는 조심스럽게 이 문제에 접근하라고 하면서 다음과 같이 웨슬리에게 일러주었다. "이 젊은이에 대해 네가 무엇을 할 것인지 생각해 보렴. 토마스는 너처럼 설교하도록 하나님의 소명을 받은 것이 분명해. 그의 설교를 통해 어떤 열매가 맺혔는지 살펴보고 너 자신도 그의 설교를 들어 보렴!"[17]

수잔나의 권고와 신도회의 절박한 필요성으로 인해 웨슬리는 결국 평신도 설교를 좋게 생각하여 1740년 9월 감리회 예배당인 파운더리(Foundery)에서 조셉 험프레이스(Joseph Humphreys)의 설교를 허락하였다. 그러나 하나의 문제를 해결하고 나면 또 다른 문제가 나타났다. 센닉, 맥스필드, 험프레이스 등의 평신도 설교가들이 목회에 참여하면서 18세기 감리회는 12세기 피터 왈도(Peter Waldo)와 왈도가 조직한 리온의 가난한 사람들(the Poor Men of Lyons)[18]이 받았던 것과 동일한 비난을 받게 되었다. 당연히 영국교회의 성직자들은 모든 이유를 들어 시도 때도 없는 감리회 모임과 웨슬리의 지도하에 있었던 평신도 설교가들의 교육이 부족하다는 이유로 분개하였다. 이런 분위기에서 이들은 웨슬리 운동에 전체적으로 따가운 눈총을 보내고 있었다. 그 후 한참이 지난 1756년 웨슬리는 자기가 세운 평신도 설교가들을 향한 계속되는 비판에 몹시 실망하여 "평신도 설교가가 술주정뱅이도 아니고 저주를 퍼부으며 욕설을 퍼붓는 설교가도 아닌데 왜들 난리인가?"[19]라고 푸념하였다. 사실 웨슬리는 하나님의 나라를 넓혀 가는 데 적절한 도구로서 평신도 설교가들을 더욱 채용할 뿐 아니라 평신도 설교를 목회의 훌륭한 기능으로 생각하였다. 그래서 1755년 사무엘 워커 목사에게 보내는 편지에서 다음과 같이 주장하였다.

> [옥외설교, 즉흥 기도, 신도회 조직, 평신도 설교] 가운데 하나를 포기하느니 차라리 교회로부터 떨어져 나오는 것이 우리의 의무라고 생각해야 하지요. 그러니 평신도 설교가들의 활동이 계속되는 한 교회로부터 분리될 수밖에 없다면, 경우가 분명해집니다. 우리는 평신도 설교가들의 설교를 결코 멈추게 할 수 없습니다.[20]

진젠도르프와의 결별 – 감리회의 세 번째 발흥

1739년과 1740년대 초 감리회의 모양과 구조가 서서히 그 골격을 잡아가고 있을 때 웨슬리의 지도하에 형성되고 있었던 감리회의 신학은 다른 운동들, 특별히 모라비안주의, 칼뱅주의와 색깔을 달리하기 시작하였다. 예를 들면, 1739년 11월 제임스 휴턴(James Hutton)이 소개하여 페터레인에 입문한 필립 하인리히 몰더(James Heinrich Molther)는 신도회 회원들에게 칭의와 중생의 믿음을 갖기까지 "잠잠히" 있어 성만찬과 같은 은총의 수단에 참석하지 말라고 가르치기 시작하였다. 그 회원 가운데는 제니 챔버스(Jenny Chambers)도 있었다. 웨슬리 형제의 친구이자 웨슬리가 세운 평신도 설교가였던 존 브래이 씨(Mr. John Bray)도 몰더의 주장에 힘을 실어주었다. 1739년 12월 런던에 돌아온 웨슬리는 "열 명 중 한 명도 처음 사랑을 견지하고 있는 이가 없음"[21]을 알게 되었다.

페터레인에서 행한 설교의 파장을 염려한 웨슬리는 1739년 12월 몰더를 만났다. 웨슬리와 몰더는 두 가지 문제에 의견을 달리하였다. 첫째, 몰더는 믿음에 정도의 차이가 없으며 누구도 모든 것이 새롭게 되기까지는 어떤 정도의 믿음도 가질 수 없다고 주장했다. 그러나 웨슬리는 "그 안에 모든 것이 새롭게 되기 전에는, 온전한 믿음의 확신을 갖기까지는 누구나 **어느 정도의**(some degree) [믿음]을 가질 수 있다."[22]고 주장하였다. 둘째, 몰더는 구원을 주는 믿음은 "잠잠히" 있어야 하는 것이지, 교회 출석, 성만찬, 금식, 기도, 성경 읽기, 현세적이고 영적인 선을 베푸는 일과 같은 은총의 수단을 사용해서는 안 된다고 가르쳤다. 그러나 웨슬리는 (최초의) 성화 은총을 받아들이도록 돕는 은총의 수단들은 우리를 거룩하게 하는 은총이라고 주장했다. 달리 말하면, 웨슬리는 은총의 수단을 "선행 은총, 칭의 은총, 성화 은총을 인간에게 전달할 수 있는 일반적인 통로로 하나님이 제정하고 선택한 외적인 표, 말, 행위"[23]로 생각하였다.

웨슬리는 「평신도 설교가들과의 대화록」(*Minutes of Several Conversations*)과 1746년 출판한 "은총의 수단"이라는 설교에서 영적 성장을 위해 도구가 필요함을 가르쳤다. "은총의 수단"에서 웨슬리는 두 가지 주된 오류를 분별하였다. 첫째, 영국교회 동료들이 범하는 오류로서 수단의 "남용"이다. 이는 수단을 종교의 목적으로 여기는 것으로서 "하나님의 형상을 따라 새로워진 마음에 종교의 목적을 두기보다는 외적인 사역을 수행하는 데 종교의 목적을 두는 태도다."[24] 웨슬리는 경고하여 말하기를 "이는 능력은 없고 경건의 형식에만 만족하여 머물러 있는 사람들의 경우"[25]라고 하였다. 둘째, 몰더와 브래이의 가르침에서 나타난 오류로서 수단을 "경시하는 것"이다. 이들은 하나님의 은총을 전달하는 수단은 없으며, 구원을 주는 믿음을 받기까지 "잠잠히" 있어야 한다고 주장한다. 이들의 잘못된 가르침을 바로잡기 위해서 웨슬리는 "제도적" 은총의 수단을 다음과 같이 자세하게 설명하였다.

> 이 수단들 가운데 대표적인 것은 (개인기도든 회중기도든) 기도, (읽고, 듣고, 읽고 들은 것에 대해 묵상하는) 성서탐구, (주님을 기억하여 떡을 먹고 포도주를 마시는) 성만찬 받기이다. 우리는 하나님께서 인간의 영혼에 자신의 은총을 전달하는 일

반적인 수단으로 이들을 정하였다고 믿는다.[26]

「평신도 설교가들과의 대화록」에서 웨슬리는 "금식"과 (인도와 견책과 돌봄을 위한 모임인) "신자들의 모임"을 제도적 수단의 목록에 첨부하였다. 아울러 (주어진 상황에서 이성에 의해 제시된) 여러 "상황적"(prudential) 은총의 수단을 제시하였다. 상황적 은총의 수단은 은총 안에서 거룩한 삶의 합리적인 기술을 자라게 하는 특별한 규칙들을 말한다. 제도적 은총의 수단과 상황적 은총의 수단을 설명한 후, 웨슬리는 "은총의 수단들을 사용함으로써 구원을 가져오는 하나님의 은총을 기다려야 하겠습니까? 아니면 이들을 폐기해야 하겠습니까?"라는 도발적인 물음을 던져놓고는, "성서의 결정에 의하면, 하나님의 은총을 열망하는 모든 사람은 하나님이 제정한 수단들 안에서 이 수단들을 폐기하지 말고 사용함으로써 하나님의 은총을 기다려야 합니다."[27]라고 강조하여 대답하였다.

페터래인에서 일어난 분쟁을 치유하고자 웨슬리는 동생 찰스와 함께 1740년 4월 25일 몰더를 만났다. 그러나 모라비안 지도자 몰더는 계속해서 믿음의 단계들이란 없으며, "의심이나 두려움을 가진 사람은"[28] 어떤 믿음도 가진 것이 아니라고 주장하였다. 더 나아가 몰더는 다시 한 번 은총의 수단을 경멸하고 비난하기까지 하였다. 그는 "청결한 마음을 가진 사람에게 정례 의식(성만찬)은 의무가 아니며"[29] "정례의식을 사용해서는 안 된다."[30] 고 주장하였다. 몰더와의 만남 이후에도 많은 사람들이 선행을 멈추고 "믿음을 더하고자" 교회가 정한 정례 의식을 간과하는 몰더의 가르침이 신도회의 생활에 계속 영향을 미치는 것을 목격한 웨슬리는 이 독에는 야고보서가 "좋은 해독제"[31]라고 설명하면서 치료책을 강구하였다. 그러나 이 또한 별 효험이 없었다.

모라비안의 지도자 진젠도르프

몇 개월 사이 페터래인 신도회 안에 긴장이 증폭되었다. 1740년 6월 심슨(Mr. Simpson)은 웨슬리가 "율법의 행위를 설교하고 있다고 비판하였다. '이 점에 대해서 비니(Mr. Viney)가 첨언하여 말한 바, 영국 왕의 신하들이 프랑스 왕의 법에 순종할 필요가 없듯이 우리 믿는 자들은 율법에 순종하도록 얽매인 것이 아니라고 하였다.'"[32] 마침내 1740년 7월 16일 웨슬리는 페터래인 신도회에서 설교하는 것이 사실상 금지되었다. 그리고 "이곳은 독일 모리비안 교도들을 위한 것입니다."[33]라고 이유를 달았다. 보다 큰 문제가 제기되는 것뿐 아니라 이번 사건의 반전에 좌절을 경험한 웨슬리는 4일 후 페터래인에서 자기를 따르는 대부분이 여성 18명 혹은 19명의 지지자들과 함께 신도회를 떠나 파운더리에서 만남을 시작한다고 선언하였다. 그의 최후통첩에서, 웨슬리는 예상하듯이 의롭다 하는 믿음이 모든 의심과 두려움을 내어 쫓는다는 개념뿐 아니라 신도회의 "정숙"(stillness)을 강도 높게 비판하였다. 예컨대 웨슬리는 (중생을 가져오는 믿음뿐 아니라) 의롭다 하는 믿음은, 그가 한때 잘못 생각했듯이, 믿음의 완전한 확신을 의미하는 것이 아니라고 이해하였다. 웨슬리가 영국의 모라비안 교도들로부터 받은 유산인 이 가르침은 적절한 시기에 정리가 되었다.

페터래인 사건이 있은 후 웨슬리와 모라비안 교도들과의 관계는 점차 모호하게 되었다. 1741년 4월 21일 찰스 웨슬리에게 보낸 편지에서 웨슬리는 모라비안 교도들의 활동에 참여하지 않는 여러 이유를 열거하였다. 한편에서는 성서적 종교가 아니고 신비적 종교를 지향하는 저들의 성향, 자기-부정이 모자람, 은총의 수단을 상대적으로 거부함 등을 포함하고 있었다.[34] 그러나 다른 한편에서는 앞서 몇 주 전에 웨슬리가 피터 뵐러를 만났을 때 뵐러의 은총과 증거에 깊이 감명을 받았다. 이런 이유에서 웨슬리는 "내가 이들을 떠나는 것은 불가사의한 일이다. 내가 이들을 보지 못하면 내 안에 보고 싶은 마음이 불탄다. 나는 이들과 함께 하고 싶다. 그러나 나는 이들과 결별한다."[35]라고 하였다.

진젠도르프와 만나 대화를 나눈 존 웨슬리

웨슬리와 모라비안 교도들과의 관계는 1741년 9월 3일 그레이스 인 웍스(Gray's Inn Walks)에서 진젠도르프 백작을 만난 다음 점점 관계가 소원하게 되었고 입장은 더 분명하게 되었다. 라틴어로 대화를 시작한 백작은 믿는 자가 의롭다 함을 받는 순간 "전적으로 거룩하게 된다."[36]고 주장하였다. 진젠도르프의 대답에 충격을 받은 웨슬리는 "뭐라고요! 사랑으로 자라가는 모든 믿는 자가 거룩함에 있어서 동일하게 자라가지 않는다는 말입니까? … 그러면 그리스도 안에 있는 아버지는 갓 태어난 아기보다 거룩하지 않다는 것입니까?"[37] 요동도 하지 않은 채 앉아 있었던 백작은 웨슬리에게 그 의미를 분명하게 대답해 주었다. "우리의 전체 칭의와 성화가 동일한 순간에 일어납니다. 그리고 믿는 자는 더 이상 뭔가를 받지 않습니다."[38] 달리 말하면 믿는 자들은 의롭다 함을 받을 때 온전히 거룩하게 된다. 그러므로 그리스도인의 삶은 거룩함으로 성장해 가는 것이 아니다.

그러나 이 시점에서 웨슬리는 다른 모라비안 교도들은 진젠도르프와 다르게 생각하고 있다는 것을 아주 잘 알고 있었다. 사실 웨슬리가 그해 5월 피터 뵐러와 어거스트 스팡겐버그를 만났을 때 이들은 "옛 사람" 곧 육적인 본성(원죄)이 아직도 하나님의 자녀 안에 현존하고 있다고 주장하였다.[39] 웨슬리는 육적인 본성은 죽을 때까지 남아 있다는 이들의 주장에 동의하지는 않았지만, 진젠도르프와 대화할 시점에서는 적어도 하나님께로 나서 의롭다 함을 얻은 믿는 자들은 마음으로 순전한 것이 아니며 온전히 거룩하게 된 것이 아니라는 데 동의하였다. 이 말은 웨슬리가 한때 잘못 생각했던 것을 내려놓는 과정에 들어섰음을 의미한다. 특별히 사무엘 호에 승선하여 웨슬리는 "나는 그 믿음을 가졌다는 것을 인식하지 않고서는 누구도 가질 수 없는 그 믿음을 원합니다. … 왜냐하면 그 믿음을 가진 자마다 '죄로부터 자유하며,' '**죄의 전체 몸통**이 그 안에서 무너졌기 때문입니다.'"[40]라고 선언한 바 있다. 따라서 그리스도를 믿는 자들이 모든 죄에서 자유하며 그들이 의롭다 함을 얻는 그 순간 이들이 전적으로 거룩하게 된다는 교리는 웨슬리가 모라비안 교도들에게 반박하였던 두 번째 잘못된 가르침이었다. 1741년 9월쯤 웨슬리는 이미 모라비안 공동체를 향해 "보편적 구원, 율법폐기론, 일종의 새롭게 개혁된 정숙주의"[41]라는 세 가지 큰 오류를 지적하였다. 이 결과 진젠도르프와의 관계는 불행하게도 경직되었고, 1745년에 두 신앙의 공동체가 갖는 차이를 고려하여 백작은 그와 그를 따르는 사람들이 "웨슬리 형제와 관계를 갖지 않는다."[42]고 선언하였다.

따라서 페터래인과 그레이스 인 웍스에서 모라비안 교도들과의 만남을 통해 웨슬리의 신학은 아주 명쾌하면서도 제자리를 잡는 결정적인 전환을 맞았다. 왜냐하면 웨슬리가 1738년 5월 이후 영국 모라비안 교도들이 제안한 방식으로 하나님의 자녀는 어떤 의심이나 두려움을 갖지 않을 것이라는 비합리적인 기대를 갖고서 계속 설교했더라면, 진젠도르프나 다른 모라비안 교도들과 같이 "죄의 전체 몸통"과 심지어는 육적인 본성이 하나님의 자녀 안에서 파괴되었다고 설교했더라면, 그는 자신의 신도회는 물론 후에 이어지는 부흥 운동에서 엄청난 혼란을 야기했을 것이기 때문이다. 그러나 결국 웨슬리는 자신이 속했던 영국교회의 전통 색깔을 지닌 신학과 균형을 이룸으로써 이러한 오류의 함정에 빠지지 않을 수 있었다. 특별히 오직 믿음으로만 얻는 칭의, 곧 루터의 기본적인 가르침을 과장하고 오해한 데서 비롯된 믿음 맹신주의를 극복할 수 있었다. 분명 랜스럿 앤드류스(Lancelot Andrews)와 비숍 토마스 켄(Bishop Thomas Ken)과 같은 17세기의 캐롤라인 신학자들(Caroline Divines)은 죄인들이 믿음으로 구원받는다는 가르침은 (하나님의 선행 은총에 대한 응답으로) 믿음의 수단의 왕성한 사용뿐 아니라 살아있는 믿음의 증거로서 칭의 이후 행위의 필요성, 더 나아가 사랑으로 역사하는 믿음의 필요성과 완전하게 일치함을 주장하였다.[43)]

조지 휫필드와의 갈등과 화해

부흥 운동 초기 웨슬리는 자신의 지도와 돌봄 아래 있었던 감리회를 모라비안주의뿐 아니라 칼뱅주의와도 구분하였다. 앞장에서 지적하였듯이 1739년 4월 웨슬리는 "값없이 주시는 은총"이란 설교를 썼고, 이에 더하여 동생 찰스는 보편적 구원을 내용으로 찬송시를 썼다. 설교와 찬송시를 통해 웨슬리 형제는 칼뱅주의자들이 소중하게 생각하는 무조건적인 선택, 저항할 수 없는 은총, 성도의 최후 견인의 개념들을 비판하였다. 그 결과 웨슬리 형제의 설교와 찬송 시들은 휫필드의 마음을 불편하게 하였고, 일 년 반 동안이나 휫필드는 이에 반응했다. 예를 들면 1740년 9월 25일 보스턴에서 휫필드가 썼던 편지가 「완벽주의자 살펴보기」(*The Perfectionist Examined*)[44)] 라는 제목으로 영국에서 출판되었다. 이 편지에서 휫필드는 다음과 같이 주장했다. "귀하께서 보낸 여러 통의 편지를 보면 귀하는 이생에서 **죄가 없는 완전함**(*sinless perfection*)을 얻은 것처럼 들리니 참으로 유감입니다. 나는 머리를 떨구고 영혼을 맡기기까지는 내주하고 있는 죄가 내 안에서 파괴되었다

존 웨슬리와 조지 휫필드

고 말하는 것을 기대하지 않습니다."[45)] 이 편지의 복사본들은 1741년 2월 1일 파운더리에서 웨슬리의 회중에게 배포되었다. 그날 설교 이후 웨슬리는 휫필드와 교류한 개

인적인 편지가 휫필드의 허락 없이 출판된 것을 강단에서 알게 되었다. 그래서 웨슬리는 휫필드가 이 편지를 찢어 없애기를 원할 것이라고 회중들에게 말했다. 그러고는 먼저 웨슬리가 편지를 찢고 회중들도 웨슬리를 따라 편지를 찢었다.

웨슬리와 그의 회중이 칼뱅주의의 특성을 담고 있던 자신의 편지를 찢었다는 사실을 알자마자 휫필드는 앞서 써놓았던 편지를 출판하기로 마음을 먹었다. 편지의 제목은 「"값없이 주시는 은총"이란 웨슬리의 설교에 대한 응답으로 존 웨슬리 목사에게 보내는 편지」(*A Letter to the Rev. Mr. John Wesley in Answer to his Sermon entitled "Free Grace"*)였는데 실제 쓰인 날짜는 1740년 12월 24일이었다. 편지를 인쇄하였지만 휫필드는 사태가 더 악화되기를 원치 않아 배포하지 않다가 파운더리에서 웨슬리가 회중과 더불어 편지를 찢은 사건이 있은 직후 1741년 3월 31일에 배포하였다. 이보다 며칠 앞서 웨슬리는 휫필드의 무례한 행동이 점점 심해진다는 소문이 사실인지 확인하기 위해 독자적으로 휫필드를 방문하였다. 실제로 휫필드는 아주 직설적이고 강경하게 반대했고 둘은 서로 "두 개의 다른 복음"을 설교하고 있다고 말했다. 따라서 자신은 "교제의 오른손"[46]을 웨슬리에게 내밀지 않겠다고 말했다. 설상가상으로 휫필드는 설교할 때마다 존과 찰스에 반대되는 내용을 설교하겠노라고 선언하였다.[47] 이때 앤 알린(Ann Allin)과 토마스 비식스(Thomas Bissicks)도 논쟁에 가담하여 웨슬리가 "'인간의 신실함'(man's faithfulness)을 소리 높여 설교한 것이지 '하나님의 신실함'(the faithfulness of God)을 설교한 것이 아니다."[48]라고 비판하였다. 주로 "값없이 주시는 은총"이란 설교가 출판됨으로써 야기된 이 분란은 웨일즈에서 칼뱅주의 감리회의 출범을 야기했을 뿐 아니라 칼뱅주의 설교가들의 연합체인 레이디 헌팅던스 커넥션(Lady Huntingdon's Connection)을 조직하게 하였다. 사실 휫필드와 웨슬리 형제를 둘러싼 논쟁은 여러 면에서 너무 어렵고 강력하여 존 센닉과 조셉 험프레이스 같은 웨슬리의 초기 평신도 설교가들조차도 이들에게 복음을 전해준 "복음의 선조"로부터 떠나갔다.

놀라운 것은 많은 전기 작가들이 웨슬리와 횟필드의 관계를 평가할 때 주로 값없이 주시는 은총과 선택과 같은 문제에 초점을 맞추어 마치 이 둘이 횟필드의 반대와 비판의 전부인 양 주장한다. 그러나 그렇지 않다. 이와 더불어 중요한 물음들, 즉 죄와 은총에 의해 그리스도인이 어떻게 정의되고 이해되는지, 그리고 의롭다 함을 얻고 하나님께로 난 사람들은 죄의 존재로부터 깨끗함을 얻는 것을 기대할 수 있는지 없는지 곧 이 땅의 삶에서 사랑 안에 완전해질 수 있는지 없는지 등의 문제들이 따라온다.

이 중요한 문제들에 대한 횟필드의 입장은 실은 평가하기가 어렵다. 왜냐하면 웨슬리와 대화하는 과정에서 횟필드의 물음은 죄의 존재로부터 자유한 마음을 갖는 "죄 없는 완전"으로부터 실제로 죄를 범하거나 죄의 능력 아래에 있는 존재에 대한 물음으로 옮겨가기 때문이다. 예를 들면 횟필드는 1740년 9월 웨슬리에게 쓴 편지에서 우리를 겸손하게 하기 위해 죄가 필요하고 거룩함을 위해 하나님과 반대의 자리에서 반역하는 "퇴행의 마음"(heart bent towards backsliding)이 필요하듯이 "자신의 영혼이 움직이기 위해서 이스라엘 땅에 아말렉 사람들이 존재해야 한다."[49]고 주장하였다. 그런데 웨슬리는 언제나 이러한 사유가 겉만 그럴듯할 뿐 하나님의 말씀에 반대된다고 생각하였다. 어쨌든 횟필드는 죄의 존재가 믿는 자들의 마음에 남아 있을 뿐 아니라 이 점에서 웨슬리의 '그리스도인의 완전' 개념을 반대하고 있고, 믿는 자들이 지속적으로 죄를 범하는 정도로 죄가 믿는 자들을 충분히 지배하고 있다고 주장하였다. 일례를 들면 어떤 계기에 횟필드는 "나는 죄를 범하지 않는다는 당신의 생각과 다르다."[50]라고 써서 웨슬리에게 편지를 보냈다. 1740년 9월 25일 편지에서 횟필드는 자신의 의도를 더욱 분명히 했다. "회심 이후 우리가 생각이나 말이나 행위에 있어서 죄를 범하지 않는다면, 나는 왜 우리 주님이 하늘에 계신 아버지께 '우리가 범한 죄를 사하여 주옵소서.'라고 기도하는지 알지 못하겠다."[51] 또한 1741년 3월 17일 편

설교하는
조지 휫필드(좌)와
존 웨슬리(우)

지에서 찰스는 어떻게 그가 "믿는 자들의 특권, 곧 죄를 이기는 능력"[52]에 대해서 설교하였는지 존 웨슬리에게 설명하였다. 그 후 찰스는 조지 휫필드를 초청해서 강단에 세웠는데, 이때 휫필드는 다시 한 번 "죄를 짓는 것의 필연성"[53]에 대해 설교하였다.

이 같은 주장에 기초해 볼 때, 존과 찰스는 그리스도인의 완전뿐 아니라 하나님의 아들이나 딸에게 속한 자유 개념이 휫필드와 분명 달랐다. 예컨대 마음의 순결의 전체적인 문제가 위태롭게 되었을 뿐 아니라 우선 기독교 신자가 어떻게 정의되는가도 문제였다. 이 두 문제에 관심하기 시작한 웨슬리는 1741년 "그리스도인의 완전"이란 설교를 출판하였고 "그리스도 안에서는 아이들이라 할지라도 먼저 죄를 범하지 않는다는 의미에서 완전하거나 '하나님으로부터 난 것'이라고 주장했다."[54] 다시 한 번 웨슬리는 "그러나 만일 너희가 모든 그리스도인들이 살아있는 한 죄를 범하며 범해야 한다고 결론을 끌어낸다면 우리는 그 결론을 철저히 거부한다."[55]고 선언하였다. 그 후 몇 년이 지나 웨슬리는 "신생의 흔적들"(The Marks of the New Birth)이라는 설교를 출판하였다. 이 설교에서 웨슬리는 "이 믿음의 즉각적이고도 지속적인 열매로 인해 우리는 하나님께로 났으며, 이는 결코 한 시간도 믿음과 나누어질 수 없는 것으로 죄를 넘어서는 능력입니다."[56]라고 하였다. 물론 휫필드는 이러한 개념들에 반대하였고, 웨슬리를 아주 낙관적이고 심지어는 유치하다고 생각하였다.

그러나 웨슬리와 휫필드는 이 어려운 상황에서도 가장 좋은 관계를 만들어내고자 노력하였다. 그 결과 1742년 어느 정도의 화해가 이루어졌다. 둘은 서로 존중하였고 누구도 상대방의 신실함이나 진지함에 의문을 갖지 않았다. 웨슬리는 1742년 4월 일지에 "나는 오늘 [휫필드] 씨와 공감할 수 있는 시간을 보냈다. 그는 주 예수 그리스도를 사랑하는 모든 사람과 손을 잡고 싶다고 진지한 열정으로 말했는데 나는 그의 모든 열정이 신실하다고 생각한다."[57]고 기록했다. 그리고 1744년 휴턴 부인에게 보내는 편지에서 웨슬리는 "나는 칼뱅을 조금 사랑하고, 루터는 좀 더 사랑하며, 모라비안교도들, 로, 휫필드를 앞의 두 사람들보다 더 사랑합니다."[58]라고 썼다. 휫필드도 복음의 동역자인 웨슬리에 대해 경외와 칭송을 표현하였다. 레슬리 처치(Leslie Church)도 같은 맥락에서 (이 글이 레슬리의 것인지 확실하지 않지만) 다음과 같이 웨슬리에 대한 휫필드의 계속적인 애정을 표현하였다.

> 비평가 중의 한 사람이 조지 휫필드에게 와서 말했다. "선생님, 우리가 하늘나라에 이르렀을 때에 존 웨슬리를 보게 될 것이라고 생각합니까?" 휫필드는 "아뇨!"라고 대답했다. "왜냐하면 웨슬리가 영원한 보좌와 너무 가까이 있어서 우리와는 멀리 떨어져 있기에 그를 거의 볼 수 없을 것이기 때문입니다."[59]

감리회의 성격과 원리의 확립

동료 감리회원이었던 조지 휫필드와의 신학적 갈등 한가운데 있었던 아주 예기치 않은 시간인 1742년, 웨슬리는 "감리회원의 특성"(The Character of a Methodist)이라는 글을 출판하여 논쟁거리였던 그리스도인의 완전에 대한 교리로 감리회원의 특성을 자세히 탐구했다. 이후 한참이 지나서 웨슬리는 「그리스도인의 완전에 대한 평이한 해설」을 출판했는데, 이 글에서 웨슬리는 "감리회원의 특성"이 "완전을 주제로 다루었던 처음 논문"[60]이었다고 피력하였다. 좀 더 많은 성서적 용어를 사용하려는 시도로 알렉산드리아의 클레멘스의 『논설집』(*Stromateis*)[61]에서 발견한 완전한 그리스도인이란 표현을 썼던 웨슬리는 감리회원들의 특징적 표징은 아무리 조심스럽게 만들어 낸다 한들 그들이 가진 의견이 아니라고 주장한다. 웨슬리는 "기독교의 뿌리에 닿지 않는 모든 의견들에 대해서 우리는 '생각하고 생각하게 해야 한다.'"[62]고 설명한다. 그러나 감리회원들은 온전한 경건을 연합 신도회의 전체적인 규칙의 기본적인 구조를 이루었던 요소들 안에, 곧 "해를 끼치지 않고, 선을 행하며, 하나님의 규례를 사용하는 것"과 같은 회개의 참된 요소들 안에 두지 않는다.[63]

이와 반대로 감리회원이란 아주 단순히 말해서 경건의 모양뿐 아니라 경건의 능력을 가진 자이다. 웨슬리의 말을 빌리면, "'성령이 임하여 마음속에 빛나는 하나님의 사랑'을 가진 자이며, '마음을 다하고, 영혼을 다하고, 생각과 힘을 다하여 주 하나님을 사랑하는' 자이다."[64] 웨슬리가 같은 논문에서 감리회원은 온전히 거룩하며, "하나님의 사랑이 모든 분노의 격정, 시기와 중상모략과 진노, 모든 악한 기질이나 애착으로부터 정결케 한다."[65]고 선언했을 때, 한때 옥스퍼드의 감리회원이었던 휫필드라 한들 이러한 가르침에 동의할 수 있었을까? 이 논문이 갖는 좀 더 넓은 신학적 상황에서 보면, 적어도 어떤 면에서, 웨슬리는 감리회에 대한 휫필드의 입장에 도전을 하고 있었다. 왜냐하면 칼뱅주의 지도자였던 휫필드는 웨슬리가 감리회원이 되는 필요조건으로 제시한 감리회원의 성격은 이 땅에서 결코 이루어질 수 없다고 크게 강조한 바 있기 때문이다. 혹은 이런 질문이 가능하다. 웨슬리가 하나님의 자녀의 표징과 온전한 성화를 이룬 자들을 혼동케 하는 너무 고매한 용어로 감리회원의 속성이나 특성을 표현했던 것은 아닌가?

1742년 웨슬리는 「감리회원의 원리들」(*The Principles of a Methodist*)이란 또 다른 논문을 썼다. 이 논문은 조시아 터커(Josiah Tucker)가 쓴 「감리회의 원리들의 간략한 역사」(*Brief History of the Principles of Methodism*)에 대한 대답으로 쓴 것이다. 브리스톨에서 올 세인트 교회의 전임성직자(Vicar of All Saints)였고, 브리스톨 비숍 교회의 지도사제(Chaplain to the Bishop of Bristol)였던 터커는 웨슬리에게 세 가지 오류가 있다고 지적하였다. 첫째는 오직 믿음으로 말미암은 칭의를 가르치며, 둘째는 죄가 없는 완전을 믿고, 셋째는 앞뒤가 안 맞는 주장을 한다고 비판하였다. 첫째 비판에 대해서 웨슬리는 앞서 설교한 "믿음으로 말미암은 구원"(Salvation by Faith)의 내용과 아주 비슷한 방식으로 반박했다. 예컨대 "진정한 기독교 믿음은 성서와 믿음에 대한 우리의 종교 강령이 참임을 믿는 것이며, '그리스도로 인해 영원한 저주로부터 구원을 받는다는 분명한 신뢰와 확신을 갖는 것'"[66]이라고 주장하였다. 두 번째 비판에 대해서는 그가 앞서 썼던 『찬송과 성시』(*Hymns and Sacred Poems*)의 서문 내용을 거의 대부분 인용함으로써 대답하였다. 웨슬리는 무엇보다도 무엇이 그리스도인의 완전이 아닌가를 정확하게 진술함으로써 혼돈을 피하려 하였다.[67] 앞뒤의 논리가 맞지 않는다는 세 번째 오류에 대한 지적에 대해서는 칭의와 확신에 나타난 그의 가르침이 갖는 전체적인 논리를 갖고 반박하였다. 페터래인 논쟁의 여파에서 그랬듯이 웨슬리는 다시 한 번 "확신은 정상적으로 의롭다 하는 믿음을 동반"할 뿐 아니라, 하나님의 아들에 속하는 용서의 첫 번째 의미는 "종종 의심과 두려움이 섞이게 된다."[68]고 주장하였다. 웨슬리는 이런 주장을 통해 터커가 웨슬리의 가르침들을 잘못 평가했다고 보았다.

어머니 수잔나의 죽음

수잔나 웨슬리

웨슬리가 모라비안 교도들, 칼뱅주의자들, 몇 명의 영국교회 지도자들과 각을 세운 지 얼마 안 있어, 자신의 목회를 뉴캐슬에 이르는 북부지역으로까지 확장하는 동안 어머니가 병이 들었다. 남편 사무엘이 죽은 이후 가난한 과부가 된 수잔나는 여러 자녀들과 함께 살아야 할 필요를 느꼈다. 그래서 처음엔 에밀리아(Emilia)와, 다음에는 큰아들 사무엘, 그 후로는 딸 마르다(Martha)와 마르다의 남편인 웨스틀리 홀(Westly Hall)과 그리고 마지막엔 파운더리에서 존 웨슬리와 살았다. 1742년 6월 30일 죽음의 침상에 누워 있을 때 수잔나는 옆에 있던 가족, 특별히 존 웨슬리에게 "내 영혼이 떠나가는 순간"[69] 시편으로 하나님께 찬양을 드리라고 요청했다. 수잔나가 죽은 후 세운 묘비에는 다음과 같은 내용이 새겨져 있다.

> 아픔과 궁핍을 친구 삼아
> 슬픔과 두려움의 긴 밤을 지새우며
> 70 평생 율법의 밤으로
> 고통의 시간을 살았던 진정한 딸이
> 여기 잠들다.
> 아버지께서 아들을 보내셔서
> 찢겨진 빵 속에 아들을 보이셨으니
> 자신의 죄가 용서받았음을 알고 체험한 여인이
> 하늘의 보금자리에 들었노라.[70]

비문은 충격적이고 이상하기까지 하다. 왜냐하면 비문을 썼던 아들 찰스와 번힐 필즈(Bunhill Fields) 묘지에 비석을 세운 존 웨슬리는 어머니 수잔나의 영적 삶에 대한 암묵적인 비판을 비문에 담고 있기 때문이다. 결국 비문은 그녀의 대부분의 생애가 율법의 상태에 머물러 있었으며 마침내 70세가 되었을 쯤 그녀의 죄가 용서 받았다는 믿음의 확신을 받았다고 주장한다. 예를 들면, 마지막 절에서 찰스는 분명하게 수잔나가 1740년 사위였던 웨스틀리 홀로부터 성만찬 잔을 받았던 일을 언급하고 있다. 그때 홀은 "당신을 위해서 주신 우리 주 예수 그리스도의 피입니다."라고 선언하였다. 후에 수잔나는 "이 말씀이 내 마음을 강타하였고 그리스도를 위해 하나님께서 나의 모든 죄를 용서하였음을 알게 되었다."[71]고 술회하였다. 그러나 수잔나가 1737년에 죽었더라면, 찰스는 이 말을 결코 쓰지 않았을 것이다. 또 존이 이런 비석을 세우지도 않았을 것이다. 이 비문은 어쩌면 어머니의 경험보다는 자신들이 생각하는 진정한 기독교 믿음이 무엇인지 찰스와 존 웨슬리가 갖고 있었던 영적 경험을 표현하고 있는지도 모른다. 흥미롭게도 1828년 영국 감리교도들은 수잔나의 묘비를 바꾸었는데 이때 비평적 내용을 담고 있었던 비문을 좀 더 존경을 담은 비문으로 대치하였다.

수잔나 웨슬리의 무덤

감리회의 내적 구조

1740년대 중반 존과 찰스 웨슬리의 목회는 상당한 열매를 거두기 시작했다. 웨슬리 자신이 말했듯이, "하나님의 말씀"이 그루터기에 불이 붙어 번져가고 있었다. 하나님의 말씀이 점점 "영화롭게 되었고," 모인 사람들은 "우리가 구원을 얻기 위해 무엇을 해야 합니까?"[72]라고 울부짖었다. 분명 런던과 브리스톨과 뉴캐슬에 거주하였던 영국 사회의 일반 대중은 웨슬리 형제의 메시지를 목말라했다.

앞서 1738년 12월에 웨슬리는 감리회 신도회가 브리스톨과 런던에 가시적으로 나타나기 전 「반회의 규칙」(*Rules of the Band Societies*)을 제정하였다.[73] 상당한 정도로 모라비안 정책과 훈련을 반영하고 있는 반회는 하나님의 명령에 순종하기 위해서 매주 모였다. "서로에게 자신의 잘못을 고백하십시오. 치유받기 위해서 서로를 위해 기도하십시오."[74] 반회원들이 자유로이 서로에게 말할 수 있기 위해서 남성과 여성들이 나뉘어 모라비안의 동종 집단을 형성했던 방식을 따라 조직되었다. 반회원이 되기를 열망했던 이들에게는 입회에 앞서 다음과 같은 물음이 던져졌다. "당신의 죄가 용서함 받았습니까? … 내적이든 외적이든 당신을 지배하고 있는 죄가 없습니까?"[75] 그러나 일단 입회가 허락되면, 반회원들은 훨씬 더 예민하고 깊이 파고드는 물음을 매주일 받아야 했다. "지난 모임 이후 어떤 죄를 범하였습니까? … 비밀로 간직하고 싶은 것은 없었습니까?"[76] 흥미로운 것은, 반회에서 시행되었던 친밀하면서도 철저하게 정직을 요하는 물음이 결국은 영국 감리회의 독특한 특성이었던 반회가 사라지게 하는 원인이었음을 설명해준다.

웨슬리는 감리회의 가장 일반적인 구조인 연합 신도회가 런던을 시작으로 다른 지역으로 번져가면서 발흥했던 사실을 다음과 같이 기술하였다.

1739년 연말, 깊이 죄를 확신하며 진지하게 구원을 위해 신음하던 8-9명의 사람들이 런던으로부터 나를 방문하였다. 다음 날은 2-3명이 더 합류하여 내가 저들과 머물면서 기도를 같이 하며 자신들의 머리에 계속 머물러 있음을 보았던 다가올 진노를 어찌 피할 수 있을 것인지 가르쳐 주기를 바랐다.[77]

또한 웨슬리는 어떤 의미에서 "'형식을 갖춰 거룩한 능력을 추구하는' 단체로서"[78] 영국교회의 경건회, 스페너의 경건회(pietistic *collegia*)와 유사하게 신도회 모임의 목적을 표현하였다. 그러므로 신도회 회원들은 함께 기도하며 권고의 말씀을 받기 위해서 또 "자신의 구원을 이루도록 사랑 안에서 서로 돕고 살피기 위해"[79] 연합하고자 하였다. 핸더슨(Henderson)이 정확하게 지적하였듯이, 이 신도회의 중심 과제는 훈계하고,[80] 가난한 사람들과 영국교회의 내부를 한 번도 보지 못한 사람들에게 생명력 있는 기독교 신앙의 진리를 전하는 것이었다. 어떤 그룹이건 이름도 없는 사람들에게조차 신도회에 참석할 수 있도록 한 이 마지막 조항을 두고 헨리 랙(Henry Rack)은 웨슬리가 감리회를 "영국교회의 단순한 보조 단체"로 생각했는지 확실치 않다고 생각했다.[81]

1742년 초 포이 선장(Captain Foy)은 감리회원들이 브리스톨에서 건물을 소유하게 됨에 따라 생겨난 빚을 갚을 해결책을 제시하였다. 이 해결책의 하나로 탄생된 것이 감리회의 속회 모임이었다. 좀 더 큰 감리회 신도회의 하부 조직인 속회는 5-12명으로 구성되었다. 여성들도 속회 지도자가 될 수 있었으며, 메리 보산퀘(Mary Bosanquet), 엘

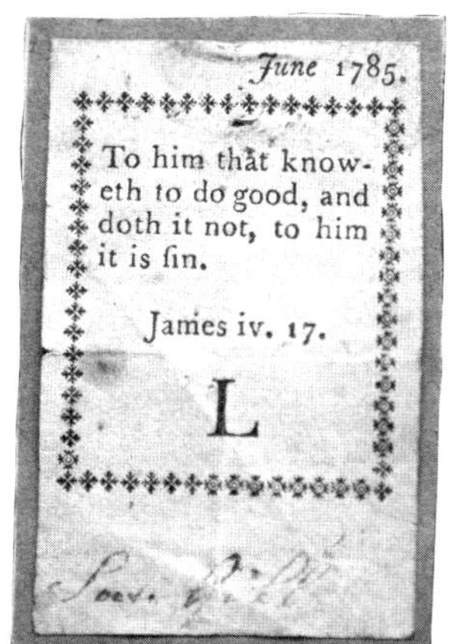

감리회원임을 확인하도록 발급된 신도회의 표

리자베스 리치(Elizabeth Ritchie), 헤스터 안 로저스(Hester Ann Rogers), 애그니스 볼머(Agnes Balmer) 등의 여성들이 탁월한 속회 지도자가 되었다.[82] 속회 모임에서는 적어도 사회적 계급이 무시되어 참가자들에게 민주적인 분위기를 제동했다. 특별히 속회의 지도자가 될 수 있는 조건은 "신앙의 깊이에 의해서만"[83] 평가되었고 이러한 점이 참가자들에게는 매력을 주었다.

좀 더 규모가 큰 신도회의 경우와 달리 감리회 속회의 목적은 웨슬리가 말했듯이 "이들이 진정 자신의 구원을 이루고 있는지를"[84] 분별하기 위해서 훈련하는 것이었다. 1742년 웨슬리는 「연합 신도회의 본성과 일반적인 규칙」(*The Nature and General Rules of the United Societies*)을 출판하였는데, 이 규칙에서는 기도, 성서 읽기, 성만찬 받기와 같은 은총의 수단의 중요성뿐 아니라 (악을 피하고 선을 행하라는) 자연법의 두 교훈의 규범적 가치를 제시하였다. 다른 곳에서 웨슬리는 (악을 피하고 선을 행하며 은총의 수단을 사용하라)는 세 요소를 탐구하였다. 그런데 이 경우 두 요소 혹은 세 요소는 본래적인 기독교 신앙의 심장으로서가 아니라 회개의 기초로서, 달리 말하면, 경건의 능력이 아니라 경건의 형식으로 제시되었다. 또 웨슬리는 연합 신도회에 참여하는 것과 그 신도회 안에 꾸준히 머무는 것 사이의 차이점을 구분하였다. 신도회에 참여하는 데에는 "장차 임할 진로를 피하고자 하는 욕망"[85]만이 요구되었다. 그러나 신도회 안에 꾸준히 머무는 것에는 (하나님의 은총을 사용하고자 하는) 신실함(sincerity)과 일반적인 규칙을 지킴으로써 입증되는 회개가 요구되었다.

웨슬리는 속회 훈련의 기능을 아주 가치 있는 것으로 여겨 감리회원들이 하나님의 은총에 따라 걷고 있는지를 결정하는 것을 속회 규칙에 포함시켰다. 예를 들면 1743년 웨슬리는 (속회에서) 습관적으로 주일을 어기고, 술 취하며, 배우자를 학대하고, 거짓말을 일삼고, 악한 것을 말했다는 이유로 몇 사람을 감리회원에서 제명하였다.[86] 감리회원이 되는 표를 발급하고 일 년에 네 차례 영적 점검을 통해 웨슬리는 감리회원의 가지치기를 계속하였다.

좀 더 일반적인 차원에서 감리회 속회의 연결망은 여러 차원에서 적절한 관리와 훈련을 가능케 했다. 예컨대 여러 속회가 모여 신도회를 구성하였고, 신도회는 지방과 주, 나라 전체로 확산되어 갔다.[87] 물론 이 모든 조직의 주 감독자는 웨슬리였다. 실제로 조지 휫필드는 감리회의 구조에 깊은 감명을 받아 후에 웨슬리가 자기보다 더 큰 성공을 거둔 것은 조직 때문이라고 술회하였다. 휫필드는 "나의 형제 웨슬리는 지혜롭게 행하였습니다. 그의 목회에서 깨우침을 받은 사람들이 속회에 참석함으로써 그의 목회의 수고의 열매가 맺혔습니다."[88]라고 웨슬리를 칭송하였다.

때때로 감리회의 내적 구조는 하나님의 영광의 빛 가운데 걸으며 그리스도인의 완전을 향하여 나아갔던 사람들을 위해 "선발신도회"(select societies)를 두고, 은총에서 탈락했던 사람들 중에 갱신을 열망했던 사람들을 위해 "참회자반"(penitents)을 두었다. 은총과 훈련을 강조하는 중에 감리회 구조는 그 회원들이 구원의 길을 따라 진보하도록 함으로써 하늘나라를 준비하도록 도왔을 뿐만 아니라 가난한 사람들에게 봉사하도록 훈련하였다. 그러므로 신도회와 속회를 통해서 웨슬리와 감리회원이라 불리는 사람들은 가난한 사람들의 물질적이며 영적인 필요를 공급하였다. 예를 들면, 감리회원들은 다른 사람들로부터 손가락질을 당하고 있던 가난한 사람들과 함께 했을 뿐 아니라, 런던에 처음으로 무료 의료 시술소를 세웠고, 웨슬리와 감리회원들은 가슴이 미어지는 무거운 죄책감과 죄의 무거운 힘에 짓밟힌 사람들에게 해방의 복음을 선포하였다.

영국 국교회의 반대에 부딪히다

감리회가 자라갈수록, 어떤 사람들의 눈에는 점점 위협으로 다가왔다. 웬즈베리(Wednesbury), 성 아이브스(St. Ives), 코스타 그린(Costa Green), 팔마우스

(Falmouth), 리즈(Leeds) 등지에서 군중들이 일으킨 소요사태와 웨슬리의 설교를 듣던 사람들이 기절하며, 소리를 지르고, 울부짖는 등 심리적인 반응을 보인다는 소문이 1740년대 영국 전역에 번져나갔고, 고위직에 있었던 몇몇 성직자들은 전체적으로 감리회를 구체적으로는 존 웨슬리를 심하게 반대하였다. 예를 들면, 글로체스터(Gloucester)의 주교였던 윌리엄 와버튼(William Warburton)은 웨슬리가 일반 백성을 광신으로 몰고 간 열광주의자이며 광신자라고 불평하였다. 계몽주의의 정신과 정서에 물들어 있었던 와버튼은 열광주의를 특별히 위험하다고 생각하였다. "[광신주의는] '일종의 생각이 비등점에 이른 것이거나 비평적으로 폭발된 것'이다. 광신주의의 '열정이 … 이성의 통제를 받지 않게 되면 이내 광기를 일으키게 된다.'"[89] 사실 주교는 자신의 교구에서 행해지고 있었던 광신적 설교에 깊은 염려를 갖고 이렇게 비판하였다. "이들 새로운 예언자들이 설교하는 방식 그 자체가 이전의 이설을 다시 일으킨다든지 새로운 이설을 만들어냈다든지 하는 것보다 더 해로운 것일 수 있다."[90] 거기다가 파괴적인 논쟁으로 가져가려고 했던 와버튼은 존 웨슬리가 "그 지역의 사람들보다 학문이 훨씬 탁월하였기"[91] 때문에 특별히 위험하다고 생각했다.

1735년 찰스를 사제로 안수하였던 런던의 주교 에드문드 깁슨(Edmund Gibson)은 1738년 웨슬리 형제들에게 염려를 표하면서 칭의, 확신, 비국교도들의 재세례에 대해 질문하였다. 이후 대부흥이 전개되자 깁슨은 긴장을 풀고는 좀 더 적극적으로 감리회원들을 부정적으로 비판하였다. 그는 감리회원들이 실제로 "저들은 행위와 결단과 계획을 할 때 내적이고 비밀스러우며 갑작스런 충동

감리회를 광신주의라고 비판한 조셉 버틀러

을 안내자로 삼음으로써 종교적 진리를 수용하는 것을 위험하게 한다."[92]고 생각했다. 또한 『경건의 유비』(*Analogy of Religion*)를 써서 유명해진 브리스톨과 더햄의 주교 조셉 버틀러(Joseph Butler)는 특별히 웨슬리의 믿는 자를 향한 성령의 증거 곧 기독교인 확신의 교리는 또 다른 종류의 광신주의라고 비판하였다. 버틀러는 "성령의 특별 계시와 은사를 사칭하는 것은 끔찍한 일이다."라고 말하고는 이어 억양을 높여 "정말 끔찍한 일이다."[93]라고 하였다. 감리회의 발흥에서 발견되는 여러 "위험들"을 분별하였던 주교는 웨슬리에게 자신의 교구에서 설교하지 말라고 요구하였다. 그러나 웨슬리는 이러한 요구를 일축해 버리고 옥스퍼드 대학의 동료로서 왕이 다스리는 지역 어디서든 설교할 자유를 누린다고 선언하였다. 불복종에 해당하는 웨슬리의 발언을 주교가 더 이상 문제 삼지 않은 것은 당시 영국교회의 규율이 느슨했던 것을 반영하고 있다.[94]

웨슬리는 "하나님은 실천신학이 필요하고 악마는 논쟁을 일삼는다."[95]고 생각했다. 그렇다 하더라도 교회의 주교가 한 비판에 대해 대답하지 않는 것은 허락될 수 없음을 잘 알고 있었다. 크래그(Cragg)는 "18세기 영국이 아직 열정적인 복음적 부흥 운동에 관대하게 환영할 준비가 되어 있지 않았기 때문에 당시 웨슬리는 조롱을 당하고 학대를 받았다."[96]고 주장한다. 따라서 감리회와 복음주의적 각성을 합리적으로 옹호하기 위해서 웨슬리는 1743년 『이성과 경건의 사람들에게 던지는 진지한 호소』(*An Earnest Appeal to Men of Reason and Religion*)를, 1744년에는 『이성과 경건의 사람들에게 던지는 계속적인 호소』(*A Farther Appeal to Men of Reason and Religion*)를 출판하였다. 그리고 1745년에 1744년 책의 2부와 3부를 연속해서 출판하였다. 초대교회 교부들의 작품을 생각나게 하는 이 저술들은 감리회원들의 신앙과 수행이 건전한 사유에 기초한 것이라는 정당성을 제시하기 위해 "변증"의 성격을 띠고 있다.

감리회가 크게는 초기 기독교의 부활이며 영국 종교개혁의 정신을 계승

한다는 기본적인 생각에서 책을 썼던 웨슬리는 감리회가 하나님과 이웃 사랑이라는 본질적인 합리성을 수반하고 있으며 때문에 이성과 살아있는 경건을 연합하고 있다고 논증하였다. 『이성과 경건의 사람들에게 던지는 진지한 호소』에서 웨슬리는 다음과 같이 설명하였다.

> 내가 어떤 경건을 설교하고 있나요? 사랑의 경건입니다. 복음으로 인해 비춰진 자비의 법입니다. 무엇 때문에 이 설교를 하나요? 사랑의 경건을 받은 사람들이 하나님과 스스로를 기쁘게 하기 위해서, 예컨대 저들로 하여금 하나님과 같이 되게 하여, 모든 사람들의 사랑을 받으며, 스스로의 삶에서 만족하게 하고, 죽음의 자리에서 조용한 확신 가운데 "오 죽음이여, 네 승리가 어디 있느냐?"라고 외치도록 하기 위해서입니다.[97]

웨슬리는 수동적인 방어에서 자세를 바꾸어 영국교회 비평가들을 비평하기 시작하였다. 웨슬리는 하나님과 이웃을 사랑하고 모든 사람에게 선을 베푸는 것이 합리적이라면, "여러분은 우리가 설교하는 종교를 허락해야 하며 지극히 높은 이성의 표준에 따라 살 수밖에 없습니다."[98]라고 주장하였다.

그러나 웨슬리는 세 논문에서 실제로 이성이 무엇을 의미하는지를 탐구하는 중에 버틀러 주교와 깁슨 주교가 인정할 수 있도록 감리회를 위한 최고의 변증을 하였을 뿐 아니라 자신의 실천신학이 통합적이며 조화로운 표현으로 실제 이성과 도덕법을 관계적이고 창조적인 순서로 연결한 것이 얼마나 지혜롭고 복잡한 것인지를 입증해 주었다. 웨슬리는 다음과 같이 주장하였다.

> "여러분에게 이성은 어떤 의미입니까?" 나는 여러분이 이성을 생각할 때 영원한 이성이나 사물들의 본성을 의미한다고 생각합니다. 예컨대 둘 사이에 필연적인 관계를 갖는 하나님의 본성과 인간의 본성을 의미한다고 생각합니다. 왜냐구요? 이것이 우리가 설교하고 있는 바로 그 종교이기 때문입니

다. 예컨대 우리가 설교하는 종교는 모든 방식에서 본질적인 사물들의 본성과 일치하는 영원한 이성에 기초합니다. 종교의 기반은 상호 관계 속에서 연합하는 하나님의 본성과 인간의 본성입니다.[99)]

웨슬리는 "율법의 기원, 본성, 속성, 사용"이란 설교에서 "하나님의 마음의 사본"인 도덕법을 하나님과 이웃의 사랑으로 또한 "지고의 변화할 수 없는 이성"(supreme, unchangeable reason), "바꿀 수 없는 올곧음"(unatlerable rectitude), "피조된 만물의 영원한 조화"(the everlasting fitness of all things that are or ever were created)[100)]로 생각하였다. 때문에 웨슬리는 도덕법을 "객관적인" 표준으로 가르침으로써 과도한 열정을 약화시키면서 동시에 이성적 종교와 살아있는 경건을 함께 묶는 공동의 요소인 결합체를 형성하고 있다. 웨슬리가 『이성과 경건의 사람들에게 던지는 진지한 호소』와 『이성과 경건의 사람들에게 던지는 계속적인 호소』 두 논문에서 염두에 두었던 것은 감리회와 기독교 신앙의 합리성을 옹호할 뿐 아니라 하나님과 이웃의 사랑에 나타난 살아있는 기독교를 위한 변증이었다.

성서적 기독교

영국 국교회의 동료 사제들로부터 자주 비판을 받았던 웨슬리는 그들의 비판에 대해 본질적으로 받은 대로 되갚아 주어야 했다. 대학 설교가였던 웨슬리는 규정상 3년마다 옥스퍼드에서 설교할 수 있는 자격이 있었다. 1738년 초 복음주의 회심이 처음으로 밀려왔을 때 웨슬리는 "믿음으로 말미암은 구원"이란 설교를 하였다. 부흥 운동이 한창 진행 중이던 1741년 웨슬리는 성 마리아 교회에서 어떤 의심이나 호기심도 없이 모인 많은 회중을 향해 "그대가 짧은 말로 나를 설복해서, 그리스도인이 되게 하려고 하는가!"라는 사도행전 26장 28절의 말씀을 자세하게 설명하였다. 설교의 주제는 이름뿐인 그리스도인과 진정한 그리스도인의 차이였는데 윌리엄 퍼킨스(William Perkins)와 리처드 박스터(Richard Baxter)의 작품에 나타난 것처럼 청교도가 강조했던 경건의 내용이었을 뿐 아니라,[101] 웨슬리의 초기 편지에도 나타나는 내용이었다.[102] 옥스퍼드 회중을 향해서 웨슬리는 온전에 가까운 그리스도인(the almost Christian)을 설명하였다. 온전에 가까운 그리스도인은 이교도의 정직함으로는 진정한 그리스도인의 외모를 갖고서 모든 은총의 수단을 사용하는 경건의 모양을 갖고 있으며, 신실함으로는 "하나님을 섬기려는 진정한 생각과 하나님의 뜻을 행하려는 마음으로부터의 열망"[103]을 갖는다. 그러나 웨슬리는 "온전한 그리스도인"(altogether Christian)의 특성을 설명할 때 온전한 성화의 은총과 자유를 중생과 혼동하고 있었기 때문에 회중들을 다음과 같은 말로 혼돈스럽게 하였고 심지어는 어리둥절하게 하였다.

> 이제 내주하는 하나님의 능력으로 말미암아 교만, 분노, 욕망, "모든 불의," "더러운 모든 육과 영"으로부터 "마음을 정결케 하는" 믿음을 가진 자는 … "사랑으로 역사하는" 이 믿음을 가진 자는 온전에 가까운(almost) 그리스도인일 뿐 아니라 온전한 그리스도인이다.[104]

다음 장에서 분명히 보겠지만, 이 결과 웨슬리가 이 설교에서 "온전한 그리스도인"에 대해 선포한 내용의 많은 부분이 수정되었다. 그럼에도 불구하고 진정한 기독교는 1740년대 그의 글에서 반복해서 나타나는 것처럼 웨슬리에게 아주 중요한 주제였다.[105] 사실 1744년 "성서적 기독교"라는 제목으로 대학에서 행한 마지막 설교에서 웨슬리는 이 주제를 더 깊이 다루어 반박을 받게 된다. 자신이 속한 국교회로부터 계속된 비난에 좌절을 느낀 웨슬리는 아주 열정적이면서 심지어는 신랄하기까지 한 어조로 비난을 맞받아쳤다. 예를 들면, 웨슬리는 이 설교에서 "이런 기독교가 지금 어디에 존재하고 있습니까?" "이런 도시가 기독교 도시입니까?" "이곳에서 성서적 기독교가 찾아집니까?" "여러분은 '성령이 충만합니까?'" "여러분은 직임을 수행하는 데 필히 요청되는 '성령의 열매'가 가득합니까?" "형제들이여, 여러분은 성령의 열매가 충분합니까? … 이것이 대학생 여러분의 일반적인 특성입니까?" "다시 말하지만, 여기 젊은이들에 대해 우리가 무엇을 말할 것입니까? 여러분은 그리스도인의 경건의 형식을 가진 자입니까? 아니면 경건의 능력을 가진 자입니까?"[106]와 같은 예리한 질문을 던지면서 자신의 설교를 단호한 어조로 끝맺고 있다. 이런 설교가 계속될수록 어떤 사람들은 이런 돌출게임에 당혹감을 느꼈고 어떤 사람들은 모욕을 느껴 분통을 터트렸다.

이처럼 마음을 찌르는 질문들을 던진 후, 말하자면 설교의 불을 지펴 절정에 이르러 회중들을 동요시킨 다음 웨슬리는 옥스퍼드 대학의 젊은이들을 "하나님을 향해, 이웃을 향해, 자신의 영혼들을 향해 진지하지 않고 빈둥거리는 세대"[107]라고 불렀다. 자연히 대학의 지도자들은 동요하였다. 그 결과 대학의 부총장이 웨슬리의 설교 원고를 요구하였고 웨슬리는 대학에서 돌아가며 설교하는 순서에서 제명되었다. 크라이스트 처치 칼리지의 학장이었던 콩베어 박사(Dr. Congbeare)는 웨슬리의 설교를 듣고는 "존 웨슬리는 너무 열정적이긴 하지만 건전한 생각을 가진 사람으로 영원히 기억될 것이다."[108]라고 평가하였다. 이날의 일에 대해서 웨슬리는 그의 일지에 이렇게 기록하였다. "나는 성 마리아 교회에서 마지막으로 설교하였다고 생각한다. 그렇게 된 것이다. 나는 이제 자유하다. 오늘 나는 온전히 내 영혼으로 설교하였다."[109]

"성서적 기독교"가 선포된 방식뿐 아니라 그 내용은 웨슬리가 모든 것을 감수하고서라도 자유를 열망했던 사람이었으며 감리회원과 다른 이들의 차이를 애써 설명해 보고자 했던 소심한 성직자였음을 보여준다. 담대함을 갖고 웨슬리는 1739년 "값없이 주시는 은총"이란 설교를 출판하였고, 이 일에 대해 칼뱅주의자들은 당혹해 하였다. 1740년 작심한 웨슬리는 페터래인 신도회에서 이 설교의 원고를 읽고는 밖으로 나가버렸다. 이에 모라비안 교도들은 아연실색했다. 투명한 정직성과 용기를 가지고 웨슬리는 1744년 성 마리아 교회에서 "성서적 기독교"를 설교하였고 이 설교는 영국교회의 검열 대상이 되었다. 아버지 사무엘과 어머니 수잔나와 마찬가지로 웨슬리도 그가 정말 중요하다고 믿는 것을 위해서 즉 그가 "성서적 기독교"라 이름 붙인 본래적 혹은 진정한 의미의 기독교 신앙을 위해서 고통을 당하고 비난을 받으며 욕을 먹고 심지어는 노골적으로 거부되는 것을 기꺼이 받아들이는 원칙에 충실한 인물이었다. 이 설교를 끝으로 웨슬리의 설교는 옥스퍼드에서 중단되었다. 그러나 그에게 중단은 새로운 시작이었다.

제 6 장

존 웨슬리 신학의 특성과 기준들

존 웨슬리가 연구하고 묵상했던 서재의 모습

존 웨슬리 서재의 현재 모습

제 6 장

존 웨슬리 신학의 특성과 기준들

교리, 장정, 수행 면에서 감리회 신도회에 거시적 방향을 제시하기 위해 존과 찰스 웨슬리는 4명의 성직자와 4명의 평신도를 불러 1744년 6월 25일 런던에 있는 파운더리에서 제1차 감리회 연회를 개최하였다. 웨슬리는 웬보(Wenvo)의 교구사제인 존 하지스(John Hodges), 벡슬리(Bexley)의 교구 대리 헨리 피어스(Henry Piers), 퀸톤(Quinton)의 교구 대리 사무엘 테일러(Samuel Taylor), 존 메리톤(John Meriton)을 초대하였다. 이 모임에서 웨슬리는 지배하기 위해서가 아니고 권고하기 위해서 초청하였다고 하였다. "나는 스스로 선택해서 이들을 불렀다. 나는 어떤 경우도 나의 선택이 아니고서는 하나님의 섭리가 내게 부여해 주신 권한을 포기하지 않았다."[1]

거시적인 목적을 수행하는 중에 연회는 세 가지 중요 안건을 내놓았다. 1) 무엇을 가르칠 것인가? 2) 어떻게 가르칠 것인가? 3) 무엇을 할 것인가? 연회는 평신도 협력자, 간사, 반회 지도자들의 책임을 상세하게 정의하는 것을 넘어 믿음과 행위의 관계, 칭의와 온전한 성화의 본성과 같은 교리적 문제들을 다루었다. 첫 번째 회의를 기록한 연회록과 이후에 기록한 연회록의 교리적 내용은 1725년과 1733년 웨슬리가 정리했던 교리와 기본적인 연속성을 갖고 있었다. 이때 웨슬리는 거룩함이나 온전한 성화를 종교의 목적으로 이해하였다. 그리고 축의 이동을 경험한 1738년 웨슬리는 칭의와 구원을 주는 믿음의 본성에 대해 피터 뵐러와의 상담을 통해 결정적인 이해에 도달하게 되었다. 따라서 치밀한 설명을 통해 당시 전개된 이 영역의 기록을 살필 필요가 있다.

확신의 문제

그러나 웨슬리 구원 교리에서 불연속성을 보인 가장 중요한 수정사항 가운데 하나는 믿음의 확신에 대한 문제이다. 시간이 지나면서 웨슬리는 의롭다 하시는 믿음과 관련하여 "종의 믿음"과 "하나님 자녀의 믿음" 사이를 구분하는 중에 또한 1774년 자신의 일지를 수정하는 상황에서 성령의 직접적인 증거를 조심스럽게 다시 거론하였다. 이러한 변화가 지닌 중요성뿐 아니라 이에 대한 현대 웨슬리 학자들의 평가는 웨슬리의 구원론을 아주 다른 각도에서 이해하도록 한다. 테오도어 제닝스(Theodore Jennings)의 경우는 웨슬리가 종으로서 하나님을 섬겼는지 아들로서 섬겼는지는 크게 중요한 것이 아니라고 주장한다.[2] 랜디 매닥스(Randy Maddox)의 경우는 1774년 일지를 사용하여 올더스게이트 경험의 중요성을 약화시킬 뿐 아니라 종의 믿음이 모든 면에서 사실 의롭다 하는 믿음이라고 주장한다. 한편 매닥스는 "올더스게이트 이후 자신의 입장을 수정하여 '하나님의 종'의 초기 믿음을 의롭게 하는(칭의의) 믿음으로 생각하게 되었다."[3]고 기술한다. 그러나 1740년대 연회록을 자세히 살펴보면 두 현대 신학자의 해석이 구원의 기준을 낮게 잡았음을 알 수 있다. 웨슬리는 보다 미묘한 확신의 입장을 "종의 믿음"의 용어와 1774년 일지의 각주와 연계하여 설명할 뿐 아니라 좀 더 중요하게는 진정한 성서적 기독교의 동기와 연계하여 설명하고 있다. 따라서 감리회의 지도자 웨슬리는 신학적 변화를 겪는 가운데서도 구원론적 기준을 상대적으로 높게 견지하고 있었다.

1739년 제1차 감리회 연회가 열리기 몇 해 전 웨슬리는 이미 믿음과 확신에 등급이 있음을 알고 있었다. 예컨대 하나님 자녀의 믿음은 종종 의심과 두려움을 동반한다. 그러나 이 기간 첫 연회를 통해서 확신이 성령의 직접적인 증거의 형식으로 나타난 하나님의 자녀의 독특한 표징이라고 웨슬리가 지속적으로 주장했다는 것은 잘 알려지지 않은 사실이다. 예를 들면, 1741년 웨슬리는 "나는 소위 '확신의 믿음,' 말하자면 그리스도의 공로로 하나님의 은혜와 화해되었다는 분명한 확신이 없는 영혼이 구원받았음을 아직 본 적이 없다."[4]고 주장하였다. 2년이 지난 후 "너희 잠자는 자여 일어나라"(Awake, Thou That Sleepest)라는 설교에서 찰스 웨슬리는 더욱 힘주어 "이 실험적인 지식만이 진정한 기독교이다. 그리스도의 성령을 받은 자가 그리스도인이다. 성령을 받지 않았다면 그리스도인

The following Persons being met together at the new Room, John Wesley, Charles Wesley, John Hodges, Tho: Richards, Sam: Larwood, Tho: Meyrick, James Wheatley, Richd. Moss, Jno. Slocombe, Herbert Jenkins & Marmaduke Gwynne.
It was inquired.
Q. 1. Should we still consider ourselves as little Children who have every thing to learn?
A. Yes, so far as to have our Minds always open to any farther Light which God may give us.
Q. 2. What general Method may we observe in our following Conferences?
A. First, to read & weigh at every Conference, each Article of those preceding: 2ndly, to speak freely, & hear calmly, touching each, that we may either retract, Amend or enlarge it.
Q. 3. Should not the Time of this Conference be a Time of particular Watching & Self-Denial?
A. It should.
Q. 4. Should we not desire all who can of the Society to join with us to Morrow in fasting & Prayer?
A. We will desire them so to do.

감리교 초기의 연회자료(1744-47년)

이 아니다."[5]라고 강조하였다. 비슷한 맥락에서 존 웨슬리도 1744년 6월 존 베넷(John Bennett)에게 보낸 편지에서 진정한 기독교라는 말로 확신의 교리를 설명하였다.

> 성서가 참이라면 그리스도인의 표징을 받지 않고서는 아무도 그리스도인이 아닙니다. 표징 가운데 하나가 몸에 불을 느끼듯이 (영혼에) 느껴야 하는 하나님의 사랑입니다. 또 다른 표징은 내가 하나님의 자녀임을 내 영과 더불어 하나님의 성령이 증거하는 것입니다. 이 표징들을 갖기까지 나는 그리스도인이 아닙니다.[6]

존과 찰스 웨슬리의 입장을 살펴보면, 1744년 연회에서 "[롬 8:15, 엡 4:32, 고후 8:5, 히 8:10, 요일 4:10, 19에서] 나타나는 대로 참된 모든 그리스도인은 하나님의 사랑의 확신을 지닌 믿음을 가져야 한다."[7]고 선언한 것이 자연스런 것임을 알게 된다. 이뿐 아니라 연회는 "내면에 증거가 없으며 더 이상 하나님을 보고 사랑하며 순종하지 않는 사람을 믿음이 있는 사람이라 할 수 있습니까?"[8]라고 물었다. 이 물음에 대해 연회원들은 "우리의 생각에는 믿음이 없는 사람입니다."[9]라고 답하였다. 이러한 상황에서 칭의의 믿음과 성령의 직접적인 증거로서의 확신이 복잡하게 관계된다.

다음 해 브리스톨의 뉴 룸(New Room)에서 2차 연회가 열렸을 때 확신이 다시 한 번 논의의 주제로 떠올랐다. 그렇지만 이번에는 조금 다른 대답이 제시되었다. "하나님의 사면의 사랑을 느끼는 것이 그의 은혜 안에 있는 우리의 존재에 절대적으로 필요한 것인가? 아니면 어느 정도 예외의 경우가 있는가? 우리는 감히 예외가 없다고 말하지 못하겠다."[10] 달리 말하면 1745년 웨슬리는 다른 이들은 우리가 의롭다 함을 받을 수 있지만 여전히 성령의 증거가 부족할 수 있다고 이해했다. 마찬가지로 1747년 연회록에는 예외들이 있을 수 있다고 기록해 놓았다.

> 그러나 칭의의 믿음은 필연적으로 확신을 동반하는 것은 아니라는 사실문제가 증명하고 있지 않습니까?
> 이는 원인의 힘을 포함하고 있으며 이중의 얼마는 예외의 경우일 수 있도록 생각하게 합니다.[11]

이러한 주장에도 불구하고 연회는 주의하라는 경고의 내용도 담고 있다. "일반적인 교리를 몇몇 특별한 실험에 근거를 두는 것은 위험하다."[12] 따라서 확신이 없는 칭의는 규칙이라기보다는 예외였다. 웨슬리 자신의 말을 빌려 말한다면 확신은 "하나님의 자녀들이 갖는 일반적인 특권으로 주어지는 것이다."[13]

이제 1747년 연회가 1745년 연회처럼 결국 예외의 경우가 있다는 것을 인정하였음에도 불구하고 1747년 연회는 진정한 기독교의 의미를 분명히 하고 그 중요성을 강조함으로써 제1차 연회와의 연속성을 견지하였다. "그러나 우리가 아는 바는 이것이다. 만일 그리스도께서 [성령으로 말미암아] 저들 가운데 계시되지 않았다면, 저들은 아직 기독교 신앙인들이 아니다."[14] 사실 이때가 많은 변화의 시기이긴 했어도 웨슬리는 여전히 확신이 진정한 기독교 신앙의 살아있는 요소임을 기본으로, 또 지속적으로 가르쳤다. 이에 대한 증거는 존 스미스에게 보낸 편지에서 분명하게 나타난다.

> 평화와 기쁨과 사랑이 그의 마음을 가득 채웠다고 인식하는 성령의 영감이 없이는 누구도 참된 그리스도인이 될 수 없습니다. 이 점이 내가 주장하는 내용이며 기독교의 참된 기반입니다.[15]

더 나아가 1747년 웨슬리는 "존 스미스"에게 보낸 편지에서 다시 한 번 이 점을 강조하였다. "인식할 수 있는 영감에 대해 내가 이전에 말한 내용은 바로 이것입니다. '모든 기독교 신앙인은 그가 하나님의 자녀라는 하나님 성령의 인식 가능한 증거를 가지고 있습니다.'"[16)]

계속되는 입증을 보면 칭의의 믿음과 확신의 정상적인 관계에 예외를 인정했던 1745년 이후에도 웨슬리는 여전히 성령의 증거가 진정한 기독교 신앙에 필수적인 요인이라고 주장하였다. 그러므로 예외적인 경우와 진정한 기독교의 동기가 갖는 연속성은 서로 양립되지 않는다. 1747년 연회를 끝내고 한 달이 지났을 때 동생 찰스에게 보낸 편지에 나타나듯이 존은 다음과 같은 점을 지적하면서 확신의 교리를 설명하였다. "1) 분명한 확신이 있다. 2) 확신은 진정한 그리스도인들의 공통된 특권이다. 3) 진정한 기독교 신앙은 마음을 정결케 하며 세상을 극복하게 한다."[17)] 달리 말하면 웨슬리의 믿음에 의한 칭의와 어느 정도의 확신이 갖는 정상적 연관성에 예외가 있다는 주장은 정확한 것이다. 그러나 웨슬리가 성령의 증거가 부족한 믿음을 온전하고 진정한 본래적 기독교와 일치시켰다는 주장은 정확한 것이 아니다. 그러므로 1745년경 웨슬리는 몇몇 중요한 예외를 인정함으로써 목회적으로 좀 더 민감하게 반응하였고, 같은 기간 그의 마지막 대학 설교에서 그토록 담대하게 선포했던 진지한 기독교로서 진정한 성서적 기독교의 표준을 계속해서 견지하였다.

종의 믿음과 노예의 영

얼마 후 웨슬리는 의롭다 함을 얻고 하나님께로 태어났지만 성령의 증거가 부족한 사람들을 "종의 믿음"을 가진 사람들로 명명하였다. 이 부류에 속하는 사람들의 수가 아주 적어 예외적인 경우였기 때문에 "좁은 의미"로 사용되었다.[18)] 그러나 1745년에서 47년에 이르는 동안 웨슬리는 "종의 믿음"이란 용어를 "넓은 의미"로 사용하였다. 종의 믿음에 대해 많은 예를 들어 설명하였는데, 그 이유는 종의 믿음이 예외적인 경우로 여겨지지 않고, 진정한 기독교 믿음의 전조(precursor)로 여겨졌기 때문이었다. 달리 말하면, 종의 믿음의 넓은 의미는 칭의나 신생을 수반하지 않는다. 예를 들면, 1746년 연회는 "누가 내면적 유대인이냐?"라는 물음을 검토하였다. 이 물음에 대해 "내면적 유대인은 두려움으로 하나님께 진지하게 순종하는 하나님의 종인 반면, 내면적 그리스도인은 진지한 사랑으로 하나님께 순종하는 하나님의 자녀이다."[19]라고 답하였다. 그 결과 연회는 진지하게 회개하였지만 의롭다 함을 얻지 못할 수 있다고 선언하였다. 이는 넓은 의미의 종의 믿음과 관계된 요소들은 필연적으로 칭의를 가져오는 것은 아니라는 점을 가리킨다.[20]

그러나 이 기간 동안 가장 큰 진전은 "종의 믿음"을 직접 설명한 것이 아니고 웨슬리가 "노예의 영"과 "양자의 영"을 자세하게 구분한 것으로 종의 믿음에 연결시킨 점이었다. 특별히 "종의 믿음"을 "노예의 영"과 동일시한 내용이 1788년에 출판된 "믿음의 발견들"(The Discoveries of Faith)이란 설교에 나타난다. 이 설교에서 웨슬리는 "가능한 모든 수단을 다해 '믿음에서 믿음으로' 나아가십시오. 종의 믿음에서 아들의 믿음으로, 두려움에 잡힌 노예의 영에서 어린아이와 같은 사랑의 영으로 나아가십시오."[21]라고 권고한다. 1746년에 쓴 "노예의 영과 양자의 영"이란 설교에서 설명하고 있고 이후 종의 믿음과 동일시했던 노예의 영의 특성은 무엇인가? 웨슬리는 노예의 영을 가진 사람들은 슬픔과 회환을 느끼며 죽음과 악마와 인간성을 두려워하고, 죄의 사슬에서 자유하기를 원하지만 그럴 수 없으며, 바울의 탄식처럼 "오호라 나는 곤고한 사람이로다. 누가 나를 이 사망의 몸에서 나를 구원할 것인가?"[22]라고 탄식한다고 주장한다. 사실 이 설교에서 웨슬리는 "'율법 아래 있는' 사람의 몸부림"을 특별히 노예의 영과 로마서 7장의 영적이며 심리학적인 역동과 동일시하고 있다.[23] 좀 더 문제의 핵심을 본다면, 앞서 인용된 내용들은 진정한 기독교 믿음의 속성들이 아니다. 왜냐하면 웨슬리는 진정한 그리스도인들을 "더 이상 죄가 지배하지 않을 정도로"[24] 그리스도를 믿는 사람들이라고 정의하고 있기 때문이다.

그러므로 이 두 의미를 구분하지 않는 웨슬리 신학의 해석들의 큰 어려움은 "노예의 영과 양자의 영"이란 설교에서 제시되었듯이 종의 믿음의 부정적 성격들이 칭의와 신생에 관계함으로써 ("상상컨대" 종의 믿음을 가진 사람들이 의롭다 함을 얻기 때문에) 웨슬리의 구원론적 표준이 심각하게 하향 조정된다는 점이다. 달리 말하면, 이러한 입장에서 그리스도인의 삶은 죄의 능력으로부터 자유가 아니고 죄와 죄의 재앙(plague)의 지속적인 지배로 이해된다. 때문에 칭의와 중생의 은총은 죄로부터 구원하지 못하며 믿는 자들은 죄의 지배와 지속적으로 싸워야 한다.[25)]

속량의 기준들

진정한 그리스도인의 믿음에 이르는 다양한 영적 상황을 민감하게 구분함으로써 종의 믿음을 자세하게 설명했던 웨슬리는 자신의 기본적인 속량의 기준들을 이전보다 낮추어 더 쉽고, 넓고, 보다 포용적인 속량의 길을 찾으려 한 것이 아니었다. 오히려 목회적 판단과 경험이 풍성해진 이 기간 웨슬리는 실제로 여러 가지 면에서 자신의 기준을 강화하였다. 먼저 1740년대 중반 웨슬리는 성 바울 교회의 명예 참사위원이자 바터시(Battersea)의 전임 사제로서 감리회원들에 대한 신랄한 비평가였던 토마스 처치(Thomas Church)와 서신을 교류하였다. 처치는 무엇보다도 웨슬리가 "칭의의 문제에 이단적이며 지나친 열정에 문제가 있다."[26)]고 비난하였다. 이 비난에 대해 웨슬리는 "처치 씨의 진술에 대한 답변"이란 글에서 자신의 칭의에 대한 가르침은 영국 국교회의 가르침과 온전히 일치할 뿐 아니라 「이성과 경건의 사람들에게 던지는 계속적인 호소」라는 논문의 내용을 다시 인용하면서 칭의란 과거에 지은 죄의 용서 혹은 사면이라고 주장하였다.[27)] 웨슬리는 "내가 과거라고 한 것은 성서 어디에도 과거와 현재와 미래의 죄의 사면이란 내용을 찾을 수 없기 때문이지요."[28]라고 설명하였다. 그러므로 웨슬리는 시간의 구분을 통해서 지극히 높으신 하나님의 용서가 단순한 은총이 아니라 계속되는 죄에 뚜껑을 씌우거나 안전장치로써 죄에 면죄부를 주는 오류에 빠지는 (그래서 도덕법을 공허하게 만드는) 잘못된 칭의 교리에 기초한 율법폐기론적 입장을 피하였다.

둘째, 1740년대 웨슬리는 복음의 순수한 자유가 보장된 것이라고 잘못 생각하고 있었던 부흥 운동이 진행되고 있는 것에 대해 점차 염려하고 있었다. 이들은 도덕법의 권고를 간과하거나 심지어는 반박하기까지 하였다. 이상하게도 이 모든 것은 은총과 자유의 이름으로 이루어지고 있었다. 그러나 이처럼 잘못된 개념들은 어쩔 수 없이 점차 죄에 빠지게 하였다. 1744년 연회는 이 중요한 문제에 대해 다음과 같이 설명하였다.

> 우리가 율법폐기론 쪽으로 기울어진 것은 아닙니까?
> 염려컨대 그렇습니다.
> 율법폐기론이란 무엇입니까?
> 믿음을 통해 율법을 공허하게 만드는 교리입니다.
> 율법폐기론을 지탱하고 있는 기본 가르침은 무엇입니까?
> 그리스도께서 도덕법을 폐기하였으므로,
> 그리스도인들은 도덕법을 지킬 의무가 없다는 것과,
> 그리스도인의 자유의 한 영역으로 하나님의 계명을 순종하는 것으로부터의 자유입니다.[29]

더 나아가 웨슬리는 이 오류를 바로 잡기 위해 1745년 「율법폐기론자와 그의 친구의 대화」(*A Dialogue Between an Antinomian and His Friend*), 「율법폐기론자와 그의 친구의 두 번째 대화」(*A Second Dialogue Between an Antinomian and His*

Friend)라는 제목으로 짧은 논문 두 편을 썼다. 이 논문들에서 웨슬리는 그리스도께서 도덕법으로부터가 아니고 도덕법의 저주로부터 인류를 구원하였다고 주장하였다.[30] 때문에 우리는 진정 칭의의 기초로서가 아니라 "사랑으로 역사하는 믿음"[31] 곧 살아있는 믿음의 증거로서 하나님의 계명에 순종해야 한다. 따라서 진정한 그리스도인의 자유는 "하나님께 순종할 자유이지 죄를 지을 자유가 아니다."[32]

셋째, 웨슬리가 복음적인 속량의 표준으로 견지했던 가장 큰 수단은 하나님의 자녀의 표징, 특권, 자유였다. 웨슬리는 신생이 점진적인 정도의 변화뿐 아니라 인간이 홀로 만들어낼 수 없는 독특한 삶의 질을 드러내는 질적인 변화의 시작을 표징한다고 주장했다. 사실 웨슬리는 자신의 저술을 통해 우리가 다시 태어날 때 초자연적 변화인 영적 삶이 시작된다고 반복해서 주장하였던 것이다.[33] 예를 들면 1745년 연회록에서 웨슬리와 그의 설교가들은 "언제 내적 성화가 시작됩니까?"라는 물음에 대해 "우리가 의롭다 함을 받는 순간, 모든 덕의 씨앗이 우리 영혼에 심겨지며, 이때부터 믿는 자는 점차 죄에 대해서는 죽고 은총 안에 자라갑니다."[34]라고 대답하였다. 다시금 웨슬리는 "신생과 연결된 삶의 칭의가 우리를 거룩함의 삶을 거쳐 영원한 삶 곧 영화의 삶으로 안내하는 영적 삶의 시작"[35]이라고 주장하였다. 따라서 인간의 마음 안에 성령이 임재한 거룩함이란 선행 은총이나 확신의 은총을 받아들인 순간이 아니라 중생과 칭의에서 시작한다. 그러므로 우리를 거룩하게 하는 성화의 은총을 갖기 전에 믿는 자들은 (선행 은총을 받고, 죄를 확신하며, 도덕적이며 덕스러운) 여러 과정을 거치지만 아직 거룩한 것은 아니다.

1748년 출판된 "신생의 표징들"이란 설교에서 웨슬리는 신생에 대한 이해를 좀 더 자세하게 전개하면서 신학적 덕목을 구성하는 은총의 독특한 세 표징 혹은 특성으로 믿음과 소망과 사랑을 탐구하였다. 처음 표징인 믿음에 대하여 웨슬리는 믿음이란 하나님의 진리에의 동의일 뿐 아니라 예수 그리스도를 통한 하나님의 자비의 확신이라고 설명하였다. 이 설교에서 또 다른 중요한 것은 중생과 우리와 분리될 수 없는 믿음의 열매가 바로 죄의 능력으로부터의 자유라는 점이다. 예컨대 "모든 종류의 외적인 죄를 정복하는 능력, 모든 악한 말과 행위를 정복하는 능력 … 내적인 죄를 정복하는 능력이다."[36] 이 맥락에서 죄는 원칙상 인식된 하나님의 법을 의지적으로 범한 것이 되고, 믿음의 순종 안에 있는 신자는 죄를 짓지 않을 정도로 자유하게 될 것이다.[37]

몇몇 웨슬리의 동료들이 하나님의 자녀들이 누리는 자유에 대해 들었을 때, 웨슬리가 특별히 죄의 능력으로부터의 자유에 대해 설교하였듯이, 이들은 웨슬리의 가르침에 방해를 하면서 많은 조건을 제시하였다. 이 조건들 가운데 하나는 하나님께로 태어난 신자는 죄를 범하지 않는 사람이 아니라 죄를 습관적으로 짓지 않는 사람이다. 그러나 웨슬리는 "습관적으로"라는 말을 첨가하는 것은 중요한 복음의 약속을 회피하는 것이라 생각하여 이를 반대하였다. 그러므로 웨슬리는 자기를 중상하는 사람들을 향해 격앙된 마음으로 이렇게 질문하였다.

> 그러나 누군가는 이렇게 말할 것입니다. "맞습니다. '하나님께로 난 자마다' 습관적으로 '죄를 짓지 않을 것입니다!'" 습관적으로라뇨! 그것이 무엇입니까? 나는 그렇게 해석하지 않습니다. 성서에는 그렇게 쓰여 있지 않습니다. 하나님은 그는 "죄를 짓지 않는다."고 분명히 말씀하십니다. 그런데 여러분이 "습관적으로!"라고 첨언하였습니다.[38]

몇 년이 지난 후 1756년 웨슬리는 지속적으로(continually) 술을 마시지 않기 때문에 자신의 영혼의 상태가 양호하다고 주장한 술주정뱅이의 예를 들면서 비평가들을 향해 응답하였다. 윌리엄 다드(William Dodd)에게 보낸 편지에서 웨슬리는 이렇게 진술한다.

여기 내 이웃에게 말합니다. "윌리엄 씨 당신은 악마의 자녀입니다. 왜냐하면 당신께서 죄를 범하였기 때문입니다. 당신은 어제 술에 취해 있었습니다." 그러자 그 남자가 대답했다. "아닙니다, 선생님. 나는 죄 안에 살거나 계속 죄 안에 거하지 않습니다." (여기서 다드 씨가 말한 것은 본문의 참 의미이다.) "나는 지속적으로 술에 취해 있지 않습니다. 이따금 격주로 혹은 한 달에 한 번 술을 마십니다." … 이런 사람에게 그가 천국에 이르고 있다고 말해야 합니까, 아니면 지옥에 이르고 있다고 말해야 합니까? 나는 그가 멸망의 고속도로에 들어선 것이라고 생각합니다. 내가 달리 그에게 말한다면, 그의 피가 내 머리에 임할 것입니다.[39]

"습관적으로"라는 말이나 "지속적으로"라는 말을 이 상황에서 제거함으로써 웨슬리는 복음의 소중한 약속 중 하나를 보장할 수 있다고 생각했다. 예컨대 하나님의 자녀들이 하나님의 사랑 안에 거하면서 믿기를 계속하는 한 죄를 짓지 않는다고 생각했다. 달리 말하면, 중생의 믿음과 의지를 담은 죄는 상호 배타적이라고 웨슬리는 생각했다. 믿음이 있으면 죄는 물러간다. 사실 웨슬리는 이 기간 동안 "하나님께로 태어난 사람들의 위대한 특권"(The Great Privilege of Those That Are Born of God)[40]이라는 중요한 설교에서 믿음을 잃고 알 듯 말 듯 서서히 진행되는 죄로의 타락의 과정을 설명한다. 구원의 길의 반대 과정이라고나 할까? 웨슬리의 설명을 들어보자.

그러나 우리가 우리를 먼저 사랑하신 그분을 사랑하지 않는다면, 그분의 목소리를 귀 기울여 듣지 않는다면, 그에게서 우리의 눈을 돌려버린다면, 우리에게 비추시는 빛에 주목하지 않는다면, 하나님의 영은 언제나 분투하게 되고 점차 뒤로 물러나 우리를 마음의 어둠에 남겨놓게 될 것입니다.[41]

이러한 상황에서 하나님의 은총은 인간의 반응으로 제한되거나 제약되지 않음을 주목하라. 그러나 만일 은총의 순수한 선물을 강조하는 종교개혁의 통찰을 간과한 채 웨슬리의 구원론을 너무 엄격하게 신-인 협력적인 구조로만 이해한다면, 적어도 하나님의 자유는 잘못 이해된 것이고 자유 자체가 소멸될 수도 있다. 이 구조에서 보면 일단 지극히 높으신 하나님의 초기 혹은 선행적 활동이 일어난 후 하나님은 실제로 인간의 응답에만 제한된다. 현대 신학자 중 한 사람은 "인간이 하나님께 응답하지 않는다면, 하나님은 인간을 향해 활동하기를 멈춘다."[42]는 웨슬리의 말을 인용하여 "엄격한" 협력주의의 역동을 지지하였다. 그러나 웨슬리는 "하나님께로 태어난 사람들의 위대한 특권"이란 설교에서 자신의 생각을 충분히 펼치면서 하나님의 자유, 은총, 자비를 강조함으로써 제한적인 협력주의를 돌파하였다. 다시금 하나님은 (내키지 않게) 서서히 죄인으로부터 물러난다. 그렇지만 분명히 지극히 높으신 하나님은 계속적으로 활동하며 인간의 반응이 전혀 없음에도 불구하고 적어도 한동안은 반역한 영혼을 향해 반복적으로 구애한다. 모라비안 교도들과 루터교 교인들 그리고 웨슬리 자신은 이 점을 잘 이해하였다. 하나님은 놀랍도록 은총이 넘치며 인간이 아무것도 할 수 없을 때 또한 인간의 반역의 상황에서조차 홀로 활동한다. 웨슬리는 이 설교뿐 아니라 다른 곳에서도 인간의 죄와 불순종이 아니라 하나님의 은총의 충분함을 강조한다.

넷째로, 1740년대 동안 웨슬리는 노골적으로 반항하는 방식으로 나타나기도 하고 미묘하고 뻔뻔스러운 방식으로 드러나는 죄의 노예근성과 기만에 관심하였다. 따라서 그는 자신의 글에서 세례와 신생이 유아 세례에서는 밀접한 관계를 가진 것으로 나타남에도 이 둘을 구분하여 설명하였다. 예컨대 모범적인 영국 국교회 성직자였던 웨슬리는 영국 국교회의 가르침을 결코 반박하지 않았다. 그러므로 신생이 언제나 세례를 동반하지는 않는다고 주장하고는 이내 다음과 같은 생각을 첨가하였다. "나는 유아들에 대해 말하는 것이 아닙니다. 우리 교회도 분명 어린아이로서 세례를 받은 사람은 동시에 새로 태어난다고 주장합니다."[43] 달리 말하면, 유아 세례가 신생과 동일한 것은 아니지만, 분명히 어떤 면에서 신생과 관계한다. 바로 이 점이 웨슬리의 중생에 대한 "성만찬적" 입장이 가장 강력하게 나타나는 대목이다.

그러나 상대적으로 유아 세례를 높이 평가하는 웨슬리의 입장은 자신의 성만찬적 입장의 배경과 반대되는 바, 그 이유에 대해서는 이 기간 동안 전개된 그의 좀 더 큰 구원론적 기준에 기초해서 설명되어야 한다. 그렇게 되면 훨씬 자세한 그림이 드러나기 시작한다. 한편에서 웨슬리는 유아 세례에서 **회개**와 **믿음**의 부족이라는 결정적인 문제를 제기하였고, 이 때문에 유아 세례를 주저하였다. 예를 들면 1745년에 쓴 「이성과 경건의 사람들에게 던지는 계속적인 호소」라는 논문에서 웨슬리는 "유아들은 **믿거나 회개**할 수 없음에도 불구하고 우리 교회가 세례로 의롭다 함을 받는다고 주장한다. (여기서 강조한 부분은 웨슬리의 의견임) 그러나 영국교회는 성숙한 나이에 이르러 세례를 받고자 나오는 사람들에게는 **회개**와 **믿음**을 분명하게 요구한다."[44]

더 나아가 웨슬리가 유아 세례의 타당성과 가치를 주장함에도 불구하고 그 구원론적 의미는 그의 선행 은총의 개념 때문에 다소 줄어들었음을 기억할 필요가 있다. 달리 말하면, 예수 그리스도에 의한 속량으로 인해 하나님 아버지께서는 기독교인과 비기독교인 어린아이와 어른 모두에게서 영원한 죽음인 원죄의 형벌을 제거하신다. 그러므로 누구도 아담의 죄 때문에 영원히 벌을 받는 것이 아니다. 얼마의 시간이 지난 후 존 메이슨(John Mason)에게 보낸 편지에서 웨슬리는 그 이

존 웨슬리는 유아세례에 대해 긍정적인 입장을 취했다.

유를 이렇게 설명하였다. “그러므로 어떤 어린아이라 할지라도 ‘아담의 죄의 죄책 때문에 지옥에 보내졌거나 지옥에 보내지지’ 않을 것이다. 아담의 죄는 이들이 세상에 보내지는 순간 그리스도의 의로 정리되었다.”[45)]

그러면 장년 세례는 어떻게 되는 것인가? 신생은 언제나 세례의 징표를 수반하는가? 놀랍게도 1746년에 출판된 「감리교인의 원리들」(*The Principles of a Methodist Farther Explained*)에서 웨슬리는 세례를 하나님의 아들과 딸이 됨과 관계시키지 않고 국가 교회의 명목상 기독교와 관계시킨다.

> 그러므로 1) 일반적으로 누구도 영국인들을 그리스도인이라 부르는 데 거부할 수 없습니다. 다른 사람들뿐 아니라 영국인들도 몇 명을 빼고는 영국인들을 그리스도인이라 부릅니다. 그러나 저는 누구도 그리스도인이라는 이름을 가졌다고 해서(the name) 그리스도인이 되는 것(the thing)이라고 생각하지 않습니다. 저들이 그리스도인이라는 이름을 가졌다고 해서 단지 그 이유만으로 그리스도인이 되는 것은 아닙니다. 2) 일반적으로 말해서 우리는 영국인들이 그리스도인이라 불리고 세례를 받았음을 인정해야 합니다. 그러나 저들이 세례를 받았다는 이유만으로 그리스도인들이라 할 수는 없습니다.[46)]

또한 웨슬리는 유아 세례를 받았건 장년 세례를 받았건 이들이 신생의 품격에 이르지 못하고 오히려 죄에 기울어진 사람들의 경우를 많이 보았다. 웨슬리는 “신생의 흔적들”이란 설교에서 이 문제를 분명하게 전개하고 있다.

> 그러므로 여러분의 마음에 내가 **이전에** 세례를 받았으므로 **이제** 하나님의 자녀입니다라고 말하지 마십시오. 이런 여러분의 주장은 결코 보증되지 않을 것입니다. 세례를 받은 자 중에 먹기를 탐하는 사람, 술 취한 사람, 거짓말쟁이, 거짓 맹세자, 욕쟁이, 악한 말을 하는 자, 매춘부를 사는 사람, 도

둑, 폭리를 취하는 자가 얼마나 많은가요? 이런 사람들을 하나님의 자녀들이라 할 수 있습니까?[47]

런던 웨슬리 채플의 세례대

이 질문들 속에서 웨슬리는 속량의 높은 표준을 견지할 뿐 아니라 공개적이고 악명 높은 이들 죄인들이 젊은 시절 세례를 받았다는 이유만으로 여전히 하나님의 아들과 딸이며 하나님 나라의 상속자들이라고 타협적인 자세로 말하지 않는다. 웨슬리의 변증은 이렇다. "여러분의 마음에 '내가 이전에 세례를 받았으므로 이제 하나님의 자녀입니다.'라고 말하지 마십시오. 이런 여러분의 주장은 결코 보증되지 않을 것입니다."[48] 그리고 다시금 이렇게 말한다. "여러분이 세례 속에서 다시 태어났다는 부러진 갈대 지팡이에 더 이상 의지하지 마십시오."[49] 세례 말고는 신생이 있을 수 없다는 잘못된 주장에 대해 웨슬리는 「이성과 경건의 사람들에게 던지는 계속적인 호소」에서 이 주장을 여러 각도에서 반박한다.

내가 한 죄인에게 말합니다. "당신은 다시 태어나야 합니다."라고. 그러면 당신은 "아니오. 그는 세례에서 다시 태어났소. 그러니 지금 다시 태어날 수 없는 것이지요."라고 말합니다. 아 슬프도다! 이 얼마나 부질없는 주장입니까? **지금** 그가 분명 "악마의 자녀"인 것이 자명한데, **그때는** 그가 하나님의 자녀였다는 것이 무슨 소용이 있단 말입니까? 그는 그의 아버지가 한 일로써 주장하고 있는 것입니다. 그러니 말장난을 멈추십시오. 그는 마음의 온전한 변화를 받아야 합니다.[50]

그러므로 세례 말고는 신생은 존재하지 않으며 죄에 넘어진 다음에는 새로워지고 깨끗해질 수 없다고 죄인들에게 말하는 것은 정말 잔인한 선언이다. 웨슬리는 이것이야말로 "죄인들을 저주 아래 묶고 어떤 도움이나 희망도 주지 않은 채 이들을 지옥에 맡기는 것"[51]이라고 말한다.

그러므로 중생에 대한 웨슬리의 "성례전적" 입장은 신생과 유아 세례를 관련시킨 것으로 가톨릭에서 시작해 영국 국교회를 거쳐 웨슬리에게 이어진 신학적 유산이었다. 다른 한편, 웨슬리의 "복음적" 입장은 어른들에게서 신생과 세례를 관계시키지 못하고 이 둘을 구분함으로써 생겨난 것이었다. 웨슬리는 하나님께로 태어난 사람들은 신생의 흔적들인 믿음과 소망과 사랑을 증거 해야 한다고 주장하였다.

내적 종교의 의미

1740년대 웨슬리의 저술 가운데 나타나는 몇 가지 잘 정리된 주제는 그의 관심이 근본적으로 그것이 아무리 고상하고 신실하다 해도 외적인 순응이나 수행이 아니라 "내적 종교"였음을 보여준다. 예를 들면 1745년 웨슬리는 성직자였던 한 친구에게 다음과 같은 내용의 서신을 보냈다. "그때로부터 7년이 지나 우리는 믿음으로만 얻을 수 있는 내적이며 현재적인 구원을 설교하기 시작했습니다. 교회는 우리가 이 교리를 설교하는 것을 허락하지 않았습니다."[52] 같은 해 웨슬리는 "존 스미스"에게 편지를 보내어 마음의 종교인 내적 종교의 중요성을 다시 한 번 강조하였다.

> 내가 주장하는 바는 이것입니다. 믿음은 "온전한 그리스도인의 수행"보다는 "온전한 그리스도인의 거룩함을 일으킵니다." 왜냐하면 인간은 지나치게 수행에 안주하는 경향이 있기 때문입니다. 말하자면 외적 종교에 머물러

하기 때문입니다. 그렇지만 **참된** 종교는 분명 마음에 자리하며 우리를 창조한 하나님의 형상을 따라 새로워집니다.[53]

웨슬리는 로마서 14장 17절을 외적 종교의 근거요 배경인 마음의 종교를 말하는 것으로 생각하여 이 구절을 몹시 좋아하였다. "하나님의 나라는 먹는 일과 마시는 일이 아니라, 성령 안에서 누리는 의와 평화와 기쁨입니다." 초기에 제레미 테일러와 토마스 아 켐피스가 웨슬리에게 전해준 진리, 곧 거룩한 동기와 관련한 도덕법의 범위와 의도의 순수성의 중요성은 주요 설교를 통해 변증적인 방식의 공개적인 글로 표현되었다. 예를 들면, 1746년에 출판된 "하나님 나라에 이르는 길"(Way to the Kingdom)이라는 설교에서 웨슬리는 종교의 본질은 "예배의 형식이나 의식과 예식"이 아니며 어떤 외적 행위가 아니라고 주장했다.[54] 웨슬리는 다음과 같이 설명했다.

> 사람들은 외적인 악을 삼가고 선을 행하지만 여전히 경건한 것이 아닙니다. 두 사람이 배고픈 자를 먹이거나 헐벗은 자에게 옷을 입히면서 외적인 선을 행할 수 있습니다. 그 사이 한 사람은 참으로 경건할 수 있고 다른 사람은 전혀 경건하지 않을 수 있습니다. 왜냐하면 한 사람은 하나님의 사랑에서 선을 행한 것이고 다른 사람은 칭찬을 받기 위해서 선을 행했기 때문입니다. 그러므로 참된 경건은 자연스럽게 선한 말과 선한 행위를 가져오지만 참된 경건의 진정한 본질은 여전히 더 깊은 곳 예컨대 "사람의 숨겨진 마음 속에" 있습니다.[55]

그러나 웨슬리는 경건의 본질이 "정통이나 바른 의견"은 아니라고 경고한다.[56] 신자는 "사도 신경과 니케아 신경과 아타나시우스 신경 모두"에 동의한다 하더라도 유대인이나 터키인이나 이방인과 같이 진정한 경건에 이르렀다고 할 수 없다."[57] 예컨대 지적인 동의는 구원을 주는 믿음의 참 본질이 될 수 없고 다만 그 외적인 형식에 지나지 않는다. 오히려 참된 종교(경건)는 인간의 마음에 하나님의 진정한 **현존**인 "성령 안에서 의와 평화와 기쁨"이 세 가지로 요약된다.[58] 다시 말하지만 참된 경건은 하나님과 이웃을 향한 바른 마음이며 거룩함과 행복을 의미한다.

일반 대중이 이해하기 쉬운 방식으로 중요한 구원론적 진리를 조심스럽게 전개했던 웨슬리는 1748년 이후 산상수훈에 대한 13번의 강론에서 내적이며 참된 경건을 가장 잘 설명하고 있다. 비숍 블랙올(Bishop Blackall), 존 노리스, 헨리 하몬(Henry Hammon) 등으로부터[59] 영향을 받은 웨슬리는 "1) '참된 경건,' 2) '우리가 외적 행위에서 견지해야 할 바른 의도를 담은 규칙들,' 3) '참된 경건을 방해하는 것들'"[60]이란 세 줄기로 마태복음 5-7장의 내용을 강론하였다.

마태복음 5장 13-16절을 본문으로 한 "산상수훈 강론 4"에서 웨슬리는 "기독교란 본질적으로 사회적 종교이다. 때문에 기독교를 개인의 [종교]로 전환시키는 것은 기독교를 파괴하는 것이다."[61]라고 주장한다. 흥미로운 것은 현대 신학자들은 이 구절을 인용하여 웨슬리가 배타적으로는 아닐지라도 기본적으로 공적 종교와 사회 질서에 관심하였다고 주장한다. 그러나 이런 식으로 웨슬리를 해석하는 것은 (18세기를 21세기로 혼동하여) 본문의 의미를 잘못 해석한 시대착오일 수 있다. 한 가지 예를 들면, 웨슬리는 기독교가 사회 없이 존재할 수 없고 다른 사람과 함께 대화하며 살지 않고는 존재할 수 없다는 의미에서 사회적 종교라고 말한다. 이뿐 아니라 그는 내적 종교 자체를 위해서도 온유, 친절, 절제 같은 거룩한 성정의 교육을 위한 사회적 차원이 필요하다고 주장한다. "그러나 그리스도 안에서 아이, 젊은이, 아비 된 자들에게 온전한 고독을 강요하며 우리를 광야로 불러내는 사람들은 이러한 가르침을 완전히 무시해 버린다."[62] 그러므로 이 설교에서 웨슬리가 비판한 것은 마음의 종교, 곧 내적 종교가 아니고 홀로 남겨지는 종교, 곧 은둔적인 수도원주의 형태의 고독한 종교라고 할 수 있다. 이처럼 고립된 종교는 내적 종교가 인간의 마음 안에 정착하고 다양한 덕을 수양할 수 있는 사회적 상황을 적절히 제공하지 못한다. 그러므로 마음의 종교를 사치스런 것으로 보면서 이를 비난하거나 축소시키고 사회적이거나 정치적인 행위를 기독교 신앙의 주목적으로 삼는 현대 신학자들에게 웨슬리는 이런 경고를 주고 있다. "'실로 사회적 삶의 규정이 종교의 목적'이라고 하는 것은 이치에 맞지 않습니다. 나는 결코 이런 생각을 해 본 적이 없습니다. 아마도 이신론자들이 이런 주장을 했을 듯싶습니다."[63]

산상수훈 강론의 또 다른 곳에서 웨슬리는 종종 부유하거나 스스로 사회적 삶의 규정을 종교의 목적으로 생각하는 이들이 이신론자들과 같은 생각을 갖고 내적 종교를 "광신"(madness)[64]으로 치부해 버렸다고 지적한다. 사실 웨슬리가 노년에 이르렀을 때 웨슬리의 초기 평신도 설교가들 가운데 한 사람이었던 조셉 험프레이스(Joseph Humpreys) 같은 이도 여러 가지 허영에 빠져 내적 종교를 비웃었다. "그것[내적 종교]은 내가 광신의 상황에 있었을 때 썼던 어리석은 것들 가운데 하나였습니다."[65] 1749년 웨슬리가 아일랜드에서 설교하고 있었을 때 지역의 지도자들이 반대하고 있었다. 이때 웨슬리는 「아일랜드 주민들에게 드리는 간단한 말씀」(*A Short Address to the Inhabitants of Ireland*)이란 글에서 다음과 같이 내적 종교에 대해 옹호하며 변증하였다.

> 종교란 부정적인 것만은 아닙니다. … 실제적이며 긍정적인 것입니다. 종교란 교회와 성만찬에 참여하고(물론 사람들은 이 모든 것을 인정하고 추천합니다), 모든 은총의 수단이나 자비의 사역에 참여하는 외연적인 것만이 아닙니다. 오히려 종교란 영혼 가장 깊은 곳에 자리하고 있는 본래적이고도 엄격한 하나의 원리로서 적절한 때를 따라 외적인 열매로 스스로를 드러냅니다.[66]

다시금 같은 글에서 웨슬리는 이렇게 주장합니다.

종교는 단순히 악을 행치 않는 부정적인 것이거나 선을 행하는 외연적인 것이 아닙니다. 종교는 옳은 말과 행동을 하는 하나님과 인간을 향한 바른 마음의 기질, 마음의 성정입니다.[67]

그러므로 처음부터 감리회는 모든 외적인 열매와 행위의 근거와 목적으로서 "내적 원리"(a principle within)를 강조하였다. 따라서 당시 영적으로 무지했던 이들이, 영혼 가장 깊은 곳의 성정을 바꾸는 것을 "경건한 방종"(pious indulgence) 아니면 "열광"(enthusiasm)으로 보았던 것에 반해, 웨슬리는 거룩하고 효과적인 목회를 위한 전제조건으로 보았다.

종교적 기질 – 영혼의 고정된 자리들

마태복음 6장 1-15절을 본문으로 하는 "산상수훈 강론 6"에서 웨슬리는 진정한 기독교를 구성하는 마음의 기질과 성정이란 말로 내적 종교를 좀 더 자세하게 정의한다. 그리고 자신의 글에서 이 두 중요한 주제를 다음과 같이 접목시키고 있다.

마태복음 5장에서 우리 주님은 내적 종교를 여러 갈래로 설명하였습니다. 주님은 진정한 기독교를 구성하는 영혼의 기질들을 우리에게 보여주셨습니다. 곧 거룩함 안에 내포된 내적인 기질들입니다. "이 내적 기질들 없이는 누구도 주님을 볼 수 없을 것입니다." 여기서 내적 기질은, 내면의 고유한 샘으로부터, 예수 그리스도를 통해 살아있는 하나님을 믿는 믿음으로부터 흘러나오고, 내면적이고도 본질적인 하나님께로부터 받은 선한 정서입니다. 주님은 마태복음 6장에서 우리의 모든 행위가 본성에 있어서 무관심한 행동들까지 순수하고 거룩한 의도에 의해 어떻게 하나님께 거룩하며 선하고 받아들여질 만한 것이 될 수 있는지를 보여줍니다. 마태는 전체적으로 순수하고 거룩한 의도인 내적 기질이 없이 행해진 것들은 하나님 앞에 아무런 가치가 없다고 선언합니다.[68]

이 상황에서 의지와 거룩함의 내용을 이루고 있는 마음의 기질들은 그리스도에 대한 살아있는 믿음으로부터 흘러나온다. 이렇게 이해하였을 경우, 기질이란 깨워 부르시는 하나님을 향해 돌아선 인간의 마음이다.[69] 이것이 18세기의 일반적인 이해였다. 이후 웨슬리는 1754년 채담(Chatam)이 자신의 조카에게 보낸 편지의 내용을 잘 알고 있었는데, 이 편지에서 채담은 기질의 방향성뿐 아니라 "대상들"을 강조하고 있다. 채담은 이 편지에서 "가라! 내 사랑하는 자녀여, 옳음과 선함을 향한 너의 칭찬할 만한 기질로"라고 권고하였다.

그러나 여기서 선악에 상관없이 다양한 대상을 향한 성향뿐 아니라 믿는 자들을 거룩하게 하고 순종하게 하는 성령의 임재로 인해 존재의 변화, 마음의 수정, 곧 복음으로 자유로워진 마음을 포함하는 2차 운동이 일어난다. 또한 기질을 구성하는 것에 대한 내용이 1745년에 쓴 「율법폐기론자와 그의 친구의 대화」(*A Dialogue Between an Antinomian and His Friend*)라는 웨슬리의 초기 논문에도 나타난다. 이 논문에서 웨슬리는 믿음은 "우리로 하여금 하나님 나라에 합당케 하는 어떤 본래적인 특성이나 기질(곧 하나님과 모든 인간의 사랑)"[70]이 없이는 한순간도 존재할 수 없다고 주장한다. 그러므로 웨슬리는 믿음과 마찬가지로 사랑도 기질과 관계한다고 생각한다. 분명 사랑은 부유하는 감정이나 정서의 심리 상태를 넘어선다. 오히려 사랑은 지속적으로 인간을 훈련시키고 능력 있게 하는 흔들리지 않는 기질이다.[71] 그러므로 기질이란 우리가 언뜻 상상하듯이 일시적인 것이 아니며 변덕스러운 감정이나 정서보다 훨씬 항구적이며 지속적이다. 웨슬리의 말로 한다면, 기질이란 "[본래 타고난] 내적인 특성들"(inherent qualities)[72]이다.

욕망, 정서, 성향이란 말로 마음의 역동을 탐구하였던 웨슬리는 기질과 상응하는 동일한 현상을 묘사하기 위해서 “성정”(tempers)이란 용어를 사용하였다. 예컨대 웨슬리는 자신의 저술에서 “기질”과 “성정”을 상호 교환하면서 같은 의미로 사용하였다. 예를 들면, 1750년에 쓴 “열광의 본성”(The Nature of Enthusiasm)이란 설교에서 웨슬리는 악한 성향들에 대해 이렇게 지적하고 있다. “그는 매일 모든 사람을 경멸하고, 격노하는 분노에 뿌리를 두고 있으며, 모든 종류의 불친절한 기질, 곧 세속적이며 악마적인 성정에 근거하고 있다.”[73] 그러나 사용 빈도수에 있어서는 “성정”이란 용어를 “기질”이란 용어보다 훨씬 더 많이 사용한다. 웨슬리는 성정이란 용어를 실제 60번 이상 사용하였다.

이뿐 아니라 웨슬리는 성화 은총으로 인간의 마음이 자라가는 지형도를 그려내면서 “[애]정”(affection)이라는 용어를 사용하였다. 애정이 성정과 같은 의미라는 주장이 있지만 이는 무리가 있어 보인다. 웨슬리는 데살로니가전서 2장 17절을 주석하면서 애정과 성정이 크게 다르다는 것을 보여주고 있다. 웨슬리의 설명을 보자.

> 이 구절에서 우리는 거룩한 슬픔, 욕망, 혹은 기쁨의 일시적인 애정이 아니라 지속적인 친절, 사랑이 넘치는 성정의 놀라운 예증을 만난다. 친절과 사랑의 성정은 바울이 믿음의 자녀들을 표현할 때 사용한 용어들이다. 이 용어들을 좀 더 조심스럽게 탐구해야 하는 이유는 때때로 봇물처럼 사도의 마음에서 쏟아져 나온 욕정들을 만나지만, 반면에 그의 영혼에 안정된 자리를 차지하면서 차분하게 지속되는 성정들도 만나기 때문이다. 이 지속적인 성정들로부터 다른 요소들이 흘러나오는 바, 그의 성품을 특징짓는다.[74]

그러므로 웨슬리가 사용한 “성정”(과 기질)이란 용어는 [애]정과 달리 “영혼의 고정된 자리”(fixed posture of the soul)를 차지하고 있음을 보여준다. 18세기는 이것을 "습관화된 기질"(habituated disposition)[75]이라고 불렀다. 예컨대 성정은 쉽게 흔들리지 않는 지속적인 행동 지향이다. 반면 강렬한 [애]정을 구성하는 "욕정"뿐 아니라 [애]정은 성정보다는 덜 지속적이며 습관적이다.[76] 웨슬리의 말로 표현한다면, 욕정과 [애]정은 "일시적"이다. 물론 [애]정이 어떤 의미에서 의지와 관계하긴 하지만 분명하게 구분될 수 없다. 예를 들면, 「필연에 대한 사유」(*Thoughts Upon Necessity*)라는 논문에서 웨슬리는 의지와 [애]정을 동일하게 보는 것은 정확한 것이 아니라고 주장한다.[77]

그러면 [애]정이란 무엇인가? [애]정과 성정은 어떻게 다른가? 웨슬리에 따르면 [애]정은 단순히 "다양한 방법으로 [애]정을 발휘하는 의지"[78]이다. 달리 말하면, [애]정은 의지의 표현으로서 근간을 이루는 기질 이전의 실재가 특별히 현실화된 것이다. 반면 [애]정이 성정에서 흘러온다고 한 앞선 인용글의 내용처럼 웨슬리에게 성정은 [애]정의 정보를 주는 좀 더 근본적인 것으로 보인다. 그렇다면 이떤 의미에서 의지를 구성하고 있는 인간 마음의 성정과 기질은 여러 [애]정의 대상을 포함한다. 그러므로 성정의 내용을 분명하게 규명하는 것은 웨슬리에게 아주 중요한 일이었다. 왜냐하면 웨슬리는 성정을 참 종교의 내용과 동일시하였기 때문이다. 말하자면, 성정은 마음의 중심 곧 왕실을 구성하는 것으로 "전국에 성서적 거룩함을 전파하는" 감리회 선교에서 분명히 계승되고 있다.

존 웨슬리 구원론에 대한 인식

성정을 이루는 힘은 잠정적이고 실재적이지만 은총과 자유라는 좀 더 큰 범주에서 이해되어야 한다. 웨슬리는 은총을 하나님이 주시는 능력, 하나님의 은혜와 승인으로서 이해하였는데, 이는 은총이 자유로이 주어진 선물임을 강조한 것으로, 성정이 어떤 성향을 갖는다 하더라도, 우리가 뭔가 다른 것을 할 수 있는 것은 은총으로 회복된 자유의 결과, 인간의 공로가 아니라 지극히 높으신 하나님으로부터 오는 은혜의 결과로서 가능한 것이다. 예를 들면 오랫동안 방탕한 삶을 살았던 고집 센 죄인이 선행 은총의 선물을 향유하면서 초자연적인 구원 은총의 본성과 효능으로 인해 잠시 동안 성령의 임재로 확신을 얻고 의롭다 함을 얻으며 거룩하게 될 수 있다. 그러나 슬프게도 겸손과 인내와 사랑에서 하나님의 형상으로 회복된 온전히 성화된 사람들도 여전히 그들이 은총으로 회복된 자유를 악을 선택하는 것으로 어떤 성향의 성정을 잘못 사용한 결과 다시금 거룩하지 못한 욕정의 노예가 될 수 있다.

웨슬리 신학에서 마음의 성정과 관련하여 하나님(의 선행 은총)에 응답할 자유가 은총으로 회복되는 것은 과정/순간의 긴장 관계로 표현될 수 있다. 말하자면, 칭의와 최초의 성화에 이르는 과정에 대해 웨슬리는 마음의 성정과 [애]정이 드러나는 것이면서 인간이 하나님의 활동과 협력한 것(가톨릭 입장)으로 본다. 반면 설교에서는,[79] 신생의 순간적인 역동을 표현할 때 하나님의 활동과 승인을 강조하고 있다. 예컨대 하나님 홀로 의롭게 하며, 새로이 태어나게 하고, 거룩하게 한다.(개신교 입장) 따라서 거룩하지 않은 성정이 성향적 능력과 지속성을 갖고 있음에도 불구하고 하나님께서 잠시 동안 우리를 거룩하게 할 수 있다. 흥미로운 것은 이러한 일시적인 역동은 믿음과 행위의 좀 더 넓은 범주의 문제와 관계하게 하고 개신교와 가톨릭의 은총 개념을 끌어들인다. 따라서 "성서적 구원의 길"이라는 설교에서 웨슬리는 유비를 사용하여 온전한 성화와 관련된 시간적 요소들이 실제로는 믿음과 행위의 관계의 표현임을 보여주고 있다.

> 그러므로 여러분은 이로써 믿음에 의한 것인지 행위에 의한 것인지를 분명히 알 수 있습니다. 만일 행위에 의한 것이면, 여러분은 거룩하게 되기 전에 뭔가를 하기 원합니다. 여러분은 "내가 먼저 이러저러한 존재가 되거나

이러저러한 일을 해야 한다."고 생각합니다. 그러고는 지금까지 행위로써 이를 추구하고 있는 것입니다. 그러나 믿음에 의한 것이면, 여러분의 모습 이대로 그것을 기대할 수 있습니다. 그리고 그것을 **지금** 기대할 수 있습니다.[80]

그러므로 시간적인 요소들은 믿음과 행위의 관계를 품고 있을 뿐 아니라 구원론적 역할도 담고 있다. 결국 칭의, 중생, 온전한 성화가 지닌 순간적인 특성은 하나님이 우리의 죄를 용서하고 우리를 거룩하게 하시는 분임을 보여준다. 여기서 인간의 협력과 성정과 기질의 성향적 능력은 힘을 상실한다. 말하자면 인간의 협력과 성정과 기질의 성향적 능력은 칭의나 중생의 기초도 아니며 그럴 가능성도 없다. 거룩하지 않은 성정의 "능력"이나 본성이 지속되었다고 해서 과거의 죄가 용서받고 거룩하게 되기 위해서 먼지 무엇이 되어야 하고 무엇을 해야 하기 때문에 지금 구원 받은 일에 장애가 된다고 할 수 없다. 웨슬리는 창녀나 도둑들이 때로는 "덕망 있고" "존경 받는" 사람들보다 훨씬 빨리 구원의 은총에 참여하는 것을 목도하였다. 존경을 받는 이들 가운데는 여전히 자신들의 생래적 선성에 대해 헛된 환상을 갖고 있거나 스스로 구원을 "일으키는 데" 어떤 공헌을 할 수 있는가를 생각하느라 어려움을 겪고 있었다. 그러나 이것은 이런저런 모양으로 성화를 칭의의 기초로 삼는 경우다. 그 결과 구원의 은총의 순수한 선물을 거부하는 것이다. 이 점에 대해 웨슬리는 앞서 피터 뵐러의 꼼꼼한 가르침을 통해 바로잡았었다. 따라서 성화의 과정은 우리가 의롭다 함을 얻는 기초가 될 수 없다. 다시 말하지만 성화의 과정을 우선하게 될 경우 트렌트 공의회나 로마 가톨릭의 오류에 빠지게 될 것이다. 웨슬리는 이것에 대해 "전체적으로 성화와 칭의의 순서를 완전히 뒤바꾼 경우"[81]라고 하였다.

그러므로 성정과 애정의 성향적 힘을 강조하는 웨슬리 신학은 **지금** 칭의의 은총과 최초의 성화의 은총의 타당성뿐 아니라 하나님을 향한 응답을 위해서 은총으로 회복된 자유를 강조하는데, 여기서 두 가지 해석의 오류가 있을 수 있다. 첫째, 우리의 공로 없이 주어지는 하나님의 은총의 활동을 간과할 정도로 성정을 반복해서 훈련하는 과정을 강조하게 되면, 죄인에게 오늘이 구원의 날이 될 수 없다. 죄인은 하나님의 중생의 은총을 얻기 위해 성정과 [애]정에 있어서 더 준비가 있어야 한다. 달리 말해 죄인이 구원받기 위해서는 먼저 무엇이 되어야 하고 무엇을 해야 한다.[82] 설상가상으로 죄인은 절망적인 상태에 남겨질 수도 있다. 이런 상황에서 하나님의 현재적인 은총의 자유의 활동보다는 거듭나는 순간 여전히 남아 있는 과거의 죄와 지향적 성정이 불신앙의 변명을 통해 결정적 자리를 차지하게 된다.

둘째, 하나님께서 선행요건으로 여러 성정을 창조하고 발전시키지 않고 "한순간"에 오랫동안 고통을 받아온 죄인에게 자유를 줄 수 있음에도 불구하고, 웨슬리는 성정의 형성적 능력 때문에 계속해서 죄를 짓고 (긍정적인 기질을 낳는 것을 간과하는 것은) 아주 위험하다는 것을 잘 알고 있었다. 1747년 12월에 쓴 편지에서 웨슬리는 불륜에 빠진 처남 웨스틀리 홀(Westley Hall)에게 죄의 기만에 대해 경고하였던 바, 여러 여자들과 관계한 것들을 열거하면서 다음과 같이 결론하였다.

> 이제 당신은 부적절하게 행동했다는 것을 알지 못하는가? 당신은 먹고 마시고 즐겼소. 매일 여러 친구들과 교제하고 찻집을 자주 들락거렸지. 아 슬프도다. 나의 형제여 이 무슨 일이란 말입니까? 어떻게 죄의 기만으로 이리도 마음이 완고해질 수 있단 말이오. 당신은 샌톤 바시사(Santon Barsisa)를 기억하고 있소? 내가 하나님께 기도하기는 당신의 종말은 이리 되지 않기를 바라오. 오! 당신께서 어찌도 이리 성령을 슬프게 한단 말이오. 슬피 울며, 금식하며, 탄식함으로 주께 돌아오시오. 당신은 지옥의 뱃속에 있소이다. 아직 지옥의 입이 다물어지지 않았을 뿐이오. 잠자는 자여! 어서 일어나 하나님께 부르짖으시오![83]

웨슬리는 루터, 칼뱅, 크랜머가 강조한 값없이 주시는 은총의 선물과 가톨릭이 강조한 성정의 형성적 능력을 함께 구원의 교리 안에 묶어냄으로써 오랫동안 고통을 받아온 죄인에게 희망을 주면서 동시에 방탕하고 반역적인 이들에게 죄의 기만성을 조심하라고 경고하였다. 그러므로 값없이 주시는 은총의 선물에 대한 웨슬리의 개신교적 이해를 고려하지 않고 도덕 윤리로만 그의 윤리를 탐구하려는 현대 웨슬리 구원론에 대한 평가는 정확한 것이라 할 수 없다. 다시 말하지만 이들은 웨슬리의 "접속적" 신학을 이해하지 못하고 웨슬리를 평가한 것이다. 이 점에 대해 로날드 스톤(Ronald H. Stone)은 다음과 같이 자세하게 설명하고 있다.

> 웨슬리를 연구하는 초기 메소디스트 저술가들 역시 웨슬리의 성품을 연구한다. 그러나 웨슬리는 성품과 덕에 있어서 아리스토텔레스-토마스 전통에 익숙했음에도 불구하고 옥스퍼드와 영국 국교회와는 달리 이 전통을 자신의 윤리의 중심으로 삼지 않았다. 성품은 개신교 윤리에게는 지나치게 인본주의적이고, 목적 지향적이며, 행위 지향적이다. 이러한 성향을 개신교 윤리의 중심으로 삼는 것은 개신교 윤리에서 하나님과 인간의 칭의-성화의 역동성을 뒤집는 것이다.[84)]

영국 국교회의 문제제기와 물음들

향후 10년 동안 메소디즘과 영국교회의 긴장이 증폭되었다. 그 이유는 먼저 영국교회의 성직자들이 내적 종교를 가르치고, 성령의 직접적인 증언과 그리스도인의 완전을 가르치는 감리회원들의 "열심"을 의심쩍은 눈으로 바라보았기 때문이었고, 다음으로는 영국교회의 성직자들 중 많은 이들이 감리회원들이 교회의 삶을 교란시키고, 평신도 설교가들을 세우며, 옥외설교를 통해 교구 분할법을 어기고, 감리회의 삶과 수행을 통해 분리된 내적 구조를 만듦으로써 교단의 분열을 획책하고 있다고 주장하였기 때문이었다. 이 비판에 민감하였던 웨슬리는 제1차 감리회 연회에서 다음과 같은 질문을 제기하였다. "저들이 '너희 교회로부터 분리된 자들이여!' 라고 말한 그 의미가 무엇인가?" 이 물음에 연회는 답하였다. "우리는 저들이 무엇을 의미하는지 알 수 없도다. 아마도 저들도 분명한 의미를 모르고 말한 듯싶다. 아니면 스스로를 교회라 여기면서 우리가 거짓 교리를 가르쳤다고 고발한 일부 성직자들과 분리되었다는 의미인가?"[85] 웨슬리와 다른 지도자들이 죽은 이후에도 감리회원들은 영국교회에 남겨질 것이라는 주장에 대해 연회는 이렇게 기록하였다. "그러나 선한 양심에 따라 우리는 살아있는 동안 영혼 구원이라는 현재의 기회를 묵과할 수 없다. 이 일을 하지 않음으로써 임하게 될 죽음 이후의 결과가 두렵기 때문이다."[86] 다음 해 「소위 감리회원이라 불리는 사람들에게 주는 권면」(*Advice to the People Called Methodists*)이란 글에서 웨슬리는 자기를 따르는 사람들에게 다음과 같이 상기시켜주었다. "우리는 공개적이며 지속적으로 영국 국교회로부터의 분리를 생각하지 않으며 생각한 적도 없습니다."[87]

웨슬리는 영국 국교회에 속하면서 메소디즘 안에 좋은 질서를 유지하는 일에 최선을 다 하였다. 그렇지만 복음의 사역을 증진시키려는 그의 단호한 헌신 때문에 웨슬리는 어쩔 수 없이 영국 국교회의 소유권이라는 범주를 넘어설 수밖에 없었다. 이런 이유에서 웨슬리는 1745년 웨스틀리 홀에게 쓴 편지에서 감독제의 특권과 사도적 계승의 중요성을 재차 강조하였다. 무엇보다도 웨슬리는 "우리가 사도권의 계승자로 인정한 주교들로부터 위임을 받지 않고 세례를 베풀거나 주의 만찬을 행하는 것은 옳지 않다."[88]고 보았다. 그러나 다음 해 웨슬리가 브리스톨로 향하면서 「초대 교회의 헌법, 교리와 장정, 일치, 예배에 대한 연구」(*An Enquiry into the Constitution, Discipline, Unity, and Worship of the Primitive Church*)라는 로드 피터 킹(Lord Peter King)의 논문을 읽었는데, 이 논문을 통해 웨슬리는 초대 교회의 감독과 장로가 동일한 직제임을 알게 되었다. 이 생각은 1747년 연회록에 반영이 되었고 수년이 지나 에드워드 스틸링플리트(Edward Steelingfleet)의 「평화제의」(*Irenicon*)를 고찰함으로써 더욱 강화되었다. 워체스터의 감독이었던 스틸링플리트는 초대교회의 감독과 장로가 본질적으로 같은 직제라는 로드 킹의 의견에 동의하였다. 그러나 그리스도께서 교회 감독제든 다른 제도든 교회 정책의 특별한 형식을 규정하였다는 주장에 대해서는 반대하였다. 새로이 알게 된 정보로 무장한 웨슬리는 다트머스의 백작(the Earl of Dartmouth)에게 스틸링플리트 감독께서 감리회원들에게 감독 안수만이 적법하다는 초기의 입장은 "완전한 실수"(an entire mistake)[89]였음을 확신시켰다고 자신 있게 답할 수 있었다.

1748년 스윈델스(Swindells)는 만일 웨슬리가 "'감리회원들에게 영국 국교회를 떠나지 말라.'고 부드럽게 권고한다면,"[90] 영국 국교회의 사제인 토마스 엘리스(Thomas Ellis) 목사가 감사히 생각할 것이라고 일러주었다. 이에 대한 답변으로 웨슬리는 「한 감리회원에게 보내는 글」(*A Word to a Methodist*)을 썼고, 곧바로 엘리스 목사는 이 글을 웰시(Welsh)어로 번역을 하였다. "감리회원들이 성만찬과 교회 예배를 버렸다."[91]는 몇몇 사람들의 비판이 있은 후, 웨슬리는 교회를 떠나지 않아야 할 다섯 가지 이유를 제시하였다.

> 1) 과거에 적어도 한 번 이상은 교회에서 하나님으로부터 축복을 받지 않았는가? 2) 기도와 주의 만찬에서 다른 사람들도 동일한 축복을 받지 않았는가? 3) 하나님을 아는 사람이 전체 회중 가운데 두세 사람만 있어도, 그리스도께서 그들 가운데 계신다. 그리스도께서 계시는 곳에 그의 종도 또한 있어야 하는 것 아닌가? 4) 이전에 거기에 주님이 계시지 않았다면, 이제 하나님을 아는 너희가 가서 거기서 너와 더불어 그분의 축복을 취하라. 5) 너희가 그리스도인이라면, 너희는 "세상의 소금"이다. 그러나 너희가 세상 가운데 움직이지 않는다면 다른 사람들에게 어찌 맛을 낼 수 있겠느냐?[92]

더 나아가 웨슬리는 감리회원들에게 영국 국교회를 조롱하거나 경시하지 말 것을 요청하였다. 웨슬리는 감리회원으로서 영국 국교회의 교리를 따라야 하고 『공동 기도서』(*The Book of Common Prayer*)를 사랑하며 믿음의 교제에 참여함으로써 많은 축복을 받았음을 상기시켜주었다.[93] 그러나 다음 해 웨슬리가 자신의 감리회 사람들을 만나는 대신 영국 국교회의 동료들을 만나 켄트 쇼어햄(Shoreham)의 전임성직자이자 신뢰했던 친구인 빈센트 페로넷(Vicent Perronet) 목사의 간청으로 「감리회원들이라 불리는 사람들에 대한 평이한 해설」(*A Plain Account of the People Called Methodists*)이라는 글을 썼다. 이 글에서 웨슬리는 감리회원들이 분열을 만들어내고 있다는 비판을 강도 높게 반박하였다. 예리한 감각으로 써내려간 글에서 웨슬리는 감리회원들이 "교회들로부터 나와 교회들을 세우고 있다."[94]는 주장을 반박하였다. 오히려 웨슬리는 후에는 감리교도들이 되었지만 감리교도가 되기 전 영국 국교회의 성만찬에 참여했던 이들 중 많은 사람들이 처음부터 거룩했었는지 그리고 이들의 구원론적 입장이 건강했었는지를 문제시하였다.

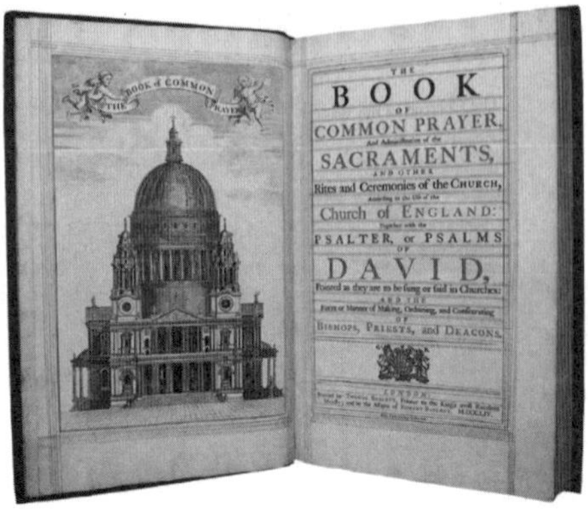

영국 국교회의 『공동 기도서』

> 1) 이 사람들은 이전에는 기독교인이 아니었습니다. 이들 대부분은 뻔뻔스러운 이교도들이었습니다. 2) 이들은 여러분이 생각하듯이 분열된 기독교인들도 아닙니다. 여러분은 내게서 얼굴을 돌려 이들에 대해 말하고자 할 것입니다. 아이쿠! 술 취한 기독교인들? 저주와 욕설을 일삼는 기독교인들?

> 거짓부렁이 기독교인들? 속이기를 일삼는 기독교인들? 이런 사람들을 기독교인들이라고 한다면, 악마적 기독교인들이라고 해야 맞지.[95)]

다시 말하면 웨슬리는 경건의 능력은 없고 형식만 갖춘 교회에 대해 물음을 제기하였던 것이다. 웨슬리는 영국 국교회의 질문과 문제제기에 대해선 자신의 입장을 견지하면서 때론 성서적 기독교의 기준을 갖고서 깐깐한 논쟁을 했다. 그는 감리회가 모교회인 영국 국교회 안에서 성서적 기독교를 회복하기를 원했다. 그러나 웨슬리는 상황이 허락되지 않자 아름다운 스테인드글라스로 장식된 교회 밖으로 뛰쳐나가 자신과 감리회원들의 설교를 듣길 원했던 사람들에게 다가갔다.

제 7 장

감리회의 기초를 다지다

최초의 감리교회인 브리스톨 뉴룸의 초기 모습

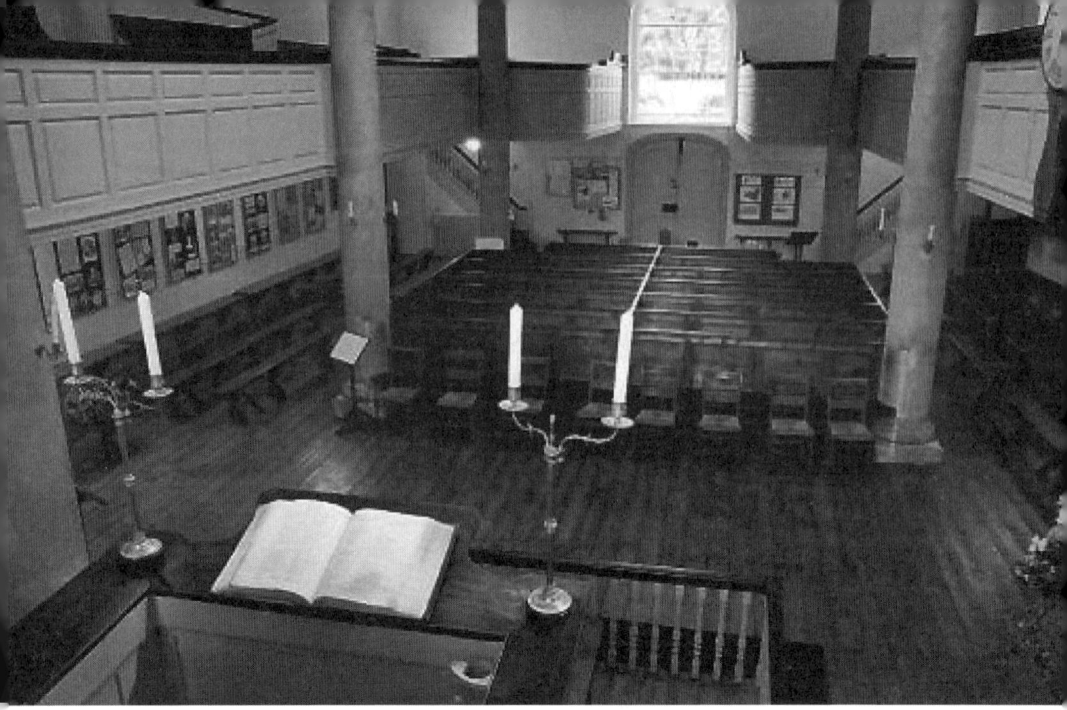

강단에서 바라본 브리스톨 뉴룸 감리교회의 모습

제 7 장
감리회의 기초를 다지다

웨슬리는 순회 전도자로서 영국 전역을 여행하였고, 가는 곳마다 속회를 정착시켰으며, 이 과정에서 가난한 사람들과 만났다. 단순히 풍문에 의존하지 않고 짓밟힌 삶을 살아가는 사람들의 어려움을 직접 경험한 웨슬리는 "'저들이 가난한 것은 게으르기 때문'이라며 가난한 이들을 배척하는 것은 악하고 악마적인 거짓"[1)]이라고 주장했다. 사실 웨슬리는 자주 겸손, 친절, 인내와 같은 기독교 신앙의 가장 고매한 은총을 가난한 사람들과 연계시킨 반면, 부자들에 대해서는 게으름, 교만, 자기-충족에 빠져 있다고 비판하였다. 우리가 웨슬리의 일지와 편지를 자세히 읽어본다면, 웨슬리가 실제로

부자들과 불편한 관계를 갖고 있었음을 알 수 있다. 웨슬리는 "높은 지위에 있는 사람들 중에는 가장과 허세, 의미 없는 말과 이상한 관습에 빠져 있는 사람들이 있다."[2]고 주장했다. 웨슬리는 가난한 사람들과 함께 하기를 좋아했다. 그 이유는 가난한 이들이 구원의 좋은 소식에 가장 열려 있었기 때문이었다.

가난한 감리회원들을 섬기기 위해서 웨슬리는 지역별로 구성되어 있었던 속회의 구조를 음식, 옷, 연료 등을 나누어 주는 적절한 통로로 사용하였다. 당시 영국에 거주하고 있는 이들이 제대로 된 의료 혜택을 받지 못하는 것에 관심했던 웨슬리는 스스로 의학 강좌에 참석하여 약사와 의사의 처방을 배운 다음 궁핍한 사람들에게 간단한 처방을 해 주었다.[3] 돈 한 푼 없는 이들의 궁핍한 상태를 해결하기 위해서 웨슬리는 런던에 첫 무료 진료소를 열었다. 또한 자신이 갖고 있던 의료 지식을 모아 『초보의학』(*Primitive Physic*)이란 소책자를 펴내었다. 그러나 이 책은 의도와는 달리 전문적인 책이 아니었다.[4]

기독교의 사랑과 자비에 기초한 구제 목회를 넘어 웨슬리는 극빈상태에 있었던 여인들을 불러 파운더리의 면 가공처리 공장에서 일하도록 배려하였다. 뿐만 아니라 1746년에 이미 자금이 모자란 이들에게 무이자로 돈을 빌려 주는 대여금고(lending stock)를 세웠다. 처음에 대출은 30파운드 이상을 하기가 어려웠다. 그러나 얼마 안 있어 "250명 정도가 일 년간 혜택을 받을"[5] 정도가 되었다. 무엇보다도 웨슬리의 자선사역은 "부자" 친구들로부터 돈을 빌려서 20실링 정도로 가난한 사람들에게 빌려주고

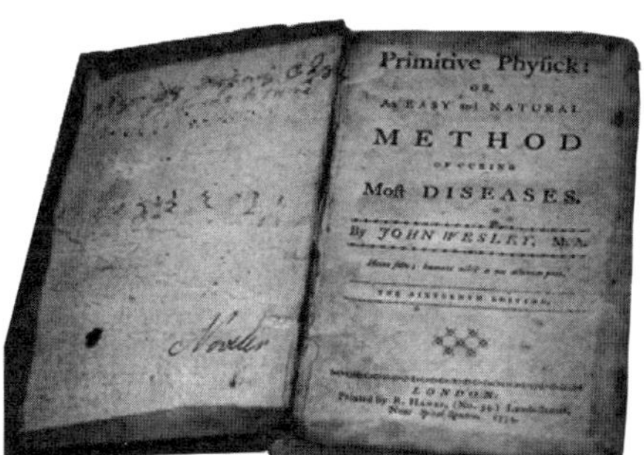

존 웨슬리가 펴낸 기초 의학서인 『초보의학』

는 주 단위로 세 달 안에 갚도록 하였다.[6] 감리회 속회 구조와 가난한 사람들에게 돈을 빌려주고 되갚도록 하는 규칙을 살펴보면 웨슬리의 목회가 얼마나 책임적이었는지를 알 수 있다.

감리회는 광신적인가

웨슬리 형제와 휫필드 그리고 다른 전도자들의 노력으로 18세기 감리회는 영국 국교회가 돌보지 못했던 사회 계층에게 다가갔다. 그 결과 "중간" 계층 아래의 사람들은 이들의 열정적인 설교에 반응하였다. 감리회가 제시한 영적이고도 세속적인 비전은 상인들과 종들과 노동자들에게 큰 격려가 되었다. 이들에게 공급된 목회에 대해서 자연히 영국 국교회의 사제들 특별히 주교들이 고맙게 생각해야 했다. 그러나 불행하게도 결과는 그 반대였다. 예를 들면, 앞서 조지 1세(King George I)의 지도사제였고 당시 엑시터(Exeter) 지역의 주교였던 래빙턴 주교(Bishop Levington)는 1749년에서 1751년에 이르기까지 3부에 걸쳐 쓴 『감리교도들과 교황주의자들의 광신 비교』(*Enthusiasm of the Methodists and Papists Compared*)라는 자신의 책에서 감리교도들을 심하게 비판하였고, 이에 대해 조지 휫필드와 빈센트 페로넷, 존 웨슬리가 대응하였다.

래빙턴의 주장에 마음이 상한 웨슬리는 주교와의 계속되는 편지에서 논점을 흐리게 하는 기법을 사용하였다. 예를 들면, 1750년 2월 1일 자로 쓴 편지에서 웨슬리는 "어떤 이에게는 먼지 정도이지만 그것이 다른 사람에게는 회초리가 될 수 있다."[7]는 비유로 래빙턴의 주장을 비판하였다. 그리고 웨슬리가 말하는 회심의 개념을 갖고 웨슬리의 열심 혹은 광신을 입증하려는 래빙턴의 시도는 "주교가 자신의 영역과 전혀 다른 것을 말하고 있는 것이며, 전혀 알려지지 않은 세계에 들어간 것이기 때문"[8]에 완전히 오류라고 보았다. 문제를 더 복잡하게 몰고 가면서 웨슬리는 "주교께서 이교도 정도의 정직함을 배우기까지"[9] 주교와 그리스도인의 완전에 대한 논의를 멈추었다. 그러고는 주교가 상호 존경과 이해를 가르치는 "신구약의 용어를 잘 알지 못하는 듯 보인다."[10]는 언짢은 표현을 써가며 분노한 주교를 비판하였다.

앞서 조셉 버틀러(Joseph Butler)와 에드먼드 깁슨(Edmund Gibson)으로부터 받았던 동일한 비판에 직면하여 또한 래빙턴과의 날선 논쟁 한가운데서 웨슬리는 1750년 "광신의 본성"(The Nature of Enthusiasm)이라는 설교를 하였다. 이 설교에서 웨슬리는 진정한 종교와 광신의 본성에 대한 영국교회 성직자들의 기본적인 생각에 도전하였다. 따라서 설교 처음 부분에서 웨슬리는 이름뿐인 형식과 정통의 종교는 "진정한 종교가 여러분을 화나게 하는"[11] 것과 같은 반향은 일으키지 않는다고 지적한다. 그와는 반대로, "당신이 성령 안에서 의와 기쁨과 평화를 말하는 것은 죽음에 들기 직전 곧 '당신이 당신 자신 옆에 있게' 될 때"[12]이다. 분명 웨슬리는 1740년대 중반 「이성과 경건의 사람들에게 던지는 진지한 호소」와 「이성과 경건의 사람들에게 던지는 계속적인 호소」에서 이미 감리회원들의 경건의 합리성, 거룩한 사랑과 마음의 종교의 분별을 보여주었다. 이제 웨슬리는 이러한 종교의 필요성을 강조해야 하고 래빙턴 주교와 같은 비평가들에게 이 시대의 진정한 광신주의자들은 그리스도인의 사랑과 성령의 증언자들인 감리회원들이 아니라 영국교회 안에 있으면서 은사와 은총이 없으면서도 마치 있는 것처럼 행세하는 이름뿐인 기독교인들이라고 주장했다. 그러므로 알버트 아우틀러(Albert Outler)는 "광신의 본성"에 대해 "역설의 기법"[13]을 사용한 설교라고 평가하였다. 광신자라는 공격에 대해서 웨슬리는 그 칭호를 주교에게 되돌려주면서 광신의 허세가 갖는 죄를 조심하라고 경고하였다.

도덕법 – 믿음의 필연적 열매

감리회원들과 관련하여 래빙턴이 염려하였던 것은 종교적이며 정치적인 감정이 시민전쟁과 국왕 살해의 혼돈을 낳았던 영국 역사의 아픈 기억 때문이었다.[14] 예를 들면 영국 국교회의 여러 사제들은 감리회를 분리운동으로 생각하였고, 감리회 운동이 갖고 있는 "청교도적"이며 "경건주의적"인 요소들을 안정되고 합리적인 시대에 비정상적인 파괴성으로 간주하였던 것이다. 어쩌면 웨슬리를 험담하는 사람들이 감리회 운동이 광신과는 거리가 있다고 생각했더라면 이러한 염려는 하지 않았을 것이다. 예를 들면, 웨슬리는 이미 (페터레인 사태 이후) 은총의 수단으로서 형식적 요소들의 중요성과 (악을 피하고 선을 행하기 위해서 자연법의 기본적인 가르침을 포함하고 있는) 「연합 신도회의 총칙」(*The General Rules of the United Societies*)을 강조하였다. 뿐만 아니라 "신성의 사본"(transcript of the divine nature)인 도덕법으로 실천신학을 전개하였다.[15]

웨슬리의 도덕법 이해를 보여주는 여러 자료는 다시 한 번 말하지만 영국교회 전통과 맞닿아 있다. 존 노리스와 존 스미스 같은 캠브리지 플라톤 철학자(Platonists)들의 영향을 받은 웨슬리는 도덕법을 성찰할 뿐 아니라 도덕법을 "플라톤적" 감각을 빌려 "영원한 법의 그림자이며 … 지극히 높으신 하나님의 눈에 보이는 아름다움"[16]이라 표현하였다. 알버트 아우틀러도 기독교 플라톤주의의 유산이 일반적으로는 "교부 신학자들, 성 티에리의 윌리엄(William of St. Thierry), 빅토리안 신학자들(the Victorines), 성 보나벤투라(St. Bonaventura), 캠브리지 플라톤 철학자들(the Cambridge Platonists)을 통해"[17] 특별하게는 "아버지의 친구였던 존 노리스와 그리고 리처드 루카스(Richard Lucas)"[18]에 의해 웨슬리에게 이어지고 있다고 보았다. 웨슬리는 옥스퍼드 시절 시간을 두고 노리스가 쓴 여러 권의 책을 읽으면서 영향을 받았다.[19]

존 스미스의 사상은 스미스에게 사상적 빚을 지고 있었던 『인간의 영혼 안에 있는 하나님의 삶』(*The Life of God in the Soul of Man*)의 저자 헨리 스쿠걸(Henry Scougal)의 책을 통해 웨슬리에게 전해졌다.[20] 1749년에서 1755년에 걸쳐 펴낸 『기독교 총서』 50권 가운데 7권이 랄프 커드워스(Ralph Cudworth), 나다나엘 컬버웰(Nathanael Culverwel), 헨리 모어(Henry More), 시몬 패트릭(Simon Patrick), 존 스미스, 존 워싱턴(John Worthington) 같은 영국의 플라톤 철학자들의 책이다.[21]

복음 전도자 웨슬리가 플라톤 철학자들의 저술과 자유주의자 철학자들(Latitudinarians)의 글에 흥미를 가졌다는 것이 놀랍다. 그러나 웨슬리는 이들의 책 가운데 선택해서 읽었고 "옳고 그름이 … 파생적 원리는 아니며, 인간의 법에 의해 세워지는 것이 아니라 … 영원한 자율의 덕으로 존재한다."[22]는 캠브리지 플라톤 철학의 개념에 매료되었다. 진정 웨슬리가 말하는 '영원한 이성,' '사물의 본질적 특성,' 혹은 실재의 기본적인 이해로서 '사물들의 적자생존'은 클라크나 노리스 같은 플라톤 철학자들의 영향을 받았음을 보여주고 있다.[23] 또한 웨슬리가 사용한 용어들의 규범적 요소들과 그의 신학적 형성과 수행, 특별히 은총에 대한 그의 이해는 오도되고 잘못 파악된 "광신"과 상관이 없음을 보여주고 있다.

래빙턴 주교에게 역설적 논리로 대응했던 웨슬리는 더 나아가 개신교도들과 복음전도자들이 도덕법의 계몽적이고 안내하는 힘을 멀리하고 주로 광신적이고 율법폐기론적인 방식으로 하나님의 복음을 선포하는 잘못을 범하고 있다고 생각하였다. 광신적이고 율법폐기론적인 이해에서 보면, 은총은 "피조되고 피조되었던 만물의 영원한 적자생존"의 형식을 폐기하고, 거의 모든 자기-충동적인 혹은 "열광적인" 개념이나 수행을 지지하게 된다.[24] 이러한 교묘한 오류에 맞서 웨슬리는 은총이란 자주 "규범화된" 은총이라고 주장하였다. 달리 말하면, 은총은 가치를 지닌 규범적인 상황에서 일어나고 꽃을 피우며, 적어도 어떤 면에서는 인간의 의지와 욕망을 초월하는 표준 예컨대 하나님의 도덕법에 의해서 조명된다. 말하자면, 접속의 다른 반쪽이 없으면 은총은 웨슬리가 그렇게도 개탄하였던 하나의 추정, 자기-의지, 율법폐기론으로 양도될 수밖에 없다. 자신의 설교가들이 이런 병폐에 빠지지 않도록 하기 위해서 웨슬리는 1751년 몇몇 지침을 발표하였는데 이 지침에서 도덕법은 죄인들을 확신시키는 최초이면서 주된 도구가 되었다.

> 나는 이것이 설교의 바른 방식이라 생각합니다. 예컨대 어떤 장소에서든 설교를 시작하면서 죄인들을 향한 하나님의 사랑과 죄인을 구원하려는 하나님의 의지를 전체적으로 선포하고, 가장 강력하고도, 접근 가능하면서도, 가장 탐색적인 방식으로 하나님의 율법을 선포한 후에, 복음을 골고루 잘 섞어 이전과 같이 또한 먼 곳에 이르도록 복음을 드러내는 것입니다.[25)]

복음이 율법의 모든 목적에 대답이 됨으로 율법을 설교하는 것을 불필요하게 한다는 주장에 대해 웨슬리는 다음과 같이 답한다. "그러나 우리에게 이 점이 분명합니다. 예컨대 복음이 율법의 처음 목적 곧 사람들에게 죄를 확신시키는 것까지 대답하지는 않습니다. … 하나님의 일반적인 방법은 율법으로 죄인들을 확신시키는 것입니다. 바로 그것뿐입니다."[26)]

그러나 웨슬리가 조심스럽게 자기의 설교가들을 권고하면서 "율법을 설교한 것은" 무슨 의미였는가? 한편으로 보면 웨슬리는 "산상 설교에 간략하게 설명한 대로 그리스도의 명령들"[27)]을 염두에 둔 것이었다. 그러나 다른 한편 그는 출애굽기 20장 1-17절 주석에서 보여주듯이 십계명을 설교하는 것으로 율법을 설교한다고 이해하였다.[28)] 그리고 "십계명 안에 포함되어 있으면서 선지자들이 강조한 도덕법을 주님이 버리지 않았다."[29)]고 주장하였다. 사실 웨슬리는 "그리스도의 명령"과 십계명을 분명한 기독론적 관계로 묶는다. 바로 하나님의 아들이 "여호와의 성품으로 율법을 모세에게 건네주었다."[30] 이뿐 아니라 감리회 복음전도자 웨슬리는 "'십계명이 생명과 풍습'의 완전한 규칙을 위해 기획된 것"[31]이라고 선언한다. 따라서 십계명에 표현된 도덕법과 산상수훈에 나타난 도덕법은 모순이 되지 않는다. 이 둘은 동일한 도덕법의 두 표현이 되기 때문에 모순의 관계가 아니라 발전의 관계다. 도덕법이 산상수훈에서 가장 분명하게 표현된다고 주장한 웨슬리는 다음과 같이 주석하고 있다.

> 도덕법은 도덕법을 내신 이 스스로가 인류에게 본질적인 내용을 세세하게 설명할 때 완전히 설명되고 철저하게 이해되었다. 이때 비로소 율법은 세상 끝 날까지 결코 변화되지 않을 것이라 선포되었다.[32]

앞서 1744년 제1차 감리회 연회에서 웨슬리는 모든 직임에서 그리스도를 설교하며 "믿는 자들과 불신자들 모두에게 복음뿐 아니라 율법을 선포하라."고 자신의 사람들에게 권고하였다. 이 권고에서 도덕법은 죄인들을 확신시킬 뿐 아니라 그리스도를 믿도록 하는 데 큰 가치가 있다. 예컨대 웨슬

제1차 감리회 연회 광경 (1744년)

리는 칼뱅과 더불어 죄인을 그리스도께 안내하고 믿는 자들을 그리스도 안에서 살아가게 하는 율법의 규범적 역할뿐 아니라 루터와 더불어 율법의 고발적 역할을 강조하였다.

웨슬리 당시 루터의 전통에 영향을 받은 몇몇 정적주의자들[33]은 위에 인용한 웨슬리의 권고에 이의를 제기하면서 그리스도로 말미암아 의롭다 함을 얻은 신자들은 율법으로부터 자유하며 저들이 더 이상 율법 아래 있지 않고 은총 아래 있기 때문에 계명을 지키는 것으로부터 자유하다고 주장하였다. 달리 말하면, 율법의 계속적인 규범적 가치는 최소화되거나 어떤 경우는 즉시 반박된다고 주장하였다. 그러나 웨슬리는 다시 한 번 이 입장이 온전하지 않으며 솔직히 말해서 율법폐기론적이라고 생각하였다. 말하자면 이들은 믿음을 통해 율법을 헛되게 하거나 은총이나 복음의 "자유"란 이름으로 순종의 예를 거부한 것이라고 보았다. 그러나 웨슬리는 "이 말은 여러분이 상상하듯 사람들이 지금보다 이전에 더 하나님께 순종하거나 율법의 사역을 했다는 것이 아니다. 이런 생각은 바람직하지 않다."[34]고 경고하였다. 사실 웨슬리는 율법폐기론, 율법 없음, 광신, 고삐 풀린 죄에 깊이 관심하면서 잘못된 오류에 빠지지 않도록 경고하기 위해 "시대적 방향"이라는 두 편의 설교를 1750년 출판하였다. 웨슬리는 윌리엄 커드워스(William Cudworth)와 제임스 허비 같은 부끄러움을 모르는 율법폐기론자들을 염두에 두고 설교를 작성했음이 분명하다.[35] 어떤 학자가 분명하게 지적했듯이, "믿음을 통해 세워진 율법에 대한 강론 Ⅰ, Ⅱ"(The Law Established Through Faith, Discourse Ⅰ and Ⅱ)이란 이 설교는 두 편으로 이루어져 있지만 실제로는 하나의 연결된 내용을 이루고 있어 두 설교를 함께 읽어야 한다.[36] 이 두 설교의 구조적 관계는 문제를 제기하고 해법을 제시하는 방식으로 되어 있다. 말하자면 첫 번 설교에서는 율법을 폐기하는 다양한 문제들을 제기하고 있고, 두 번째 설교에서는 어떻게 그리스도인의 믿음으로 말미암아 율법이 세워질 수 있는지를 보여줌으로써 문제 제기들에 대한 해법을 제시하고 있다.

그러므로 웨슬리는 받아들여짐의 조건으로서가 아니라 지속적으로 하나님의 풍요로운 은총의 삶을 살아가기 위해서 실천적인 그리스도인의 삶을 살아야 한다고 주장한다.[37] 웨슬리는 "율법은 나를 그리스도께로, 그리스도는 나를 율법으로 계속해서 안내한다."[38]고 주장함으로써 도덕법의 형식적인 규범적 사용을 전개하였다. 간단히 말하면, 하나님의 도덕법에 대한 순종이 그리스도인의 삶을 세우는 것이 아니라 의롭게 하고 새롭게 하는 믿음의 필연적인 열매로서 도덕법이 주어진다. 그러므로 웨슬리는 믿음이 자비와 사랑과 거룩함의 사역인 하나님의 도덕법을 순종하는 것과 상관이 없다면, 그 믿음은 살아 있는 믿음이 아니고 죽은 믿음이며 하나님 사랑과 이웃사랑과 상관없는 믿음이라고 보았다. 이런 입장에 대해 래빙턴 주교는 깊은 감명을 받았을 것이다.

편협한 태도에 대한 경계와 보편적 정신

몇몇 영국 국교회 성직자들은 감리회를 새로 생겨난 소종파이거나 영국 국교회를 반대하는 운동으로 생각했다. 그러나 웨슬리는 언제나 이러한 입장에 반대하였다. 웨슬리는 감리회 안에서 평신도 설교가들이 활동하고 있고, 즉흥적인 기도가 실시되고 있으며, 옥외설교가 수행되고 있지만 이는 어디까지나 전국에 성서적 거룩함을 전하고자 모교회 안에 일고 있는 개혁운동일 따름이라고 생각했다. 오히려 웨슬리가 이끄는 감리회 운동은 교회에 속하지 않은 사람들뿐 아니라 칼뱅주의자들, 모라비안 교도들, 루터교인들을 포함하는 세계를 하나의 교구로 본 보다 큰 선교를 전개하고 있었다. 그러므로 웨슬리는 감리회원들이 영국 국교회를 떠나게 될 때 그들의 목적을 잃게 될지도 모르며, 경건의 능력은 없고 형식만이 남게 될지도 모른다고 생각하였다. 예컨대 감리회원들은 큰 교회 안에 또 다른 "당파"나 파벌이 되어 감리회 본연의 과제를 잊게 될 수도 있다고 생각하였다.

이러한 분리의 여정 특별히 파벌을 이루는 지역주의를 타파하기 위해서 웨슬리는 1750년 두 개의 중요한 설교를 출판하였다. 첫 번째 설교가 "편협한 태도를 조심할 것"(A Caution Against Bigotry)이었다. 이 설교에서 웨슬리는 편협함을 "자신의 파벌, 의견, 교회, 종교에 지나치게 집착하거나 좋아하는 것"[39]이라고 정의한 다음, 다른 목회와 신앙 공동체들이 "우리와 외적인 관계가 없고" "우리와 같은 파벌"이 아니며 "종교적인 의견과 수행의 강조점에서"[40] 우리와 다르다는 이유로 이들의 장점을 버리지 말아야 한다고 주의를 환기시킨다. 더 나아가 웨슬리는 겸손한 종들이 하고 있는 선한 사역을 방해하는 것은 또 다른 편협이라고 주장하면서 다시 한 번 왜 자신이 평신도 설교가들을 세우는지에 대해 설득력 있게 설명한다. 비평가들은 평신도 설교가들이 하나님의 사역을 하지 못하도록 간접적으로 방해하였는데, 이들의 목회와 관련하여 필요도 없는 사소한 문제로 논쟁을 해서 낙담하게 하거나 언어와 행동이 적절하지 않다는 이유로 이들을 무례하게 대하거나 혹은 "언제든 이들에 대해 험담하고 이들의 목회를 경시"[41]하였던 것이다. 만일 평신도 설교가들이 많은 사람들을 그리스도께 인도할 수 있는 은사와 은총을 입은 사람들임에도 주교가 이들을 안수하지 않고 있다면 어떻게 될까? 이 물음에 대해 웨슬리는 "그럴 경우 주교는 '그에게 악마를 쫓아낼 수 있는 것'을 금하고 있는 것이다."라고 선언하고는 이미 1745년 「이성과 경건의 사람들에게 던지는 계속적인 호소」 3편에서 설명했듯이 "나는 이를 금하고 있는 것이 아니다."라고 첨언하였다.[42]

이 기간 웨슬리가 했던 "보편적 정신"이란 또 다른 설교는 오늘날 학자들이 해석하듯이 감리회 안에서의 관계가 아니라 감리회의 영역을 넘어 의견이나 예배 양식에 있어서 감리회와 다른 신앙 공동체와의 관계를 다루고 있다. 이 설교에서 웨슬리는 기독교 신앙의 본질에 있어서 감리회원들이 생각과 수행의 통합으로 연합되어 있음을 전제하고 있다.

"내가 그대를 진심으로 믿듯이, 그대도 그러하오? … 그렇다면 내게 손을 내미시오."(왕하 10:15)를 본문을 삼은 이 설교에서 웨슬리는 인용된 본문의 내용을 자세하게 설명한다. 바르게 형성된 마음이란 외모가 아니라 믿음으로 걷는 것이며, 주 예수 그리스도를 믿어 주님이 자신의 영혼에 나타나게 하는 것이고, 믿음으로 말미암은 의를 갖는 것이며, 사랑의 기운으로 가득한 구원의 믿음을 갖는 것이다.[43] 따라서 "보편적 정신"으로 바르게 형성된 마음의 기준은, "보편적 정신" 안에서 누리는 교제의 전제조건으로 보이는 바, 공허한 정서나 부질없는 기대를 담은 값싼 말이나 예시가 아니라 실제로 아주 독특하고 숭고한 것이다. 사실 이 기준이 모든 의와 참된 거룩함에 있어서 본래적인 그리스도인의 믿음, 곧 의견과 예배 양식이 서로 다르지만 모든 신자들이 존중하는 믿음의 요소를 구성한다.

또한 전체 교회의 범주에서 부딪히는 다양한 의견과 예배양식에 대해 웨슬리는 다시 한 번 그 기준을 높게 설정하고 있다. 예컨대 의견과 예배양식이 바르게 형성된 마음을 가짐으로써 성서적 기독교의 표징을 증언하는 신자들의 교제를 배제해서는 안 된다고 본다. 그렇지만 웨슬리는 사색적 자유주의(의견들)와 실천적 자유주의(예배) 모두를 축복으로 보지 않고 저주로 봄으로써 이들 요소들에 민감하게 반응하고 있다. 그러므로 감리교도들은 개인의 판단 권리를 확신하며 인정하면서도 진정한 그리스도인의 교제에 개방적이어야 한다. 이는 모든 신앙 공동체에 쉬운 일이 아니다.

교회론적 사유의 발전

1752년 존과 찰스 웨슬리와 몇 명의 사람들이 신앙서약을 통해 영국 국교회에 충성을 약속하였다. 이 서약은 매년 다시 선언하였고 이로써 감리교도들 사이에 연대와 훈련을 강화하였다.[44] 같은 해 찰스는 형 존에게 보낸

웨슬리 형제의 감리회 운동을 지지했던 윌리엄 그림쇼

편지에서 1739년 옥외설교 이후 감리회 목회가 다양한 계층의 사람들을 돌보고 있었지만 "우리의 현재 소명은 주로 우리가 자란 교회의 교인들을 돌보는 것"이라고 강조하였다. 어쨌든 당시 영국 국교회의 복음주의적 사제이자 감리회 운동의 지지자였던 윌리엄 그림쇼(William Grimshaw)와 찰스는 웨슬리가 영국교회를 탈퇴하지는 않을까 크게 염려하고 있었다. 실제로 1755년 리드(Leeds) 연회에서 웨슬리는 감리교도들이 영국 국교회를 떠나야 하는가라는 물음을 제기하였다. 그러나 연회 3일째 되는 날 영국 국교회를 떠나는 것이 합법적인 것인가라는 물음은 "적절한 것이 아니다"[45]라는 모호한 표현으로 결론을 내렸다.

1755년 4월 웨슬리와 여러 감리회원들은 "영국교회를 탈퇴한 어떤 신사의 변명"(A Gentleman's Reasons for his Dissent from the Church of England)을 읽기 시작했다. 한 줄 한 줄 읽어가며 토론을 하였고 토론을 거쳐 한 줄 한 줄 정리를 하였다. 10월쯤 웨슬리는 토마스 아담(Thomas Adam)에게 편지를 써서 단호한 자신의 결심을 표현하였다. "우리는 영국교회를 **떠나지** 않을 것입니다. 우리가 **쫓겨난다면** 모를까."[46] 같은 편지에서 웨슬리는 해외에서 설교하고, 즉흥기도를 사용하며, 신도회를 조직하고 평신도들이 설교하는 것을 허용하는 등 감리교도들의 규칙이 영국교회의 규칙과 다름을 인정하고 있다. 그러나 "우리가 인정하는바 우리가 완수해야 할 의무를 넘어서는 것은 아니다."[47]라고 주장하고 있다. 또한 웨슬리는 내적인 목회의 소명과 외적인 목회의 소명을 구분함으로써 자신이 평신도 설교자들을 세우는 것에 대해 변론하고 있다. 예컨대 평신도 설교가들이 형식적이고 외적인 소명은 부족할지 모르지만, "우리는 이들이 사람이 아니라 하나님으로부터 부름을 받은 자들로서 하나님이 아니라 사람들로부터 부름을 받은 이들보다 더 설교할 수 있는 권한이 있다고 생각합니다."[48]라고 하였다.

이러한 웨슬리의 생각을 간파한 프랭크 베이커(Frank Baker)는 웨슬리에게 교회에 대한 두 입장의 갈등이 있다고 보았다.[49] 한편에서 웨슬리는 교회를 제도적 방식으로 이해하여 감독제와 평신도들이 성만찬을 집례하는 것을 금하는 것과 같은 선한 질서의 중요성을 강조하였다. 그러나 다른 한편 웨슬리는 교회를 교회의 머리인 예수 그리스도 안에서 한 몸을 이루어 연합한 성도들의 교제, 신자들의 교제로 이해하였다. 두 번째 모델의 입장에서 웨슬리는 죄인들에게 다가가 저들을 하나님의 용서와 거룩한 사랑으로 인도하는 선교의 과제는 어떤 점에서 정책과 선한 질서에 영향을 주어야 한다고 생각하였다. 여기서 우리는 다시 한 번 웨슬리의 목회에 대한 "기능적" 정의를 만난다. 이 때문에 웨슬리는 어떤 양심의 가책도 없이 교구의 경계를 넘어 야외에서 설교하고 평신도 설교가들을 채용하여 내적 구조를 다짐으로써 어떤 점에서는 영국교회의 구조와 대립이 되게 했던 것이다.

그러므로 만일 웨슬리를 단순히 하나의 전통주의자로 고교회에 속한 토리당원으로 혹은 제도적 교회의 고고함을 고백한 이로 본다면, 교회 공의회에 대한 웨슬리의 신랄한 비판뿐("어떻게 한 공의회가 다른 공의회를 지속적으로 저주하고 모든 이를 사탄에 넘겨줄 수 있단 말인가? … 분명 이슬람이 생겨난 것은 기독교인들을 개혁시키기 위한 것이 아니던가!)[50] 아니라 ("진정한 그리스도인들"이라 생각한)[51] 도나투스주의자들과 ("진정하고 성서적인 그리스도인들"이라고 생각한)[52] 몬타누스주의자들에 대한 그의 입장은 설명할 수 없는 미궁에 빠지게 된다. 그러나 현재의 선교를 위해서 국가 교회의 옛 형태를 버리고자 했던 개혁가나 교회 혁명가로 웨슬리를 보게 된다면, 영국 국교회와 관련해 웨슬리가 가졌던 신중함, 순종, 대책 등은 무엇이란 말인가? 달리 말하면, (율법과 은총, 신앙과 행위와 같이) 웨슬리의 구원론에 많은 "접속들"(conjunctions)이 있는 것처럼, 그의 교회론에도 중요한 접속들이 있다. 예컨대 웨슬리는 교회의 기능적인 모델뿐 아니라 제도적인 모델도 갖고 있었다. 교회의 제도적인 모델이 없다면 감리회는 그 형식을 잃게 될 것이고, 교회의 기능적인 모델이 없다면 감리회는 그 목적을 잃게 될 것이다.

어떤 의미에서 웨슬리가 교회의 제도적 모델과 기능적 모델을 연결할 수 있는 한 가지는 평신도 설교가들에게 높은 표준을 적용한 것이었다. 예를 들면, 1751년 3월 웨슬리는 동생 찰스에게 개인적으로 또 단체로 설교가들을 감독 훈련할 수 있는 과제를 주었다.[53] 당시 영국, 웨일즈, 아일랜드에 있었던 백여 개의 신도회를 섬겼던 9개 순회지역에 거의 40여 명의 설교가들이 있었다.[54] 웨슬리는 설교가들에게 특별한 규칙을 제시하였다. "설교가는 주일이나 특별한 경우를 제외하고는 하루에 두 번 이상 설교해서는 안 된다."[55] 또한 "모임이나 기도회에서 한 시간 이상을 설교해서는 안 된다."[56] 웨슬리는 설교가들이 모든 목회 활동에서 분명한 초점을 견지하는 것이 중요하다고 힘주어 강조하였다. "여러분은 이 땅에서 영혼을 구원하겠다는 한 가지 일만을 해야 합니다. 이 일에 여러분을 온전히 던지십시오."[57]

1756년 "성직자에게 주는 권면"(Address to the Clergy)이란 글에서 웨슬리는 좀 더 형식적인 방식으로 성직자의 자격 요건을 정리하였다. 물론 그중에 많은 것들은 평신도 설교가들을 위한 것이었다. 복음 목회자들은 무엇보다도 선한 이해와 분명한 파악과 건전한 판단을 가져야 한다. 이들은 "생생하게 사유하고 신속하게 사유"(liveness and readiness of thought)[58]해야 한다. 또한 건전한 이해와 좋은 기억을 가져야 하며, 세상에 대한 지식 예컨대 "인간에 대한 지식과 실제 삶에서 만나는 인간의 격언, 성정, 태도"[59]와 같은 세상에 대한 지식뿐 아니라, 자신의 직임, 성서, 세속역사, 과학, 논리학, 자연철학, 기하학, 교부학에 대한 지식도 있어야 한다. 앞서 말한 여러 가지 규칙에 더하여 웨슬리는 더 중요한 가치를 제시하였다. 예컨대 복음 목회자들은 신중하여야 하고 "어느 정도 좋은 혈통"을 지녀야 하는 바, "행위가 편안하고 예의가 있어야 한다."[60]고 보았다. 그러나 웨슬리는 평신도 설교가들의 모든 면면을 살핀 다음 이렇게 외쳤다.

하나님의 복음에 견줄 때 타고난 것이든 훈련한 것이든 이 모든 은사들이 다 무엇이란 말인가? 사람들에게 주어진 은사들이 있다고 해서 어떻게 그리스도의 목회자의 온전한 의도와 사랑과 수행을 활성화하고 다스릴 수 있을까?[61)]

이 글의 마지막 결론에서 웨슬리는 마음의 [애]정과 그리스도인의 수행에 있어서 바른 의도와 같은 은총적 은사들을 강조하였다. "나는 내 개인의 삶에서 하나님께 전적으로 헌신되어 있는가? 나는 이 한 가지 일, 곧 모든 면에서 '내 자신의 뜻이 아니라 나를 보내신 그분의 뜻'을 이루고자 하는가?"[62)] 놀라운 것은 이 물음 중 몇은 10년 전 웨슬리가 목회를 준비하고 있을 때 자신에게 했던 동일한 질문이었다. 분명, 의도, 마음의 애정, 여러 가지 수행은 영혼을 구원하는 관심을 위해 하나가 되었고, 이는 자신의 설교가들에게 지침을 줄 때 존 웨슬리의 훈련 지침으로 자리하였던 것이다.

존 웨슬리의 결혼과 불화

1750년대 동안 몇몇 동료들로부터 반대가 있긴 했지만, 웨슬리의 사역은 힘 있게 진행되었다. 그러나 그의 사생활은 별개의 문제였다. 앞서 1748년 8월에 웨슬리가 뉴캐슬(Newcastle)에서 병중에 있을 때, 감리회 신도회에 속한 속장이면서 하우스 오펀(House Orphan)의 가정부였던 그레이스 머레이(Grace Murray)의 간호로 건강을 회복하였다. 머레이 부인의 친절과 간호에 감명을 받은 웨슬리는 병에서 회복된 직후 30세 초반이었던 머레이에게 청혼하였다. 이때의 청혼은 앞서 조지아에서의 경우처럼 쉽게 오해할 수 있는 모호한 말로 한 것이었다.

1749년 봄과 초여름 그레이스 머레이는 아일랜드에서 웨슬리의 전도여행에 동행하였다. 더블린(Dublin)에서 둘의 관계는 보다 공식적이고 중요한 관계가 되어 사실혼의 계약에 들어갔다. 이 동의의 결과 발생된 책임과 법적인 지위가 종종 오해를 가져왔다.[63] 모호함이 있긴 하지만 둘 사이에 계약관계에 들어간 웨슬리는 그레이스 머레이가 그와 약혼한 것이라고 생각했다. 그러나 많은 요인들로 인해서 둘 사이의 계약은 실현되지 않았다. 물론 이 요인들 중의 얼마는 웨슬리가 감당할 수 없는 것들이었다. 웨슬리의 주저함, 잃어버린 방향감각, 조지아에서와 같은 노골적인 혼돈은 오류로 구성된 한 편의 코미디처럼 영국 땅에서도 재현되고 있었다.

1749년 4월 이후 사라 귀니(Sarah Gwynne)를 신부로 맞아 꿈같은 결혼의 삶을 누리고 있었던 찰스 웨슬리는 놀랍게도 형의 결혼에 강하게 반대하였다. 몇몇 자료에 의하면 찰스는 머레이가 설교가인 존 버넷(John Bennet)과 이미 약혼을 하였다고 생각하였다. 따라서 찰스는 이미 퍼지기 시작한 중상모략을 차단하고 스캔들을 예방하기 원했다. 동기야 어떤 것이었든 찰스는 하인리 힐(Hineley Hill)로 향하였고, 그곳에서 자기와 함께 뉴캐슬로 가자고 머레이를 설득하였다. 그러고는 한주 후에 존 버넷과 결혼하게 하였다. 존 웨슬리는 당황하였다. 웨슬리는 "내가 6살 되던 해 이후 지난 며칠과 같은 시련의 시간을 만난 적이 없었다."[64]고 탄식하였다.

두 번의 아픈 사랑의 실패로 결혼에 대해 부정적인 견해를 갖게 된 웨슬리는 머레이와 헤어진 직후 결혼에 대해서 다시금 생각하고 있었다. 페로넷 형제(the Peronnets)와 교분을 통해 웨슬리는 런던 무역상의 과부이자 상당한 부를 갖고 있었던 메리 베제일(Mary Vazeille)을 알게 되었다. 웨슬리가 다시금 아일랜드에 있을 때 중년의 여

찰스 웨슬리와 그의 아내 사라 귀니

인에게 편지를 보냈다. 이때 웨슬리는 사랑보다는 목회적인 분위기에 잡혀 있었다. 그러나 가을이 되어 웨슬리는 메리 베제일을 부인으로 받아들이려는 생각을 하고 있었다. 웨슬리는 그녀의 "지칠 줄 모르는 근면함, 검소함, 옷과 모든 것이 정돈되어 있음"[65]에 감명을 받았다. 뿐만 아니라 웨슬리는 베제일이 이미 자녀를 키워놓았기 때문에 가족의 일을 책임지느라 자신의 목회에 방해가 되지 않을 것이라고 생각했다.

존 웨슬리와 그의 아내 메리 베제일

재미있게도 웨슬리는 베제일과 결혼에 앞서 자신이 돌보고 있던 독신 설교가들에게 독신으로 계속 머물러 줄 것을 촉구하였다. 이러한 권면에도 불구하고 웨슬리는 빈센트 페로넷에게 자신의 임박한 결혼은 적절한 것이며 심지어는 하나님의 부름을 받은 것이라고까지 주장하였다. 그는 독신의 삶보다는 결혼을 통해 하나님께 더 쓸모있게 사용될 수 있다고 주장하였다. 달리 말하면, 많은 은사와 은총을 지닌 메리 베제일이 자신의 목회에 실제로 도움이 될 것이며 방해되지 않을 것이라고 보았다. 사실 웨슬리는 1751년 2월 18일인가 19일에 거행된 결혼 직후 "믿음의 행위와 사랑의 수고로 당신[부인]의 모든 삶이 채워지기를"[66] 원할 뿐 아니라 "내가 당신을 사랑하는 것 때문에 [설교를 한 번 덜 한다든지 여행을 1마일 줄여야 되겠다고] 생각한다면, 나의 사랑하는 이여 나는 결코 당신의 얼굴을 [더]이상 보지 않을 것입니다."[67]라고 부인에게 선언하였다. (이 말은 결혼 전에 했어야 했던 것이다.)

웨슬리의 초기 결혼 생활은 애정이 오갈 정도로 좋았다. 부인에게 보내는 편지의 내용은 친절함과 사랑으로 가득했다. 예를 들면 3월에 쓴 편지에 "지금 당신이 마치 내 옆에 앉아 있는 것처럼 상상이 된다오. 매순간 당신이 부드럽게 말하는 것을 듣고 그윽하게 웃고 있는 것을 보고 있는 것 같다오."[68]라고 썼다. 그러나 웨슬리가 친절과 애정을 표현하고 결혼 생활을 유지하는 것을 편지로 대신하게 되자 이것이 오히려 부인과의 관계를 악화시키는 이유가 되었다. 웨슬리의 잘못된 판단이었던지 웨슬리는 아내에게 자기에게 오는 모든 편지를 열어보아도 된다고 허락하였다. "웨슬리 목사 앞으로 된 편지가 당신 앞으로 도착하게 된다면 어떤 편지든 개봉하세요. 당신을 위한 것이니까요."[69] 웨슬리의 말을 따라 편지를 개봉하다가 웨슬리 부인은 자기의 남편이 여러 여성들과 서신을 교환하고 있는 것을 알게 되었다. 예를 들면 1757년에 웨슬리는 도로시 펄리(Dorthy Furly), 사라 크로스비(Sarah Crosby), 사라 라이언(Sarah Ryan) 등과 편지로 소통하고 있었다. 그런데 사라 라이언으로부터 온 서신 내용이 크게 문제가 되었다.

감리회 예배에 자주 참여했던 사라 라이언은 1754년 스피탈필즈(Spitalfields)에서 존 웨슬리가 목회하고 있을 때 기독교인이 되었고 몇 년이 지난 후에는 킹스우드의 가정부가 되었다. 친구들과 적대자들은 이전에 세 번이나 결혼한 경력이 있는 라이언이 킹스우드의 가정부가 된 것에 대해 비판하고 나섰다. 물론 당시 라이언이 혼자 살고 있었고 결혼을 정리하고 이혼하는 과정에서 문제가 있었던 것은 아니었다. 이러한 킹스우드의 가정부에 대해서 웨슬리 부인은 큰 관심이 없었다. 그러나 그녀가 화가 난 것은 남편이 라이언을 챙긴다는 데 있었다. 라이언이 웨슬리와 함께 만찬을 주재하고 있었던 브리스톨 연회에서 질투로 인해 화가 난 웨슬리 부인이 방으로 뛰어들어와서는 참석자들을 향해 "여기 여러분을 대접하고 있는 창녀는 세 명의 남편이 생존해 있는 여자입니다."[70]라고 소리쳤다. 그 후 웨슬리 부인이 웨슬리의 지갑에서 1758년 1월에 사라 라이언에게 보낸 연애편지를 발견하고는 남편과의 관계가 더욱 악화되었다. 편지의 내용은 연모의 정이 담긴 것이었고 오고간 서신의 내용은 부인이라면 탄식의 숨을 깊게 들이쉴 수밖에 없는 것들이었다.

"말로 하건 글로 하건 당신과 대화하는 것은 말로 표현할 수 없는 축복입니다. 하나님을 생각할 때마다 당신을 생각합니다. 다른 이들도 종종 나를 하나님께로 안내하곤 합니다. 그러나 그 경우는 변죽을 울리고 말지요. 그러나 당신은 나를 하나님의 현존으로 직접 안내한답니다."[71]

이 편지를 발견한 후 한 주간쯤 지나서 메리는 다시는 돌아오지 않겠노라고 맹세를 한 후 존 웨슬리를 떠나갔다. 그러나 이틀이 지나서 메리는 다시 돌아왔다. 이 일로 점차 둘의 관계는 악화되기 시작했다. 사태가 악화되어 가는 것에 놀라움과 슬픔을 경험한 웨슬리는 그의 최근 편지와 라이언과의 전반적인 서신왕래가 적절한 것이었는지 생각하였다. 그러고는 확신에 찬 모습으로 자신이 잘못한 것이 없다고 결론내렸다. 이런 판단이 서자 웨슬리는 전체 상황에 대해 큰 원칙을 갖고 "나는 내가 좋아하는 사람과 대화할" 권리를 갖고 있다고 생각하였다. 불행하게도 이런 웨슬리의 입장은 부인의 생각이나 상처받은 마음을 헤아린 것이 아니었다.

그러면 메리 웨슬리는 이 문제를 어떻게 생각했을까? 무엇보다도 그녀는 하나님을 섬긴다는 이름으로 종종 자신을 소홀히 대하는 남자와 결혼한 것이라고 생각했다. "몰리, 우리 열정을 갖고 최고의 인생을 만들어요. 난 하나님을 향해 두 손을 들고 나아가기를 원해요!"[72] 앞서 소개한 대로 웨슬리는 결혼을 했다고 해서 설교 한 번을 줄이는 것을 원치 않았다. 그런데 문제는 웨슬리가 목회라는 이름으로 대화하고 편지를 쓰는 일에 시간을 쏟으면서 자기 부인보다는 다른 여인들과 더 많은 시간을 사용하고자 원한 데 있었다. 그래서 목회건 다른 일이건 시간 사용에 대한 평가를 하게 되었다. 그리고 메리 웨슬리는 의미 있는 통보를 받게 된다.

예정에 대한 인식과 구원론

메리 베제일과 결혼했던 해에 웨슬리는 「성도들의 견인(堅忍)에 대한 진지한 생각들」(*Serious Thoughts on the Perseverance of the Saints*)이란 논문을 출판하였다. 이 논문은 앞서 "값없이 주시는 은총"(Free Grace)이란 설교의 경우와 마찬가지로 칼뱅주의자 감리교도였던 조지 휫필드와의 관계를 복잡하게 하였다. 아버지 사무엘과 마찬가지로 존 웨슬리도 잠자는 개들이 거짓말하도록 내버려두지 않았다.

웨슬리가 글에서 사용한 다양한 장르를 생각해 본다면, 견인에 대한 이 논문은 몇 가지 점에서 특이하다. 왜냐하면 이 논문은 기독교 신앙에 대해 긍정적으로 표현하고 있지 않기 때문이다. 이 논문은 웨슬리가 말한 바대로 "참된 신자"인 하나님의 자녀가 기독교 신앙을 파멸시킬 수 있는 여덟 가지의 세부 사항을 제시하고 있다. 따라서 "그리스도인이 불신앙의 삶을 계속한다면 지옥에 갈 수도 있으며 분명 그리될 것이다."[73] 자기의 주장을 계속 펼치는 중에 웨슬리는 이듬해에 「조용히 생각해 본 예정」(*Predestination Calmly Considered*)이라는 보다 긴 논문을 썼다. 이 논문에서 웨슬리는 여러 논쟁거리를 제시하였다. 예컨대 웨슬리는 하나님의 선택에는 하나님의 벌이 따른다는 개념에 도전하였다. 따라서 하나님이 하나님께로부터 버림받은 사람에게 구원에 필요한 은총을 주기를 거부한다면, 이 거부는 "적극적인" 형벌이 된다.[74] 좀 더 화해적인 분위기에서 웨슬리는 선택을 "세계 안에서 특별한 사역을 하기 위해 영원한 행복으로 특정 인물을 하나님이 택하신 것"[75]으로 정의한다. 그러나 웨슬리는 칼뱅주의자들과는 달리 영원한 형벌과 선택이 무조건적인 것이 아니라 조건적인 것이라고 주장한다. 그렇다면 무슨 조건에서 믿는 자들이 구원을 받고 벌 받을 자들이 영벌에 처하게 되는가? 웨슬리는 "믿는 자는 구원을 받고 결코 저주를 받지 않을 것"[76]이라고 대답한다.

그러므로 웨슬리는 칼뱅주의자들이 범한 기본적인 오류는 하나님의 주권을 지극히 높으신 하나님의 다른 특별한 속성들을 고려하지 않고 한데 묶어 생각한 데 있다고 보았다. 웨슬리는 "하나님의 다른 속성들과의 접속적 관계를 고려하지 않고 하나님의 주권을 말해서는 안 된다."고 경고한다. "성서 어디에서도 하나님의 주권을 말할 때 다른 속성과 분리된 단일의 속성으로 말하지 않는다."[77] 웨슬리는 같은 논문에서 하나님의 주권을 하나님의 정의의 빛에서 본다면 무조건적인 영벌은 배제될 수밖에 없다는 점을 이유를 들어 설명한다. 달리 말하면, 하나님의 주권만을 생각해서 무조건적 영벌이 동력을 받게 된다고 할 경우, 어째서 영벌을 받은 사람이 저주를 받아야 하는지 물어야 한다. "이들이 악을 행했기 때문인가? 이들은 악을 도울 수 없었다. 이들은 악을 도울 수 있는 시간이 없었다."[78]

이러한 설명에도 불구하고 웨슬리는 두 개의 주요 주제에 입각해 작성한 「조용히 생각해본 예정」이란 논문에서 칼뱅주의자들과 공동의 기반을 추구한다. 첫째, 웨슬리는 회심의 순간에 "믿는 이들은 하나님의 은총에 저항할 힘이 없는 것처럼 보일 수 있다. 이들은 회심에 앞서 봇물처럼 일어난 모든 과정을 멈출 수 없다."[79]고 생각한다. 이 경우 믿는 이들은 쉽게 "하나님의 참된 은총은 언제나 모든 믿는 자에게 저항할 수 없게 역사한다."[80]고 결론한다. 둘째, 웨슬리는 구원의 온전한 영광을 하나님 홀로에게 돌림으로써 칼뱅주의와의 차이가 나지 않는다.[81] 웨슬리의 설명을 보자.

> 여러분이 '아닙니다. 우리는 하나님 홀로 인간의 행함이 없이 온전한 역사를 하십니다.' 고백한다고 덧붙인다면, 어떤 의미에서 우리는 다음과 같은 사실도 인정하는 것입니다. 예컨대 구원의 전체를 이루고 있는 의롭다 하는 것과 거룩하게 하는 것과 영화롭게 하는 것 모두가 하나님 홀로의 사역임을 인정하는 것입니다.[82]

그러나 웨슬리는 자기의 생각을 분명하게 정리하고 난 다음 지극히 높으신 하나님께서 “인간의 사역은 완전히 배제한 채”[83] 구원에 홀로 역사하는 분이 아니라고 결론한다. 달리 말하면, 당시 칼뱅주의자들과 같이 웨슬리는 칭의, 성화, 영화는 죄인들이 영향을 미칠 수 있는 힘과 능력을 넘어 하나님의 사역이라고 주장하였다. 그러나 여러 영국 국교회 사제들과 마찬가지로 우리는 하나님과 협력하고 우리의 손을 펴서 말하자면 하나님의 은총이 넘치는 은사를 받아야 한다고 주장하였다. 웨슬리는 1758년에 쓴 “브리스톨에 있는 어떤 신사에게 보내는 편지”(Letter to a Gentleman at Bristol)에서 그 이유를 좀 더 자세하게 밝히고 있다. 그의 주장은 이렇다.

> 그러면 하나님께서 특정한 기간과 조건 외에 주지 않는 것을 자유롭게 주실 수 있습니까? 물론입니다. 누군가 당신에게 돈을 자유롭게 줄 수 있습니다. 조건은 당신이 그 돈을 받기 위해 손을 뻗어야 합니다. 마찬가지로 우리는 은총으로 말미암아 자유로이 의롭다 함을 받습니다. 그러나 거기에는 특별한 기간과 조건이 있습니다.[84]

그러므로 웨슬리는 복음주의적 칼뱅주의자들의 주장을 포용하였다. 그러나 역사적으로 칼뱅주의와 로마 가톨릭의 극단을 피해갔던 자신이 속한 영국 국교회의 전통도 포용하였다. 영국 국교회의 전통을 포용함으로써 웨슬리는 칼뱅주의 비평가들을 넘어 좀 더 학문적이고 치밀하게 자신의 구원 교리를 설명할 수 있었다. 하나님의 은총만이 죄인들을 용서하고 거룩하게 할 수 있다. 그러나 죄인들은 책임적이고 상호책임적인 방식으로 이 은총을 받아야 한다. 간단히 말해서, 칭의와 신생의 은총은 저항할 수 없는 것도 아니고 강제적인 것도 아니다.

존 웨슬리의 복음주의적 친구들

복음주의자로서의 시련, 동료들로부터의 비판, 아내와의 불화 가운데서도 웨슬리는 감리회원들과 협력하고자 했던 복음주의적인 영국 국교회 사제들, 그중에서도 (쇼어햄의) 빈센트 페로넷, (트루로[Truro]의) 사무엘 워커(Samuel Walker), (하워스[Haworth]의) 윌리엄 그림쇼와의 친분에서 큰 위로를 받았다.[85] 이들과의 관계는 웨슬리에게 아주 중요하였다. 왜냐하면 이들이 웨슬리를 충고하고, 지지하며, 심지어는 바로잡아주기까지 했기 때문이다. 그러므로 홀로 고민하면서 주로 자신의 자료와 생각에 의존했다고 웨슬리를 영웅적으로 표현하는 것은 역사적 사실과 맞지 않는 신화이다. 분명 18세기 존 웨슬리의 복음주의적 활동은 많은 방해와 난관이 있었음에도 불구하고 양육하고 지지하는 관계망을 통해 유지되었다. 예를 들면, 웨슬리는 빈센트 페로넷에게 상담을 구하면서도 1748년 브리스톨 근교 광부들의 아들들을 위해 자신이 세운 킹스우드의 규칙과 훈련을 페로넷에게 열거하면서 자부심을 느끼기도 했다.

당시 페로넷은 웨슬리가 가장 신뢰하는 친구가 되었고, 존과 동생 찰스는 켄트의 쇼어햄에 있는 작은 교회의 강단에 초대를 받았다. 감리회원들의 신학과 훈련에 관심했던 페로넷은 실제로 1747년 연회에 참석하였다. 그리고 웨슬리는 이 사실에 고무되어 1749년에 출판된 「감리회원이라 불리는 사람들에 대한 평이한 해설」을 페로넷에게 설명하였다. 런던에서 설교를 시작한 이래 다른 곳에서 10년 이상을 설교해 왔던 웨슬리는 이 글에서 청중과 페로넷을 향해 찰스와 마찬가지로 자신의 기본적인 기획은 "진정한 기독교가 무엇인지 듣고자 하는 사람들에게 이를 **확신시키는 것**이고 이들이 진정한 기독교를 받아들이도록 **설득하는 것**"[86]이었다고 밝히고 있다. 웨슬리는 감리회 신도회를 세워 "교회들로부터 교회들을 불러 모음으로써"[87] 영국교회를 갈라놓고 있다는 비판에 대해 앞서 지적한 대로 웨슬리는 영국 국교회가 진지하고 경건한 그리스도인으로 구성되어 있다는 근본적인 전제를 거부함으로써 대답하였다.[88] 몇 년이 지난 후 웨슬리는 자기의 친구이자 런던의 사업가였던 에베네저 블랙웰(Ebenezer Blackwell)에게 같은 주제의 내용으로 편지를 보내 "온전에 가까운 그리스도인뿐 아니라 온전한 그리스도인이 되고자 하는"[89] 자신의 강한 열망을 피력하였다. 사실 웨슬리는 친구들과의 관계가 더욱 가까워지면 가까워질수록 가끔은 아주 공개적이며 직접적인 방식으로 중요한 영혼의 문제를 더욱 논의하고자 하였다.

저술활동과 하나님 나라 이해

1753년경 웨슬리의 목회는 어려움을 겪고 있었다. 그해 가을 웨슬리는 종종 몸살과 고열로 고생하였다. 그의 징후는 약효가 들지 않아 웨슬리는 이제 죽는구나 생각하였다. 그래서 그는 "별 가치도 없는 칭찬"을 피하기 위해서 자신의 묘비를 준비하였다. 그 내용은 이렇다.

> 타는 불에서 건져진 막대기
> 51세에 몸을 다 쓰고
> 빚을 갚고 보니 10파운드 외에는 남긴 것이 없는
> 존 웨슬리의 몸이 여기에 묻혀 있노라.
> 기도하오니
> 하나님이시여 무익한 종인 내게 자비를 베푸소서!
> 하나님께서는 이 내용으로 비문이 새겨지기를 명하였노라.[90]

웨슬리는 이 기간 동안 분명 자신의 미래를 염려하였다. 하지만 어떤 실존적 고민을 하였는지, 조지아 선교를 가면서 가졌던 죽음에 대한 염려와 두려움 등은 그의 일지에 언급되어 있지 않다. 그 후 몇 해가 지나 1758년 4월 5일 엘리자베스 하디에게 보낸 편지에서 웨슬리는 믿는 자의 위로와 확신의 기초가 무엇인지를 설명한다.

> 나는 영광이 무르익기 전에는 믿음을 가진 자가 죽을 수 없다고 확신하게 되었습니다. 이는 내가 계속해서 가르치는 교리로서 행위에 의한 칭의와는 상관이 없는 교리이지요. … 드물게 악마의 유혹이 우울한 성정에 들어오지 않는 한 참된 신앙인은 삶과 죽음으로 고뇌하지 않지요.[91]

존 웨슬리에게 성서는 풍성한 영성과 신학의 원천이었다.

몇 개월 계속된 병으로 인해 웨슬리는 일을 줄일 수밖에 없었다. 부인이나 친구가 설득해도 줄이지 않던 일이지만 아프니 어쩔 수 없었다. 당시의 상황을 웨슬리는 이렇게 적고 있다. "『기독교 총서』에 삽입할 모든 책들을 정리하고 난 후 나는 글을 쓰지 말라는 의사의 처방을 어기고 말았다. 결국 출판을 위해서 일지를 옮겨 쓰기 시작했다."[92] 웨슬리는 『기독교 총서』가 영어권 사람들의 교육을 위해서 모아놓은 실천신학의 최고의 책들을 포함한다고 평가하였다. 노스햄텀에서 담임하고 있었던 필립 도드리지(Philip Doddridge)[93]의 요청으로 이루어진 편집은 흥미롭게도 "서방 전통의 성향"을 띠고 있었다. 예컨대 총서는 웨슬리의 신학적 성향에 영향을 주고 자연히 지배적인 위치를 차지한 영국교회(후커[Hooker], 베버리지[Beveridge], 테일러[Taylor], 비숍 켄[Bishop Ken]), 캠브리지 플라톤주의자들(커드워스와 노리스), 로마 가톨릭(돈 주안 아빌라[Don Juan Avila], 부활의 로렌스 형제[Brother Lawrence of the Resurrection], 페넬론[Fénelon]), 경건주의자들(아른트[Arndt]와 프랑케[Francke]),[94] 청교도들(박스터[Baxter])의 전통을 담고 있었다. 물론 웨슬리는 자신의 22개의 설교를 다시 인쇄하면서 위 마카리우스(Pseudo Macarius)와 같은 동방 교부들을 포함하였다. 그렇지만 이때에도 종종 잘못 이해하듯이 교부들의 자료를 수집할 때 동방 교부들의 것만을 한 것이 아니었고 서방 교회의 저술가인 로마의 클레멘스(Clement of Rome)를 포함하였다.

새해 들어 웨슬리의 몸이 조금씩 기력을 회복해가자, 웨슬리는 다시 한 번 『신약성서 주석』을 쓰면서 "시간을 구원하고자" 하였다. 이 책에 대해 웨슬리는 "내가 아프지 않았더라면 결코 시도하지 않았을 책입니다."[95]라고 피력하였다. 존 헤일린(John Heylyn)의 『신학강의』(*Theological Lectures*), 존 가이세(John Guyse)의 『실천적 해석자』(*Practical Expositor*), 필립 도드리지의 『가족 해석자』(*Family Expositor*), 요하네스 벵겔(Johannes Bengel)의 『신약강해』(*Gnomen Novi Testament*)[96] 등 웨슬리가 참고하였던 이 다양한 자료들은 현대적 표준에서 보면 너무 빈약함에도 불구하고 기본적인 감리회 가르침을 찾고 있었던 당시의 평신도 설교가들과 목회자들에게 생명력 있는 것으로서 웨슬리의 성서 주석을 구성하는 소중한 자료가 되었다. 진정 책을 꼼꼼하게 읽어본 독자라면 이 『신약성서 주석』에서 죄의 본성과 한도, 진정한 그리스도인의 주제, 하나님의 은혜와 능력 주심으로서의 은총, 그리스도인 확신의 실재 등 여러 책에 산재해 있는 주제들이 이 책에 집약되어 나타남을 볼 수 있다. 이것들은 웨슬리가 상당히 몰

존 웨슬리의 『신약성서주석』

두하고 관심을 가졌던 주제들이다.

『신약성서 주석』에 나타난 하나님 나라에 대한 주제는 독자들로 하여금 기독교 신앙의 본성과 내용을 웨슬리가 어떻게 이해했는지를 볼 수 있는 창문이 된다. 하나님의 나라는 인간의 눈으로 쉽게 식별할 수 있는 외적이거나 육체적인 것이라는 생각을 내려놓고 대신 웨슬리는 영원한 영광을 의미하는 "내적 종교"인 "내적 하나님 나라"를 주장한다.[97] 누가복음 17장 21절의 ("보아라, 하나님의 나라는 너희 '가운데 있다.'") 의미를 설명하면서 웨슬리는 이렇게 주장한다.

> 언젠가 혹은 어딘가에 있는 하나님의 나라를 찾지 마십시오. 하나님의 나라는 지금 여러분 가운데 있습니다. 모든 참된 믿는 자의 심령 속에 현존하고 있습니다. 그것이 영적인 하나님 나라이고 내적인 원리입니다. 하나님 나라가 어디에 존재하든, 마음에 존재합니다.[98]

이와 더불어 웨슬리는 사도행전 28장 23절에 대한 그의 주석에서 나타나듯이 시간적이고 세속적인 존재와 하나님의 나라가 일치해야 한다는 것을 특별히 거부한다.

> 바울의 두 가지 큰 주제가 있다. 첫째는 메시아 왕국은 시간적 본성이 아니라 영적 본성으로 이루어진다는 점이며, 둘째는 나사렛 예수는 메시아 왕국의 주님으로서 예언된 바로 그 인간이다.[99]

다시금 하나님의 나라는

> 외적인 의식이 아니라 의와 마음에 새겨진 하나님의 형상, 하나님과 인간의 사랑, 모든 이해를 넘어서는 평화, 성령 안에서 누리는 기쁨이다.[100]

그러므로 그리스도께서 요한복음 19장 36절에 나와 있듯이 하나님의 나라가 이 세상에 속하지 않았다고 선포하였을 때, 웨슬리는 이 선포의 의미가 "외적인 왕국이 아니고 영적인 왕국"[101]을 뜻한다고 하였다.

이어서 웨슬리는 하나님의 나라와 내적인 원리를 동일시함으로써 하나님의 나라의 통치가 영혼의 깊은 휴식에서 일어나며, 성령 안에서 의와 평화와 기쁨으로 마음이 바뀐다고 보았다. 내적 종교에 대한 웨슬리의 끝없는 관심은 거룩함에 대한 반복된 교육으로 가장 잘 이해된다. 사실 웨슬리는 "당신이 다시 태어나지 않았다면 지식이 당신에게 아무런 유익이 없을 것입니다. 다시 태어나지 않았다면, 당신은 하나님의 내적인 왕국이나 영광스런 왕국을 볼 수도, 경험할 수도, 향유할 수도 없을 것입니다."[102]라고 주장하면서, 내적인 하나님 나라와 신생, 회심, 구원론적 의미와 구체적으로 연결시킨다. 따라서 인간의 마음에 거룩한 사랑을 주입시키는 것이 본래적인 목회의 동기일 뿐 아니라, 모든 것의 요점이다. 웨슬리는 이 진리를 1725년에 이미 분명하게 이해하고 있었다. 그러나 1754년에 이르러 그 내용이 좀 더 정교하게 독특한 색깔을 갖고 표현되었다. 그러므로 가난하고 압박을 받은 사람들은 가난과 시간적 곤경 가운데서도 오늘 복음의 아름다움 속으로 들어갈 수 있으며 자유하게 된 마음의 해방을 경험할 수 있다. "하나님의 나라는 먹는 일과 마시는 일이 아니라, 성령 안에서 누리는 의와 평화와 기쁨입니다."(롬 14:17)[103]

확신을 다시 생각하다

하나님 나라와 내적 종교에 대한 웨슬리의 가르침이 시간을 두고 상당한 일관성을 지니고 있음에도 불구하고, 그의 확신 교리는 중요하고도 계속된 수정을 거쳤다. 일례를 든다면, 1755년 리처드 톰슨(Richard Thomson)과 왕래한 서신에서 웨슬리는 두 가지 면에서 확신의 교리를 분명히 하였다. 첫째, 웨슬리는 악마의 자녀와 하나님의 자녀 사이에 중간 단계가 있으며, 자신의 죄가 용서 받았는지 확신하지 못하는 사람들도 어느 정도의 믿음이 있다고 할 수 있으므로 주의 만찬에 참여할 수 있다고 주장했다.[104] 둘째, 웨슬리는 계속해서 기독교 신앙에서 확신의 중요성을 강조하면서 "그러나 나는 여전히 믿는다. 마음을 정결케 하는 본래적인 기독교 신앙은 이러한 확신을 포함한다."[105]고 주장한다. 같은 글에서 웨슬리는 확신과 관련해서 "1세기 전체 기독교 교회는 확신을 향유하였다."[106]고 지적했다. 다시금 웨슬리는 "만일 그러한 지식이 무너지거나 전적으로 취소된다면, 내가 기독교 신앙을 가졌다고 말할 수 없을 것이다."[107]라고 말했다. 사실 1765년에 출판된 요약 설교 "성서적 구원의 길"에서 웨슬리는 "분명 구원을 가져오는 믿음은 … '그리스도께서 나를 사랑하셨으며, 나를 위해 자신을 주셨다.'라는 확신을 포함한다."[108]고 주장함으로써 구원을 가져오는 믿음과 확신을 실제로 연결시킨다.

다음 해 리처드 톰슨에게 보낸 웨슬리의 후속 편지들은 이 주제에 대해 좀 더 명확하게 하고 있는데 이해할 수 없는 것은 한 가지 중요한 예외를 담고 있다는 점이다. 1756년 2월 18일에 리처드 톰슨에게 보낸 편지에 웨슬리는 우리가 칭의의 상태에 있을지라도 확신이 아직 부족할 수 있다는 1745년과 47년 연회의 내용을 상기시키는 내용을 담고 있다. 앞에서 표현하였듯이 이는 예외적인 경우이다. 그러므로 웨슬리가 자신의 편지에서 "그의 죄가 용서받았다는 분명한 확신이 없는 사람이 칭의의 상태에 있을 수 있을까요?"라고 질문을 던지고는 "나는 몇몇 예가 있다고 생각한다."[109]라고 답하였다. 그러나 얼마 지나지 않아 웨슬리는 이 예외적인 상황에 대해 이유를 설명하였다. 1768년 러더퍼스 박사(Dr. Rutherforth)에게 보낸 편지에서 웨슬리는 상세하게 설명한다.

> 그러나 나는 [확신과 칭의가 어느 정도 관련이 있다는] 일반적인 규칙에 예외가 없다고 주장하는 것이 아닙니다. 아마도 누군가는 하나님의 은혜 안에 있으면서도 온종일 한탄하며 지낼 수 있습니다. 그러나 나는 그 이유가 몸의 질환 때문이든지 아니면 복음의 약속에 무지한 까닭이라 생각합니다.[110)]

종종 혼동되고 있는 두 가지 문제가 여기서 분리될 필요가 있다. 첫째, 노년의 웨슬리는 여전히 종의 믿음과 그 수용의 정도를 우리의 죄가 용서 받았는가를 확신하는 것과 동일시하지 않고 있으며 혼동하고 있지도 않다. 왜냐하면 "노예의 영" 아래 거한다는 것, 본래적으로 말해서 종은 칭의의 믿음이 부족하기 때문이다. 둘째, 웨슬리는 어느 정도 예외적인 상황에서 의롭다 함을 받고 거듭난 사람임(하나님의 자녀)에도 불구하고 무지나 몸의 질환으로 인해 그들의 죄가 용서받았다는 확신이 부족할 수 있다고 보았다.[111)] 이런 배경 때문에 6장에서 언급하였듯이 웨슬리는 적어도 두 가지 방식으로 종의 믿음을 정의하였다. 첫째는 광의의 용례이면서 웨슬리 글에서 자주 등장하는 것으로 종의 믿음이란 칭의, 중생, 확신을 배제하며, 노예의 영과 일치한다. 둘째는 협의의 용례로서 웨슬리의 글에 거의 등장하지 않는데 위에서 언급한 대로 예외적인 경우와 상응하는 것으로 종의 믿음은 칭의와 중생을 포함하지만 확신을 포함하지는 않는다. 흥미롭게도 두 번째 의미에서의 종의 믿음은 칭의와 중생을 포함하고 있기 때문에 분명 그리스도인의 (구원을 가져오는) 믿음이지만, 웨슬리는 아직도 종의 믿음을 확신이 부족하다는 이유에서 본래적인 그리스도인의 믿음이라 하지 않는다. 분명 이것은 미묘한 구분이긴 하지만 그 미묘함만큼이나 아주 중요하다. 향후 이 미묘한 차이가 웨슬리 신학에 중요한 결과를 가져올 것이다.

제 8 장
영국 국교회와 거룩함

1781년에 설립된 맨체스터 올드햄 스트리트 감리교회의 모습

뉴캐슬 브런스윅 감리교회 전경

제 8 장

영국 국교회와 거룩함

1760년 12월 초 웨슬리는 다시 한 번 「로이드 이브닝 포스트」(*Lloyd's Evening Post*) 편집장에게 자신과 감리회원들을 옹호하는 편지를 썼다. 다른 것보다도 웨슬리가 "그가 지켜왔던 종교의 원리들로부터 벗어났다."[1]는 소문이 퍼지고 있었다. 이 소문에 대해 답하면서 웨슬리는 성서, 설교들, 『공동 기도서』라는 모든 영국 국교회 교인들이 지키고 있는 신앙의 세 가지 표준을 견지한다고 주장하였다.[2] 일 년쯤 지나 웨슬리는 「웨스트민스터 저널」(*Westminster Journal*)의 저자로부터 비슷한 비판에 직면하였는데, 웨슬리는 전체적으로 자신의 신학적 정체성을 재확인하면서 특별히 믿음으로 말미암은 칭의 교리를 강하게 주장하였다. 더 나아가 동일한 응답에서 웨슬리는 감리회와 살아있는 전통 종교의 연속성을 강조하였다. "우리는 감리회가 종교개혁, 기독교, 모세, 아담과 같은 맥락에 있는 전통 종교라고 단언한다."[3] 라고 웨슬리는 주장하였다.

웨슬리는 감리회가 보편적이며 역사적인 영국 국교회의 전통에 서서 교리적으로 정통에 서 있다고 주장하였다. 그러나 1760년대 들어 점차 감리회가 영국 국교회의 교회법을 이탈하지 않았다고는 주장하기 어렵게 되어가고 있었다. 첫째는, 웨슬리의 평신도 설교가들이 설교하는 것으로 만족하지 않고 성만찬을 집례하는 일이 생겼기 때문이었다. 일례를 들면, 노르위치(Norwich)에서 활동했던 설교가들인 폴 그린우드(Paul Greenwood), 토마스 미첼(Thomas Mitchell), 존 멀린(John Murlin) 모두가 성만찬을 집례하였다. 이 같은 경솔한 행동을 알게 된 찰스 웨슬리는 자연히 분노하였고 자기의 형에게 평신도 설교가들의 성만찬 집례를 멈추도록 촉구하였다. 존 역시 크게 염려하면서 효과적인 훈련이 뒤따를 것이라고 찰스를 설득하였다.

웨슬리는 실제로 평신도 설교가들을 사제로 안수하여 이들로 하여금 성만찬을 집례하게 함으로써 부흥 운동의 사역을 촉진시키려는 생각을 하기도 했다. 그러나 1765년 동안 그가 해야 할 일이 너무 많아 주저하고 있었다. 대신 아주 비정규적인 방식으로 웨슬리는 자신의 난국을 헤쳐 나가고자 그리스 주교 에라스무스(Erasmus)에게 도움을 청하였다. 주교의 자격을 살펴본 후 충분히 만족을 얻은 웨슬리는 영어를 거의 할 줄 모르는 그리스 성직자에게 존 존스(John Jones)와 이후 다른 여섯 명에게 안수하도록 허락하였다. 웨슬리는 1765년 「성 제임스 크로니클」(*St. James Chronicle*)의 인쇄업자에게 자신의 행위를 변명하였다. 그러나 결국 웨슬리는 다른 생각을 갖고 있었다. 적어도 그리스 주교의 권위에 대한 적합성 논의가 있을 것이라는 그의 생각과는 달리, 적합성에 대한 논의는 안수 과정이 "돈에 의해서 알선된 것이며 **이해할 수 없는 언어**로 진행되었다."는 사실로 확인되었다.[4]

영국과 아일랜드를 통틀어 감리회 신도회들의 선한 질서에 책임이 있는 교회의 감독관으로서 웨슬리는 복음의 사역이 계속되도록 적절한 수고가 꼭 제공되도록 해야 하는 무거운 짐을 짊어지고 있었다. 웨슬리 자신이 분명 1760년 중반 동안 누구도 안수하고자 하는 의도가 없었음에도 불구하고 성직자로서 스스로가 옥외설교에 임해야 하는 일과 평신도 설교가들을 세우는 일은 이제 타협할 수 없는 일이 되었다. 1760년 6월 찰스 웨슬리에게 보낸 편지는 이러한 기본적 난국을 보여주고 있다. "설교를 그만두든지 아니면 교회를 그만두든지 하라."[5] 어느 것도 그만두고 싶지 않았던 웨슬리는 "아직 이런 상황에 이르지 않은 것에 대해 하나님께 감사할 이유가 있다."[6]라고 대답할 수 있을 뿐이었다. 이 점에서 웨슬리는 애매모호한 입장을 취하고 있는 듯 보이지만, 실제로는 그의 입장이 이미 단호하였다. 사실 1761년 4월 다트머스의 백작(the Earl of Dartmouth)에게 보내는 편지에서 웨슬리는 "교회 안에서 복음을 설교하지 못하는 아픔을 겪은 그리스도의 목사가 다른 곳에서도 복음을 설교해서는 안 된다는 법이 있다면, 나는 이 법이 절대적으로 죄 된 것이라고 생각합니다."[7]라고 이유를 들어 설명하였다. 옥외설교의 가치에 대해서 웨슬리는 1764년에 이렇게 주석하였다. "무엇이 **옥외-설교**(*field-preaching*)처럼 사탄의 왕국을 흔들 수 있을까?"[8] 다음해 웨슬리는 강한 어조로 다음의 내용을 첨가하였다. "그러므로 사탄의 왕국을 전복시키는 데 옥외설교가 가장 효과적인 방법임이 분명합니다."[9] 이런저런 선언에서 보듯, 웨슬리는 복음을 전하는 옥외설교라는 은총의 도구를 버리지 않을 것이 분명하였다.

와버튼 주교와의 열광주의 논쟁

와버튼 주교

영국 국교회 성직자들은 옥외설교가 교구 경계를 위반하는 것이며 평신도 설교가들을 채용하는 것은 그들이 품위 있게 지켜온 특권을 찬탈하는 것으로 생각하여 감리회의 체제에 문제를 삼았지만, 다른 교단의 성직자들은 감리회의 신학에 훨씬 더 비중을 두어 비판하였다. 이들은 감리회의 신학이 "정도를 벗어난 것"(aberrant)이며 "광신적"(enthusiastic)이라고 생각하였다. 예를 들면 1762년 글로체스터(Gloucester)의 주교 윌리엄 와버튼(William Warburton)은 감리회원들의 주요 교리를 비판하는 「불신의 모욕과 광신의 남용으로부터 회복된 성령의 직임과 활동들」(*The Office and Operations of the Holy Spirit Vindicated from the Insults of Infidelity and the Abuses of Fanaticism*)을 출판하였다. 공정한 게임을 하고 있다는 것을 보이고자 와버튼 주교는 출판에 앞서 이 논문을 웨슬리에게 보냈다. 웨슬리는 잘못된 인용과 부적절한 해석 그리고 다른 오류들을 고쳐 원고를 다시 보내주었다. 그러나 일단 이 논문이 출판되자, 웨슬리는 11월 26일부터 29일까지 며칠간 일을 멈추고 와버튼의 논문보다 더 긴 대답의 논문을 썼다.

와버튼은 자신의 판단에 따라 감리회원들이 사도시대의 유산인 성령의 역사를 향유한다고 고집하였기 때문에 광신주의자들이라고 주장하였다. 이에 대해 자세하게 대답하면서 웨슬리는 자신과 감리회원들은 "비범한 성령의 역사를 가장하는 것이 아니라 모든 기독교 성직자가 주장할 수 있는 것만을"[10] 하는 것이라고 지적하였다. 의심스럽거나 논쟁이 될 만한 성질을 지닌 꿈, 환상, 계시 등은 제쳐두고 웨슬리는 대신 이해를 새롭게 하는 "진리의 안내자," "의지를 정화시키고 지지하는 위로자," 그리고 지금 "자연의 일상적인 운동을 넘어서까지 기도를 듣고 응답하는" 분으로서의 성령의 사역에 초점을 맞추었다.[11] 그러나 웨슬리는 또한 주교에게 성령의 목회는 효과와 시간에서 자연의 과정과는 구분될 수 있음을 분명히 하였다. 웨슬리는 "나는 한순간 두려움, 공포, 절망의 영으로부터 사랑, 기쁨, 찬양의 영으로 변화를 경험했던 여러 사람을 보았습니다."[12]라고 진술하였다. 실로 와버튼이 문제가 된다고 보았던 것은 은총이 넘치며 성령의 초자연적 역사가 실재한다는 것과 감리회원들이 이에 대해 고백하는 것이었다.

와버튼의 반대가 사실은 열광주의에 있는 것이 아니라 진정한 성서적 기독교에 맞춰져 있다는 사실을 감지한 웨슬리는 다음과 같은 주장을 통해 논쟁의 방향을 잡아갔다.

> 그러면 영국을 기독교 국가라고 하는 것이 무슨 소용이 있으며 무슨 선한 목적을 이루게 되나요? 대부분의 백성이 그리스도인이라 불리고 세례를 받고 종종 기독교 예식에 참여한다고 해도, "어둠에 한 줄기 빛이 비추이듯이" 여기저기에서 한 사람의 진정한 그리스도인이 발견된다고 해도, 주님의 이름으로 부름을 받지 못한 사람들 사이에서 우리의 위대한 주인에게 그것이 무슨 명예로운 일이겠습니까? 유대인과 모슬렘과 신앙을 고백하지 않은 이방인들이 그런 기독교를 맘에 들어 하겠습니까? 분명 누구도 그렇다고 생각할 수 없습니다.[13]

분명 웨슬리는 "모든 진정한 그리스도인"은 보혜사 혹은 위로자로서, "모든 진리의 영으로서," 이 주제와 관련해 웨슬리가 좋아하는 성경책 중의 하나인 요한일서에 언급된 기름 부으시는 자로서의 성령을 받는다고 주장하였다.[14] 와버튼이 논박의 논리를 놓칠 경우를 대비해 웨슬리는 그에게 생각할 질문을 제시하였다. "사람들이 하나님의 형상을 따라 갱신되기까지 그리스도인이 아니라면, 일반적으로 영국 사람들은 그렇게 갱신되지 않았다면, 왜 우리는 영국 사람들을 그리스도인이라고 부르는가?"[15] 열광주의에 대한 질문은 이제 본래적 기독교 신앙이 무엇인지에 대한 질문이 되었다. 웨슬리는 선한 주교가 차린 상을 바꾸어 놓았던 것이다.

제임스 허비와의 칼뱅주의 논쟁

제임스 허비

웨슬리와 영국교회의 위계질서 사이에 계속되는 긴장이 있었던 것처럼, 칼뱅주의의 복음주의자들도 선택과 은총에 대한 웨슬리의 견해에 점차 반대하고 나섰다. 앞서 옥스퍼드 대학에서 웨슬리의 학생이었던 제임스 허비는 예정, 선택, 전가(imputation)의 진리에 대해 기탄없이 말하였다. 그 결과 그는 『테론과 아스파지오』(*Theron and Aspasio*)라는 책을 출판하여 웨슬리에게 논평을 부탁하였다. 웨슬리가 몇 가지 제안하여 원고를 돌려주었을 때, 허비는 "당신이 내 자료를 좀 더 맘껏 고치지 않은 것을 보니, 당신은 내 친구가 아닙니다."[16]라고 불평하였다. 웨슬리는 이런 요청에 응해 좀 더 심한 비평을 해주었다. 특히 웨슬리는 허비가 사용한 개념 중 일부가 성서적이지 않다고 지적하였다. 또 허비의 전가 개념은 믿는 자들로 하여금 거룩함이 없이도 만족하게 할 수 있고 심지어는 자족할 수 있게 하기 때문에 이 개념에 대해서도 강하게 비판하였다. 웨슬리는 숙고 끝에 하나의 반증으로서 「아직 정리되지 않은 경건 개념들에 대한 반박」(*A Preservative Against Unsettled Notions of Religion*)을 출판(1758년)하였고, 나중에 허비가 죽은 후인 1762년에 「그리스도의 전가된 의에 대한 단상들」(*Thoughts on the Imputed Righteousness of Christ*)을 출판하였다.

웨슬리의 책망을 받은 허비는 웨슬리의 견해에 비판적인 몇 통의 개인 편지를 썼다. 그러나 1758년 건강이 악화되기 시작하여 허비는 이 편지들을 출판하는 것을 미루었다. 따라서 허비는 그의 죽음을 맞는 침상에서 동생에게 이 편지들을 인쇄하지 말 것을 부탁하였다. 그런데 이 자료들은 비양심적인 설교가 윌리엄 커드워스의 손에 넘어갔고 이내 출판되었다. 허비의 동생인 윌리엄은 원고에 많은 오류가 있어서 이것이 형 제임스에게 치명적일 수 있음을 알게 되었다. 출판하지 않기로 한 형과의 약속을 깬 윌리엄 허비(William Hervey)는 「고 허비 목사가 존 웨슬리 목사에게 보낸 11편의 편지들: [테론과 아스파지오]에 대한 고인의 주장에 대한 답변을 포함하여」(*Eleven Letters from the late Rev. Mr. Hervey to the Rev. Mr. John Wesley; Containing an Answer to that Gentleman's Remarks on Theron and Aspasio*)라는 제목으로 수정판을 내놓았다. 그러자 웨슬리는 "주 우리의 의"(The Lord Our Righteousness)라는 설교를 통해 이에 응답하였다. 이 설교에서 웨슬리는 그리스도의 사역은 구원의 형식적인 원인이기보다는 실제적인 효력이 있는 원인이라고 주장하였다. 이는 "선행은총, 자유의지, '보편적 구원'은 고려하고 칼뱅의 예정과 저항할 수 없는 은총은 훼손시키는"[17] 입장이었다. 이 설교의 출판은 아주 중요하였다. 때문에 아우틀러는 "이 설교가 칼뱅주의자들과 찢어지는 것을 피해가려 했던 웨슬리의 마지막 시도이며, '후기 웨슬리'가 시작되는 분수령이 된다."[18]고 지적하였다.

1760년대 중반 웨슬리가 칼뱅주의자들과의 결별을 더 이상 피할 수 없는 진짜 싸움이 시작되는 시점에도 불구하고, 그와 조지 휫필드와의 관계는 흥미롭게도 오히려 더 돈독해지고 있었다. 예를 들면, 1766년 1월 휫필드는 웨슬리를 방문하여 "평화와 사랑만"[19]을 나누었다. 다음 해 웨슬리는 "하나님께서 진정 우리 사이에 있는 분리의 벽을 부수었다."[20]고 크게 감사를 표하였다. 그러므로 웨슬리와 휫필드가 아주 다른 신학을 서로 표방했음에도 불구하고, 각자는 상대를 통해 이루시는 하나님의 위대한 사역을 충분히 잘 알고 있었다. 휫필드가 죽기 바로 직전인 1769년 웨슬리는 힘을 다한 설교가 휫필드와 화기애애하고도 유익한 시간을 보냈음을 적어놓고 있다.[21]

원죄 교리와 선행 은총

성령의 증거, 최초의 성화, 온전한 성화, 은총의 자연적 사역이 아니라 초자연적 사역을 강조한 웨슬리는 윤리와 종교의 정서에서 이성을 궁극적 결정인으로 보았던 당시와 갈등하였다. 예를 들면 영국에서 존 테일러 박사(Dr. John Taylor)는 기독교의 원죄 교리가 너무 염세주의적이며 미신 시대로 되돌아가게 한다고 보았다. 테일러는 원죄 교리를 가르칠 경우 교육이나 덕성에 주목함으로써 개선 가능한 인간의 본성은 아무것도 없으며 원죄 교리에 수반된 깊은 타락성을 치유하는 길은 "초자연적"이고 삶을 바꾸는 은총의 사역뿐이라고 보았다. 이러한 "계몽주의적" 견해에 응답하여 웨슬리는 1758년에 작성된 편지에서 어거스트 톱레이디(August Toplady)에게 다음과 같이 불평하였다.

> 나는 진정 어느 무함마드 교도도 테일러 박사만큼 기독교에 상처를 입혔다고 생각하지 않습니다. 성직자들에게 독이 되는 것은 영국과 스코틀랜드와 네덜란드와 독일 등지의 대학들에 퍼져 있는 원죄 교리를 다룬 그의 책들입니다.[22]

분명 웨슬리는 원죄 교리를 아주 중요하게 생각하였다. 해서 톱레이디에게 이 편지를 보내기 한 해 전에도 웨슬리는 테일러가 쓴 「성서적 원죄 교리: 자유와 정직한 탐구에 따라 제시된」(*The Scripture Doctrine of Original Sin:*

Proposed to Free and Candid Examination)이란 논문에 응답하여 「원죄 교리: 성경, 이성, 경험에 기초하여」(*The Doctrine of Original Sin: According to Scripture, Reason, Experience*)라는 가장 긴 논문을 작성하였다. 여러 면에서 테일러와 또 『창조만큼이나 오래된 기독교』(*Christian as Old as Creation*)를 쓴 매튜 틴달(Matthew Tindal), 이신론의 고전이 된 『신비롭지 않은 기독교』(*Christianity Not Mysterious*)를 저술한 존 톨랜드(John Toland)와 같은 당시의 이신론자들과 스스로를 구분했던 웨슬리 역시 원죄에 대한 설교를 출판하였다. 이 설교에서 웨슬리는 무슨 이유나 정당성에서든 원죄 교리를 부인하는 사람들은 "여전히 이단자들일 뿐"(but heathens still)[23]이라고 선언하였다. 그리고 같은 설교 다른 부분에서 그는 "인간은 본성상 모든 악으로 가득한 것입니까?"라는 질문을 성서적 기독교와 이방종교를 구분하는 시금석으로 간주하였다.[24]

온전한 은총이 아닌 전적인 타락 교리를 설명할 때 웨슬리는 다시 한 번 일방적이고 서방적인 경향을 보여주고 있다. 이로써 윌리엄 캐넌(William Cannon)은 [웨슬리가] "인간은 본성상 완전히 의가 없으며 하나님의 심판과 진노 아래 있다고 주장함으로써 칼뱅과 루터와 어거스틴과 맥을 같이한다."[25]고 보았다. 사실 이 주제에 대해서 웨슬리는 동방 신학자들에게는 익숙하지 않은 "부정의 최상법"을 사용하여 인간이 빠지게 되는 일반적인 도덕적 영적 심연을 표현하고 있다. 웨슬리의 주장을 보자.

> 인간은 본성상 모든 악으로 가득한 것입니까? 선한 것이란 전혀 없는 것입니까? 인간은 전적으로 타락한 것입니까? 그의 영혼이 온전하게 타락된 것입니까? 혹은 본문에 돌아가서 보면, 인간의 "악한 마음의 생각에 대한 모든 상상이 계속되고 있는 것입니까?" 이를 인정하십시오. 그러면 당신은 아직은 기독교인입니다. 만일 이를 부정한다면 당신은 아직 이교도입니다.[26]

이뿐 아니라, 원죄에 대한 그의 논문에서 웨슬리는 인간 본성의 타락을

“원의(original righteousness)의 결핍”이나 “죄에 이르는 자연적인 성향”으로 생각한다. 이렇게 이해할 경우 타락은 선이 모자란 하나의 결핍일 뿐 아니라 죄, 불순종, 반항을 향한 인간의 마음의 성정을 띠게 되는 적극적인 힘이 된다.[27)]

웨슬리의 원죄 교리와 루터나 칼뱅의 원죄 교리가 전적인 타락을 강조했다는 점에서 매우 유사한 것으로 보이지만, 좀 더 자세히 관찰해 보면, 은총에 대한 이해에 있어 중요한 차이를 보여주고 있다. 예를 들면, 웨슬리는 전적인 타락이란 말을 하나님의 은총이 전혀 없는 “자연인”에 적용하고 있다. 그런데 이런 인간이 있기는 한 것인가? 웨슬리에 따르면 이런 인간은 존재하지 않는다. 왜냐하면 그의 후기 설교 “우리 자신의 구원을 이룸에 대하여”(On Working Out Our Own Salvation)에서 웨슬리는 다음과 같이 진술하고 있기 때문이다.

> 인간의 모든 영혼이 본성상 죄로 인해 죽었다고 하는 것은 설득력이 없습니다. 완전한 자연 상태의 인간은 없습니다. 인간이 성령을 소멸하지 않았다면 하나님의 은총이 전혀 없는 인간은 존재하지 않습니다. 살아있는 모든 인간은 세속적으로 말해 “자연적 양심”을 갖습니다. 자연적 양심이란 말을 보다 근본적으로 표현하면 “선행 은총”이 됩니다.[28)]

다시금 웨슬리는 같은 설교에서 요한복음 1장 9절을 본문으로 해서 선행 은총을 풀어간다. “모든 사람은 이내 깨달음으로 안내하는 어느 정도의 깜빡거리는 정도의 빛을 갖고 있습니다.”[29)] 그러므로 엄프레이 리(Umphrey Lee)는 웨슬리의 자연인은 실제 인간과 상응하지 않는 논리적 추상에 불과하다고 정확하게 지적하고 있다. 엄프레이에 따르면, “인간은 하나님의 선행 은총을 지닌 자연인으로 존재한다.”[30)] 간단히 말해서 원죄의 효과가 여전히 유효하지만 전적인 지배를 하는 것이 아니다. 인간이 타락했지만, 예수 그리스도 안에서 베푸시는 하나님의 구원의 선물에 응답할 만한 어느 정도의 은총과 자유는 갖고 있다.

그 결과 일반인을 위해 선행 은총의 상황에서 이해된 웨슬리의 원죄 교리는 타락이 인간에게서 은총이나 하나님의 계속적인 은총에 응답할 수 있는 상호 책임성을 완전히 박탈하지 않는다고 보는 동방 정교회 개념과 비슷하게 보일 수 있다. 그럼에도 웨슬리는 ('논리적 추상' 이기는 하지만) 전적인 타락을 주장하였고, 동방의 자료에 기초하기보다는 어거스틴과 영국교회의 전통인 서방의 자료에 기초하여 원죄 교리와 선행 은총을 전개하였다. 이 점에서 동방의 신학자들은 웨슬리 신학에 동의할 수 없었다. 정확히 말하면 웨슬리의 원죄 교리와 선행 은총은 39개 종교 강령에 전개된 신학을 명쾌히 설명하고 확장시킨 것이었다.[31]

신생 – 시작된 성화

웨슬리가 원죄 교리에 몰두한 것은 그의 강한 구원론적 관심에서 비롯된 것이었다. 말하자면, 웨슬리는 당시 이신론과 합리적 종교가 등장하여 원죄 교리를 반박하고 그 의미를 약화시키고 있었던 바, 이렇게 될 경우 신생의 의미가 사라지게 되거나 몰이해로 이어질 것이라 생각하였다. 이 때문에 웨슬리는 "우리 본성의 **전적인 타락**, 이것이 신생의 기초입니다."[32]라고 힘주어 주장했다. 실제로 웨슬리는 믿음에 의한 칭의, 마음과 삶의 성결과 더불어 원죄 교리를 종교의 본질로 보아 자신의 중심사상으로 삼았다.[33]

(어떤 면에서 로마 가톨릭의 유산을 반영하였던) 18세기 영국 국교회의 구원론에서 원죄의 질병에 대한 근본적인 치료는 세례식에서 이루어진다고 보았고 이 때문에 유아세례식이 자주 거행되었다.[34] 그러나 복음주의적 부흥 운동의 전개와 더불어 이름뿐인 기독교의 문제에 관심하면서 웨슬리는 그리스

도께서 니고데모에게 "네가 거듭나야 한다"(요 3:7)라고 말한 구절의 의미를 새롭게 해석할 필요를 느꼈다. 그 결과 웨슬리는 1760년 "신생"이란 설교를 출판했다. 청교도들(웨슬리의 『기독교 총서』는 상당한 분량의 청교도 자료를 담고 있다)[35]과 어거스트 프랑케와 피터 뵐러와 같은 경건주의자들의 회심적 경건에 영향을 받은 웨슬리는 이 설교에서 신생의 본성이 "신생이란 심령 속에 하나님이 역사하여 생명을 불어넣는 엄청난 변화"[36]라고 주장한다. 미래의 영광뿐 아니라 현재의 거룩함과 행복을 위해서 신생의 필연성을 강조하는 웨슬리는 독자들에게 단순한 도덕주의, 의식, 교회의 전통에 안주하지 말라고 경고한다.

> 사람들은 말합니다. "이토록 순하고 덕스러운 여자에게 무슨 위험이 있을 수 있겠어? 저토록 엄격한 도덕성을 지니고 또 저토록 정직한 사람이 천국에 가지 못할 거라고 두려워할 게 무엇이겠어? 특히나 이들은 예배와 성찬식에 꼬박 참석했는데 말이야!" 이들은 또 다음과 같이 자신만만하게 반문할 것입니다. "뭐라고? 내가 이웃처럼 천국에 갈 수 없다고?" 맞습니다. 당신의 거룩하지 못한 이웃처럼, 죄에 빠져 죽어가는 이웃처럼 당신도 천국에 갈 수 없을 것입니다.[37]

그러므로 도덕적 청결, 교육, 인간의 힘에 의지하는 것으로는 충분하지 않다. 사실 웨슬리는 자신의 저술에서 거듭남으로 시작되는 영적 삶을 지속적으로 주장하면서 중생의 초자연적 변화를 강조한다.[38]

웨슬리가 신생의 결정적인 변화를 강조한 것은 신생을 거대한 성화의 과정과 구분하여 뒤따르게 되는 시간적 요소들의 의미를 분명하게 보여주고자 했기 때문일 것이다. 예를 들면, 원죄에 대한 논문에서 웨슬리는 다음과 같이 주장하였다.

그러나 중생이란 "거룩함의 습관을 들이는 것"이 아닙니다. 중생이란 아주 다른 것입니다. 중생은 자연적인 것이 아니라 초자연적 변화입니다. 이는 점진적으로 "습관을 들이는 것"(gaining habits)이 아닙니다. 이 둘의 차이는 아이가 세상에 태어난 것과 그 아이가 어른으로 자라가는 것의 차이와 같습니다. 당신이 생각하듯이 신생은 성화의 진보 혹은 성화의 전체가 아니라 성화의 시작입니다.[39]

마찬가지로 웨슬리는 중생이 거룩함의 계속되는 과정과 혼동되어서는 안 된다고 주장하였다. "중생은 성화의 전체가 아니라 일부분입니다. 중생은 성화의 문이며 성화에 이르는 입구입니다."[40] 신생과 성화의 과정을 분명하게 구분하고 난 웨슬리는 추론을 통해 신생을 결정적이고 순간적인 사건으로 생각했으며, 웨슬리의 글들은 이 점을 분명하게 보여주고 있다. 1759년 초에 존 다운즈(John Downes)에게 쓴 편지에서 웨슬리는 신생의 초자연적 성격을 강조하였고, 이와 관련한 시간적 요소들을 언급하였다.

우리는 중생(신생)은 1700년 전과 마찬가지로 지금도 기적적이며 초자연적 역사라고 생각합니다. 또한 거듭남과 더불어 시작되는 영적인 삶은 본성상 자연적인 삶에서처럼 처음 순간이 있다고 생각합니다.[41]

다음 해 웨슬리는 중생이 성화의 과정의 배경이 된다는 주장에 반대하여 중생의 순간성을 강조하면서 오히려 중생이 성화의 결정적인 차원이라고 지적한다. 자연적 출생과 영적 출생의 유사 유비를 사용하여 웨슬리는 아이가 "순간 혹은 아주 짧은 시간에"[42] 여자로 출생한다는 점을 지적한다. 이후 아이는 성인으로 계속 자라간다. 마찬가지로, "아이가 순간은 아니라도 짧은 시간에 하나님께로부터 태어난다. 그러나 느린 속도로 이후 아이는 그리스도의 장성한 분량에 이르기까지 자라간다."[43]

자연스런 출생과 성숙의 관계는 신생과 성화의 관계와 비슷하다. 예컨대 웨슬리는 신생의 결정성 곧 순간적인 요소와 성화의 과정 곧 점진적 요소에 주목한다. 신생과 성화의 두 차원이 인정되어야지, 간과되어서는 안 된다. 더 나아가 신생의 순간성에 대해서 웨슬리는 중년뿐 아니라 노년에도 같은 생각을 갖고 강조하였다. 예를 들면 1765년에 펴낸 "성서적 구원의 길"(The Scripture Way of Salvation)에서 웨슬리는 신생의 순간성과 구분됨을 부인하지 않고 있다. "우리가 의롭다 함을 받은 바로 그 **순간**(moment) 성화는 시작됩니다. 바로 그 **순간**(instant)에 우리는 '거듭난 것'이며, '위로부터, 성령으로 난 것'입니다."[44] 여기서 웨슬리의 전체적인 사유를 해명하는 열쇠는 순간적인 요소와 내적 종교를 동일시하고 은총의 순간과 하나님의 활동을 연관시키는 데 있다. 하나님의 중생의 은총을 열망하는 자들이 뭔가 특별한 일이 먼저 행해져야 할 것을 기대한다면, 이들은 여전히 행위로 구원받는 것을 기대하고 있는 것이다. 그러나 속량이 하나님의 은총으로 주어진다면, 우리는 지금 우리의 모습으로 속량을 기대할 수 있다. 말하자면 웨슬리의 구원의 길이 갖는 순간적 요소들은 죄를 용서하고 거룩하게 하시는 이는 인간이 아니라 하나님이라는 결정적인 진리를 강조하는 주요 도구가 된다. 달리 말하면 시간적인 요소들은 구원론적인 역할을 가리킨다.

이러한 빛에서 속량의 법적인 차원(칭의나 용서)을 순간적인 것으로 동일시하고 치료적 차원(성화)을 과정적인 것으로 동일시하는 웨슬리의 구원교리 해석은 아주 지혜로운 것이다. 넓게 본다면, 성화는 과정과 순간성으로 특징되고, 칭의에서와 마찬가지로 신생(초기 성화)은, 웨슬리의 말로 표현한다면, "처음 순간을 가져야 한다."[45] 또한 초기 성화에서 순간적인 요소를 소개함으로써 은총의 개념은 공로에 기초하지 않은 하나님의 은혜가 된다. 예컨대 중생은 하나님의 능력 주심을 표상하지만 칭의와 마찬가지로 은총의 순수한 수여를 강조한다. 다시 말하면, 칭의와 마찬가지로 중생도 믿음을 통해 은총으로 주어진다.[46]

믿음의 도상에서 만난 도전들

올더스게이트 경험 이후 웨슬리는 죄로부터 자유의 정도와 관련해 모라비안 교도들로부터 물려받은 잘못된 입장 때문에 힘들어했다. 4장에서 이미 지적했듯이, 1738년 5월 이전 영국으로 돌아오는 배에 승선하면서 기록한 일기에 보면 웨슬리는 죄의 능력으로부터뿐 아니라 죄의 존재 혹은 현존으로부터의 자유를 기대하였다. "나는 그 믿음을 갖기까지 아무도 가질 수 없는 그 믿음을 갖기를 원합니다. … 왜냐하면 그 믿음을 가진 자는 '죄로부터 자유하며' 그 안에서 '죄의 전체 몸통이 무너졌기 때문입니다.'"[47] 그러나 확신에 대한 웨슬리의 잘못된 견해의 경우와 달리, 죄의 교리와 관련해서는 언제 그의 생각을 수정하였는지 파악하는 것이 쉽지 않다. 최종 수정(*terminus ad quem*)은 웨슬리가 "신생의 흔적들"과 "하나님께로 태어난 사람들의 위대한 특권"이란 설교에서 죄책감과 죄의 능력으로부터 신자의 자유를 주장했던 1748년으로 보인다. 그러나 최초 수정(*terminus ad quo*)은 훨씬 판단하기가 쉽지 않은데 웨슬리가 그레이스 인 웍스에서 라틴어로 진젠도르프와 대화를 나누면서 신자들은 의롭다 함을 받을 때 사랑 안에서 완전하다는 모라비안 지도자의 의견을 존중했던 1741년쯤인 것으로 보인다.[48]

죄와 관련한 구원론적 가르침을 중요하게 여겼던 점을 감안한다면, 웨슬리가 1763년 "믿는 자들 안에 있는 죄에 대하여"와 4년 후 "믿는 자들의 회개"라는 설교가 출판될 때까지 죄의 문제를 자세하게 설명하지 않은 것은 참으로 놀랍다. 예를 들면, "믿는 자들 안에 있는 죄에 대하여"라는 설교에서 웨슬리는 "교단과 상관없이 동방과 서방 교회 그리고 유럽의 개혁교회"[49]의 가르침, 곧 육체의 본성 혹은 원죄는 하나님께로 난 자들의 마음속에도 남아 있다는 보편적 진리를 주장한 후에 하나님의 자녀들이 죄로부터 어떤 자유를 향유하는지를 기술한다. 웨슬리는 다음과 같이 설명한다.

> 실로 그리스도는 죄가 통치하는 곳을 통치할 수 없으며, 죄가 허용된 것에 거할 수 없습니다. 그러나 그리스도께서는 "그 마음의 성전이 성전의 정화에 따라" "아직" 정화되지 않았을지라도 모든 죄에 맞서 싸우고 있는 모든 믿는 자의 마음에 존재하며 거하십니다.[50]

또한 이 설교에서 지배하지는 않지만 아직 남아 있는 죄를 구분한 후 여기에 또 하나를 첨가한다. "죄책감이 하나이며, 죄의 능력이 또 하나이고, 죄의 존재가 또 다른 하나입니다. 우리는 믿는 자들이 죄책감과 죄의 능력으로 구원받았다는 것은 인정하면서 죄의 존재로부터 구원받았다는 것에 대해서는 부인합니다."[51] 이를 통해서 우리는 칭의, 중생, 온전한 성화라는 웨슬리의 신학적 구조에 따라 웨슬리의 기본적인 죄론을 정리해볼 수 있다. 예컨대 칭의는 죄책감으로부터의 구원이고, 중생은 죄의 능력이나 지배로부터의 구원이며, 온전한 성화는 죄의 존재로부터의 구원이다. 불행하게도 이 구분은 현대 감리교 신학에서 종종 간과된다. 현대 감리교 신학은 결정적인 "변화" 곧 죄를 범하는 능력으로부터의 자유는 신생에 속하지 않고 그리스도인의 완전에 속한다고 주장한다. 그 결과 죄의 존재로부터의 자유는 사후와 영광의 세계로 넘겨진다.[52] 예를 들면, 알버트 아우틀러는 "그리스도인의 완전"이라는 웨슬리의 설교를 다음과 같이 소개하고 있다.

> 만일 웨슬리가 구원이 우리 안에 왜곡된 하나님의 형상을 온전하게 회복하는 것이라고 한다면, 구원의 완전함이 죄를 짓지 않고 하나님을 최고로 사랑할 수 있는 능력을 회복하는 것이라고 한다면, 웨슬리가 말한 구원의 완전함은 이생에서 다다를 수 있는 은총의 최고 단계와 승리로서 "그리스도인의 완전"이다.[53]

그러나 웨슬리가 이해한 하나님의 은총은 실제로 훨씬 효과적이고 해방적이었다. 예컨대 하나님의 은총은 믿는 자들에게 죄의 능력으로부터 자유를 주었을 뿐 아니라 죄의 존재나 현존으로부터도 자유를 주었다. 불행하게도 현대의 성결 운동을 하는 이들은 아직도 순간적 속량의 은총과 이 은총의 실재를 강조한다. 이들은 그리스도인의 완전이 아니라 신생 안에서 죄의 능력으로부터 자유해지는 것을 온전한 성화로 보았다. 이것이 웨슬리와 달랐다.

웨슬리는 인간의 내적인 타락을 인정한다면 죄의 존재는 인간의 마음에 심지어는 하나님의 자녀의 마음에도 여전히 남아 있다고 보았다. 이런 이유에서 "믿는 자들의 회개"라는 설교에서 영적인 정직이 회개에 자연스럽게 뒤따라야 한다고 하였다. 한편 복음적 회개는 어떤 면에서 통회(contrite)와 자의식(self-knowledge)을 수반하는 초기 율법적 회개와 유사하다. 그러나 중생한 신자의 회개는 이미 해결한 실제적 죄(actual sin)가 아니라 타고난 죄(inbred sin)를 회개한다는 점에서 초기 율법적 회개와 다르다. 이처럼 은총의 2차 사역에 대한 필요성을 웨슬리는 다음과 같은 방식으로 표현하고 있다.

> 비록 우리가 우리 내면을 탐색하고 그토록 많은 기도를 하였음에도 불구하고 우리의 마음과 손을 온전하게 씻을 수 없습니다. 확언하건대 주님이 기꺼이 우리에게 "두 번째로 '깨끗함을 받으라.'라고 말씀하기" 전에는 우리의 마음과 손을 온전히 씻을 수 없습니다. 주님의 말씀이 주어질 때에야 "문둥병이 깨끗함을 얻습니다." 악의 뿌리인 육의 마음이 파괴되고 태어나면서 얻는 죄가 더 이상 존재하지 않게 됩니다. 그러나 이러한 두 번째 변화가 없다면, 칭의 이후 순간적인 구원이 없고 그저 하나님의 점진적인 사역만 있다면, 우리는 죽을 때까지 죄가 가득한 채로 남겨져 있을 수 있고 또 남겨져 있을 수밖에 없습니다.[54]

그러므로 웨슬리에게 구원은 한 번에 이루어지는 것도 아니고, 극적인 도약이 없는 점진적 과정에서 이루어지는 것도 아니다. 대신 은총의 이중적 구분이 요청된다. 사실 은총의 "제2" 사역에 가장 관심하였던 것은 미국의 성결 운동이 아니라 웨슬리 자신이었다.[55)]

웨슬리가 신생에 대한 설교를 출판했던 해 "광야 상태"(The Wilderness State)와 "여러 유혹을 통한 마음의 무기력"(Heaviness Through Manifold Temptations)이라는 또 다른 두 편의 설교를 통해 방해가 많다 하더라도 그리스도인의 완전의 은총에 들어가야 하는 중요성을 강조하였다. "광야 상태"라는 설교에서 웨슬리는 유혹이나 무지나 죄를 통해 생겨난 믿음, 사랑, 기쁨, 평화, 능력의 상실이 곧 광야 상태라고 기술한다. 탁월한 영적 상담자였던 웨슬리는 하나님의 자녀들이 경험하는 가장 큰 유혹은 아직도 그들의 마음에 자리한 태어나면서 갖게 된 죄라고 보았다. 여전히 남아 있는 교만, 분노, 어리석은 욕망은 지속적으로 영혼을 갉아 먹으면서 마음의 평화를 무너뜨린다.[56)] 따라서 은총으로 자라가며 하나님의 영광에 마음을 둘 때 신자들은 더 깊고 만족스런 방식으로 하나님과 이웃의 사랑을 향유하기 위해 육체와 영의 불결함으로부터 자유하려는 열망을 갖게 될 것이다.

또한 "여러 유혹을 통한 마음의 무기력"이란 설교에서 웨슬리는 몸의 불균형, 가난, 친한 친구를 잃음, 사랑하는 이들의 죄, 이들의 배교 등은 심각하게 마음의 무기력을 가져다줄 수 있음을 솔직하게 인정한다. 그렇다고 해서 이것이 어둠이나 믿음의 상실로 이어질 필요는 없다. 웨슬리는 "어둠이나 광야 상태는 성령 안에서 누리는 기쁨의 완전한 상실을 포함하고 있습니다. 그러나 무기력은 기쁨의 완전한 상실로 이어지지는 않습니다. 무기력 가운데서도 우리는 '말로 표현할 수 없는 기쁨을 누릴 수 있습니다.'"[57)] 라고 설명한다. 다시 말하지만 하나님은 한동안 신자들이 믿음과 소망과 사랑으로 자라도록 무기력을 허용할 수도 있다. 그러나 지극히 높으신 하나님은 "자신의 즐거움을 위해 홀로 물러나 계시지 않는다."[58)] 오히려 하나님은

"영혼의 어두운 밤"(dark night of the soul)이라 불리는 세계에 들어간다. 웨슬리는 전체적인 구원의 여정에서 어두움이나 고통이 신자에게 꼭 요구되는 것은 아니라고 생각한다. 그러므로 웨슬리는 노년에 『귀용 부인의 삶』(*Life of Madam Guyon*)의 축약본 서문에서 이렇게 기술하고 있다.

> 그러므로 귀용 부인의 글 속에서 하나님은 내적이고 외적인 고통 말고는 영혼을 깨끗하게 할 수 없다는 잘못된 주장이 나타나고 있다. 이것은 정말 잘못된 것이다. 사도 요한보다 더 순결한 영혼은 없었다. 그런데 사도 요한은 어떤 제자보다도 고통이 적었던 사람이었다. 맞다. 모든 초대 교회 교인들 중에 사도 요한은 가장 고통이 적었던 사람이었다. 그러므로 책 서두에서 귀용 부인이 "어둠, 사막, 가난"에 대해 말한 것은 근본적으로 잘못된 것이다.[59)]

그럼에도 불구하고, 공정하고도 정확하게 말해서 웨슬리가 언급했던 어둠과 십자가의 요한과 그를 따랐던 사람들이 말한 "영혼의 어둔 밤"이란 용어는 서로 다른 의미로 사용되었다. 예를 들면, 영성의 고전으로 통하는 『영혼의 어둔 밤』에서 십자가의 요한은 은총의 진보로서 정화(purgation)와 무욕(detachment)의 영적 여정을 지칭하기 위해서 어둠의 이미지를 사용한다.

> 감각의 밤이 좁은 문입니다. 영혼은 감각으로부터 떠나 이 문을 통과하여 믿음으로 들어갑니다. 믿음은 모든 감각에 이질적입니다. 그 후 영혼은 좁은 길을 따라 여행을 계속합니다. 이 길은 또 다른 밤 곧 영의 밤입니다.[60)]

달리 말하면, 영과 감각은 구체적이고 인식 가능한 세계로부터 자유할 때 하나님이신 어둠의 세계에 들어갈 수 있다. 그러나 웨슬리가 "광야 상태"라는 설교에서 말한 어둠은 결코 무념적 정화 과정의 의미가 아니며 오히려 무지, 죄, 믿음의 상실과 상응되는 의미이다. 고통과 하나님의 물러남이 영적 성숙에 필연적인 것은 아니라는[61] – 고통과 하나님의 물러남이 없어도 사랑 안에서 신자가 완전해질 수 있다는 의미에서 – 웨슬리의 입장을 고려한다면, 우리는 결국 웨슬리가 십자가의 요한과 다른 기독교 신비가들이 소중하게 여겼던 기본적인 입장을 거부하였다고 결론할 수 있다. 웨슬리는 개신교적 방식으로 "은총," "믿음," "빛"이란 용어들을 사용하여 영적 진보와 성숙을 두드러지게 암시하였던 것이다.

완전한 사랑 완전한 성화

진정한 의미에서 웨슬리는 1760년대에 그리스도인의 완전 교리에 집중하였다. 당시 영국에서는 완전의 은총 교리를 주장하는 이들이 점차 많아지고 있었다. 이들 가운데 몇 사람은 1761년 11월 웨슬리가 런던에 도착하여 행한 그리스도인의 완전이란 설교에 반응하였다.[62] 같은 해 웨슬리는 "그리스도인의 완전에 대한 단상들"(Farther Thoughts on Christian Perfection)을 펴내었고, 1766년 온전한 성화를 내용으로 출판된 「그리스도인의 완전에 대한 평이한 해설」에 실었다. 연대기와 발전적 과정에 주목하였던 이 책의 구성은 변증적 목적을 제시하고 있다. 예를 들면, 웨슬리는 명쾌하고도 직접적인 방식으로 자신의 사상을 정리한다. 1725년에서 1728년까지 웨슬리는 테일러, 아 켐피스, 로의 책을 읽었고, 1733년에 "마음의 할례"를 출판하였고, 1739년 "감리회원의 특성"(The Character of a Methodist)과 동생 찰스와 더불어 『찬송과 찬송시』(*Hymns and Sacred Poems*)를

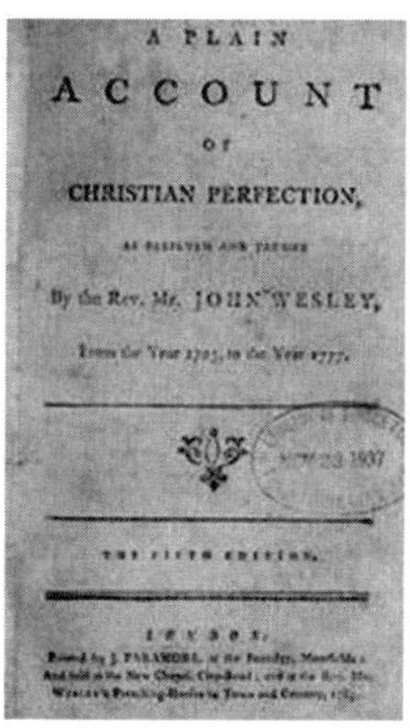

존 웨슬리의 『그리스도인의 완전에 대한 평이한 해설』

펴내었으며, 1741년에는『찬송과 찬송시』2권을 펴내면서 "그리스도인의 완전"이란 설교를 작성하였다. 그리고 1744년과 그 이후 웨슬리는 감리교 연회를 통해 논의된 그리스도인의 완전을 정리하였다. 생애 마지막 40년 동안 웨슬리는 완전한 사랑에 주목하였고 이 사상은 놀라울 정도의 일관성을 보여주고 있다.[63)]

「그리스도인의 완전에 대한 평이한 해설」은 성화 혹은 거룩함에 대한 웨슬리의 기본적인 이해가 어떻게 형성되었는지 보여주는 귀중한 자료이다. 이 책에 사용된 대부분의 자료는 서방 기독교의 전통에서 나온 것들이다. 복음적 회심을 자세하게 기술하는 데 서론 격으로 등장하는 그의 자서전적 해설과 1765년 5월 존 뉴턴(John Newton)에게 보낸 편지에서 웨슬리는 캐롤라인 신학자 제레미 테일러, 중세의 로마 가톨릭 신비가 토마스 아 켐피스, 영국의 충성 선서 거부자인 윌리엄 로의 작품에서 그리스도인의 완전에 대한 사상을 배웠다고 아주 분명하게 언급하였다. 그러나 같은 내용을 가르쳤던 마카리우스와 이프렘 사이프러스(Ephrem Syprus) 같은 동방 교부들의 이름은『그리스도인의 완전에 대한 평이한 해설』에 전혀 등장하지 않고 있다.[64)]

웨슬리는 은총 안에서 완전한 사랑에 이르는 여정을 부정적이고도 긍정적인 방식으로 탐구하였다. 긍정적으로 말해서 성령은 사랑의 거룩한 성정이 실제적이고도 지속적인 방식으로 인간의 마음에 자리하여 자라게 한다. 이처럼 은총이 넘치는 역사가 종종 말씀과 성례전을 통해 교회라는 공동체적 상황에서도 일어난다. 달리 말하면 사랑으로 역사하는 믿음 안에서 경건과 자비의 사역으로 풍성하게 나타난다. 그러나 부정적으로 말한다면, 거룩함으로 자라간다는 것은 거룩한 사랑뿐 아니라 육체의 본성을 죽여 철저하게 "잘라내는" 것 곧 거룩하지 못한 성정과 애착을 끊어내야 함을 의미한다. 예컨대 효과 은총(efficacious grace)의 결과 원죄의 성향이 정화되고 이전의 상태로 되돌아가려는 마음의 성향이 정결케 된다. 이 상황에서 웨슬리는 죽어가는 과정과 죽음의 실현을 하나로 묶는 죽음의 이미지를 사용하여 과정

(process)과 순간화(instantiation)라는 시간의 요소를 하나로 조합한다. 웨슬리의 설명을 보자.

> 우리가 의롭다 칭함을 얻은 순간부터, 은총 안에 하나님에 대한 지식과 하나님의 사랑이 매일매일 자라가는 점진적인 성화가 있을 수 있습니다. 죽음에 앞서 죄가 멈출 때 존재자의 본성상 순간적인 변화가 일어납니다. 그 순간은 죄가 존재하지 않는 마지막 순간이면서 처음 순간입니다.[65]

달리 말하면, 은총 안에 자라가는 지속적인 과정은 현실화를 마무리하는 불연속성과 짝을 이루어야 한다. 예컨대 하나님의 최고의 은총을 열망하는 자들은 소박하게 완전한 사랑으로 진화할 수 없고, 단순히 긍정적이고 미래가 열려진 과정인 양 온전한 성화로 양육될 수 없다. 어째서 그런가? 그 이유는 영혼의 온전한 성화는 과정이라 하더라도 과정 이전에 죽음의 단절이 먼저 있어야 하기 때문이다. 여기서 죽음은 육체적 본성을 없애는 것뿐 아니라 순간적인 순수한 사랑을 상징하기 때문이다. 달리 말하면, 새로운 것은 옛것을 바꾸거나 더 가꾸었다고 해서 나타나지 않는다. 옛것은 죽어야 한다. 이 점에 대해 20세기 신학자 디트리히 본회퍼는 중심을 꿰뚫고 있으면서도 교훈적이다. "그리스도께서 우리를 부를 때 … 우리로 와서 죽으라고 하십니다."[66] 그러므로 과정과 실현, 연속과 불연속의 자연스런 균형은 웨슬리 신학의 중요한 진리를 드러내고 있다. 온전한 성화가 극적이지 않거나 그 정확한 시간을 기억할 수 없다 하더라도, 순간적인 삶의 변화가 실현된다. 이것이 바로 하나님의 주권적인 은총의 초자연적 사역이다.

디트리히 본회퍼

존 웨슬리와 동방 정교회의 관계

최근 웨슬리 연구는 그리스도인의 완전에 대한 동방 정교회 신학과 존 웨슬리 신학 사이의 깊은 연관성에 대해 밝히고 있다.[67] 그러나 이 주장은 실제로 시대착오적인 역사 연구와 전통을 잘못 사용한 결과이다. 먼저 "런던의 시티 로드 인근 뉴 채플의 기초를 놓으며"(On Laying the Foundation of the New Chapel, near City Road, London)라는 설교에서 웨슬리는 초기 교회 교부들(the early church Fathers)의 이름을 거론하는 중에 동방 교부들의 이름은 한 사람도 언급하지 않고 있다. 대신 라틴 세계와 헬라 세계의 저술가들을 전반적으로 소개하고 있다.

> 이것이 바로 전체 교회의 역사에서 가장 순수했던 시절 원시 교회의 영성입니다. 이는 로마의 클레멘스(Clemens Romanus), 이그나티우스(Ignatius), 폴리캅(Polycarp)이 남겨 놓은 작은 유산 속에서 분명하게 표현되고 있습니다. 좀 더 크게는 테르툴리아누스(Turtullian), 오리게네스(Origen), 알렉산드리아의 클레멘스(Clemens Alexandrinus), 키프리아누스(Cyprian)의 글 속에 나타납니다. 심지어 4세기의 크리소스토무스(Chrysostom), 바질(Basil), 시리아의 에프렘(Ephrem Syrus), 마카리우스(Macarius)의 작품에서도 등장합니다.[68]

둘째, 오리게네스(185-254), 알렉산드리아의 클레멘스(150-215), 크리소스토무스(374-407), 바질(329-379), 시리아의 에프렘(306-373), 마카리우스(380-430)가 역사의 후기에 등장한 동방 정교회에 속한다고 주장하는 것은 시대착오적이며 타당한 것도 아니다. 분명코 2세기, 3세기, 4세기는 "동방 정교회"나 "로마 가톨릭"의 시기가 아니라 위대한 신학적 유산이 태동하고 있었던 "고대 가톨릭교회"의 시기였다. 그러므로 초기 교회는 영지주의와 다른 이단들과 구분된 가톨릭 혹은 보편적 교회였다. 기독교가 독특한 신학 전통에 따라 나누어지는 것은 5세기와 6세기에 들어서야 나타나게 되었다. 때문에 정확히 말해 동방 정교회의 전통과 초기 동방 교부들의 전통은 구분되어야 한다.

셋째, 이 구분을 통해서 볼 때 웨슬리는 그리스도인의 완전에 대한 설명을 할 때 알렉산드리아의 클레멘스와 시리아의 에프렘 같은 동방 교부들의 글들을 참고한 것이지 동방 정교회의 자료를 참고한 것이 아님을 알 수 있다. 그러므로 웨슬리가 부정적으로 언급한 그리스 전통은 동방 교부들이 아니라 동방 정교회에 대한 것이었다. 예를 들면, 1756년에 출판된 「원죄의 교리」(*The Doctrine of Original Sin*)라는 그의 논문에서 이 사실이 잘 나타나고 있다.

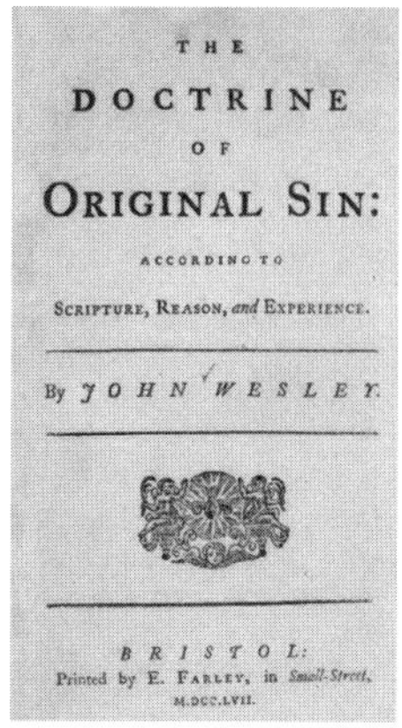

존 웨슬리의 논문 『원죄의 교리』

> 여러 해 동안 그리스 교회는 총체적으로 야만적인 무지에 빠져 어리석은 미신과 맹목적이고 거친 열정으로 끝없이 시끄러운 헛된 논쟁을 일삼아 왔습니다. 이로써 참된 종교가 사라졌고, 기독교인의 이름이 부끄럽게 되었으며, 이슬람교가 등장하기 전 넘을 수 없는 장벽이 되었습니다.[69]

또한 1783년에 출판된 "복음의 일반적인 전파"(The General Spread of the Gospel)라는 설교에서 웨슬리는 모스크바의 총 주교 관할에 있는 교회들이 참된 종교에 대해 알지 못한다고 비판하였다. "서방 교회들이 여러 면에서 동방의 교회들보다 탁월한 듯 보입니다. 이들은 풍요로운 지식을 갖고 있고 보다 영적이며 합리적인 예배 양식을 갖고 있습니다."[70] 그 후 몇 년이 지난 1789년 웨슬리는 다시 한 번 동방 정교회의 문제점을 다음과 같이 지적하고 있다.

모레아(Morea), 커케시아(Circassia), 밍그렐리아(Mingrelia), 조지아(Georgia) 등 터키가 지배하고 있는 지역의 동방 교회 기독교인들이 진정한 기독교에 대해 무엇을 알고 있습니까? 이들이야말로 인간쓰레기들 아닙니까?[71)]

앞서 말했듯이 정교회 주교 에라스무스로 하여금 자신의 몇몇 평신도 설교자에게 안수하도록 한 큰 실수 말고는 웨슬리가 18세기 동방 정교회와 잦은 접촉을 했다는 자료가 없다. 이처럼 당시 관계가 원활하지 않았던 것을 고려한다면 웨슬리가 동방 교회 전통을 우호적으로 보았다고 주장하는 현대의 해석은 설득력이 없다. 말하자면 웨슬리가 헤른후트는 여행하였지만 콘스탄티노플(현재의 이스탄불)에 간 적은 없었다.

웨슬리의 성화 신학을 전개함에 있어서 "동방 정교회"의 신학적 전통이 가장 중요한 영향을 미쳤다고 주장하는 20세기 후반의 새로운 웨슬리 연구의 지형 변화는 사실 놀라운 현상이다. 왜냐하면 성화 사상을 전개함에 있어서 웨슬리는 성서를 많이 인용하고는 있지만 동방 교부들의 글은 전체 웨슬리 신학에서 상대적으로 아주 적게 언급하고 있기 때문이다. 테드 캠벨(Ted Campbell)은 자신이 쓴 책 『존 웨슬리와 기독교 고전』(*John Wesley and Christian Antiquity*)[72)]의 부록에서 웨슬리의 책에 나오는 동방 교부들의 이름을 잘 정리해 놓았다. 전체 전집에서 각각의 자료가 웨슬리의 신학을 형성한(영국 성공회, 청교도, 모라비안, 경건주의, 루터교 등) 전통적 자료와는 맞지 않는 것처럼 보인다. 이 점에서 우리는 웨슬리 연구의 최근 경향이 웨슬리 사상에서 동방 자료의 영향을 지나치게 강조할 뿐 아니라, 유사한 개념들을 그 직접적 뿌리를 입증하기 어려운 자료들과 혼용하여 사용하고 있음을 알 수 있다. 분명 온전한 성화에 대한 웨슬리의 입장이 동방 교부들의 입장과 비슷하다는 것은 누구나 다 인정할 수 있다. 그러나 이들 교부들이 웨슬리의 중심 사상의 근거이며 직접적인 원인이었다고 할 수 없다. 여기서 이 문제와 관련해서 적어도 그의 저서 세 곳에서 제시하고 있는 웨슬리 자신의 평가가 가장 중요하다.

더 나아가 웨슬리는 그의 『기독교 총서』에 위(僞) 마카리우스 설교[73]를 포함시키고 있는데 여기서도 문제가 있다. 첫째, 웨슬리는 조지아에 있을 때 경건주의 친구들로부터 (독일어로 번역된) 마카리우스의 설교를 소개받았다. 그러나 웨슬리의 글에는 마카리우스의 설교에 대한 언급이 거의 없을 뿐더러 웨슬리가 마카리우스의 자료를 사용한 경우는 신화(*theosis*)나 성화를 다룬 경우가 아니라 죄를 다룬 경우이다. 달리 말하면, 웨슬리는 죄가 신자 안에 머물러 있으며, 육체의 본성이 여전히 하나님의 아들과 딸에게 문제가 된다는 교회의 오랜 전통을 입증하기 위해 위 마카리우스의 설교를 사용하고 있다. 1765년 출판된 "성서적 구원의 길"(The Scripture Way of Salvation)이란 설교에서 웨슬리는 다음과 같이 진술한다.

> 1,400년 전 마카리우스는 하나님의 자녀가 갖는 현재적 경험에 대해 아주 정확하게 표현하였습니다. "은총이 임할 때 서투르거나 (경험이 없는) 이들은 현재 더 이상 죄가 없다고 상상합니다. 그러나 분별력 있는 이들은 하나님의 은총을 입은 이들이라 할지라도 다시금 죄를 지을 수 있음을 부인하지 않습니다."[74]

물론 웨슬리가 거룩한 삶을 살아가는 데 마카리우스의 설교가 큰 가치가 있음을 인정하였다. 또한 최근의 많은 학자들, 특별히 알버트 아우틀러는 웨슬리의 이러한 입장에 주목하였다. 예컨대 마카리우스는 그의 설교에서 "마음의 할례"의 이미지를 사용하여 영혼의 완전을 적절하게 기술한 바 있다.[75] 그러나 웨슬리는 18세기 영국교회의 입장에서 자신의 치밀한 의도를 갖고 마카리우스의 설교를 편집한 것이다. 때문에 웨슬리는 마카리우스의 설교에 나오는 금욕적 삶의 자료들을 생략하였고, 동방 정교회가 선호하는 신화(*theosis*)라는 용어를 지워버렸고 그 자리를 자신이 잘 이해한 (서방의) 용어인 성화(sanctification)로 채워 넣었다.[76] (은총, 하나님의 형상, 인간의 자유 영역에서)[77] 위 마카리우스와 웨슬리의 신학적 차이를 강조한 구로오스키(Kurowski)의 최근 연구는 웨슬리가 죄악론(hamartiology)의 영역에서 위 마카리우스의 통찰을 인정하고 있지만 마카리우스 신학의 다른 영역에 대해서는 아주 비판적이었음을 보여주고 있다. 다른 교부들에 대한 연구와 더불어 웨슬리의 주 신학적 관심은 영국 국교회, 모라비안, 루터교의 신학적 개념들과 성서적 용어에 집중하였다.[78]

영국 국교회와 경건주의 전통의 중요성

많은 신학적 사조가 웨슬리의 신학을 지성적이고도 균형 있게 하였다. 그러나 웨슬리는 종종 영국 국교회의 전통으로부터 얻은 통찰을 자세하게 설명하였다. 예를 들면, 믿음으로만 의롭다 함을 얻는 칭의에 대한 가르침과 관련해서 웨슬리는 경건주의 지도자 피터 뵐러의 가르침을 통해 (믿음과 행위를 성찰하는 중에) 은총의 순간적인 본성이 필연적이라고 이해하였다.[79] 그러나 후에 웨슬리는 믿음으로 말미암은 칭의에 대해 영국교회의 교리는 무엇이라 가르치는가 물으면서 영국교회의 설교들 속에 나타난 칭의의 내용을 자세하게 설명하였다.[80]

마찬가지로 그리스도인의 완전에 대해 웨슬리는 대륙의 종교개혁 전통을 이어주는 모라비안 경건 운동으로부터 결정적이고도 지속적인 영향을 받았음에도 불구하고, 앞서 지적했듯이, 중세 신비주의자 아 켐피스와 영국 국교회의 사상가였던 테일러와 로로부터[81] 가장 깊은 통찰을 얻고 있음을 알 수 있다.

『그리스도인의 완전에 대한 평이한 해설』에서 다시 한 번 자신에게 영향을 주었던 아 켐피스, 테일러, 로를 언급하면서 지난 40년 동안 자신의 입장을 견지했던 것에 대해 자부심을 표현하고 있지만, 사실 웨슬리는 루크 타이어만(Luke Tyerman)이 지적했듯이 그리스도인의 완전에 대해 1741년 중요한 변화를 보여주고 있다.[82] 당시 웨슬리는 값없이 주시는 은총의 선물을 주장하기 위해 칭의의 본성이 순간적으로 주어진다고 주장하였다. 이 주장은 웨슬리가 뵐러로부터 배워 그리스도인의 완전에 대한 이해에 적용한 것이었다. 달리 말하면 온전한 성화는 칭의와 마찬가지로 순간에 일어난다. 왜냐하면 은총의 초자연적 사역은 완전히 하나님의 은혜(favor of God)이고 값없이 주어지는 선물이기 때문이다. 예를 들면, 1765년 출판된 "성서적 구원의 길"이란 설교에서, 웨슬리는 온전한 성화로서 믿음과 행위의 문제를 성찰한다. "그러므로 매일, 매 시간, 매 순간 [온전한 성화를] 구하십시오. 왜 지금 이 순간은 피하시려 합니까? 믿음으로 지금 온전한 성화를 구하십시오."[83]

웨슬리는 서방의 자료가 전해준 온전한 성화의 내용, 실현되는 방식, 순간성에 주목하였다. 대륙의 개신교인들과 경건주의자들이 종교개혁으로부터 유산으로 받은 오직 은총은 웨슬리에게 흘러 들어가 그리스도인의 완전 사상에 녹아들었고 이것이 그리스도인의 완전 개념 안에 순간성의 의미를 견지하게 하였다. 이로써 웨슬리는 성화의 핵심인 변화(transformation)가 하나님의 능력 뿐 아니라 하나님의 은혜를 표현하는 은총이라는 종교개혁의 전통을 이어갈 수 있었다. 달리 말하면, 여기서 속량의 법적인 차원과 치유적 차원이 다시 한 번 나누어지게 된다. 왜냐하면 하나님의 은혜인 은총은 칭의와 온전한 성화를 수반하기 때문이다. 웨슬리는 다음과 같이 진술한다. "우리가 믿음으로 의롭다 칭함을 받듯이 우리가 믿음으로 거룩하게(성화) 됩니다. 믿음이 칭의의 조건이듯이 성화의 유일한 조건입니다."[84]

복음의 은총의 차원을 진지하게 회복하려는 개신교 신학의 정수는 – 중세를 통해 이런 신학적 전통이 모호하게 되었으므로 – 동방 정교회의 성화 개념과는 다르다. 때문에 온전한 성화와 관련해서 과정을 강조하는 동방 정교회의 전통은 순간의 동기를 강조하는 웨슬리의 신학과 접속적 방식으로 통합될 수 없다. 웨슬리는 신학적 보편성을 추구함에 있어서 영국 국교회 전통이 풍요로운 신학적 유산을 지녔을 뿐 아니라 로마 가톨릭과 개혁교회 전통의 극단성을 피해감으로써 믿음의 "보편적" 연합을 견지하였다고 생각하였다.[85] 따라서 웨슬리의 칭의의 은총과 성화의 은총 개념은 종교개혁의 중심 개념에서 온 것이지 동방 정교회에서 비롯된 것이라고 할 수 없다.

완전한 사랑의 증언자들

찰스 웨슬리

형 존과 함께 찰스 웨슬리는 1760년대를 거치면서 완전에 이르는 중요성을 주장하였다. 그렇지만 존과 찰스는 교리의 이해에 상당한 차이를 보이고 있었다. 첫째, 찰스는 존보다 더 완전한 사랑에 이르는 여정에 고통이 있음을 주장한다. 1766년 여름 존 웨슬리는 동생이 완전을 너무 높은 곳에 설정해 놓아서 완전에 이를 수 있는 사람이 없다고 주장하였다. 그러나 자신의 완전에 대한 가르침에 대해서는 이렇게 선언하였다. "완전을 너무 높은 곳에 위치시키는 것과 관련해 한마디 하겠습니다. 나는 완전을 믿고 그 완전에 대해 담대히 설교합니다. 왜냐하면 나는 완전에 대한 500여 명의 증언자를 보고 있다고 생각하기 때문입니다."[86] 여기서 성서와 웨슬리의 경험 사이의 정확한 관계를 주목해 보라. 경험은 교리의 근거가 아니고 확증이다. 달리 말하면 경험은 성서의 증언 없이 교리를 만들어낼 수 없다. 그럼에도 불구하고 성서의 가르침을 진리로 고백하는 살아있는 증언자가 없다면 성서에 대한 해설은 오류로 남겨질 수 있다. 예를 들어 그리스도인의 완전과 관련하여 웨슬리는 이렇게 주장하였다. "우리가 20년 동안 설교한 것을 입증하는 살아있는 증언자가 아무도 없다면 나는 그것을 더 이상 설교할 수 없고 감히 더 할 생각도 없다."[87] 그러므로 웨슬리에게 경험은 상당한 해석학적 힘을 갖고 있으며 이런 이유에서 웨슬리는 수정을 요구했던 찰스의 입장을 받아들이기도 했다.

그러나 조지 휫필드 같은 이들은 "어떤 사람이 '나는 지금 사랑만을 느끼고 있어.'라고 말했다고 해서 나는 그 사람이 정직한 사람이라고 알고 있어 나는 그 사람을 믿어."[88]라고 너무 순진하게 완전한 사랑을 증언하는 많은 사람을 믿고 있는 것은 아닌지 의구심을 갖고 있었다. 실제로 웨슬리는 이들 고백자들을 많이 알고 있었다. 이들은 감리회 신도회에 속하여 있었고 밴드나 선발신도회에 참여하고 있었기 때문에 이들의 행동을 쉽게 평가할 수 있었다. 웨슬리는 어떤 계기에 다음과 같이 증언하였다. "나는 지난 5주 동안 한 속회에서 여섯 명이 죄의 용서를 받았고 한 밴드에서 다섯 명이 제2의 축복을 받았다고 생각한다."[89]

따라서 공동체의 상황에서 밴드나 선발신도회 모임의 상황에서 많은 감리교도들은 은총의 제2사역을 기다렸다. 달리 말하면 여기서 저들은 저들의 심령을 향해 "너희가 깨끗함을 입으라."라는 주님의 두 번째 말씀을 종종 받곤 하였던 것이다.

솔직하고 정직했던 웨슬리는 완전한 사랑을 간증한 이들이 결국은 은총을 상실하기도 했으며 다시 한번 죄의 힘이나 지배 아래 놓이게 되기도 한다는 것을 깨닫게 되었다. 그럼에도 불구하고 아르미니안 방식으로 웨슬리는 후에 은총을 상실한다 하더라도 앞서 받은 온전한 성화의 은총의 실재를 부정하려 하지 않았다. 그 예를 1763년 6월에 쓴 그의 일지에서 볼 수 있다.

> 설교가 끝난 후, 하나님께서 완전한 자유를 그의 영혼에 허락했다고 믿은 한 사람이 내게 찾아왔습니다. 그녀는 오래전에 의롭다 함을 얻었지만, "대낮이 새벽과 다른 것만큼이나" 지금의 경험이 처음의 경험과 "완전히 다르

다."고 했습니다. 이제 그녀는 "그녀의 영혼이 온전한 사랑을 느끼고 있고 하나님께 온전히 삼키운 바 되었다."고 느끼고 있습니다. 한번 상상해 보십시오. 지금부터 10주 혹은 10개월 후에 이 사람이 열정이 식거나 영혼이 죽어버릴 경우, 내가 "그녀가 스스로를 속인 거야. 그녀의 고백은 스스로의 상상에서 나온 것이야!"라고 말할 수 있겠습니까? 그럴 수 없습니다. 내게는 그렇게 판단할 권리가 없습니다. 또 그렇게 말할 권위도 없습니다. 다만 나는 "그녀가 하나님의 은총에 맞는 삶을 살지 못했어. 받은 선물을 버린 것이야."라고 말할 수 있을 뿐입니다.[90]

웨슬리는 온전한 성화의 은총의 실재를 인정하는 데 큰 아픔을 겪었다. 그럼에도 불구하고 그는 증언이 잘못된 것이라고 판단될 경우 그 증언을 거부하였다. "나는 간증 하나 하나를 살피는 데 오늘 대부분을 보냈습니다. 어떤 사람의 간증은 내가 받아들일 수 없습니다."[91] 이상한 믿음의 고백도 있었다. 그중에는 완전한 사랑이 아니라 광신주의에 빠진 졸렬한 간증도 있었다.

벨과 맥스필드의 반란

불행하게도 감리회의 설교가들은 논리적 명쾌함과 균형의 방식으로 선포된 웨슬리의 그리스도인의 완전 교리에 대한 설교를 이어가지 못했다. 예를 들면, 1758년 기독교인으로 개종하여 파운더리에서 토마스 맥스필드(Thomas Maxfield)와 존 웨슬리에 합류했던 조지 벨(George Bell)은 런던에서 강단에 올라 요란한 몸짓과 빽빽 질러대는 목소리로 그리스도인의 완전에 대해 설교하였다. 그가 사용한 "완전"이란 용어는 솔직히 말해서 규칙, 교훈, 바른 판단과 상관없는 율법폐기론자의 개념이었다. 벨은 광신적인 태도로 자신에게 영들을 분별할 수 있는 초능력이 있다고 생각하였고, 이에 기초하여 반대자들을 하나님의 적이라고 정죄하였다.[92] 벨이 여러 차례 소란케 했다는 보고를 접한 웨슬리는 사태를 조사하였고, 1762년 12월 벨과 만난 후 그의 행동에 변화가 없음을 알고는 웨스트 스트리트와 파운더리의 런던 신도회에서 마구 고함을 질러대는 설교자를 축출하였다. 다음 달이 되어 웨슬리는 벨과 다시 만나 목회적인 접근을 통해 그해 2월 28일에 세상의 종말이 임할 것이라고 가르친 것을 포함해 벨이 저지른 실수를 일러 주었다. 이 모임 이후에도 좋아지지 않게 되자 조지 벨과 그를 따랐던 존 딕슨(John Dixon), 조셉 칼버트(Joseph Calvert), 벤자민 빅스(Benjamin Biggs)는 감리회 신도회를 그만두었고 존 웨슬리와의 친교를 단절하였다.

조지 벨의 친구였던 토마스 맥스필드도 마찬가지로 이 논쟁에 가담하였다. 1740년 수잔나 웨슬리는 아들 존에게 맥스필드도 벨과 같은 부류의 설교자인을 상기시켰다. 그 후 20년 이상 지난 즈음 웨슬리는 더 이상 맥스필드의 목회를 허락할 수 없었다. 특별히 맥스필드는 (의롭다 함을 얻는 사람이 하나님께로 난 사람이 아니라고 가르치면서) 칭의를 비난하였고 온전한 성화의 순간적 특성을 반박하였다. 1762년 10월에 쓴 편지에서 웨슬리는 그의 제자의 잘못을 심하게 꾸짖었다. "당신은 내가 거듭 거듭 성화의 순간적 특성을 부정한다고 말하였소. 그러나 나(와 동생 찰스는 저술을 통해)는 지난 20년이 넘도록 성화의 순간적 특성을 가르쳤소."[93] 몇몇 학자들은 웨슬리가 1762년에 출판한 「근본을 흔드는 일격; 혹은 자신의 친구들 집에서 찔린 그리스도」(*A Blow at the Root; or, Christ Stabbed in the House His Friends*)와 「감리회 신도회의 가장 위대한 고백자들에게 주는 주의와 지침」(*Cautions and Directions Given to the Greatest Professors in the Methodist Societies*) 두 편의 글이 맥스필드를 염두에 둔 것이었다고 생각한다.[94]

맥스필드의 목회는 너무도 파괴적이어서 런던 신도회 안에 분열이 일어나고 있었다. 예를 들면 카벤트리 부인(Mrs. Coventry)은 자신을 포함하여 남편, 딸들, 하인들의 속회 참석 표를 던져버리고는 "'더 이상 두 교리를 듣지 않을 것'이다. … 맥스필드 씨는 완전을 설교하고 웨슬리 씨는 그것을 반박하였다."[95]고 선언하였다. 이러한 비판에 대해 웨슬리는 요점을 정리해 곧 답변하였다. "맞습니다. 내가 그랬습니다. 벤자민 해리스(Benjamin Harris), 벨 그리고 잘못된 완전교리를 퍼트리는 모든 이들의 주장을 내가 반박했습니다."[96] 1763년 3월이 되어 맥스필드는 파운더리에서 설교하기를 거부함으로써 스스로 감리회 강단에 서지 않았다. 그러자 웨슬리는 "이로써 우리의 관계는 단절되었소!"라고 선언하였다.[97] 그러나 이미 공동체는 큰 상처를 입은 후였다. 웨슬리는 "벨과 맥스필드는 이전에 사랑하고 소중하게 여겼던 사람들에게조차 완전을 고약한 냄새가 나는 것으로 만들었소."[98]라고 편지하였다. 같은 해 맥스필드는 존 웨슬리와의 모든 관계를 끊고 런던에서 독립 목사가 되었다.

토마스 맥스필드

벨-맥스필드 반란은 웨슬리로 하여금 감리회 강단에서 행해지는 설교를 위해 더 세심한 돌봄과 훈련이 필요함을 확신하게 하였다. 이를 위해서 1763년에 모인 감리회 연회는 행위 지침(model deed)을 받아들여 이를 연회록에 삽입하도록 하였다.[99] 이때의 연회록은 두 가지 이유에서 중요한 자료가 된다. 첫째, 이는 웨슬리의 "신약성서 주석"(Explanatory Notes Upon the New Testament)과 네 권으로 된 그의 설교집을 설교자들이 지침으로 삼아야 할 교리의 표준이 되게 하였다. 둘째, 행위 지침은 이후 역사를 이어가게 하였다. 예컨대 존 웨슬리와 찰스 웨슬리 그리고 부 이사 윌리엄 그림쇼가 죽은 이후 설교가들을 임명할 수 있는 권한이 연회에 주어지게 되었다. 이렇게 해서 웨슬리는 감리회의 여정에 더 큰 질서와 안정이 임하기를 희망하였다.

제 9 장
논쟁으로 보낸 10년

존 웨슬리 시대에 설립된 옥스퍼드의 감리교회 모습

런던의 웨슬리 채플 전경

제 9 장
논쟁으로 보낸 10년

18세기 후반 내내 영국 사회는 수치적인 면에서 성장하고 있었다. 인구의 수는 1750년 대략 580만 명이던 것이 1800년에 접어들면서는 거의 900만 명이 되었다. 그리고 런던, 맨체스터, 버밍햄과 같은 도시들엔 사람들이 몰려들고 있었다.[1] 영국 사회는 인구가 증가하고 있었지만 대부분의 경우 상류층은 여전히 몇 명 안 되고 하류층에 인구가 몰리는 피라미드형을 이루고 있었다. 20세기 초 유명한 작가인 대니얼 드포(Daniel Defoe)는 다음과 같이 영국 국민을 7개의 계층으로 나눌 것을 제안하였다.

1. 넘치는 풍요를 누린 대 부호
2. 풍요를 누린 부자
3. 유복한 삶을 누린 중산층
4. 열심히 일하지만 언제나 부족함을 느끼는 상공인
5. 그럭저럭 살아간 시골 사람들, 농부들
6. 어렵게 살림을 꾸려간 가난한 사람들
7. 정말 가진 것이 없어 궁핍하게 살아간 비참한 사람들[2)]

18세기 동안 사회의 계층은 산업혁명이라 알려진 사회적, 경제적, 과학적 여러 변화의 영향을 받았다. 그중에서 1775년 제임스 와트(James Watt)의 증기기관차 완성과 아크라이트(Arkwright)의 수력 방적기, 하그리브스(Hargreaves)의 제니 방적기, 크롬프톤(Crompton)의 물 방적기 등은 직물산업의 진보를 가져왔으며, 석탄으로 철을 제련하는 기술의 진보는 주철 생산을 빠르게 하고 단가를 싸게 만들었다. 이를 통해서 새로운 세계로 향하는 길을 열어놓았다.[3)] 이러한 변화의 결과 노동은 서서히 일차 산업에서 제조 산업으로 옮겨졌다. 기술의 능력은 증가된 기계의 사용으로 극적으로 진보하였고, 일이 기계화되고 전문화됨에 따라 이전과는 달리 제품이 넘치게 생산되었다. 더 나아가 대규모의 생산은 많은 자본의 투자를 요구하게 되었고, 이러한 산업화의 영향으로 도시에 빈민층뿐 아니라 새로운 계층이 출현하였다.

웨슬리는 종종 자기와 신학적으로 길을 달리한 이들의 오류를 지적하는 데 탁월한 식견을 갖고 있었다. 그러나 그는 때때로 당시 사회와 경제의 보다 조직적인 악들을 철저하게 파악하는 데 어려움을 겪고 있었다. 당시 영국이 중상주의 경제에서 자본주의 경제로 옮겨가고 있을 때(아담 스미스의 『국부론』[*An Inquirey into the Nature and Causes of the Wealth of Nations*]이 1776년 출판되었다.), 웨슬리는 1773년 깊은 고민을 갖고서 「식량의 현재적 궁핍에 관한 단상들」

(*Thoughts on the Present Scarcity of Provisions*)이란 논문을 출판하였다. 이 논문에서 웨슬리는 고질적인 실업을 낮추고, 음식의 부족과 주류 산업, 세금, 사치와 관련한 도덕적 염려를 다루었다. 진정 부가 인간의 마음에 가져다줄 수 있는 도덕적 타락뿐 아니라 부에 대한 지속적인 염려는 웨슬리의 경제 분석의 많은 지침이 되었다. 그 결과 18세기 영국 사회의 많은 오류를 드러낼 수 있었다. 그렇지만 확신을 주는 현명한 처방의 발판은 제공하지 못했다.

존 웨슬리와 영국 정치

이 기간 특별히 1760년대와 그 이후 정치의 세계는 복잡하였고 때로는 험난하게 진행되었다. 어떤 사람들은 하노버 왕가가 언제나 적법성이 부족하다고 생각하였다. 그러나 적어도 영어를 말할 수 있었던 조지 3세는 생기가 있고 이상할 정도로 대중적 인기가 있었던 존 윌크스(John Wilkes)를 소외시킴으로써 불운을 키웠다. 반 토리 정권을 표방한 「노스 브리튼」(*The North Briton*)지에 1763년 4월 왕의 연설을 비판한 윌크스는 체포되어 구금된 후 선동죄 혐의로 기소되었다. 그러나 야당 지도자 윌크스는 적법한 절차를 따라 체포되지 않았고 그의 의원 면책 특권을 어기지 않았다는 이유로 곧 풀려났다. 같은 해 음탕하고도 저속한 글 "여자에 대한 에세이"(An Essay on Woman)를 윌크스가 썼다는 소문이 돌았고(이 글을 윌크스가 쓴 것으로 보이지 않지만), 이 이유로 의원직

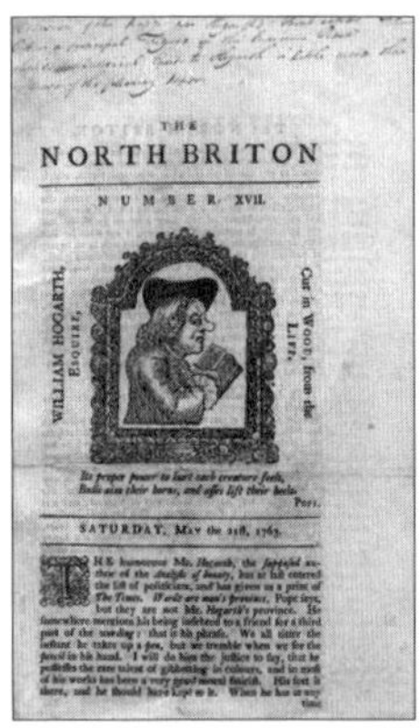

존 윌크스와 그가 창간한 주간지 「노스 브리튼」

을 박탈당했다. 명예훼손과 신성모독이란 새로운 혐의에 맞서 싸우기를 원치 않았던 윌크스는 석 달 동안 프랑스로 도망을 갔다가 다시 한 번 의원 선거에 도전하기 위해 1768년 영국으로 돌아왔다. 미들섹스(Middlesex)의 지지자들은 세 번의 선거에서 그를 의원으로 뽑아주었다. 그러나 하원은 그때마다 선거를 무효화하였다. 윌크스의 자리는 결국 선거에서 그에게 진 루트렐(Luttrell)에게 돌아갔다. 이에 분노한 런던의 하층민과 중산층은 폭동을 일으켰다. 당시 윌크스는 언론의 자유와 해방의 상징이 되었다.

한 친구가 웨슬리에게 정치적으로 큰 혼란이 되고 있는 윌크스 사건에 대해 말해 달라고 간청하였다. 감리회의 지도자로서 웨슬리는 싸움에 가담하는 것을 탐탁히 생각하지 않았다. 이런 이유 때문에 "현행 공공 문제에 대한 자유로운 단상들"(*Free Thoughts on the Present State of Public Affairs*)이라는 글의 서두에서 다음과 같이 기록하였다. "나는 정치가가 아닙니다. 정치란 정말 내 영역이 아닙니다."[4] 이 주제를 확대시켜 웨슬리는 빈정대듯이 말하였다. "나는 구두 수선공, 땜장이, 짐꾼, 마부도 이런 정치는 할 수 있다고 생각합니다. 그러나 난 그렇게 깊이 알지 못합니다. 정치인들은 모든 것에 확신합니다. 그렇지만 저는 아무것도 확신할 수 없습니다."[5]

아메리카 식민지 사람들뿐 아니라 많은 영국인들에게 윌크스라는 이름은 자유의 상징이 되었고 점차 전제 군주적으로 되어가는 의회를 반대하는 상징이 되었다. 실제로 윌크스가 감옥에 있는 동안 버지니아 주는 담배를, 보스턴에서는 거북이들을 보냈다. 그리고 사우스 캐롤라이나 정부는 윌크스의 빚을 갚도록 1,500파운드를 보냈다.[6] 그러나 웨슬리는 윌크스 같은 사람들을 받아들이지 않았고 영국의 자유를 업신여기고 백성들을 오도하는 민중선동가로 생각하였다. 예를 들면, 웨슬리는 자신의 글에서 시민의 자유와 종교의 자유를 구분하여 급진주의자들과는 반대로 영국 사람들이 웨슬리 당시 즐기는 그런 자유를 이전에 결코 즐겨본 적이 없었다고 주장하였다. 심지어 어떤 사람들은 "반역의 씨를 뿌리고 있다."는 두려움으로 웨슬리는

"무정부적 폭동"의 형식으로 폭정에 목숨을 던지는 고집스런 불순종이나 반역에 빠지지 말라고 경고한다.

런던 폭동이 있는 지 몇 년이 지난 1722년 웨슬리는 「자유에 대한 단상들」(*Thoughts on Liberty*)이란 글을 써서 앞서 썼던 글의 내용을 발전시켜 나갔다. "종교적 자유란 자신의 양심에 따라 하나님을 예배할 수 있도록 우리 자신의 종교를 선택할 자유이다."[7] 또한 "인간의 삶은 합리적인 피조물로서 이 권리를 갖는다."[8] 그러면 영국은 정치적 불만을 가진 사람들이 주장하였듯이 이런 자유가 모자랐다는 말인가? 웨슬리는 이렇게 대답한다.

> 30여 년 전 백성들은 돌아가신 폐하에게 이 과정을 밟도록 요구하였습니다. 그러나 폐하의 대답은 자유를 누리는 백성들의 왕이 있어야 한다는 것이었습니다. "짐이 말한다. 내가 영국의 왕좌에 앉아 있는 한 누구도 양심의 자유를 행사한 것 때문에 박해를 받지 않을 것이다."[9]

웨슬리는 또 다른 평등인 시민의 자유의 성격과 범위를 탐구하면서 이 또한 도처에 충분하게 시행되고 있음을 발견한다.

> 시민의 자유가 무엇입니까? 우리 자신의 방식으로 우리의 삶과 행운을 누릴 자유, 우리의 선택에 따라 합법적으로 우리의 것이 된 우리의 재산을 사용할 자유입니다. "우리가 이 자유를 빼앗겼습니까? 누가 빼앗겼나요? 분명 저는 빼앗기지 않았습니다. … 나는 아직도 시민의 자유를 만끽하고 있습니다. 나는 모든 면에서 나의 선택에 따라 자유롭게 살아갑니다. 나의 삶, 나의 인격, 나의 재산은 안전합니다." 여러분은 위의 사실을 부인할 수 있습니까?[10]

몇 년 후에 「영국 국민에게 드리는 차분한 연설」(*Calm Address to the Inhabitants of England*)이란 논문에서 웨슬리는 자신이 속한 토리당의 정서와 위그당으로부터 [토리당은 자코뱅파에 속한다고] 근거도 없고 의심스러운 혐의를 받았던 자코뱅파(Jacobitism)의 모든 개념과는 구분하였다. 그런 후 웨슬리는 "영국의 자유는 [명예로운] 혁명을 명하였다."[11]고 주장하였다. 같은 논문에서 웨슬리는 다음과 같이 설명한다.

> 모든 사람은 자기가 원하는 것을 말하고, 쓰며, 출판한다. 모든 사람은 마음이 감동이 되는 대로 하나님을 예배한다. 모든 사람은 자신의 재산을 향유하며, 왕 스스로도 법에 따라 하지 않고는 그 재산의 일원도 취할 수 없다. … 그러므로 우리가 종교, 생명, 신체, 재산에 대해 지금 누리는 자유보다 더 온전한 자유를 생각할 수 없다.[12]

웨슬리는 영국 안에 점증하고 있는 정치적인 일반 정서와 엇나갔을 뿐 아니라 그 첫째 원리, 기본적인 전제, 가설들에 종종 큰 오류가 있었다. 몇 가지 기본적인 문제들을 다루기 위해서 웨슬리는 1772년 「힘의 기원에 대한 단상들」(*Thoughts on the Origin of Power*)이라는 논문을 출판하였고, 이 책에서 웨슬리는 다시 한 번 자신의 전통적인 "고교회 토리당 사유"[13]를 전개하였다. 이 논문에서 웨슬리는 최고의 힘, "생사를 지배하는 힘, 그래서 우리의 자유를 넘어서는 힘"[14]은 위로부터 오므로 국가를 통치하는 힘은 하나님께로부터 주어진다고 주장하였다. 그런 다음 웨슬리는 모든 힘이 백성들로부터 온다고 하면서 아무런 이유도 없이 백성의 반 이상을 차지하는 여성, 젊은이, 일 년에 40실링을 벌지 못하는 사람들을 배제해 버리는 정치 지도자들의 위선은 아니라 할지라도 일관성 없음을 지적하였다.

존 웨슬리와 식민지의 노예제도

당시에 쓴 웨슬리의 또 다른 정치에 관한 글들은 영국 사람들보다는 아메리카 식민지 사람들에게 큰 걸림돌이 되었다. 특별히 웨슬리가 모든 인간에게 속한 기본적인 자유와 존엄성을 언급한 부분을 아메리카 식민지 사람들은 받아들이기가 어려웠다. 예를 들면, 웨슬리는 식민지의 노예제도에 대해 강도 높게 비판하였다. 이는 노예들의 기본적인 인권을 부정하는 것이기 때문이었다. 따라서 웨슬리는 말년에 윌버포스(Wilberforce)에게 보낸 편지에서 다음과 같이 노예제도의 시행을 반대하였다. "싸우십시오. 하나님의 이름으로, 하나님의 전능하심으로 [태양 아래 가장 추악한 제도인] 식민지의 노예제도가 이 땅에서 사라질 때까지 싸우십시오."[15]

앞서 웨슬리는 「노예제도에 대한 단상들」이란 책을 펴냈다. 이 책에서 그는 노예제도를 옹호하는 논리를 비난하였다. 노예를 거느리는 아메리카 식민지 주민들의 기본적인 변명은 논쟁거리가 될 수는 있어도 합법적인 것이었다. 젊은 시절 했던 자신의 설교 "율법의 기원, 본성, 속성, 사용"에서 통찰을 얻은 웨슬리는 인간의 법이나 실증법은 자연법을 넘어설 수 없다고 주장하였다. 예컨대 "실증법은 사물의 본성을 바꿀 수 없다."[16]고 보았다. 달리 말하면, 자연법은 군중의 변덕이나 변덕스런 군중의 투표에 의해서가 아니라 하나님의 형상으로 피조된 인간의 기본적인 권리에 속하는 문제이다. 따라서 대중의 뜻은 자연법 혹은 도덕법과 조화를 이루어야 하고 "창조되거나 창조된 만물의 항구적인 생존"[17]과 조화를 이루어야 한다. 웨슬리는 다음과 같이 설명한다.

THOUGHTS

UPON

SLAVERY.

By JOHN WESLEY, A. M.

LONDON, PRINTED:
Re-printed in PHILADELPHIA, with notes,
and sold by JOSEPH CRUKSHANK.
MDCCLXXIV.

존 웨슬리의 『노예제도에 대한 단상들』

자연과 이성의 법에 따라 포획이든 계약이든 부모를 노예로 만들 수 없습니다. 자녀들을 노예로 만드는 것은 더더욱 안 됩니다. 모든 노예는 자비의 법에도 맞지 않고 정의의 법에도 맞지 않습니다.[18]

노예를 매매한 것이 아니라 상속으로 받은 것이라고 주장하는 식민지의 노예 소유주들에 대해 웨슬리는 다음과 같이 단호하고도 일관되게 대꾸하였다. "당신들의 양심에 거리낌이 없다고 해서 충분한 것인가? 당신의 아버지는 다른 사람을 노예로 사용할 권한이 있었던가? 당신은 다른 사람을 노예로 사용할 권한이 있는가? 살아있는 어떤 누군가가 다른 사람을 노예로 사용할 권한이 있는가?"[19] 시민의 자유든 종교의 자유든, 자유는 "이 땅의 공기를 숨 쉬는 한"[20] 인간이라면 누구나 누려야 할 권리이다. 그러므로 노예 감독들은 노예들이 스스로를 보호할 권리가 있음을 인정해야 한다. 일관되지 못한 위선자라 할지라도 논리적인 논증이나 하나님과 이웃 사랑의 요청을 뿌리칠 수 없다. 웨슬리는 이렇게 강변하였다. "마땅히 자유가 있어야 할 사람들에게 자유를 주어라. 모든 인류의 자녀들에게 인간 본성을 가진 모든 인간에게 자유를 주어라."[21]

미국의 독립혁명

18세기 중엽, 프랑스와 아메리카 원주민이 전쟁을 하는 동안(1754-1763) 영국과 프랑스는 북아메리카를 차지하고자 힘겨루기를 하고 있었다. 이 전쟁으로 인해 많은 사람들이 살해되고 엄청난 재산피해가 있었다. 결국 이 싸움은 영국의 일방적인 승리로 끝났다. 전쟁으로 인해 국가 부채가 7,000만 파운드에서 1억 3,000만 파운드가 된 경제적 부담을 덜기 위해서[22] 영국의 조지 그린빌 수상은 "비용의 한도를 정하고 아메리카 식민지 주민들로 하여금 전쟁의 비용을 나눠 내자"[23]고 제안하여 식민지 정부에 세금을 부과하였다. 이에 식민지 주민들은 부과된 세금으로 큰 고통을 겪게 되었고, "대의권도 없는데 세금을 부과하는 것은 폭정"이라는 응집된 목소리를 내게 되었다.

웨슬리는 초기 아메리카 식민지 주민들을 향해 아주 동정적이었다. 그래서 그린빌 수상을 따르는 정치가들은 웨슬리와 긴장관계를 이루고 있었다. 예를 들면, 1768년에 쓴 "현행 공공 문제에 대한 자유로운 단상들"(*Free Thoughts on the Present State of Public Affairs*)이란 글에서 웨슬리는 다음과 같이 기술하였다. "나는 아메리카 식민지에 대한 정부의 입장에 동의하지 않습니다. 그것이 법에 입각해서이건, 평등이나 상황에 입각해서이건, 누가 그 입장을 지지할 수 있겠습니까?"[24] 그러나 (보스턴 차 사건과 보스턴 학살이 있었던) 1775년에 이르러 많은 것에 변화가 생겼다. 1775년 웨슬리는 노스 경(Lord North)에게 다음과 같이 편지를 쓰고 있다.

> 나는 식민지 주민들의 잘잘못을 묻고 싶지 않습니다. 여기서 나는 식민지 주민들을 적대시하는 편견을 갖고 있습니다. 왜냐하면 내가 고교회에 속한 사람으로 어릴 적부터 수동적인 순종과 대들지 않는 것을 가장 큰 덕으로 여기는 고교회 가정의 아들로 자랐기 때문입니다.[25]

웨슬리가 노스에게 보낸 이 편지의 내용은 세속적인 것과 영적인 것을 연결시키고, 정치적인 성향과 교회적인 성향을 연관시키고 있다는 점에서 우리를 당황스럽게 한다. 이 같은 연결은 영국 종교개혁 이후 학교 교육을 받은 18세기 토리당 사람들에게는 익숙한 것이었다. 이 점에 대해 웨슬리는 후에 이렇게 기술하였다. "나의 종교적 행위와 정치적 행위 사이에는 … 아주 밀접한 관계가 있습니다. 나는 '하나님을 경외하는 일'과 '왕을 존중하는 일'에 동일한 권위를 부여합니다."[26] 웨슬리가 정치와 정치적 권위를 인

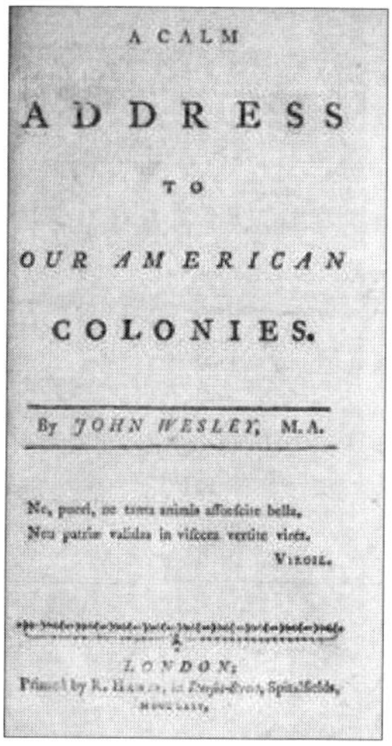

존 웨슬리가 편집한 『우리의 아메리카 식민지 주민들에게 보내는 조용한 권고』

정하는 오랜 전통은 그리스도인의 완전의 교리를 왕에게 복종하는 것과 연결시킨 부분에서도 나타난다. 웨슬리는 "그리스도인의 완전을 반대하는 적들은 일반적으로 말해서 조지 왕과 그의 권세 아래 있는 모든 이들의 가장 뜨거운 적들"[27]이라고 주장하였다.

1775년은 웨슬리의 정치적인 견해가 큰 변화를 겪은 해였다. 이때 웨슬리는 사무엘 존슨의 『폭정이 없는 과세』(*Texation No Tyranny*)라는 책을 읽었다. 이후 웨슬리는 이 책을 『우리의 아메리카 식민지 주민들에게 보내는 조용한 권고』(*A Calm Address to Our American Colonies*)라는 제목으로 편집하여 출판하였다. 유명한 영국의 작가요 사전 집필자였던 존슨은 웨슬리의 책이 분명 표절에 해당했음에도 불구하고 웨슬리의 책을 통해 자신의 생각이 두루 호평을 받게 된 것을 고맙게 생각하였다. 그러나 핸리 랙(Henry Rack)이 말했듯이, "이 문제와 관련해서 당신의 관대한 기준을 적용한다 하더라도 웨슬리가 존슨의 개념을 가져다 사용한 것은 대단히 도를 넘는 것이었다."[28]

어쨌든 『우리의 아메리카 식민지 주민들에게 보내는 조용한 권고』를 출판한 웨슬리는 여러 면에서 "왕정과 입법을 지지하는 지조가 있는"[29] 영국인이었다. 당시 웨슬리는 일지에 "영국 의회가 아메리카 식민지 주민들에게 세금을 부과할 권한이 있는가?"[30]라는 물음을 던지고는, "영국의 최고 권력자는 전체 제국의 유익을 위해서 (아메리카 식민지 주민들에게) 세금을 부과할 법적 권한을 갖는다."[31]고 재천명하였다. 진정 웨슬리는 영국의 의회가 세금을 부과시킬 권한이 없다고 하는 자는 영국의 의회로 하여금 어떤 법도 만들 권한이 없다고 하는 자라고 생각하였다. 더 나아가 웨슬리는 아메리카의 식민지 주민들은 "자연의 상태에 있으며, 헌장에 따라 지배를 받은 식민지 주민으로 전락했으며,"[32] 더 중요한 것은 저들의 조상들이 자신들의 동의 없이도 생명과 자유와 재산을 처분할 권리를 왕과 의회에 양도하였음을 조심스럽게 상기시키고 있다. 이 책 말미에 정리된 정치적 판단은, 특별히 복음의 아버지인 웨슬리가 "하늘 아래 어떤 정부도 공화당만큼 포악하지 않습니다. 어떤 속국도 영국 연방 하의 속국만큼 임의대로 치리된 적은 없습니다."[33]라고 하였을 때, 아메리카 식민지의 많은 감리교도들은 당혹감을 느꼈다. 존슨의 원작보다 심한 표현을 써서 웨슬리는 우리가 겪는 재앙의 진정한 기반은 "우리가 하나님을 경외하고 왕을 존중하기까지는 철저하게 제거되지도 않고 제거될 수도 없는"[34] 죄라고 하였다.

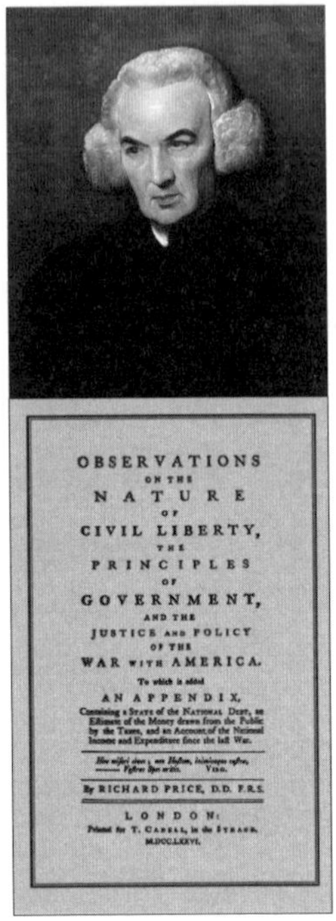

리처드 프라이스와 그의 저서 『시민의 자유의 본성, 통치의 원리, 아메리카 식민지와의 전쟁에 대한 정의와 정책에 대한 전망들』

다음 해 유니테리안으로 이름을 날린 리처드 프라이스(Richard Price)가 『시민의 자유의 본성, 통치의 원리, 아메리카 식민지와의 전쟁에 대한 정의와 정책에 대한 전망들』(*Observations on the Nature of Civil Liberty, the Principles of Government and the Justice and Policy of the War with America*)을 출판하였다. 프라이스는 이 책에 아메리카 식민지 주민들이 말하는 자유에 대한 생각을 담았다. 이 책은 바로 유명해졌고 이내 60,000권이나 팔려나갔다. 이후 가격이 덜 나가는 책으로 찍어 냈을 때는 두 배 이상의 책이 팔려나갔다.[35] 웨슬리는 곧바로 『최근 한 논문으로 촉발된 자유에 대한 몇몇 전망들』(*Some Observations on Liberty Occasioned by a Late Tract*)이란 책을 써서 프라이스에 대응하였다. 자신의 초기 글들 예컨대 『자유에 대한 사유들』(*Thoughts on Liberty*)에 기초하여 웨슬리는 다시 한 번 종교적인 자유와 시민의 자유를 구분하여 전개하였다. 이 글에서 웨슬리는 프라이스 박사에 반대하여 영국의 속국인 아메리카 식민지 주민들이 종교와 시민의 자유 둘 다를 풍요롭게 향유하고 있다고 주장한다. 웨슬리의 주장은 다음과 같다.

> 물론 헌장의 권한을 빼앗기는 경우가 있다. 식민지 주민들이 그들의 헌장의 권한을 갖고 있는지에 대해서는 다른 사람들이 결정할 몫으로 남기고자 한다. 그들이 헌장의 권리를 갖고 있는지 아닌지에 대해서는 의심할 이유가 없다. 그러나 저들이 항복한 순간, 정부는 여전히 저들의 조상들과 영국인들이 누렸던 것처럼 시민의 자유와 종교의 자유를 풍요롭게 누리도록 허락할 것이다.[36)]

분명 웨슬리는 미국의 정치적 지형에서 얘기되ㄲ 있는 자유와 해방의 의미를 거의 이해하지 못하고 있었다. 웨슬리는 치밀하면서도 법적인 방법으로 분석하면서 이들의 외침이 자유를 위한 외침이 아니라 독립을 위한 외침이라고 이해하였다.

감리회의 아버지로서 웨슬리는 아메리카 식민지의 감리회가 1770년대 주로 평신도 중심의 운동이었음에도 불구하고 식민지 지역의 정책에 참여적 관심을 갖고 있었다. 일례를 든다면, 1760년 즈음 이민 농부였던 로버트 스트로우브리지(Robert Strawbridge)가 매릴랜드와 버지니아에 회합들을 조직하였다. 또 북쪽으로는 필립 엠버리(Philip Embury)와 그의 사촌인 바바라 헥(Barbara Heck)이 1766년 뉴욕에서 성공적인 평신도 목회를 시작하였다. 일년 후 토마스 웹 대위(Captain Thomas Webb, 군대에서의 실제 지위는 중위였다)는 필라델피아에서 일할 터전을 마련하였다. 식민지의 감리회가 자리를 잡아가도록 돕기 위해서 웨슬리는 1769년 설교에 탁월한 은사가 있는 리처드 보드만(Richard Boardman)과 조셉 필모어(Joseph Pilmore)를 식민지에 파송하였다.

프랜시스 애즈버리와 그의 야간 설교

2년 후에는 리처드 라이트(Richard Wright)와 프랜시스 애즈버리(Francis Asbury)가 이들에 합류하였다.

식민지 주민들과 영국인들 사이에 긴장이 고조되면서 웨슬리가 아메리카로 파송했던 설교가들은 1777년 모두가 본국으로 돌아갔다. 그러나 프랜시스 애즈버리는 식민지에 남아 그의 재능과 헌신을 통해 새로운 세계에서 웨슬리의 상대자이자 미국 감리회의 아버지로 부상하였다.[37] 미국의 민주주의에 깊이 헌신하였던 애즈버리는 종종 웨슬리의 정치적 입장에 실망을 표하였다.("백성들이 정부의 힘을 많이 공유할수록, 시민의 자유든 종교의 자유든 나라에는 자유가 줄어든다.")[38] 이러한 입장은 자연스럽게 회중교회와 장로교회는 문제가 되지 않았는데 미국의 감리회원들에게 문제가 되었다. 더 나아가 웨슬리는 다음 해 "북 아메리카에서 하나님이 최근에 하신 일"(The Late Work of God in North America)이라는 설교를 펴냄으로써 문제를 더 복잡하게 하였다. 이 설교는 새로운 세계에서 왜 참된 영성(true religion)이 쇠퇴하고 있는지를 탐구하는 바, 부의 파괴력이 "교만, 사치, 게으름, 방탕함의 합병증"[39]을 낳고 있고 "독립의 정신이 북에서 남으로 번져가고 있기" 때문이라고 보았다.[40]

웨슬리는 에세이와 논문과 출판된 설교를 통해 자신의 정치적 입장을 자유롭게 표현하였다. 그러나 왕을 반대하는 정치적 연설은 강단에서 엄격하게 피해야 한다고 주장하였다. 웨슬리는 "성서는 '통치자에 대해 험담을 해서는 안 된다.'고 명하고 있습니다."라고 경고하였다.[41] 그 이유는 복음 설교자들의 주 의무가 "십자가에 달리신 주 예수 그리스도를 전하는 것"[42]이기 때문이다. 때문에 웨슬리가 감리회 설교단에서 허용했던 유일한 정치적 설교는 왕을 반대하여 악한 말과 중상을 하는 것을 반대하는 것이었다. 웨슬리는 다음과 같이 충고하였다.

> 개인이 공적인 직무에 있는 사람들이 내린 결정을 판단하는 것은 어렵고도 불가능합니다. … 그러므로 일반적으로 말해 저들이 자신들의 일을 가장 잘 안다고 생각하면서 침묵해 주는 것이 필요합니다.[43]

다시 말하지만, 웨슬리는 "하나님을 향해 '회개'를 선포하고 우리 주 예수 그리스도를 믿는 믿음을 선포하는 것이 우리의 주된 의무입니다."[44]라고 주장한다. 교회 안에서 언제나 울려 퍼져야 하는 것은 구원의 기쁜 소식인 복음의 선포이지 논쟁으로 분분한 이념이 아니다.

아내와의 갈등과 결별

웨슬리가 영국과 영국 식민지의 정치적 차원의 정의에 대해 강론을 시작하기 바로 전 웨슬리의 사생활이 깊은 문제에 직면한 것은 참으로 역설적인 일이다. 예를 들면, 계속된 무관심 속에 버려진 그의 부인 메리는 마침내 1774년 9월 웨슬리를 떠났다. 따라서 1758년, 1768년, 1771년 떠났다 돌아오는 반복적 순환은 결국 깨어짐으로 결말이 났다.

메리가 떠나기 한 달 전 웨슬리는 서둘러 23년 전 결혼했을 때부터 현재에 이르기까지 아내의 결점을 낱낱이 제기하는 편지를 보내기로 결심했다.

자연스럽게 메리가 남편의 편지를 공개하면서 사라 라이언을 둘러싼 사건의 소문이 돌고 있었다. 웨슬리가 이전의 결점을 다시 건드린 이유는 아마도 편지 말미에서 자기 부인이 남편의 지배를 받아 묵묵히 겸손할 것을 강요 하고자 했기 때문일 것이다. 서투른 남편이었던 웨슬리는 자신의 결혼생활의 불화를 해결하는 유일한 길은 부인을 잠잠하게 하는 것이라 생각했다. 그래서 이전과 마찬가지로 웨슬리는 다음과 같이 주의를 주었다.

> 더 이상 지배, 권력, 돈, 칭찬에 목말라 하지 말라. 하나님과 내가 사랑하고 인정해 주는 것으로만 만족하고 은밀하고 조용한 사람이 돼라. 하나님과 사람의 법으로 내가 갖는 자유를 억압하지 말라. 나로 하여금 하나님과 나의 양심에 따라 살아가도록 허락하라. 그러면 나는 부드러움으로 너를 대하리라.[45)]

이것은 화해를 원하는 편지가 아니었다. 이런 식의 접근은 과거에도 효과가 없었다. 이런 내용으로 편지를 주고받는 둘의 사이는 현재도 앞으로도 평탄하지 않을 것이다.

1774년 웨슬리와 메리는 회복할 수 없는 상태가 되었고 상호 동의하에 헤어지게 되었다. 그러나 이것이 결코 관계의 끝은 아니었다. 존과 메리는 1778년 10월까지는 서신을 왕래하고 있었다. 이후 편지에서 존이 자신의 적대자들인 칼뱅주의 감리회원들에 대해 부적절하게 표현한 것을 메리가 성숙하지 못한 방법으로 판단한 것이 문제가 되었다. 칼뱅주의 감리회원들은 이미 10년 전 웨슬리와 결별을 한 상태였다. 이 문제의 내용이 실제 1775년 왕래한 편지의 내용이었지만 1777년까지 공개되지 않았다. 웨슬리는 이렇게 불평하고 있다.

> 여전히 당신은 나에 대해 악담을 하는구려. 특별히 나의 적대자들에게 나에

> 대해 악담을 늘어놓는구려. 그러나 악한 사람들이 승리감에 취해 저들의 악한 방식에 확신을 갖고 있는 것이지. … 하나님과 원수 된 자들이 손에 검을 잡고, 하나님의 자녀들은 서로 반목하게 되었네.[46]

과거에 메리가 집을 나갔을 때, 존은 그녀가 원하기만 하면 언제나 돌아올 수 있도록 허락하였고 어떤 조건도 달지 않았다. 그런데 이번은 상황이 달랐다. 부인의 행동을 비판했던 같은 편지에서 웨슬리는 메리가 집에 돌아오려면 다음의 세 가지 조건을 충족시켜야 한다고 단서를 달았다. 1) 내가 한 말들을 지켜라. 2) 더 이상 집을 나가지 않겠다고 약속하라. 3) 나에게 했던 악담들을 취소하라.[47] 메리는 과거에 집을 쉽게 떠났었다. 그러나 이제 쉽게 돌아올 수 없었다. 용서를 받기 위해서는 주어진 조건을 지켜야 했다.

관계의 악화로 인해 웨슬리가 부인에게 보낸 마지막 편지는 더 이상의 화해를 어렵게 만들었다. 웨슬리는 변명으로 가득한 부인의 불평이 자신에게 어떤 불의를 가져다주었는지 분명하게 직시하였다. 안타깝게도 이 편지는 과거의 지적을 반복하면서 집으로 돌아올 수 있는 조건을 제시하였다. 웨슬리는 부인에게 이렇게 선언하였다. "당신이 앞으로 천년을 산다면, 이제까지 행한 해악을 더 이상 해서는 안 됩니다. 앞으로 당신이 했던 일을 원상으로 회복시킬 때까지 당신에게 이별을 통보하는 바이오."[48] 조건에 상관없이 메리는 돌아가지 않을 참이었다. 수년 동안의 여행, 상대적인 무관심, 권위적인 삶, 때때로 자기 의에 찬 삶을 살았던 남편은 그 대가를 치르고 있었다.

몇 년이 지나 1781년 8월 8일 메리가 죽었을 때 존은 그 사실을 바로 전해듣지 못했다. 결국 그는 메리의 장례식에 참석하지 못했다. 그러나 어떤 이들은 설사 웨슬리가 장례식의 시간과 장소를 알았다고 해도 참석하지 않았을 것이라고 생각한다. 그 이유는 부인의 죽음이 "편지로 인한 파장"[49]을 잠재우지 않았기 때문이다. 불행하게도 존과 메리를 헤어지게 한 마지막 상처는 그 파장이 크고 넓었다.

칼뱅주의자 감리회원들과의 논쟁

1770년대 웨슬리의 결혼이 파경에 이른 것만큼이나 어려웠던 문제는 칼뱅주의자 감리회원들과의 관계였다. 그의 결혼 관계만큼이나 칼뱅주의자들과의 관계는 복잡하고 오해가 많았는데 웨슬리의 행동으로 더욱 악화되었다. 예를 들면, 중요한 신학적 문제들에 대해 칼뱅주의자들과 대화를 원했던 웨슬리는 브로드 헴버리(Broad Hembury)에서 부담임목사요 찬송가 〈만세반석 열리니〉(Rock of Ages)의 작사자인 어거스투스 톱레이디(Augustus M. Toplady)의 가르침을 어설프게 요약하였다. 이에 만족하지 못했던 웨슬리는 허락도 받지 않고 톱레이디의 앞 글자들을 이상하게 정리된 문서에 덧붙이는 만용을 저질렀다.

톱레이디

> 인류 가운데 20명 중 한 명은 하나님의 선택을 받았고 19명은 하나님께 버림을 받았다. 선택된 사람들은 구원을 받아 그들이 원하는 바를 행할 것이나 버림을 받은 자들은 저주를 받아 저들이 할 수 있는 것을 할 것이다. 독자들이여, 이것을 믿으라. 그렇지 않으면 저주를 받을 것이다. 내 손도장으로 이를 증명함, A___T___.[50]

자연히 톱레이디는 화가 났고 자신을 험담하는 존과 대화하기를 원했다. 그렇지만 웨슬리는 톱레이디의 제의를 일언지하에 거절하였다. 웨슬리는 “나는 어거스투스 톱레이디 씨를 잘 안다. 그러나 나는 굴뚝 청소부와 싸우고 싶지 않다. 그는 너무 지저분해서 나로서는 상대하고 싶지 않은 작가이다. 내가 더럽혀져야 한다면 손가락만을 더럽히면 충분하다.”[51]

1770년 가을이 되어 탁월한 웅변가요 칼뱅주의 지도자였던 조지 휫필드는 아메리카 식민지의 7차 설교 여행을 갔다가 매사추세츠 주 뉴베리포트(Newburyport)에서 죽음을 맞았다. 영국의 그린위치에 소재한 테버네클(Tabernacle) 교회의 인사위원회에서 11월 23일 장례 예배에 웨슬리를 설교자로 초청하였다. 웨슬리는 초청을 받아들임으로써 목회의 동역자였던 휫필드를 추모하고 그동안 어려운 관계를 갖고 있었던 이들과 의미 있는 만남의 기회를 만들었다. 웨슬리는 민수기 23장 10절을 본문으로 삼았다. "티끌처럼 많은 야곱의 자손을 누가 셀 수 있겠느냐? 먼지처럼 많은 이스라엘의 자손을 누가 셀 수 있겠느냐?" 설교의 세 번째 요지에서 웨슬리는 휫필드가 선포했던 믿음에 의한 칭의와 신생 교리의 기본적인 교리를 강조하였다. 그렇지만 "영원한 계약"(eternal covenant)이나 절대적 예정은 결코 언급하지 않았다. 이러한 의도적 생략은 자연스럽게 휫필드의 칼뱅주의 친구들을 노하게 하였고 이내 뜨거운 논쟁의 불씨가 되었다.

앞서 1770년 8월에 모인 감리회 연회에서 웨슬리와 그의 설교자들은 자신들이 너무 많이 칼뱅주의로 기울어 있다고 결론하였다. 이 주장은 이미 1744년에 나왔던 것인데 1770년 연회에서는 8개의 조항이 담긴 좀 더 직설적인 표현으로 제기되었다. 이로 인해 부흥 운동의 초기부터 웨슬리와 함께 활동했던 레이디 헌팅던(Lady Huntingdon)은 심히 당혹하였다. 헌팅던은 1740년 페터레인에서 웨슬리와 논쟁 도중 항의의 표시로 밖으로 뛰쳐나갔던 인물이다. 그러나 그 사이에 많은 것이 변화하였다. 백작부인이 된 헌팅던은 칼뱅주의 감리회원들의 후견인이 되었고 호웰 해리스(Howell Harris)와 서신을 주고받은 후 칼뱅주의 감리회원들의 의견을 수렴하여 1768년 트레베카(Trevecca)에 설교자들의 훈련을 위한 대학을 설립하였다. 새로운 신학적 입

레이디 헌팅던

장을 갖고서 헌팅던은 1770년 연회록을 "가면을 벗은 로마 가톨릭"(popery unmasked)[52]이라고 평가하였다. 더 나아가 1771년 레이디 헌팅던 은 웨슬리의 "교황 같은" 입장을 찬동하였다 하여 조셉 벤슨(Joseph Benson)을 트레베카 대학에서 축출하였다. 웨슬리의 친한 친구이자 대학의 총장이었던 존 플레처(John Fletcher)는 실력을 갖춘 제자 벤슨을 지지하면서 총장의 자리를 사임하였다.

다소의 칼뱅주의자들의 반응과 특별히 1771년 전반기 윌리엄 로메인이 「복음 잡지」(*Gospel Magazine*)를 통해 표출한 비판을 접한 웨슬리는 같은 해 메리 비숍(Mary Bishop)에게 보낸 편지에서 전반적인 사태를 정리하여 "악명 높은" 여덟 가지 조항에 대해 다음과 같이 결론내렸다.

> 나는 이 여덟 가지 조항들을 생각하면 할수록 이 조항들을 더 좋아하게 될 뿐 아니라, 이 조항들이 성서와 건전한 경험에 참이고 가장 깊은 의미의 진리를 내포하고 있음을 충분히 확신하게 되었다.[53]

더 나아가 1771년 3월 22일에 쓴 존 플레처에게 보낸 편지에서 웨슬리는 그리스도의 피와 의로움이 우리의 구원의 유일한 공로이며 근거라고 주장하면서 "영국에서 누가 나보다 더 강력하면서도 지속적으로 이 진리를 주장한 적이 있었는가?"[54]라고 묻고 있다.

그러나 셀리나 레이디 헌팅던(Selina Lady Huntingdon)의 사촌인 월터 셜리(Walter Shirley)는 확신하지 않았다. 1770년 연회록이 "끔찍할 정도의 이설"을 담고 있다고 생각한 셜리는 "회신"(circular letter)을 써서 1771년 8월 브리스톨에서 웨슬리가 주재하는 모임을 연회로 개최하자고 제안하였다. 거기다가 셜리는 편지에서 1771년 모이는 연회는 작년 연회의 연장이기 때문에 이번 연회에서 작년 연회록의 공식적인 철회를 주장하자고 호소하였다. 편지가 두루 회자되면서 그 내용이 무방비 상태로 퍼져나갔고 한동안 신학적 입장이 양진영으로 나뉘게 되었다. 예를 들면 레이디 글레노치(Lady Glenorchy)는 편지를 읽은 직후 자신의 교회 설교단에 웨슬리 설교자들을 세우지 않았다. 이 편지는 또한 1771년에 모인 연회에 지대한 관심을 갖게 하였다. 웨슬리 자신도 일지에서 "셜리 부인의 회신 덕택에 평소보다 더 많은 설교자들이 연회에 참석하였다."[55]고 술회하였다.

1771년 8월 8일 약속한 대로 셜리와 9-10명의 다른 회원들은 브리스톨 회의에 참석하였다. 많은 논의를 거친 후에 웨슬리는 "모인 사람들은 생각했던 것처럼 우리가 끔찍스런 이단자들이 아니라 건전한 믿음을 가진 것으로 인정될 수 있다는 점에 만족하였다."[56]고 결론하였다. 상호 평화적인 분위기에서 웨슬리와 그의 설교자들은 새로운 선언을 발표하였는데, 웨슬리는 이 선언이 내용을 분명히 한 것이라고 보았고, 셜리는 전년도 연회록을 철회한 것이라고 이해하였다. 여기서 선언을 좀 길게 인용할 필요가 있다.

> 1770년 8월 7일 런던에서 개최된 연회록에서 몇몇 부분이 교리적으로 행위에 의한 칭의를 의미하는 것으로 오해되고 있으므로, 이제 연회에 모인 존 웨슬리 목사와 그 외의 회원들이 행위에 의한 칭의를 의미한 바가 아니며 이는 가장 위험하고 피해야 하는 교리임을 선언한다. 보고된 연회록은 표현에 있어서 충분히 검열된 것이 아니므로, 이로써 우리는 하나님의 편에 서서 이생이나 죽음이나 심판의 날에 우리 주님과 구원자 예수 그리스도만이 칭의나 구원의 유일한 공로가 됨을 믿고 확신함을 엄숙히 선언한다. 우리는 시간과 기회가 주어졌는데도 선한 행위를 하지 못한 (그래서 구원 받을 수 없는) 진정한 그리스도인이 아니다. 그러나 우리의 행위는 처음부터 끝까지, 전체적으로든 부분적으로든 우리의 칭의에 어떤 공로도 없으며 우리의 칭의를 행위로 살 수 없음을 선언한다.[57]

이 선언은 적어도 한동안 논쟁의 불씨가 되어 불을 지폈다. 그리고 셜리는 자신의 편지가 웨슬리의 정서를 올바로 판단하는 데 너무 성급하였다고 인정하였다.[58]

그러나 모든 것이 순조롭게 진행되지는 않았다. 자신의 선언문의 잉크가 채 마르기도 전에 웨슬리는 셜리의 만류에도 불구하고 출판을 위해 존 플레처가 쓴 1770년 연회록의 『해명: 율법폐기론에 대한 첫 번째 반박』(*Vindication: First Check to Antinomianism*)을 발송하였다. 당시 웨슬리의 "옹호자"로 알려진 플레처는 여러 해 동안 감리교의 아버지와 교류하였다. 스위스의 전통 있는 가문에서 태어난 플레처는 칼뱅주의의 가르침에 반대하여 스위스에서 목사 안수 받기를 거부하였다. 1752년 영국으로 이민을 온 플레처는 탁월한 개인 교사가 되었고 곧이어 감리회원들의 경건과 성실에 감명을 받았다. 1757년 웨슬리와 상담을 한 이후 플레처는 3월 6일 영국 국교회에서 부제 서품을 받았고 다음 주에 사제가 되었다. 플레처는 깊은 경건뿐 아니라 탁월한 지성을 함께 소유하고 있었다. 난국에 처한 웨슬리는 플레처의 지성을 활용하였다. 사실 웨슬리는 플레처의 논리적으로 설명하는 능력을 확신하였고, 1771년 연회가 끝난 지 한 주도 안 되어 헌팅던 백작부인에게 다음과 같은 내용의 편지를 썼다.

> 나는 "연회록에 기록한 원리들"이 성인들에게 전해졌던 일관된 교리이며 이런저런 신앙과 반대되지 않는다고 생각합니다. 플레처 씨의 편지들을 차분하게 읽은 사람이라면 저와 같은 확신을 가질 것이라 생각합니다. 그러므로 나는 "이들 원리들에 반대하는 열심"은 진리에 반대하는 열심이고 우리 주님을 경외하는 일에 반대하는 열심이라고 생각합니다. "주님을 경외하는 것은 제게 거룩한 일입니다." 이 일을 위해서 지난 40년 넘게 일해 왔습니다.[59]

그 후 그의 초기 화해적인 선언을 철회하는 것처럼 보였던 웨슬리는 이제 동료의 후원을 받아 용기를 얻어 백작부인에게 다음과 같이 선언한다.

> 그러나 플레처 씨의 편지들이 회신을 받기까지 나는 연회록의 내용을 반대하는 것은 주님을 경외하지 못하게 하며 우리의 예언자요 제사장이며 더욱 특별하게는 그의 백성의 왕인 우리 주님께 명백한 모욕이라고 생각할 수밖에 없습니다.[60]

『해명』이 환영을 받은데다가 존 웨슬리의 격려 편지에 힘을 얻은 플레처는 다음 달 『율법폐기론에 보내는 두 번째 반박』(*Second Check to Antinomianism*)을 출판하였다. 웨슬리는 칼뱅주의가 쉽게 "모든 그리스도인의 마음에 치명적인 적이 될 수 있다."[61]고 생각했기 때문에 플레처가 쓴 책의 변증적 제목을 특별히 좋아하였다. 자연스럽게 반박이란 부제로 펴낸 두 권의 책은 새로운 차원의 파장을 일으키며 논쟁의 불씨를 당겼다. 백작부인의 예배당에서 설교했던 로우랜드 힐(Rowland Hill)은 1772년 중엽 『플레처가 쓴 반박에 대한 자세한 이야기들』(*Friendly Remarks upon Fletcher's Checks*)을 써서 논쟁에 뛰어들었다. 플레처의 『율법폐기론에 보내는 두 번째 반박』은 힐로 하여금 더 이상 침묵할 수 없게 하였다. 몇 년이 지난 1777년 힐은 의지를 갖고서 『밝혀진 거짓』(*Imposture Detected*)을 출판하였다. 이에 대해서 리처드 그린(Richard Green)은 "기독교인 목사가 썼다기보다는 빌링스게이트(Billingsgate) 어시장에서나 더 어울릴 법한 저급한 언어의 오용이 가득한 끔찍스러운 책"[62]이라고 평가하였다. 이와 관련해서 웨슬리는 "나는 로우랜드 힐 씨의 훌륭한 글을 읽었습니다. 놀라웠습니다. 힐 씨에 비한다면, 톱레이디 씨는 아주 온화하고 객관적으로 말하는 신사입니다."[63]라고 피력하였다.

로우랜드의 동생이었던 리처드 힐은 플레처가 『율법폐기론에 보내는 세 번째 반박』(*Third Check to Antinomianism*)을 출판하자 이에 반대하는 글을 썼다.

존 윌리엄 플레처

그가 썼던 중요한 글들 가운데 "존 웨슬리 씨가 가르친 모든 교리들에 대한 평가"(Review of all the Doctrines Taught by Mr. John Wesley)는 웨슬리를 당황시켰다. 이 글을 읽은 웨슬리는 힐이 누군가를 겨냥해 창을 던졌다고 비난하였다.[64] 웨슬리는 바쁜 스케줄을 뒤로하고 힐의 문제제기에 자세한 답변을 하기로 하고 1772년 9월 "힐 씨가 쓴 '존 웨슬리 씨가 가르친 모든 교리들에 대한 평가'에 대한 몇 가지 제언들"(Some Remarks on Mr. Hill's 'Review of all the Doctrines Taught by Mr. John Wesley')을 출판하였다. 웨슬리는 힐의 글이 논리적으로 일관성이 없으며 잘못된 전제와 가설이 있을 뿐더러 『기독교 총서』에서 인용된 용어가 마치 웨슬리의 것인 양 몰고 간다고 지적하였다. 웨슬리는 "문제는 내가 스스로 모순이 되는가를 살펴야지, 다른 누군가와 예컨대 그가 박스터(Mr. Baxter)든, 구드윈(Goodwin)이든, 플레처든, 『기독교 총서』이든 심지어는 내 동생이든 어떤 다른 사람과 내가 모순이 되는가를 살펴서는 안 됩니다. 분명히 말하건대 이 사람들은 내가 아닙니다."[65]라고 조심스럽게 언급하였다. 힐 씨가 "존 웨슬리 씨가 가르친 모든 교리들에 대한 평가"에서 조롱거리로 삼은 "아르미니우스주의자"(Arminian)라는 용어에 대해서 웨슬리는 다음과 같이 주장하였다.

> 그러나 우리와의 약속이 "죽음과 맺는 계약이며 그리스도의 왕국을 반대하는 음모"가 될 것이므로, 그가 그런 정서로 글을 쓴다면 나나 플레처 씨나 어떤 아르미니우스주의자가 그와 무슨 평화를 기대할 수 있겠습니까? 그러므로 나는 그와의 어떤 평화도 기대하지 않습니다. 왜냐하면 그가 절대 예정의 교리를 "하나님의 진리들"로 믿지만 나는 믿지 않기 때문입니다.[66]

다음 해 출판된 『발작을 멈춤』(*Finishing Stroke*)이란 책에서 리처드 힐은 플래처와 웨슬리에게 관심을 접고 대신 웨슬리가 칼뱅주의 입장을 풍자한 것에 대해 비판하였다. 논쟁이 벌어지고 있는 동안 플레처는 이 경우뿐 아니라 전체적인 입장에서 웨슬리를 도왔고, 이를 통해 웨슬리는 자기가 죽은 다음에 자기를 이을 후계자로 플레처를 생각하였다. 웨슬리는 1773년 1월 "그러나 하나님께서 그토록 준비된 사람을 보내신 적이 있었던가요? 그가 누구입니까? 그가 바로 당신입니다."라고 플레처에게 선언하였다. 그러나 이 명예는 플레처에게 돌아가지 않았다. 왜냐하면 플레처는 존 웨슬리가 죽기 6년 전 건강의 악화로 고생하다가 먼저 별세했기 때문이다.

회의록에 담긴 신학

1770년 연회록의 내용이 왜 그토록 칼뱅주의자들에게 문제가 되었는가? 첫째는 어떤 사람들은 연회록의 신학적 자료가 믿음으로만 얻은 칭의 교리를 경시하는 "행위, 노동, 순종"과 같은 용어들을 명령의 의미로 사용하고 있다고 생각하였다. 예를 들면 연회록은 선행에 앞서는 행위에 대해 1차 감리회 연회부터 수차례 강조하였고 이는 문제를 야기할 수밖에 없었다.

> 우리는 이 말을 "인간이 의롭다 함을 얻기 위해서 아무것도 해서는 안 된다."는 말로 받아들인다. 그러나 이것보다 더 잘못된 것은 없다. 하나님의 은혜를 받고자 하는 사람은 "악에서 떠나 선을 행하도록 배워야 한다." 그러므로 하나님께서도 이사야 선지자를 통해서 가르치셨다. 누구든 회개하는 자는 "회개에 합당한 행위를 해야 한다." 이것이 은혜를 받고자 함이 아니라면 무엇 때문에 선을 행할 필요가 있을까?[67]

이는 웨슬리의 선행 은총 교리의 특성을 이해하지 못했던 칼뱅주의자들은 1770년 액턴 경(Lord Acton)이 이후 그랬던 것처럼 웨슬리가 행위에 의한 구원을 가르치고 있을 뿐더러 자신의 신학을 도덕주의, 자기-노력, 상투적 경건함에 양도함으로써 믿음에 의한 칭의의 교리를 경시하였다고 결론하였다. 그러나 웨슬리 신학의 실재는 전혀 다른 것이었다. 웨슬리는 특별히 칭의에 앞선 행위를 표현할 때 "같은 의미에서가 아닌"과 "같은 정도에서가 아닌"의 차이를 구분함으로써 자신의 신학적 표현에서 이들과는 다른 언어와 수사학을 사용하고 있었다. 예를 들면 웨슬리는 1745년에 쓴 「이성과 경건의 사람들에게 던지는 계속적인 호소」라는 논문과 1765년 출판한 "성서적 구원의 길"이란 설교에서도 이 구분을 사용하였다. 「이성과 경건의 사람들에게 던지는 계속적인 호소」에서 웨슬리는 다음과 같은 이유를 들어 설명한다.

감리회의 1770년 연회록

> 그러나 나는 어떤 의미에서 회개와 회개에 합당한 열매들이 칭의에 앞서는 것이 필연적이라고 인정하지만, 회개나 회개에 합당한 열매가 믿음과 동일한 의미에서 혹은 믿음과 동일한 정도로 칭의에 필연적인 것은 아니다. 왜냐하면 (기독교적인 의미에서) 믿는 순간 의롭다 함을 얻어 죄가 지워질 때 "그의 믿음이 그에게 의로 여겨진다." … 그러므로 회개나 외적인 행위로서가 아니라 믿음으로만 의롭게 된다. 결국 믿음과 동일한 정도로 칭의에 필연적인 것은 아무것도 없다.
>
> 회개나 회개에 합당한 열매가 [믿음과] 동일한 의미로 칭의에 필연적인 것은

아니다. 회개나 회개에 합당한 열매는 믿음처럼 칭의와 직접적이며 즉각적인 관계가 아니다. 믿음은 지근거리에서 칭의에 필연적이지만, 믿음이 자라거나 계속하는 데 필연적인 회개는 먼 거리에서 칭의에 필연적이다. 그러므로 회개에 필연적인 회개에 합당한 열매는 더 먼 거리에서 칭의에 필연적이 된다.[68]

위에서 언급되었듯이 "동일한 의미에서가 아니고"와 "동일한 정도에서가 아니고"를 구분함으로써 웨슬리는 다양한 의미를 설명할 수 있었다. 먼저 칭의에 앞서 회개와 회개에 합당한 열매의 필연성을 설명하였다. 웨슬리가 이렇게 설명할 때 칼뱅주의자들은 그의 생각이 로마 가톨릭에 속한다고 보았다. 다른 한편 회개와 회개에 합당한 열매가 의롭게 하지 않는다고 설명하였다. 웨슬리가 이렇게 설명할 때 칼뱅주의자들은 그의 생각이 복음주의적 영국 국교회에 속한다고 보았다.

"동일한 의미에서가 아니고"라는 처음 문구를 다시 살펴본다면, 이 구절을 통해 웨슬리는 회개가 먼 거리에서 칭의에 필연적이고, 회개에 합당한 열매는 그보다 더 먼 거리에서 칭의에 필연적이다. 웨슬리는 "그러므로 나는 '우리가 아무것도 하지 않고 아무런 조건 없이 받아들여진다는 것에 동의하지 않는다.' 왜냐하면 우리는 회개와 믿음이 없이는 받아들여지지 않으며 받아들여질 수 있는 자격이나 능력도 없기 때문이다."[69]라고 선언하였다. 또한 「이성과 경건의 사람들에게 던지는 계속적인 호소」에서 웨슬리는 더욱 강조하여 이렇게 기술하고 있다. "절대적으로 믿음에 앞서 회개해야 하고 기회가 있다면 회개에 합당한 열매가 있어야 한다."[70] "시간과 기회가 주어진다면"이라는 시간적 요소의 조건은 회개 자체에 해당하는 것이 아니라 회개에 합당한 열매에만 해당되는 조건이다. 회개는 의롭게 하는 믿음에 먼 거리에서 혹은 간접적으로만 필연적이라 해도 언제나 믿음에 필연적인 것이다. 웨슬리는 십자가 위에 달린 강도의 경우를 예로 들면서 이 천한 죄인도 회개를 통해서 그리스도를 믿는 믿음에 이르렀다고 결론한다. 웨슬리는 "십자가에 달린 강도마저도 회개와 경건과 자비가 있는 믿음이었다. … 그가 믿기 전 회개가 있었다."[71]고 주장하였다. 그러므로 회개를 하나님의 값없이 주시는 은총으로 봄으로써 웨슬리는 확신의 은총이 없이는 인간이 회개할 수 없음을 강조하였고, 회개를 칭의의 조건으로 봄으로써 하나님의 값없이 주시는 은총을 받아들임으로써 따라오게 되는 책임을 강조하였다. 여기서 웨슬리는 다시 한 번 인간의 공로나 행위에 의한 의가 아니라 은총의 도움을 받은 협력이 핵심임을 강조하였다.

따라서 "동일한 의미에서가 아니고" (혹은 "어떤 의미에서")라는 구절을 통해 웨슬리가 의롭게 하는 믿음에 앞서 회개의 필연성을 강조하였다면, 둘째 구절인 "동일한 정도에서가 아니고"를 통해서는 회개와 회개에 합당한 열매가 의롭게 하지 않는다는 점을 분명히 하였다. 예를 들면,「이성과 경건의 사람들에게 던지는 계속적인 호소」에서 제기되었던 여러 신학적 문제를 1765년 "성서적 구원의 길"이라는 설교에서 다시 다루면서 웨슬리는 다음과 같은 점들을 지적하고 있다.

> 그러나 [회개와 회개에 합당한 열매들은] 믿음과 동일한 의미나 동일한 정도로 칭의에 필연적인 것이 아닙니다. 동일한 정도가 아닌 것은 회개에 합당한 열매는 시간과 기회가 주어질 때 요구되는 조건적 필연성이기 때문입니다. 따라서 십자가에 달린 "강도"의 경우처럼 시간과 기회가 주어지지 않고도 의롭다 함을 받을 수 있습니다. … 그러나 믿음이 없이는 의롭다 함을 받을 수 없습니다. 믿음이 없이 의롭다 함을 받는 것은 불가능합니다. 마찬가지로 어떤 사람이 많은 회개를 하고 회개에 합당한 열매를 많이 맺는다고 해도 이 모든 것이 헛된 것입니다. 그러나 그가 믿는 순간 회개의 합당한 열매를 맺었건 맺지 않았건 혹은 회개를 많이 했건 적게 했건 의롭다 함을 얻습니다.[72]

그러므로 자신의 신학적 표현에 "동일한 정도에서가 아니고"라는 구분을 통해 노년의 웨슬리는 어떤 의미에서는 회개와 그에 합당한 열매가 칭의에 필연적인 것이긴 해도 의롭게 하지는 않는다고 선언할 수 있었다. 믿음만이 의롭게 한다. 사실 웨슬리는 일관되게 오직 믿음으로만을 가르쳤고 "성서적 구원의 길"을 썼던 같은 해 존 뉴턴에게 다음과 같이 피력하였다. "칼뱅과 마찬가지로 나도 72년 동안 늘 칭의에 대해 생각했습니다. 이 점에 대해 나는 칼뱅과 털끝 하나도 다르지 않습니다."[73] 오직 믿음으로만이라는 웨슬리의 주장은 정말 신뢰할 수 있는 것이었다. 그러나 이는 처음 구분인 "동일한 의미에서가 아니고"의 차원이 아니고 두 번째 구분인 "동일한 정도에서가 아니고"의 차원에 해당되는 말이었다. 이 두 구분을 혼동하거나 그 차이를 간파하지 못했던 사람들은 웨슬리가 오직 믿음으로만의 개념을 버렸다고 주장했던 것이다.

장 칼뱅

웨슬리는 헌팅던 백작부인과 월터 셜리 등 칼뱅주의자 비평가들과 이 문제를 놓고 복잡한 논쟁에 빠지게 되었다.[74] 그 이유는 웨슬리가 연회록에서 복잡한 신학적 문제를 설명할 때 (어떤 의미에서 칭의에 앞서 행위가 필연적이라는) 한 표현만을 사용하였기 때문이었다. 그러나 1770년대에 들어 웨슬리는 오직 믿음으로만을 표현하는데 "같은 정도에서가 아니고"라는 또 다른 신학적 표현을 사용하였다. 이 표현을 보고 몇몇 칼뱅주의자들은 웨슬리가 회개와 회개에 합당한 열매는 칭의에 간접으로는 필요할지 몰라도 의롭다 할 수는 없다고 믿는다고 확신하였다. 그러나 양분되어 싸우는 과정에서 이들은 너무도 많은 것을 잃었다.

1770년 연회에서 논의된 두 번째 의제는 전체 상황을 검토하기 위해서 나누어준 신학적 내용과 관련된 8개의 논제 였다. 이 중 네 가지를 소개하면 다음과 같다.

a. 지금 하나님께서 우리 중에 누구를 받아들였는가?

지금 사랑과 순종의 마음으로 그리스도를 믿는 사람이다.

b. 그러나 하나님께서 그리스도에 대해 들어본 적이 없는 사람들 중에서는 누구를 받아들였는가?

양심의 빛에 따라 "하나님을 경외하고 의를 행한" 사람이다.

c. 이것은 "신실한 사람"과 같은 정도의 신실함인가?

아주 똑같지는 않지만 거의 똑같다.

d. 이것은 행위에 의한 구원이 아닌가?

행위의 공로에 의한 것이 아니고 조건으로서의 행위에 의한 것이다.[75]

이런 용어가 아무런 조건 없이 검열도 되지 않은 채 웨슬리의 화해를 위해 던진 말 속에 포함되었다. 이 문구는 이해하기에 따라서는 그리스도를 알지 못하는 사람들은 신실함이나 그들이 할 수 있는 최상의 것을 함으로써 구원에 이를 수 있다고 생각하게 할 수 있었다. 만일 그렇게 주장한다면, 이는 칼뱅주의자들이 반대할 충분한 근거가 된다.

그러나 여기서 칼뱅주의자들은 웨슬리의 중요한 신학적 구분을 이해하지 못했다. 이 문구를 이해하기 위해서는 "하나님을 두려워하는 것과 의를 행하는 것"에 대한 정확한 해석이 필요하였는지에 대해 웨슬리는 당시 정확한 설명을 하지 않았다. 예를 들면, 웨슬리는 (선행 은총 때문에) 받아들임의 정도 차가 있음을 주장하였다. 그러나 받아들임의 모든 경우가 의롭다 하는 중생의 믿음, 곧 죄책과 죄의 능력으로부터 구원할 때 우리를 거룩하게 하는 그 독특한 믿음을 수반하는 것은 아니었다.

다른 관점에서 보면, 여러 칼뱅주의자들은 (선행 은총에 대한 웨슬리의 다른 이해 때문에) 웨슬리가 어떻게 그리스도의 이름을 들어보지도 못한 이들이 "하나님을 경외하고 의를 행하는" 믿음을 가졌다고 주장할 수 있는지 이해하지 못했다.[76] 신학적으로 웨슬리와 반대의 편에 선 사람들은 이런 믿음을 주장하는 것은 필연적으로 칭의를 포함한다고 해야 하는데, 웨슬리의 경우는 칭의를 말하고 있지 않다고 서둘러 결론지었다. 사실 이보다 앞선 1754년에도 그가 쓴 『신약성서주석』(*Explanatory Notes upon the New Testament*)에서 웨슬리는 종의 믿음을 옛 계약의 노예와 두려움의 영에 사로잡힌 것이라고 정의한다.[77] 사도행전 10장 35절을 주석하면서 "하나님을 경외하고 의를 행하는" 사람들을 종의 믿음을 가진 사람들이라 해석한다.[78] 그러나 웨슬리는 때때로 종의 믿음을 아주 넓은 의미로 해석하였고, 양심의 빛과 은총에 따라 하나님을 예배하려고 했던 모든 신자들을 종의 믿음에 속한 자들로 분류하였다. 웨슬리는 다음과 같이 설명한다.

> 그러나 모든 나라에서 하나님을 경외하고 의를 행하는 사람은 … 그리스도를 알지 못한다 해도 그리스도를 통해 받아들여진 것입니다. … 그는 쓰여진 말씀과 규례를 지키든 지키지 않든 하나님의 은혜를 입은 사람입니다.[79]

하나님을 경외하고 의를 행하는 사람들은 그리스도와 성서와 성찬을 알지 못한다 해도 하나님께 받아들여진다고 한다면, 이는 칭의나 진정한 본래적인 그리스도인의 믿음이 아니라 보편적이며 기독론에 기초한 웨슬리의 선행 은총 교리를 적용한 경우이다.[80]

따라서 1770년 연회록에 있는 "하나님을 경외하고 의를 행하는" 사람들이라는 용어를 비평적으로 살필 때 웨슬리는 이 용어와 관련하여 결코 "의롭다 함을 얻은"(justified)이나 그 비슷한 표현을 사용하지 않고 있음을 기억할 필요가 있다. 그러므로 그리스도에 대해 들어보지 못한 사람들 혹은 복음을 만났지만 아직 하나님의 자녀가 아닌 사람들의 "받아들임"은 아직 그들이 구원의 도상 곧 구원에 이르는 과정에 있으므로 낙심할 필요가 없음을 의미한다. 예컨대 이 사람들은 (선행) 은총의 단계를 받아들였고 앞으로 더 많은 책임이 주어질 것이다. 그러나 이들은 아직 의롭다 함을 받은 것이 아니며 하나님께로 태어난 것도 아니다.

그러므로 웨슬리는 "하나님을 경외하며 의를 행하는" 종의 믿음을 가진 사람들을 가장 효과적으로 섬기는 방법을 알고 있었다. 그는 접속적 신학의 특성뿐 아니라 지성적이고 포용적인 은총의 이해를 갖고서 종의 믿음을 가진 사람들에게 탁월한 목회적 접근을 하였던 것이다. 달리 말하면, 웨슬리는 하나가 아니라 둘을 긴장 가운데 하나로 묶었다. 예컨대 한편으로는 예민한 목회적 감각과 돌봄으로 하나님의 구원의 은총을 열망하는 이들에게 향하였고, 또 다른 한편으로는 본래적인 기독교 믿음의 표준을 견지하였던 것이다. 다시 말해서, 사람들이 하나님의 확신의 은총에 있으면서도 낙심하거나 저주 아래 놓여 거부를 당하게 된다면, 이들은 하나님의 칭의와 중생의 은총뿐 아니라 하나님 나라를 잃어버리는 것이 된다. 그러나 이런 상황에 있는 사람들이 받아들여진 것을 칭의와 동일시한다면, "하나님을 경외하고 의를 행하는" 사람의 믿음을 본래적 그리스도인의 믿음과 동일시한다면, 구원의 기준을 낮추어 사람들은 죄에 남겨질 것이고, 노예로 삼는 힘이 또한 여전히 지배하게 하는 불행한 결과를 초래할 것이다. 선한 목자였던 웨슬리는 칼뱅주의자들의 많은 비판에도 불구하고 은총과 빛의 모든 단계들을 인정하였다. 하지만 웨슬리는 사람들로 하여금 앞으로 나아가도록 촉구하였고 그리스도께서 죽으심으로 주신 은총의 자유와 두려움으로 이끄는 노예의 영이 아니라 신생 안에서 시작되고 예시된 거룩함을 향유하라고 촉구하였다.

칼뱅주의자들과의 아쉬운 결말

물론 칼뱅주의자의 논쟁에 대한 비판은 두 방향으로 흘러갔다. 1770년 연회록은 칼뱅주의에 대한 명시적 비판을 담고 있었다. 1739년 "값없이 주시는 은총"을 출판하고, 1740년 페터레인 신도회 앞에서 또 1744년 옥스퍼드 대학 앞에서 했던 것처럼 웨슬리는 중요하다고 생각한 신학적 문제들과 관련하여 1770년 연회록을 출판함으로써 뜨거운 논쟁이 일어나기를 희망하였다. 웨슬리와 플레처는 칼뱅주의가 때때로 율법폐기론을 조장할 수 있다고 확신하였다. 이상하게도 개혁교회 신학의 가르침은 거룩하게 되는 것의 의미를 간과할 수 있다고 보았다. 1773년 웨슬리는 우드하우스 부인에게 다음과 같은 내용의 편지를 썼다. "나는 레이디 헌팅던을 따르는 설교자들이 가는 곳마다 좋지 않은 영향을 주고 있음을 염려하고 있습니다. 이들은 그 끔찍스런 예정론 교리에 완전히 빠져서 다른 것에 대해서는 설교조차 하지 않고 있습니다."[81] 일 년 후 웨슬리는 하나님은 칭의를 받은 신자들을 그들의 마음의 성정과 행위에 따라 기뻐하기도 하고 기뻐하지 않기도 한다고 플레처에게 편지를 썼다. 웨슬리는 "그러나 저들은 이 사실을 부정함으로써 내적인 거룩함과 외적인 거룩함의 기초를 무너뜨리고 있고, 점점 더 '우리와 그들 사이에 큰 거리가 있음'을 분명하게 보게 된다."[82]고 주장하였다. 웨슬리는 1777년 프랜시스 올프(Francis Wolfe)에게 진지한 어조로 다음과 같이 경고하였다. "칼뱅주의를 조심하십시오. 칼뱅주의의 성향을 가진 것이라면 작은 것이라도 조심하십시오."[83] 1778년 메리 비숍에게 보낸 편지에서 웨슬리는 칼뱅주의자 "복음" 설교자들의 사역을 염두에 두면서 다음과 같은 주장으로 구원의 핵심을 제시하였다.

> 감각이나 은총도 없이 오만하고 자기만족에 빠진 동물이 그리스도, 그분의 피, 혹은 믿음에 의한 칭의를 토해내자 그의 말을 듣는 자들이 "어찌나 훌륭한 설교인고!" 하고 화답합니다. 분명히 말하건대 감리교도들은 그리스도에 대해 그런 식으로 배우지 않았습니다. 우리는 죄로부터의 구원이 없이는 어떤 복음도 없다는 것을 알고 있습니다.[84]

물론 칼뱅주의 신학이 지닌 가장 큰 매력은 구원이 인간의 생각으로는 이해할 수 없는 섭리를 통해 철저하게 하나님의 손에 달렸음을 깨닫게 될 때 신자들이 경험하고 받게 되는 위로이다. 선택된 자들은 진정 잃어버리지 않을 것이고, 잃어버릴 수도 없다. 진정한 의미에서 우리가 은총 안에서 자라가며 점차 거룩하게 된다는 웨슬리의 그리스도인의 확신 교리는 부분적으로는 칼뱅주의의 예정과 선택 교리가 제공할 수 있는 위로에 대한 답이었다. 예를 들면 1771년 웨슬리는 의심과 두려움이 사라진 완전한 확신과 의심과 두려움이 사라지지 않은 최초의 확신을 구분하였다. 웨슬리는 종의 믿음과 그 받아들임에 대해 더욱 크게 인정하였다. 복음의 약속에 대한 무지나 몸이 허락하지 않아 확신이 부족하지만 의롭다 함을 얻을 수 있는 예외가 있음을 깨닫게 되었다. 그럼에도 불구하고, 웨슬리가 생애 말년에 칼뱅주의자들과의 논쟁에서 발전시킨 주제는 확신과 진정한 그리스도인의 믿음을 동일시한 것이었다. 예를 들면, 1775년에 펴낸 "삼위일체에 대해서"(On the Trinity)라는 설교에서 웨슬리는 다음과 같이 선언하였다.

> 그러나 내가 아는 것은, "(사도 요한이 그랬듯이) 우리 안에 증언자가 있을 때," "하나님의 성령이 우리의 영과 더불어 우리가 하나님의 자녀라는 것을 증언할 때," 곧 성령 하나님께서 성부 하나님이 성자 하나님의 공로를 통해 우리를 받아주셨음을 증언할 때, 비로소 우리는 기독교 신자가 될 수 있다는 것입니다.[85]

위로는 하나님의 섭리나 교리적 가르침 같은 것에서 오는 것이 아니다. 대신 신자를 거룩하게 하는 성령의 임재가 영혼에게 직접 확신을 줄 것이다.

1778년 웨슬리는 "보편적 구원에 대한 발췌 글들과 원 논문들"(Extracts and Original Treaties on Universal Redemption)[86]을 실었던 「아르미니안 매거진」(*Arminian Magazine*) 첫 호를 출판함으로써 칼뱅주의에 대한 비판을 이어갔다.

THE
Arminian Magazine,
NUMBER I.
For JANUARY 1778.

THIS NUMBER CONTAINS,

	Page
The Introduction, describing the general Design of the Work	3
The Life of Arminius	9
An Account of the Synod of Dort	17
LETTERS.	
Letter I. From the Rev. Mr. Samuel Wesley, Rector of Epworth, Lincolnshire. On the proper Requisites for entering into Holy Orders	25
Letter II. From the same. On the Folly of Youthful Enjoyments	30
Letter III. From the same. On the Athanasian Creed	31
Letter IV. From Mrs. Susannah Wesley: giving an Account of a remarkable Deliverance from Fire	ib.
Letter V. From the same: shewing, That the Happiness or Misery of All Men depends on themselves, and not on any Absolute Decree	33
Letter VI. From the same. The Doctrines of Election and Predestination clearly stated	36
Letter VII. From the same: shewing, how far Taking Thought for the Morrow is allowable	38
POETRY.	
Eupolis's Hymn to the Creator. The Occasion: being Part of a Dialogue between Plato and Eupolis	39
The Hymn	40
Hymn. Salvation depends not on Absolute Decrees	45
Hymn on Universal Redemption	47

LONDON:
Printed by J. FRY and Co. and sold at the Foundery, near Upper-Moorfields
[Price Six-Pence.]

「아르미니안 매거진」

칼뱅주의자들의 「복음 잡지」에 대한 웨슬리의 대답으로서 「아르미니안 매거진」은 "보편적인 하나님의 사랑과 모든 죄로부터 온 인류를 구원하시려는 하나님의 뜻에 대한 가장 놀라운 길들"[87]을 제시하였다. 이보다 몇 년 앞서 웨슬리는 "모든 죄로부터의 구원을 설교하고 지금 순전한 믿음으로 죄로부터의 구원을 기대하라고 격려하는 일이 칼뱅주의의 전염병을 가장 효과적으로 멈출 수 있습니다."[88]라고 기술하였다.

1770년 말 칼뱅주의자들과의 논쟁이 시들해진 것은 양쪽이 어떤 동의에 이르렀기 때문이 아니라 논쟁에 서로가 지쳤기 때문이었다. 그 사이 런던에서의 웨슬리의 목회가 번성하게 되었고 이로써 감리교도들의 터전이었던 파운더리를 대신한 새 건물을 짓는 데 힘을 쏟았다. "웨슬리 채플"(Wesley's Chapel), "뉴 채플"(New Chapel), "시티 로드 채플"로 알려진 새 건물은 이전 파운더리로부터 멀리 떨어져 있지 않으면서 수잔나 웨슬리가 묻혀 있는 번힐 필즈 맞은편에 세워졌다. 1777년 4월 21일 채플의 주춧돌을 놓는 축하예배를 드렸고, 1778년 11월 1일 웨슬리의 인도로 건물을 공식적으로 사용할 수 있도록 입주예배를 드렸다. 채플의 설교에 대해서 웨슬리는 자신의 일지에 "채플은 훌륭하지는 않지만 완벽하게 아담합니다."[89]라고 기록해 놓았다. 말하자면 감리교도들에게 잘 어울리는 건물이었던 것이다.

웨슬리는 거룩한 사랑을 강조하는 감리교회의 특성이 세대를 두고 이어지게 하기 위해서는 제도가 필요함을 절감하였다. 이 과제는 1770년 말과 1780년대 더욱 중요한 과제로 부상하였다. 웨슬리는 그렇지 않겠노라고 스스로 저항했음에도 불구하고 영국 국교회의 제도적 경계를 넘는 결정을 하곤 하였다. 결국 찰스 웨슬리가 염려하였던 일들이 일어나고 있었다.

제 10 장

감리교회를 설립하다

루이스햄에 위치한 에베네저 블랙웰의 저택

런던 웨슬리 채플에서 설교하는 존 웨슬리

제 10 장
감리교회를 설립하다

미국에서의 감리회 사역에 많은 지도자들이 필요함을 인식한 웨슬리는 1780년 런던의 주교였던 로우스 박사(Dr. Lowth)에게 미국의 감리교 사역을 위해 일해 줄 것을 간청하였다. 주교는 "이곳에 이미 세 분의 사제가 계시군요."라고 탄성을 질렀다.[1] 그러자 웨슬리는 "그렇습니다. 주교님. 그렇지만 그토록 광활한 대륙에 사는 모든 사람을 돌보는 데 고작 세 사람이라뇨?"라고 대답했다.[2] 로우스를 설득하지 못했다고 생각한 웨슬리는 점차 주교의 안수식에 비판적이 되었다. 웨슬리의 말에는 미국에서의 하나님 사역을 발전시키는 것과 관련해 자신의 실망감이 묻어나고 있고 아울러 그의 살아있는 복음 사역의 개념이 표현되고 있기 때문에 이를 좀 길게 인용할 필요가 있다.

> 나는 주교님께서 거룩한 직제에 들어오는 성직 후보자들을 검토하는 데 대단히 철저하다는 평판을 듣고 있습니다. 주교님은 스스로 저들을 검토하는 수고를 아끼지 않고 있지요. 저들을 검토한다. 어떤 점을 검토하나요? 왜 검토하나요? 라틴어와 그리스어를 조금 구사할 수 있는지? 신학과 관련해 몇 몇 사소한 물음들을 대답할 수 있는지 검토하나요? 도대체 이게 무슨 유익이 된다고 생각하시나요? 주교님께서 저들이 그리스도를 섬기는 것을 검토하는 것인가요, 아니면 벨리알(악마)을 섬기는 것을 검토하는 것인가요? 하나님을 사랑하는 것을 검토하는 것인가요, 아니면 세상을 사랑하는 것을 검토하는 것인가요? 하늘나라에 대해 진지하게 생각하는 것을 검토하는 것인가요, 아니면 지옥에 대해 진지하게 생각하는 것을 검토하는 것인가요? 저들 자신의 영혼을 구원하려는 진정한 열망에 대해 검토하는 것인가요, 아니면 다른 이들의 영혼을 구원하려는 진정한 열망에 대해 검토하는 것인가요? 이도저도 아니라면 저들이 성직과 무슨 상관이 있는 것인가요? 이들은 사람들의 무엇을 돌보고자 하는 것인가요?[3)]

1756년 「성직자에게 주는 권면」(*An Address to the Clergy*)이라는 제목의 논문에서 분명하게 밝혔던 것처럼 웨슬리는 그의 답변에서 생명력있는 목회를 열망하는 것의 중요성을 결코 무시하지 않았다. 오히려 로우스에게 보낸 편지에서 웨슬리는 특별히 영혼을 구원하는 데 요구되는 지혜와 은총, 곧 실천신학의 중요성을 강조하였다. 웨슬리는 이렇게 기록했다. "나의 주님, 나는 공부를 결코 경시하지 않습니다. 나는 물론 공부의 가치를 잘 알고 있습니다. 그러나 기독교 목회에서 무엇을 경건에 비교할 수 있겠습니까? 경건이 없다면 공부가 무슨 소용이겠습니까? '돼지 코에 보석을 걸어놓은 격이

지요!' "[4] 주교를 자극하는 방식으로 자신의 실망감을 표현한 웨슬리는 "당신은 그리스어와 라틴어를 좀 하고, 영혼을 구원하는 것보다는 고래 잡는 것에 익숙한 사람들을 안수해서 미국에 보내는 것이 좋다고 생각하는 식입니다."[5]라고 덧붙여 말하였다.

그러나 주교와 웨슬리의 대화는 여기까지였던 듯싶다. 왜냐하면 미국의 정치적이며 종교적인 상황이 급변하고 있었기 때문이다. 예를 들면, 1780년 영국군이 사우스 캐롤라이나 킹스 마운틴(King's Mountain)에서 대패하였다. 다음 해 영국군은 거의 탈진 상태에 있었고 사우스 캐롤라이나 코우펜스(Cowpens)의 전투에서 다시금 패배하였다. 그리고 프랑스 함대가 햄턴 로즈(Hampton Roads)에서 영국 해군을 격파했을 뿐 아니라 이어서 체사피크 만(Chesapeake Bay)을 봉쇄하였다. 결국 미국에서의 지상 작전은 요크타운(Yorktown)에서 영국군이 항복함으로써 막을 내렸고, 이내 찰스턴(Charleston)과 서배너에서 철수하게 되었다. 그러므로 웨슬리 형제가 1730년대 미국에서 목회를 시작했던 지역들로부터 이제 영국군이 퇴각한 상태가 되었다.

웨슬리는 영국교회가 어떤 의미에서 세상의 질서에 속한다고 생각하였다. 말하자면 영국교회는 영국 국가와 그 식민지 지역에 속한다고 생각했다. 때문에 세상 질서의 변화에 따라 종교적인 질서도 변화가 불가피하다고 생각했다. 따라서 미국의 상황을 고려하여 웨슬리는 몇 년이 지난 1784년 「미국에 있는 나의 형제들에게」(*To Our Brethren in America*)라는 글에서 자신의 입장을 다음과 같이 전개하였다.

> 미국에 있는 형제들이여! 이제 여러분은 미국과 영국의 지배권에서 완전히 풀려났습니다. 이제부터 우리는 그대들을 미국이나 영국에 엮으려 하지 않을 것입니다. 지금이야말로 여러분은 성경과 초대교회를 따를 수 있는 온전한 자유의 상태에 있습니다.[6]

미국 감리회의 성장

6장에서 보았듯이 피터 킹 경(Lord Peter King)과 에드워드 스틸링플리트(Edward Stillingfleet)의 책을 읽고 용기를 얻고 달라진 미국의 정치적인 상황에 고무된 웨슬리는 미국에서 지도자들이 절대적으로 필요한 상황에서 영국교회의 계속적인 무관심에 직면하게 되자 결단을 하기로 마음먹었다. 1784년 연회에서 주교의 역할을 감당한 웨슬리는 토마스 코크(Thomas Coke)를 안수와 기도를 통해 감리사(superintendent)로 따로 세웠다. 웨슬리의 일기는 "안수받았다"(ordained)는 말로 기록하고 있지만, 일지는 코크 박사가 "파송되었다"(appointed)라는 말로 기록하였다. 그런데 실제 증서에는 "따로 세웠다"(set apart)라는 말로 기록되어 있다. 토마스 코크는 미국으로 건너가 1784년 창립 크리스마스 연회에서 프랜시스 애즈버리(Francis Asbury)를 총 감리사(General Superintendent)로 성별하라는 과제를 받았다.[7] 또한 웨슬리는 리처드 와코트(Richard Whatcoat)와 토마스 바세이(Thomas Vasey)를 정회원 목사로 세워 미국 안에서 감리교도들의 사역을 돕도록 하였다.

웨슬리는 적어도 영국 국교회의 기준에서 보면 규칙에 없는 일을 감행하

프랜시스 애즈버리 생가

였다. 그러고는 "영국과 미국의 상황은 완전히 다르다. … 그러므로 이 시점에서 나는 더 이상 망설이지 않으려 한다."[8]라고 변명하였다. 1785년 3월 바나바스 토마스(Barnabas Thomas)에게 보낸 편지에서 웨슬리는 자신의 심정을 이렇게 적고 있다. "당신이 알고 있는 나는 지금까지 그랬던 것처럼 영국 국교회에 속해 있습니다. 그러므로 나는 내가 켄터베리 대 주교(Archbishop of Canterbury)와 같이 진정한 기독교 주교라고 생각합니다."[9] 그러나 찰스 웨슬리는 확신하지 않았다. 미국인을 위한 안수는 관계를 껄끄럽게 하였고, 존은 관계 회복을 위해 빠르게 수습에 나섰다. 자신의 최근 행보 때문에 자기가 영국 국교회와 분리된 것은 아니라는 것을 주장하는 편지를 여럿 썼다. 그렇지만 웨슬리는 동생 찰스와의 갈라진 관계가 쉽게 해결되지 않음을 알게 되었다. "나는 너와 내가 논쟁을 하는 것이 아무 소용이 없다는 것을 안다. 우리 중 누구도 자기가 옳다고 다른 사람을 확신시킬 수 없기 때문이다. 너는 내가 영국 국교회와 결별하였다고 말한다. 그러나 나는 그렇지 않다고 주장한다. 그렇다면 너나 나나 자기주장을 견지하자꾸나."[10]

비록 웨슬리가 자기의 마음을 동생에게 고백하였을지라도, 그의 계속되는 행보를 보면 그의 마음이 다른 데 있었음을 보여준다. 왜냐하면 존은 미국의 사역을 위해 안수를 했음에도 불구하고 『공동 기도서』(*The Book of Common Prayer*)를 편집하여 『주일예배서』(*The Sunday Service*)를 만들었고 이를 코크 박사가 신대륙으로 가져갔기 때문이었다. 새로 만들어진 예전서는 이전의 내용에서 생략하기도 하고 어떤 것은 강조하기도 하였는데 이는 순전히 개혁이 필요하다고 생각되는 부분에서 웨슬리의 신학적 성향을 반영한 것이었다. 프랑크 베이커(Frank Baker)는 이를 두고 "웨슬리는 1세기 앞서 미국에 도착한 청교도들이 바라던 개혁을 수행한 것"[11]이라고 주장한다. 더 나아가 웨슬리는 『주일예배서』뿐 아니라 39개 종교강령을 편집하였다. 이전의 39개 강령은 지금은 24개로 줄었다.[12] 웨슬리는 이렇게 강령의 수를 줄인 것은 성서와 실천신학에 근거한 것이라고 설명하였다. 웨슬리의 목회

애즈버리(우)와 1784년 12월 볼티모어에서 개최된 크리스마스 연회(좌). 이 연회를 계기로 미국 감리교회는 영국 국교회로부터 독립된 "감리교 감독교회"로 새롭게 출범했다.

과제는 복음적인 부흥을 증진시키고 견지하는 것이었다. 어쨌든 미국의 감리회원들은 『주일예배서』를 받아들였다. 그렇지만 스코틀랜드의 감리회원들은 받아들이지 않았다. 이뿐 아니라, 1786년 웨슬리가 자신이 한 일에 대해 영국의 감리회원들에게 설명하였을 때, 종교강령을 축소한 것에 대해 전통적인 영국 예전을 선호하였던 이들이 완강하게 반대하였다. 이들과의 갈등으로 피로를 느낀 웨슬리는 시티 로드 채플에서 『공동 기도서』를 사용하였고 "사람들이 반대하는 곳에서는 새 예전서 사용을 없던 일로 하자."[13]라는 말로 마무리하였다.

비록 1784년 안수식을 통해 미국의 감리회원들 편에서 보면 웨슬리가 가장 강력한 힘을 발휘한 것으로 비춰졌지만, 역설적이게도 그 힘은 곧 사라지게 되었고, 결국은 웨슬리가 파송한 지도자들과 지도력을 공유하게 되었다. 예를 들면, 1786년 9월 웨슬리는 미국 감리회원들이 1787년 5월 1일 볼티모어 총회에 모여야 하며, 리처드 와코트를 프랜시스 애즈버리를 돕는 감리사로 임명해야 한다고 주장했다. 그러나 미국의 감리회원들은 웨슬리의 의견을 받아들이지 않았다. 이에 웨슬리는 몹시 실망하였다. 좀 구체적으로 말한다면 웨슬리와 프랜시스 애즈버리와의 관계는 점점 어려운 관계로 발전하였고 1788년 9월에는 웨슬리가 애즈버리에게 다음과 같은 점을 상기시키고 있다.

> 진정 당신이 미국인들과 갖는 관계와 내가 … 미국 감리회원들과 갖는 관계에는 큰 차이가 있습니다. 나는 전체 가족을 품으시는 하나님 아버지의 품 안에 있습니다.[14]

웨슬리는 감리사의 직위에 만족하지 않고 스스로 미국인 동료들에게 "감독"으로 자신을 언급하고 있는 애즈버리에 대해 화가 났다. 웨슬리는 이 문제와 관련하여 애즈버리(와 토마스 코크)에게 다음과 같이 주의를 주었다.

> 나는 작은 자가 되기 위해 공부하고, 당신들은 높아지기 위해 공부합니다. 나는 기고 있고 그대들은 과시하며 걷고 있습니다. 나는 학교를 세우고 그대들은 대학은 세웁니다. 그러고는 그대들의 이름을 따 대학의 이름을 부릅니다. 오! 깨달을진저! 높은 사람이 되고자 하지 마십시오! 나로 무가 되게 하고 "그리스도께서 모든 것의 모든 것이 되게 하라." … 어떻게 감히 그대들이 감독이라 불리기를 택하는지? 나는 생각만 해도 몸서리쳐집니다. 사람들이 나를 부정직한 악한, 바보, 불량배, 건달이라 부른다고 해도 만족할 것입니다. 그렇지만 저들이 나를 감독이라 부른다면 나는 결코 허락하지 않을 것입니다. 나를 위해서도, 하나님을 위해서도, 그리스도를 위해서도 그렇게 해서는 안 됩니다.[15]

웨슬리가 강조하며 반대했지만, 웨슬리의 충고는 받아들여지지 않았다. 이 일과 관련하여 애즈버리는, 유럽에 있는 사람들은 미국에 있는 사람들을 지도하는 법을 알지 못한다고 주장하였다. 그는 조지 쉐포드(George Shadford)에게 "웨슬리 씨와 나는 마치 카이사르와 폼페이우스의 관계와 같습니다.

그는 나를 동등하게 생각하지 않을 것이고, 나 또한 높은 자리를 차지하지 않을 것입니다."[16]라고 말하였다. 그러나 웨슬리는 정직했고 충분히 현실적이었다. 따라서 그는 앞으로 전개될 일을 알고 있었다. 이 점에 대해 웨슬리는 같은 해 리처드 와코트에게 편지를 썼다.

> 이렇게 나를 거부하는 것을 보면 내가 죽자마자 영국 감리교도들과 미국 감리교도들 사이엔 분명 분열이 있을 것입니다. 저들은 "당신들이 우리 없이 뭔가를 할 수 있다면, 우리 또한 당신들 없이 뭔가를 할 수 있습니다."라고 자연스럽게 말할 것입니다.[17]

영국 국교회와의 관계 문제

자신의 영국 복음주의 부흥 운동이 영국 국교회에 경쟁자로 비쳐지지 않을 것이라 자신한 웨슬리는 1780년대 초 감리회 설교가들은 영국 국교회 예배 시간에는 설교하지 않을 것이라고 주장하였다. 웨슬리는 이 문제와 관련해 깊이 관심하면서 몇 통의 편지를 썼다. 웨슬리는 1786년에 쓴 편지에서는 "같은 시간에 감리회 설교가들이 설교하는 것은 영국 국교회 혹은 우리로부터 분리하는 것"이라고 경고하였다. 그러나 1789년에 이르러서는 같은 시간대에 설교하는 것을 분명 허용하는 바,[18] 그렇다고 해서 영국 국교회를 떠나는 것은 아니라고 보았다. 예를 들면, 더블린 크로니클(*Dublin Chronicle*) 인쇄공에게 보낸 편지에서 웨슬리는 "그때 내가 영국 국교회 예배 시간에 다른 예배를 드렸다는 것을 부인할 수 없소! 그렇지만 이렇게 했다 한들 교회를 떠나는 것이 아니었고 지금도 같은 생각이오."[19]

물론 1780년대 영국의 많은 감리회원들은 감리회 예배와 영국 국교회의 예배를 함께 참여하고 있었다. 그러므로 이 둘을 비교하는 것은 자연스런 현상이었다. 이 두 예배 상황의 분명한 차이를 알고 있었던 몇몇 감리교도들은 웨슬리에게 복음의 자유도 알지 못하고 삶이 하나님의 풍성한 은총을 증거하지 못하는 사제들이 영국 국교회의 예배를 인도하고 있다고 불평하였다. 웨슬리는 죽은 형식적 믿음에 반대하여 성서적 기독교를 전파하는 데 관심하여 어떤 경우는 자신의 영적 지도를 받고 있던 사람들에게 영국 국교회의 예배를 피하라고까지 충고하였다.

> 내 감히 말하건대, 복음을 따라 살지도 않고 복음을 설교하지 않는 사제들은 하나님께로 보내심을 받은 것이 아니지요. 많은 감리교도들이 이런 사제가 설교하는 곳에 출석하지 않고 있지요. 따라서 이웃에도 마땅한 교회가 없을 경우 이들은 교회에 더 이상 나가지 않는 것이지요.[20)]

여기서 복음의 온전함과 영혼의 돌봄이 위기를 맞게 된다. 그러므로 예외적인 행위가 요청되었다.

웨슬리는 제도적인 차원에서 감리회가 영국 국교회를 떠나기를 원치 않는다고 주장하였다. 그러나 그는 현실적인 차원에서 영국 국교회를 떠날 준비를 하고 있었다. 사실 1784년 연회에서 웨슬리는 자신의 사후 감리회 조직을 위한 독립선언문(the Deed of Declaration)을 선포하였다. 일례를 들면, 이 선언문은 연회의 15가지 규정을 자세하게 설명하고 있는 바, 그중에는 감리회 연회를 담보신탁증서로 정의하고, 전 영국을 연결하며, 연회는 일 년에 한 차례씩 런던, 브리스톨, 뉴캐슬에서 모이고, 서로 연결하여 설교가들을 자유롭게 받아줄 지침을 만들며, 일 년에 한 차례씩 연회의 회장과 총무를 선출하여 세우고, 40명의 정족수 대표를 유지할 것이며, 마지막으로는 모든 결정은 다수결로 인정해야 함 등이 포함되어 있다.

독립선언문이 그 표현에 있어서는 민주적으로 보이지만, 오직 100명의 설교가들에게만 합법적으로 연회원이 되도록 허락한 점에서 보면 웨슬리의 독재적 성향이 드러난다. 연회원 수의 제한에 강력히 반대했던 토마스 코크는 "1780년 이전 수십 년 넘도록 그래왔듯이 연대하고 있는 설교가들은 모두 회원이 되어야 한다."[21]고 생각했다. 1784년 독립선언문이 작성될 당시 복음을 위해 희생적 삶을 살았던 200여 명의 설교가들이 있었다. 이들 중 반 정도가 임의로 회원에서 제외되는 불명예를 안게 되는 것은 사리에 맞지 않는 것이었다. 예를 들면, 존 햄슨(John Hampson)은 웨슬리에게 온전하게 헌신적 삶을 살았는데 놀랍게도 합법적인 100명의 회원에 들지 못했다. 그러므로 햄슨과 같은 처지의 설교가들에게 나쁜 감정, 원한, 거룩하지 못한 성정이 싹트지 않도록 예방이 필요하였다. 그러나 웨슬리는 이 점에 대해서 책임지지 않았다.

어쨌든 이처럼 정교하고 잘 짜여진 내적 구조는 웨슬리가 자신의 사후 감리회의 제도적 장치를 마련한 것으로 보아서는 안 되고 어쩔 수 없는 경우 모교회와 독립된 감리회의 질서를 제공할 수 있는 수단으로 보아야 한다. 좀 더 핵심을 파고든다면, 연회원들이 안수를 받아 성례전을 행할 수 있는 상황이 된다면, 영국 국교회가 그렇게 필요하지 않게 될 것이다. 분명 (『주일 예배서』를 준비하고 코크, 와코트, 바세이를 안수할 때) 미국 감리회원들에 대한 웨슬리의 행동과 관련해서 존 화이트헤드(John Whitehead)와 다른 이들은 영국 연회의 선언을 했던 1784년을 "감리회의 대액년"(the grand climacteric year of Methodism)[22]으로 생각하였다. 인정하건 말건 웨슬리는 영국 국교회와의 실제적인 분리를 준비하고 있었다.

이러한 분리는 웨슬리가 영국 사역을 위해 계속 안수함으로써 점차 분명하게 되었다. 예를 들면, 1785년 웨슬리는 하나님께서 자신에게 허락하지 않은 힘을 영국에서는 결코 행사한 적이 없었다고 앞선 주장을 반복하였다. 그러나 이미 미국에서 이 힘을 사용하였고, 스스로를 "영국이나 유럽에 있던 사람과 마찬가지로 성서적 [감독]"[23]이라고 생각하였다. 그러나 이 선언이 있은 직후 웨슬리는 스코틀랜드에서 일한 사역자들로서 존 포슨(John

Pawson), 토마스 핸비(Thomas Hanby), 조셉 테일러(Joseph Taylor)를 안수하였다. 웨슬리는 영국 국교회가 스코틀랜드에 기성교회를 세우지 않았다는 이유에서 자신의 행동을 정당화하였다. 그는 "미국과 스코틀랜드에서 일어난 변칙은 영국과는 관계없는 일이다."라고 선언하였다.[24] 그러나 1787년 5월 여호수아 케이글리(Joshua Keighley)에게 "알지 못하는 사이에 내가 너무 많이 나갔어!"[25]라고 말한 내용과 스코틀랜드에서 사역하기 위해 웨슬리로부터 안수 받았던 이들이 다시 영국으로 돌아올 때는 사제직을 포기해야 한다는 웨슬리의 요구에서 보듯, 웨슬리가 조급하게 사역자로 안수하여 파송한 것으로 보인다. 그러나 그린(V. H. H. Green)이 적절하게 지적하듯이, "안수가 의미 있는 것이어야 한다면 변명할 필요가 없다. 그리고 타당한 것이라면 없앨 필요가 없는 것이다."[26]

그러나 웨슬리는 여기서 멈추지 않았다. 미국을 위해 안수하였고 이제 스코틀랜드를 위해 안수한 웨슬리는 마침내 루비콘 강을 건너가 버렸다. 말하자면 1788년 영국의 사역을 위해서 사역자들을 따로 세웠던 바, 8월 6일에 알렉산더 마더(Alexander Mather)를 집사 사제로 8월 7일에는 장로 사제로 안수하였다. 마찬가지로 다음 해 2월 26일과 27일에 헨리 모어와 토마스 랜킨(Thomas Rankin)을 안수하였다. 그리고 그의 생애 말년에 웨슬리는 스코틀랜드, 영국, 미국, 노바 스코티아(Nova Scotia), 뉴파운드랜드(Newfoundland), 서인도제도(the West Indies)의 사역을 위해 25명 이상의 사역자에게 안수하였다. 영국 국교회가 웨슬리의 행위를 규제하지 않은 것은 당시 느슨하고 관대한 기준의 적용 때문이었다. 그러나 누군가 제지를 하였더라면 웨슬리는 아마도 복음의 사역 때문에 **어쩔 수 없었노라고**, 땅에 수확이 썩어가는 것을 보기보다는 들에 일꾼을 보내는 것이 낫다고 대답했을 것이다. 따라서 1789년에 출판된 "선지자들과 제사장들"(Prophets and Priests)이라는 그의 설교에서 웨슬리는 다음과 같이 자신의 목회에 대한 기능적인 면을 설명하고 있다.

나는 이 두 원칙을 함께 말씀드립니다. 첫째로 나는 영국 국교회로부터 떨어져 나가지 않을 것입니다. 그러나 둘째로 **어쩔 수 없는 경우는** 영국 국교회를 바꿔갈 것입니다. (나는 이 둘을 지난 50년 넘도록 지속적이고도 공개적으로 공언하였습니다.) 모순이란 없습니다. 나는 1730년부터 오늘까지 내 고백을 지켜왔습니다.[27]

놀라운 것은 안수를 시작한 직후에도 바나바스 토마스에게 "나는 당신이 나와 교제한 이후로 언제나 그랬듯이 지금도 영국 국교회에 속해 있습니다."[28]라고 말한 것이다. 1788년에 작성한 헨리 모어에게 보낸 편지에서 웨슬리는 이렇게 말한다. "나는 영국 국교회의 사람이오. 50년 전에 말했듯이 지금도 그렇게 말한다오. 내가 쫓겨나지 않는다면 나는 영국 국교회 안에서 살다가 죽을 것이오."[29] 같은 해 웨슬리는 열정을 갖고서 "이전에 말했듯이 지금도 말하는 바, 나는 영국 국교회를 떠날 수도 없고 감히 떠나지도 않을 것이오. 왜냐하면 30년 전 리즈(Leeds) 연회에서 우리 모두가 동의하였기 때문이오."[30]라고 코크 박사에게 편지하였다.

19세기 전기 작가 가운데 한 사람이었던 로버트 수데이(Robert Southey)는 여러 차례 안수를 한 결과를 들어 웨슬리가 영국 국교회에 충성했다는 그의 반복된 주장을 문제 삼았다.

웨슬리는 알지 못하는 사이에 조금씩 분리를 향해 나아갔다. 그러나 명예롭지 못하게 그는 끝까지 분리하는 것을 막지 못했다. 오히려 자기가 취한 조치로 말미암아 결국은 분리가 일어나고 있었다.[31]

축적된 부의 위험

노후에 웨슬리는 영국 감리회와 미국 감리회의 계속적인 내부 구조에 관심할 뿐 아니라 감리회 신앙의 내용인 생명력으로 충만해 있었다. 웨슬리는 감리회가 경건의 외적 모양만 가질 뿐 경건의 능력이 부족하고 죽은 믿음으로 빠지지 않을까 염려하였다. 죽은 믿음은 다른 것이 아니라 부를 쌓으려는 유혹으로부터 생긴다고 보았다. 감리회원들 스스로가 지켜온 부지런함과 검소함을 통해 자연스럽게 경제적 부가 쌓이게 되었다. 웨슬리는 다음과 같이 부의 문제에 주목했다.

> (이래서는 안 되는데) 진정한 성서적 기독교가 무너지고 파괴되는 것처럼 보이지 않습니까? 왜냐하면 진정한 기독교가 전파되는 곳마다 부지런함과 검소함을 낳지요. 부지런함과 검소함은 자연스럽게 부를 가져오지요. 그리고 부는 자연스럽게 교만과 세상을 사랑하는 것과 기독교에 파괴적인 모든 기질을 낳게 되지요.[32]

이 같은 재앙을 막기 위해서 웨슬리는 1780년대 초와 말에 두 편의 중요한 설교를 작성하였다.

1780년에 출판된 "축적된 부의 위험"(The Danger of Riches)이란 설교에서 웨슬리는 자기의 지도를 받고 있었던 사람들에게 (삶을 편안하게 하는 정도 혹은 삶의 필요를 채운 것) 이상으로 더 가지는 부는 육체의 욕망, 안목의 정욕, 이생의 자랑과 같은 "어리석고도 해로운 정욕"에 빠지게 한다고 경고하였다.[33] 더 나아가 웨슬리는 인간의 마음 안에 있는 경건치 못한 기질의 성향이 쌓여가는 것은 부의 축적과 밀접하게 관계된다고 보았다. 웨슬리는 "세상의 끝이 오기 전에 부유한 사람들이 하나님의 나라에 들어갈 것이다."[34]라고 가르쳤을 뿐 아니라 "부자가 되는 것이 가난한 자가 되는 것보다 더 죄 된 것은 아니다."[35]라고도 가르쳤다. 그러나 겸손, 온유, 친절은 가난한 사람들과 연결시켰고 교만, 거만함, 오만은 부자들과 연결시켰다. 1788년 설교에서는 "가난한 것이 부유한 것에 비해 얼마나 더 이점이 많은지요! 가난한 사람들이 자신들의 눈에는 더 지혜롭게 보이지 않습니다. 그러나 이들은 자신들의 영혼을 구원할 수 있는 마음의 새겨진 말씀을 온유함으로 받지요."[36] 라고 하였다. 흥미롭게도 라텐버리(Rattenbury)는 이 모든 경건의 정서와 칭의 배후에 웨슬리는 "부의 축적에 대한 중세적 염려"[37]를 갖고 있었다고 주장한다. 그리고 저명한 역사학자 플럼(J. H. Plumb)은 감리회원들 가운데는 "삶에 대해 귀족적이고 자유의지적인 태도의 넉넉함과 우아함에 대해 지나치도록 부러워하는 이들이 있었다."[38]고까지 주장한다.

같은 기간 이 주제와 관련하여 "부의 축적에 대해서"(On Riches)라는 단순한 제목의 또 다른 설교에서 웨슬리는 경제적 부와 마음에 거룩한 성정을 훈련하는 것에 대한 논의를 우아함에 대한 시기나 두려움과 연결하지 않고 다시 한 번 진정한 기독교인이 되는 것에 대한 그의 계속적인 관심과 연결시켰다.

> 부자들이 성품이 좋지 못하며 악한 성품으로 쉽게 넘어간다고 해서 이상할 것은 없습니다. 왜냐하면 부자들 중에 주님의 제자가 되기 위해서 주의 거룩한 말씀에 주목하는 사람이 드물기 때문입니다. … "누구든지 나를 따라 오려거든," **진정한 기독교인**이 되려거든, "자기를 부인하고, 매일 자기 십자가를 지고, 나를 좇을 것이니라."[39]

진정한 그리스도인들은 스스로를 부인하고 겸비한 자들 가운데 거하게 되는 때를 귀하게 여겨 영적 성장의 계기로 삼는다. 웨슬리는 가난한 사람들에게 단순히 돈을 보내는 것으로 충분하지 않다고 생각하였다. (대신 우리는 가난한 사람들을 방문할 뿐 아니라 이들 가운데 한 사람이 되어야 한다.) 웨슬리는 1780년 초에 "부자들에게 가는 것보다 가난한 사람들에게 가는 것이, 잔칫집에 가는 것보다 애곡하는 자의 집에 가는 것이 얼마나 복된고!"[40] 하였다.

가난한 사람들과 삶의 소유를 더 가진 사람들 사이의 교제를 독려하기 위해서 웨슬리는 "병자들을 방문함에 대해서"(On Visiting the Sick)라는 중요한 설교를 썼다. 이 설교에서 웨슬리는 어떻게 하면 병들고 가난한 사람들 사이에 있을 수 있는지 또한 이들의 삶의 조건을 어떻게 향상시킬 수 있는지 감리회원들에게 목회적인 제언을 하였다.

> 그러나 이들의 외적 삶에 대해 알아보는 것이 적절하다 생각됩니다. 우리는 이들이 삶의 필요조건을 충족하고 있는지 물을 수 있습니다. 이들에게 충분한 음식과 의복은 있는지, 날씨가 추우면 사용할 연료는 갖고 있는지 물을 수 있습니다.[41]

그러나 이런 탐색을 한 다음에는 더 큰 가치를 실현하는 곳으로 나아가야 합니다. "사랑의 작은 수고는 더 큰 일로 나아가게 여러분의 길을 열어줄 것입니다. 여러분이 저들의 몸의 안녕에 관심하였다면, 이제 저들의 영혼에 대해 묻기를 계속할 수 있습니다."[42] 웨슬리는 몸과 영혼을 돌보는 일을 강조하면서 복음의 목표를 분명하게 제시하였다.

> 여러분이 눈먼 자의 눈이 되어주고 저는 자의 발이 되어주십시오. 과부의 남편이 되어주고 아버지가 없는 이들에게 아버지가 되어주십시오. 또한 몸의 안녕을 넘어 죽음으로부터 영혼이 구원받는 일에 더 높은 가치를 주십시오. 그리고 여러분이 이 위대한 목적에 따라 말하고 그 일을 행하십시오.[43]

설교에 표현된 이 가치 판단들은 결코 특이한 것이 아니라 평생에 걸쳐 나타난 웨슬리의 고유한 사상이다. 예를 들면, 1748년 웨슬리는 “모든 이들의 몸의 안녕을 위해 선을 베풀고 모든 힘을 다 쏟는 그가 … 모든 이들의 영혼을 위해 선을 행할 수 있다면 얼마다 더 기쁠까!”[44]라고 기록하고 있다. 그리고 2년 후 1750년에 “산상수훈 13강”에서 같은 주제를 갖고 강론하였다.

> 무엇보다도 여러분은 선한 일을 열망하십니까? 시간이 있는 대로 모든 사람들에게 선을 행하십니까? 여러분은 배고픈 자를 먹이고 헐벗은 자에게 옷을 입히며 고아와 과부의 궁핍함을 돌아보고 있습니까? 병든 자들과 감옥에 있는 자들을 방문하고 나그네 된 자들을 집안으로 초대하고 있습니까? 친구여 좀 더 높이 나아가십시오. … 주님께서는 여러분들로 하여금 어둠으로부터 빛으로 사탄의 권세로부터 하나님께로 저들을 인도하도록 하십니까?[45]

그러므로 웨슬리는 이웃을 내 몸과 같이 사랑하라는 말은 언제나 물질적인 도움과 영적인 재능을 사용하라는 의미라고 보았다. 곧 가난한 자들의 육체적인 평안과 영적인 성품이 자라가도록 모든 은사와 은총을 사용해야 한다고 보았다. 둘째로, 물질적인 도움이 필요한 이웃이 시간적으로는 우선이지만, 가치에 있어서도 우선적인 것은 아니었다.[46] 왜냐하면 물질적인 도움은 웨슬리의 말로 한다면 보다 더 큰 중요한 일을 예비하는 것이었기 때문이다.

웨슬리는 자신의 생을 통해 빈곤과 부의 중요한 문제에 대한 가르침에서 이 점을 분명히 하였다. 그는 1785년과 1787년 런던에 살고 있었던 부유한 친구들을 찾아다니며 가난한 자들을 위해 도움을 호소하였을 뿐 아니라 자신의 수중에 엄청난 돈이 들어왔음에도 불구하고 자기 이름으로 된 찻주전자 하나 남기지 않고 죽었기 때문이다. 그에게 들어왔던 그 많은 돈은 어디로 간 것일까? 웨슬리는 돈이 들어오는 대로 가난한 사람들과 설교자들에게 나누어주어 작지만 이 땅에 하나님의 나라를 이루어가도록 도왔던 것이다.

나는 무너져가는 늙은이외다

1780년대 들어 웨슬리는 여전히 목회에 열정적이었다. 그렇지만 이 기간 웨슬리는 아주 힘든 시간을 보내야 했다. 먼저는 그가 사랑하는 친구들과 동역자들 가운데 두 사람을 잃었기 때문이다. 예를 들면, 1785년 8월 웨슬리가 지명한 후계자 존 플레처가 죽어 그가 수년 동안 수고한 매델리(Madeley)의 교회 마당에 묻히게 되었다. 웨슬리는 그의 경건한 영혼을 추모하며 칭송하였고 플레처의 생에 대한 간략한 글을 쓰기도 하였다. 몇 년이 지난 1788년 위대한 복음 운동의 시작부터 동행하였던 동역자이자 친구였던 동생 찰스 웨슬리가 하나님의 품에 안겼다. 동생의 부음 소식을 접한 웨슬리는 "주님께서 주셨고, 주님께서 거두셨으니 주의 이름을 찬양할지어다!"[47]라고 하였다.

죽기 전 성별된 땅의 개념을 갖고 있었던 찰스 웨슬리는 자기가 죽게 되면 런던에 있는 시티 로드 채플이나 채플의 맞은편 어머니 수잔나가 묻혀 있는 번힐 필즈에는 묻히고 싶지 않다는 유언을 남겼다. 찰스는 유언에 따라 런던 북서쪽에 위치한 매리리본(Marylebone) 교회 마당에 안치되었다. 찰스의 요청에 대해 존은 이렇게 토를 달았다. "내 동생의 유해가 나와 함께 묻혔어야 했는데 그렇지 못해 참으로 유감이다. 시티 로드 채플도 영국의 다른 땅과 마찬가지로 거룩한 땅이다. 이곳은 여러 '아름다운 이들'(bonny dust)이 묻힌 곳이다."[48] 살아있을 때와 마찬가지로 죽어서도 찰스 웨슬리는 형과 스스로를 구분하였다.

웨슬리는 종종 자신의 건강을 자랑하였다. 생일에 기록한 일지는 이런 내용으로 가득하다. 노후 어느 땐가 웨슬리는 이런 기록을 남기고 있다. "하나님의 축복으로 나는 28세 때와 같은 건강을 유지하고 있다. 이는 하나님의 축복으로 지속적으로 움직이고, 일찍 일어나며, 아침과 저녁으로 설교한 때문이다."[49] 당시까지도 체력이 여전했던 웨슬리는 1783년 6월과 1786년에 반복되는 일로부터 쉼을 갖고자 두 차례 네덜란드로 여행을 떠났다. 기록에 의하면 여행은 즐거운 경험이었다. 그러나 1783년 8월 첫 번째 여행으로부터 영국으로 돌아오자마자 "아주 심한 이질"[50]로 고생하였다. 한 대 반의 아편 주사를 세 차례 맞은 다음에야 어느 정도 안정을 찾을 수 있었다. 아편은 경련은 멈추게 하였지만 그 결과 "말하거나 듣고 움직일 수 없었고 나를 머리부터 발끝까지 묶어 놓아 그저 통나무처럼 누워 있었다."[51]고 웨슬리는 기록하였다.

노년의 존 웨슬리

웨슬리는 곧 이질에서 회복되었다. 그러나 1780년대 초 자신감 넘치던 건강은 1780년대 말이 되면서 사라지게 되었다. 예를 들면 1789년 10월 웨슬리는 자신의 시력이 쇠퇴하고 있고 체력이 떨어지고 있다고 기록하였다. "나는 하루에 두 번 이상 설교하는 것이 쉽지 않습니다."[52] 1790년 1월 1일 노년의 설교가는 이 시기의 어려움이 어떠한지를 자세하게 기록하였다.

> 나는 이제 손에서 발에 이르기까지 무너져가는 늙은이외다. 내 두 눈은 침침하고 오른손은 많이 떨고 있습니다. 입은 매일 아침 열이 나고 말라 있습니다. 나는 매일 미열이 있으며 움직임이 약해지고 느릿해졌습니다. 그러나 하나님께 찬양드립니다. 나는 하는 일을 늦추지 않습니다. 아직도 설교하고 글을 쓸 수 있습니다.[53]

진정한 기독교

웨슬리의 몸이 약해지고 있었지만, 그는 여전히 진정한 그리스도인 됨의 중요성을 여러 해에 걸쳐 자신의 저술에 언급하면서 이 주제에 몰두하였다. 웨슬리는 왕성하게 일하던 때뿐 아니라 남아 있는 일들을 계수하는 시점에도 이 주제에 관심을 놓지 않았다. 사실 1780년대 들어 웨슬리는 더욱 이 주제에 관심하였고 이 시기 60편이 넘는 설교에서 이를 적극적으로 표현하였다. 예를 들면, 1785년 웨슬리는 "새로운 창조"라는 설교에서 지금은 모두가 익숙하게 알게 된 이름뿐인 그리스도인과 진정한 그리스도인을 구분하였다. 이름뿐인 그리스도인은 "경건의 능력은 없으면서 모양만"[54] 갖고 있다. 그런데 언제 웨슬리 자신이 진정한 그리스도인이 되고자 결심하였는지는 "어떤 의미에서 우리가 세상을 떠나야 하는가"(In What Sense We are to Leave the World)라는 설교에 나타나 있다. 이 설교에서 웨슬리는 1725년의 의미를 다시 한 번 강조하고 있다. "(22세쯤 되었을 때) 이름뿐인 그리스도인이 아니라 진정한 그리스도인이 되고자 단호한 결단으로 하나님을 기쁘게 했을 때 나는 나 자신에 대해서만큼이나 하나님에 대해서도 무지하였다."[55]

웨슬리는 젊었을 적의 옥스퍼드 감리회원들에 대해 회상하였다. 그러나 1786년 헨리 브룩(Henry Brooke)에 보낸 편지에서 웨슬리는 옥스퍼드 감리회원은 "성서 그리스도인"(Bible Christians)[56]이 되는 것이라고 공언하였다. 또한 다음 해 "이전 것들에 대해서"(Of Former Times)라는 설교에서, 웨슬리는 "홀리클럽"의 목적은 무엇보다도 서로 "진정한 그리스도인"이 되도록 돕는 데 있다고 피력하였다.[57] 그러나 노년의 웨슬리가 가장 중요하게 생각한 것은 아마도 진정한 성서적 기독교와 신생을, 예컨대 믿음, 소망, 사랑 같은 신생의 모든 표징들과 동일시한 것일 것이다. 예를 들면, 로마 가톨릭으로 개종했던(이 일을 두고 후에 후회하였지만) 조카 사무엘 웨슬리에게 보낸 목회서신에서 웨슬리는 다음과 같이 주의를 주고 있다. “사람이 다시 거듭나지 않고는 … 세상적이고 관능적인 생각이 그리스도 예수 안에 있는 마음으로 내면의 변화를 경험하지 않고는, 누구도 하나님의 나라를 볼 수 없다.”[58] 더 나아가 웨슬리는 1788년에 출판한 “보는 것으로 걷기와 믿음으로 걷기”(Walking by Sight and Walking by Faith)에서 다음과 같이 선포하였다.

> 진정한 그리스도인이란 표현이 얼마나 간단한지요! 그러나 이 표현 안에 얼마나 넘치는 충만함이 있는지요! 진정한 그리스도인이란 표현은 우리가 하나님께로 나서 아브라함의 품에 안기기까지 참된 그리스도인의 전체적인 경험을 망라하여 요약하고 있지요. 왜냐하면 여기서 언급하고 있는 우리란 진정한 기독교 신자들을 두고 하는 말이기 때문입니다. 제가 말씀드리는 것은 “유대인” 신자가 아니라 “기독교인” 신자를 두고 하는 말입니다. 우리는 모두가 하나님의 종들일 뿐더러 하나님의 자녀들입니다.[59]

일 년이 지난 후 웨슬리는 진정한 기독교와 중생, 진정한 그리스도인과 하나님의 자녀들을 분명하게 동일시하였다. 그는 “단일한 눈에 대해서”(On a Single Eye)라는 설교에서 “그리스도인 되는 것, 진정한 내면의 성서적 그리스도인이 되는 것이 얼마나 위대한 일인지요! 마음과 삶으로 하나님의 뜻을 따라 순종하는 삶이 얼마나 위대한 일인지요. 누가 진정한 내면의 성서적 그리스도인에 충분하다고 할 수 있을까요? 하나님께로 나지 않았다면 아무도 이에 충분하다고 할 수 없습니다.”[60]라고 선포하였다.

80대에 접어든 1780년대 동안 웨슬리는 종의 믿음과 하나님의 자녀의 믿음을 구분하여 설명하고 요약하였다. 예를 들면, 1788년에 쓴 “믿음에 대해서”(Of Faith)라는 설교에서 웨슬리는 하나님의 종과 하나님의 자녀의 차이를 부분적으로 드러내고 있다. “하나님의 자녀로서 ‘믿는 자는 스스로 안에 증거를 가지고 있습니다.’ 그러나 종은 이 증거를 가지고 있지 않습니다.”[61]

또한 웨슬리는 "하나님을 두려워하여 의를 행하는" 하나님의 종들은 하나님의 은혜를 향유하며 "세상과 벗됨에 대하여"(On Friendship with the World)라는 설교에 설명한 만큼 받아들여진다고 다음과 같이 말한다. "이들은 하나님을 사랑하거나 적어도 하나님을 두려워하여 그의 계명을 지키는 '하나님께 속한 자들' 입니다." 이는 "하나님께 속한 자들" 중 가장 낮은 성품을 지닌 자들이다. 곧 진정한 아들들이 아니고 종들인 것이다.[62]

불행히도 웨슬리는 목회 초기 "하나님을 두려워하여 의를 행하는" 사람들이 하나님께 받아들여진 바 되었다는 것을 충분히 이해하지 못하였다. 이런 오해 때문에 존과 동생 찰스 웨슬리는 초기 감리회 설교에 주목하였던 사람들 사이에 큰 피해를 입혔다. 1788년 이 후회스런 상황에 대해서 웨슬리는 다음과 같이 고백하고 있다.

> 50여 년 전 감리회 설교가들이 믿음으로 말미암은 구원이라는 거대한 성서적 교리를 설교하기 시작했을 때 하나님의 종과 하나님의 자녀의 차이를 충분히 인식하지 못하였다. 이들은 "하나님을 두려워하여 의를 행하는" 이들조차 하나님께 받아들여졌음을 분명히 이해하지 못했던 것이다.[63]

앞에 소개한 회상의 글에서 웨슬리는 두 개의 개념 곧 그의 "접속적" 신학의 두 중요한 요인들을 하나로 묶어내고 있음을 주목해 보라. 예컨대 하나님을 두려워하여 의를 추구하는 사람들은 불신자들이 아니며, "하나님을 두려워하는 이들도 [여전히] 하나님의 구원을 기다리고 있는 자들이다."[64] 노년의 웨슬리는 넓은 의미에서 종의 믿음을 칭의와 관계시키지 않고 노예의 영과 계속 관계시켰다. 이렇게 연결하는 다른 예증은 1781년 토마스 데이븐포트(Thomas Davenport)에게 쓴 충고조의 편지에 잘 나타나 있다.

> 여러분은 치료를 위해 아픈 부위를 수술하고 있는 지혜로운 의사의 손 안에

있습니다. 그분께서 여러분에게 지금 두려움의 영을 주셨습니다. 그러나 이것이 사랑의 영과 건전한 정신으로 향하는 과정입니다. 이제 여러분은 노예의 영을 받은 것입니다. 이것이 양자의 영의 전조가 아니겠습니까? 그분이 멀리 계신 것이 아닙니다. 그러니 여러분의 마음에 아바 아버지라고 부르면서 그분을 기대하십시오. 의롭게 하시는 그분이 가까이 계십니다.[65]

따라서 여기 인용한 글의 내용으로 미루어 웨슬리는 노후에도 (빛과 은총의) "받아들임"과 칭의를 혼동하지 않았다. 웨슬리는 "두려움의 영" 아래 있는 이들이 아직도 의롭다 하시는 하나님을 기다리고 있다고 보았기 때문이다. 물론 이 말은 신자들이 구원의 과정에 있다는 뜻이다. 그 결과 그들이 은총 안에서 여정을 계속하면 – 불행하게도 어떤 사람들은 의롭다 함을 얻지 못하겠지만 – "가까이 계신" 하나님께서 의롭게 할 것이다. 마찬가지로 웨슬리는 구원을 주는 믿음과 어느 정도의 받아들임이 있지만 "단지" 종이 단계에 머물러 있는 종의 믿음을 정확하게 구분하였다. 예를 들면, 1788년에 쓴 "믿음에 대하여"라는 설교에서 웨슬리는 이렇게 주장한다.

> 그러나 정확하게 구원하는 믿음이 무엇입니까? 무엇이 끝까지 믿음을 지키는 모든 사람들에게 영원한 구원을 가져다줍니까? 하나님과 하나님의 것들에 대한 거룩한 확신은 그것이 어린아이의 상태에 있을 때조차도 "하나님을 경외하고 의를 위해 일하게 합니다." 그러므로 사도께서 모든 나라에서 하나님을 믿는 자들은 누구나 "하나님께 받아들여진 것입니다."라고 선포하였습니다. 그러나 현재 이들은 단지 하나님의 종에 불과할 뿐 진정으로 아들이 아닙니다. 먼저 잘 주목해 보십시오. "하나님의 진노"가 더 이상 "(하나님께 받아들여진) 그에게 임하지 않습니다."[66]

다시금 같은 설교에서 웨슬리는 이렇게 경계한다. "여러분은 물질주의

자, 이방인, 혹은 이신론자의 믿음뿐 아니라 종의 믿음에도 만족해선 안 됩니다."[67]

그러므로 웨슬리는 넓은 의미에서 하나님의 종들이란 분명 "본래적 기독교 신앙"에는 미치지 못하며 때문에 하나님의 아들과 딸의 특권을 누릴 수 없지만 이들도 선행 은총과 확신의 은총에서 생겨난 어느 정도의 믿음이 있기 **때문에**(for that reason) 낙담해서는 안 된다고 주장한다. 따라서 웨슬리의 경험에 기초한 종의 믿음에 대한 호의적인 평가는 영적 진보의 정상적인 과정에서 볼 때 종의 믿음은 시간이 지나게 되면 하나님의 자녀의 믿음이 될 것이라는 생각에서 나온 것이다. 사실 웨슬리는 1788년에 쓴 "믿음에 대하여"라는 설교에서 이러한 자신의 생각을 강조하였다.

> 그러므로 하나님의 종들이 믿음의 여정을 멈추지 않는다면 양자로 받아들여질 것입니다. 이들은 하나님께서 이들의 마음에 하나님의 독생자를 계시함으로써 하나님의 자녀의 믿음을 받게 될 것입니다. … 따라서 이 믿음을 가진 자마다 "하나님의 성령이 그의 영과 더불어 그가 하나님의 자녀인 것을 증언합니다."[68]

마찬가지로 웨슬리는 어느 정도의 받아들임을 인정하고 종들에게 하나님의 넘치는 은총을 키워가라고 권고하는데 그 내용이 1788년에 출판한 "믿음의 발견에 대해서"(On the Discoveries of Faith)라는 설교에 잘 나타나 있다. 이 설교에서 웨슬리는 다음과 같이 주장한다.

> 종의 믿음에 이른 자들은 … 그 결과 (사도가 주장하듯이) 어느 정도 "그와 더불어 받아들여진 바" 된 것입니다. … 그럼에도 불구하고 이들은 여기서 멈춰서는 안 됩니다. 양자가 되어 하나님의 모든 자녀들의 특권인 사랑으로 순종하기까지 쉬어서도 안 됩니다.[69]

간단히 말해서, 하나님의 종의 믿음은 그 자체의 믿음을 위해서뿐 아니라 앞으로 이루게 될 믿음 곧 하나님의 자녀의 믿음이라는 질이 다른 믿음을 위해서도 가치가 있다. 하나님의 자녀의 믿음은 두려움이 아니라 사랑의 기운으로 가득한 믿음이다.

또한 1787년 1월 웨슬리는 "그리스도께서 나를 위해 자신을 내어주었다고 믿는 것이 그리스도인의 믿음"[70]이라고 고백하였다. 그 후 1년이 지나서 웨슬리는 다시금 종의 믿음과 아들의 믿음을 명확하게 구분하였을 뿐 아니라 확신이란 본래적 기독교 신앙의 통합적인 요소라고 주장하였다. 예를 들면, "믿음에 대해서"라는 그의 설교에서 웨슬리는 그 이유를 이렇게 설명한다.

> 그러므로 아들의 믿음은 본래적이며 직접적으로 하나님의 모든 자녀가 다음과 같이 증언하게 하는 하나님의 확신입니다. "내가 이제 사는 삶은 나를 사랑하였고, 나를 위해 자신을 내어준 하나님의 아들을 믿는 삶입니다." 그러므로 **이 믿음을 가진 자에게** "하나님의 성령이 그의 영과 더불어 그가 하나님의 자녀인 것을 증언합니다."[71]

1788년 멜빌 혼(Melville Horne)에게 보낸 편지에서도 웨슬리는 종의 믿음과 하나님 자녀의 믿음을 분명하게 구분하며 강조한다. 웨슬리는 이 편지에서 확신이 부족한 하나님의 종들은 저주를 받은 것이 아니고 그 자체로 평범한 일이라고 주장한다. 그러나 웨슬리는 여기서 그치지 않고 "우리가 언제나 그래왔듯이 하나님의 자녀들의 **일반적인** 특권으로서 확신을 설교해야 합니다."[72]라고 주장하였다.

존 웨슬리의 개신교 영성

웨슬리가 지속적으로 주목했던 진정으로 본래적인 성서적 기독교는 요즘 표현으로 하면 "영성"(spirituality)과 그 영역에 속하는 것이다. 이에 해당되는 정확한 용어를 웨슬리의 저술에서 찾기 힘들지만 웨슬리는 이를 두고 "성화"라는 말을 사용하였다. 또한 현재 영성 훈련에 해당되는 여러 주제를 발전시켰다.[73] 물론 기독교 영성에는 다양한 종류가 있고,[74] 이들 다양한 전통은 영국교회, 로마 가톨릭, 루터교회, 동방 정교회라는 이름으로 탐구될 뿐 아니라, 1) 무념적(apophatic)/유념적(kataphatic) 2) 인식적(cognitive)/감정적(affective) 3) 개인적(personal)/사회적(social) 4) 금욕적(ascetic)/수육적(incarnational)이란 네 가지 기본 축에 따라 탐구되기도 한다.

첫 번째 축에서 웨슬리의 영성은 "유념적"이라 할 수 있다. 웨슬리는 감각 내용이 없는 신비적 어둠이라는 "부정의 길"(negative way)이 아니라 묵상이라는 "긍정의 길"(affirmative way)에서 하나님을 찾았다. 예컨대 웨슬리는 하나님의 은총과 현존이 성서, 기도, 성례전, 기독교 연회, 금식과 같은 여러 수단을 통해서 소통된다고 보았다. 여기서 강조된 것은 어둠이 아니라 빛이고, 무념적 신비의 숨어계신 분보다는 은총으로 신앙 공동체에 맞닿아 있는 하나님의 현존이었다. 웨슬리는 계몽주의 시대의 인물답게 이성과 이성의 힘을 중요하게 생각하였다. 그래서 [진정한] 성서적 그리스도인과 같은 의미로 "합리적 그리스도인"이란 용어도 사용하였다.[75] 그러나 다른 한편으로는 [감]정적인 의미에서의 영적인 영역을 강조하였다. 예컨대 웨슬리는 영적인 성장은 주로 배타적인 것은 아닐지라도 주로 의지의 문제이며 의지를 구성하는 다양한 성정이나 기질의 문제라고 보았다. 달리 말하면, 영적인 진보는 성화의 은총을 통해 마음의 다양한 성정과 기질을 가장 높고 가치가 있는 사랑 특별히 하나님과 이웃 사랑을 향해 진군하는 것이다. 옥스퍼드에서 설교를 시작하던 때부터 생애 마지막 설교를 하기까지 웨슬리가 품었던 중요 질문은 언제나 "내가 무엇을 알 수 있는가?"가 아니고 "내가 어떻게 사랑할 수 있는가?"[76]였다.

웨슬리의 강력한 감성적 영성은 인격적/사회적 축에 기반이 된다. 속량의 과정은 피상적이 아니라 구체적인 방법으로 말하자면 진정한 할례로 마음의 기질을 바꾸어 놓기 때문에, 웨슬리가 종종 내적 종교라 표현했던 영혼의 삶이 적어도 어느 정도는 동기와 궁극적 목표에 있어서 사회적 축의 기초를 형성해야 한다. 말하자면, 사회적 목회는 시기나 계급적 차이에 기초한 원한 같은 거룩치 못한 성정보다는 거룩한 사랑의 자애로운 은총에 의해서 시작되어야 한다. 따라서 사회적 목회의 지고의 목적은 필요를 유지시키는 데 만족하지 않고 하나님의 거룩한 사랑의 마음을 가지게 함으로써 하나님의 나라가 몸과 마음을 지배하고 집과 도시와 나라와 세계로 퍼져나가기까지 원을 넓혀 가는 데 있다.

이제 가난한 사람들의 물질적이며 영적인 필요를 채워주기 위해서 웨슬리는 철저한 금욕과 자기부정을 실천하였고, 이를 통해서 하나님의 모든 은사를 가진 진정한 청지기뿐 아니라 가난한 자들 특별히 극빈자들에게 축복의 통로가 되고자 하였다. 그래서 웨슬리는 다음과 같이 경고한다. "하나님께서 맡기신 소임을 다하려는 사람은 어느 것 하나도 낭비할 여력이 없다. 배고픈 사람을 먹이고 헐벗은 사람을 입히려는 사람은 고의로 쌓아둔 음식과 의복을 바다에 버릴 여유가 없다."[77] 그러므로 웨슬리의 금욕적 영성은 그 자체가 목적이 아니며 어둡고 몽롱한 것도 아니다. 오히려 그의 금욕적 영성은 관점에 있어서 보다 큰 목적을 갖는다. 진정 웨슬리의 금욕적 영성이란 가장 작은 자들에게 가장 큰 선을 행하기 위해서 채택된 특별한 수단이었다. 웨슬리의 생애를 통해서 드러나듯이 이 또한 사랑 곧 거룩한 사랑으로 시작된 것이었다.

그러므로 웨슬리의 영성은 유념적이고 감정적이며 인격적이고 사회적이며 다소 금욕적이라고 할 수 있다. 현대 신학자 가운데 세이저(Sager)는 기본적인 방향에 따라 다양한 영성의 유형을 소개하고 있는데, 웨슬리의 영성을 소개할 때는 "인격적 갱신"이란 제목 아래 유념적이며 감정적인 성격으로 정리하고 있다. 이 글에서 세이저는 "다시 태어남," "삶의 거룩함," "예배에서의 감정," "현존으로 안내하는 기도" 같은 중요 개념들을 사용하고 있다.[78] 그러나 여기서 학자에 따라 가장 기본적인 것으로 생각되는 또 다른 축은 문제/해결이란 구도와 함께 가톨릭의 영성과 개신교의 영성을 구분하는 일이다.

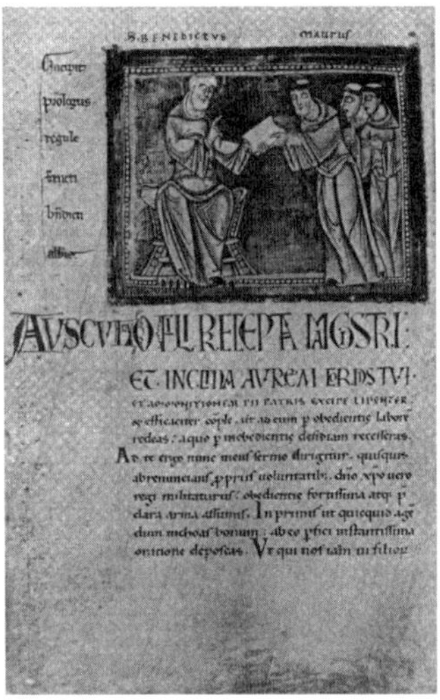

성 베네딕투스 규칙

가톨릭 영성에는 분명 엄청난 다양성이 존재한다. 그렇지만 이 다양한 영역을 조명하고 설명할 수 있는 기본적인 패러다임이 있다.[79] 대체로 아우구스티누스의 전통에서 근본적인 인간의 문제를 자기왜곡, 죄로 가득한 교만으로 보며, 이를 겸손으로 해결하는 다양한 가톨릭 영성의 진보의 과정이 틀로 자리한다. 예를 들면 『성 베네딕투스의 규칙』(*The Rule of Saint Benedict*)은 여러 가르침을 통해 교만/겸손의 틀을 사용한다. 겸손은 주로 순종의 열정으로 체득되고 힘을 얻게 된다고 본다. 달리 말하면, 수도승의 삶을 망치는 죄로 가득한 교만을 해결하는 길은 은총이 넘치는 겸손, 곧 대수도원장에게 계속해서 순종함으로써 육화되고 구체화되는 겸손이다. 우리가 예수 그리스도를 표상하는 대수도원장에게 순종할 때 오류를 범할 수 없다. 따라서 70개가 넘은 선행의 수단 가운데 『성 베네딕투스의 규칙』은 "자기 길에서 벗어나 방황할 때일지라도 모든 일에 대수도원장의 명령을 순종하라."[80]고 가르친다.

마찬가지로 중세 성인이요 신비가인 제노아의 캐서린(Catherine of Genoa)의 글들은 하나님의 은총에 대한 응답으로 겸손의 삶을 탐구한다. 그러나 이 경우 하나님의 은총에 대한 응답은 순종이 동기가 아니고 이웃을 향해 자기를 내세우지 않는 희생적인 **봉사**가 동기다. 일례를 들면, 15세기까지도 유럽을 강타하고 있었던 흑사병으로 한 여성 신자가 침상에서 죽어가고 있을 때, 캐서린은 이 질병과 질병의 위험이 자신의 사랑과 목회와 동정에 방해가 될 수 없다고 생각했다. 그래서 캐서린은 겸손함으로 자신도 망각한 채 허리를 숙여 "불쌍한 영혼의 입술에 부드럽게 입맞춤을 하고는 '예수의 이름을 부르라.' 고 격려하였다."[81] 여기에서 사랑과 겸손한 봉사는 은총을 받은 것뿐 아니라 그리스도께 순응하는 거룩한 삶의 중심주제가 된다.

제노아의 캐서린

이처럼 탁월한 가톨릭의 영적 전통은 부분적으로는 2장에서 이미 밝혔듯이 공동생활 형제단(the Brethren of the Common Life)의 회원이었던 토마스 아 켐피스를 통해 웨슬리에게 전달되었다. 아 켐피스는 『그리스도를 본받아』에서 기본적인 가톨릭 패러다임을 전개하였다. 예를 들면, 이 책에서 겸손이 다시 한 번 중심이 된다. 물론 당시 순종이나 봉사가 중요한 덕목이긴 했어도 그 중심은 **고통**을 오래 참는 것이었다. 아 켐피스는 "영적 삶의 진보는 위로의 은총을 소유하는 것이 아니라 겸손과 오래 참음으로 위로의 은총이 없이 살 수 있는 것"[82]이라고 주장한다. 진정 이 상황에서 직접적인 도움이나 위로 없이 황량함과 고통을 품는 것은 영적 성장과 성숙을 향한 길이다. 이것이 곧 그리스도의 마음에 이르는 길이다.

웨슬리에게 가장 큰 영향을 미쳤던 개신교 종교개혁자들의 기본적인 영적 패러다임은 앞서 언급한 가톨릭 영성과는 다소 구별되며 어떤 의미에서는 급진적이라고 할 수 있다. 루터와 칼뱅은 자아가 왜곡된 죄의 교만의 중요성을 간과하지 않으면서도 불신앙의 보다 근본적인 악이 모든 악의 뿌리라고 주장하였다. 그러므로 루터는 자신의 『창세기 강해』(*Lectures on Genesis*)에서 뱀이 모든 죄 중에서도 말씀을 의심하고 하나님을 믿지 않는 근본적인 죄를 범하도록 하와를 유혹하였으며 이로써 모든 죄가 발생한다고 주장했다. 루터는 "불신앙이 모든 죄의 근원이다."라고 선언하였다. "사탄이 말씀을 내어 쫓아 타락시킴으로써 불신앙을 가져왔을 때 모든 것이 사탄에게 쉽게 되었다."[83] 더 나아가 독일의 종교개혁자 루터는 창세기 3장에 대한 주석에서 이 동기를 다시 한 번 강조하면서 "모든 악은 불신앙이나 하나님 말씀과 하나님에 대한 의심에서 비롯되었다. 왜냐하면 하나님께 불순종하고 사탄에게 순종하는 것보다 더 나쁜 것은 있을 수 없기 때문이다."[84]라고 하였다.

마찬가지로 제네바의 지도자요 개신교 종교개혁가였던 칼뱅도 교만이 악의 뿌리라는 잘 정돈된 아우구스티누스의 개념을 거부하고 대신 불신앙에 대한 전반적인 물음에 주목하였다. 창세기 3장을 꼼꼼하게 살폈던 칼뱅은 다음과 같은 이유를 들어 설명하였다. "**불신앙**으로 여자가 뱀의 속임수에 빠져 하나님의 말씀을 떠나갔기 때문에 불순종이 타락의 시작이었다는 것이 이미 분명해졌다."[85] 또한 "아담도 하나님의 말씀을 믿었더라면 하나님의 권위에 감히 반대하지 않았을 것이다."[86] 칼뱅은 『기독교 강요』(*Institutes of the Christian Religion*)에서 더욱 이 점을 강조하였다.

> 그러므로 불신앙이 타락의 뿌리였다. 그러나 그 이후 아담은 주어진 것보다 더 많은 것을 구함으로써 하나님의 풍요로움을 부끄럽게도 경멸하였기 때문에 불신앙과 더불어 야망과 교만이 일어나게 되었다.[87]

개신교 선조들과 마찬가지로 웨슬리도 성서 주석의 빛에서 이들 문제들을 이해하게 되었다. 잘 알려진 창세기 3장을 시작으로 웨슬리는 1781년 1월에 출판된 “그리스도가 오신 목적”(The End of Christ’s Coming)이란 설교에서 하와의 타락을 다루면서 겉으로 드러난 사탄이 진리와 거짓을 섞어버림으로써 “불신앙이 교만을 낳고 … 자기-의지를 낳았다.”[88]고 주장한다. 1782년에 쓴 “인간의 타락에 대해서”(On the Fall of Man)라는 또 다른 설교에서 웨슬리는 다시금 불신앙이 기본적인 뿌리라고 강조하면서 “여기서 죄가 시작되었다. 바로 불신앙에서. 사도가 말한 대로 ‘여자는 속임을 당했다.’ 여자는 거짓을 믿었고 하나님의 말씀보다 악마의 말에 더 많은 신뢰를 주었다.”[89]라고 선포한다. 그러므로 동료 개신교 지도자들과 마찬가지로 웨슬리도 인간 죄의 환원할 수 없는 본질 혹은 본성은 교만이 아니라 다시 말하거니와 불신앙이라고 주장하였다. 하나님 신앙이 부족하여 (소외됨으로) 교만과 자기-의지라는 악을 가져온 것이다. 그러므로 우리는 여기서 교만/겸손의 축이 아니라 불신앙/신앙의 축을 만나게 된다. 따라서 구원은 은총으로 말미암아 믿음을 통해 온다.

웨슬리 영성의 개신교적 성향은 4장에서 언급하였듯이 은총과 믿음이라는 종교개혁 중심 주제를 법적인 주제와 참여적인 주제로 풀어감으로써 “우리가 믿음으로 말미암아 의롭다 칭함을 받듯이 믿음으로 말미암아 거룩하게 됩니다. 믿음은 칭의와 마찬가지로 성화의 유일한 조건입니다.”[90]라는 그의 주장뿐 아니라, 1780년대 **순전한 믿음**(*naked faith*)으로 받는 순전한 은총의 선물인 온전한 성화의 완전한 은총을 강조하기 위해 사용했던 논법에서도 분명하게 나타난다. 흥미로운 것은 초기 웨슬리는 “순전한 믿음”이란 용어 사용하기를 꺼려하였고 주로 부정적 의미로 이해하였다.[91] 그러나 죽음이 가까이 올수록 웨슬리는 개신교적 의미로 한정하여 사용하기는 했지만 이 용어를 포용하기 시작했다. 예컨대 “순전한 믿음”은 더 이상 십자가의 요한(John of the Cross)과 다른 영성가들이 말하는 영성의 본질적인 어둠을 지칭하는 무념의 방식으로 부정적으로 이해되지 않았다. 일지와 "광야상태"(The Wilderness State)[92]라는 설교와 같이 웨슬리의 초기 글에서는 순전한 믿음이란 용어를 비판하고 있다. 그러나 웨슬리는 1780년대 온전한 성화에서 은총이 넘치는 하나님의 구원론적 역할을 강조할 때 이 용어를 사용하였다. 예를 들면, 웨슬리는 1780년 9월 18일에 로버트 카 브락켄버리(Robert Carr Brackenbury)에게 쓴 편지에서 다음과 같이 경고하고 있다.

> 당신은 내면에 많은 어려움이 있다고 해서 주어지는 큰 축복을 멀리하지 마십시오. 어쩌면 마음의 어려움은 당신의 마음에 자유가 임할 때까지 줄어드는 것이 아니라 더욱 증가할 것입니다. 약속을 얻기까지 전쟁은 멈추지 않을 것입니다. 그러므로 당신이 순전한 믿음으로 자유를 추구한다면 어째서 지금 그 자유를 얻을 수 없을까요?[93]

더 나아가 웨슬리는 1786년 3월 4일 앤 록스데일(Ann Loxdale)에게 보낸 편지에서 같은 식으로 권고한다.

> 당신은 어느 정도 그분의 순수하고 완전한 사랑을 향유하였습니다. 처음에 순전한 믿음으로 순수하고 완전한 사랑을 받았듯이, 당신은 다시금 그 사랑을 받을 것입니다. 여러분은 아니라고 할는지 모르지만, 곧 이 사랑을 받게 될지 누가 압니까?
> 당신이 크게 순종할 수 있다면,
> 죄인들이 친구여, 어째서 지금이 아닙니까?[94]

1787년 웨슬리는 능력을 얻음으로써가 아니라 믿음의 중요성을 보여주는 지극히 높으신 하나님의 완전한 은혜로 온전한 성화의 은총을 다시 한 번 강조한다. 그 후 웨슬리는 "순전함"(nakedness)의 문제를 지극히 높은 은총의 직접적인 유용성과 연결하였다. 여기서 직접적이란 말은 시간적인 의미에서뿐 아니라 더 중요하게는 구원론적으로 하나님의 은혜로운 활동을 지칭하는 것으로 이해되어야 한다. 예를 들면 보만 부인에게 보내는 편지에서 웨슬리는 다음과 같이 적고 있다.

> 당신이 해야 하는 것은 오직 한 가지입니다. 기독론의 처음 원리들을 버리고 완전을 향해 나아가십시오. 지속적으로 당신의 신앙의 목표인 완전한 영혼의 구원을 기대하십시오. 당신도 아시듯이 완전한 구원이 주어질 때 **순전한 믿음**으로써만 받게 됩니다. 그러므로 **지금** 완전한 구원을 받을 수 있다는 것을 당신 외에 누가 알 수 있겠습니까?[95]

모라비안 경건주의자들과 잘츠부르크 경건주의자들에 의해 웨슬리에게 부분적으로 전달된 개신교 종교개혁이 유산은 이미 웨슬리의 삶 속에서 놀라운 열매를 맺었다. 이토록 풍요롭고 생명력 넘치는 전통은 무엇보다도 감리회의 지도자 웨슬리에게 그것이 용서이건 은혜이건, 능력 받음이건 정화이건 모든 인간의 필요에 하나님의 은총이 충분함을 가르쳤다. 분명 웨슬리는 사랑과 자비가 넘치는 하나님께서 궁핍한 모든 사람들에게 은총의 은사를 넘치도록 주실 준비가 되어 있음을 충분히 알고 있었다. 그러므로 처음 회개가 쏟아져 나온 때부터 마음이 완전히 정화되기까지 신앙의 모든 여정은 은총으로 말미암아 믿음을 통해서 이루어진 것이었다.

불행하게도 부흥 운동의 아들과 딸들 중에 얼마는 지속적으로 은총의 수단을 사용했음에도 불구하고 완전한 사랑을 향해 나아가려고 하지 않았다. 그 이유는 하나님의 은총이 불충분하거나 부족해서가 아니라 두려움과 불신앙으로 멈추었기 때문이었다. 앞서 웨슬리는 "성서적 구원의 길"(The Scripture Way of Salvation)이라는 설교에서 "믿음으로 말미암아 성화되고 죄로부터 구원을 받으며 사랑 안에 완전하여진다."는 것을 탐구하는 중에, 이것이 바로 하나님의 증거요 확신이라고 보았다. 첫째, "하나님께서 이를 성서에 약속하였고," 둘째, "하나님은 약속하신 것을 **수행할 수 있는** 분이며," 셋째, "하나님은 그 일을 지금 하실 수 있고 하시기를 원하고," 마지막으로, **"하나님께서 그 일을 지금 하고 계신다."**[96] 그러므로 지속적으로 또 가끔은 아주 미묘한 방법으로 하나님의 지고의 은총에 저항하는 사람들은 1세기와 마찬가지로 18세기에도 있었던 것이다. "예수께서는 그들의 믿지 않음 때문에, 거기에서는 기적을 많이 행하시지 않으셨다."(마 13:28)

여정을 끝내며

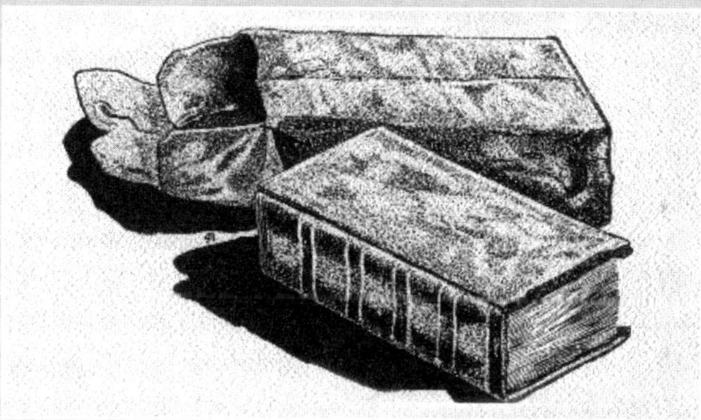

존 웨슬리가 사용한 성서와 성서 케이스

영국의 많은 그리스도인들은 존 웨슬리를 통해 깊은 신앙의 영감과 도전을 받았다.

여정을 끝내며

교회를 통해 볼 때 웨슬리만큼 긴 시간을 지치지 않고 주의 사역을 감당해낸 사람을 만나기 쉽지 않다. 진정 네덜란드 여행과 마음의 회심을 경험한 직후 헤른후트를 방문한 것을 제외하고는 웨슬리는 계속해서 순회 목회에 몰두하였다. 웨슬리는 가난한 자들의 힘든 삶을 개선해 주는 일뿐 아니라 설교하고, 신도회 모임에 나가며, 설교를 작성하고, 편지를 쓰는 일에 집중하였고 놀랍도록 헌신하였다. 말년에 건강이 악화되기 시작하자 웨슬리가 정말 두려워했던 것은 아픔이나 죽음이 아니라 더 이상 사랑했던 교회를 섬길 수 없다는 것이었다. 웨슬리는 토마스 테일러에게 "쓸모없는 삶은 살지 않았으면 좋겠어."라고 자신의 의중을 말하였다.

결혼예복과 같은 거룩함

웨슬리는 돌아보며 삶의 마지막이 가까워오는 시점에서 감리회가 지속적으로 살아있으려면 무엇이 필요한지를 적어놓았다. 그 결과로서 1790년 초기에 웨슬리는 "결혼예복"(The Wedding Garment)이라는 설교를 작성하였다. 이 설교에서 웨슬리는 향후 지켜가야 할 감리회의 중심 주제를 요약하였다. 첫째, 이 설교는 하나님 나라의 신앙인이 되려면 영광에 부합한 삶을 위해 개인적 거룩함이 필요함을 강조하였다. 따라서 이렇게 늦은 나이에 이르도록 웨슬리는 잘못되고 피상적인 믿음에 대한 개념이 그의 사람들 사이에서 사랑의 법을 헛되게 할 수도 있으며, 개인적 거룩함이 하나님 나라의 신앙인에 합당한 "그리스도의 의"(righteousness of Christ)를 대신할 수 있다고 오해할 수 있음을 두려워하였다. 그러므로 웨슬리는 이 설교에서 신자의 의로움은 그리스도로부터 온 것이기는 하지만 실제적이며 각자에게 부여된 것임을 분명히 하였다. 그러므로 의롭다 함을 얻는 신자들에게는 그리스도의 의로 옷 입고 있음에도 불구하고 죄의 능력 아래 놓여 있다는 개념이 거부된다. 웨슬리는 이 점을 다음과 같이 자세하게 설명한다.

> 요한계시록에 보면 "성도의 의를 희고 깨끗한 세마포"로 표현한 것을 만납니다. 많은 사람들은 이 표현을 그리스도의 의로 이해합니다. 그러나 이 구절과 7장 14절에 나오는 구절을 어떻게 조합할 수 있을까요? "그들은 어린 양이 흘리신 피에 자기들의 두루마기를 빨아서 희게 하였습니다." 이들은 "그리스도의 의가 그리스도의 피에 빨아서 희게 되었다."고 말할 것입니까? 이런 율법폐기론적인 허튼 소리를 피하십시오. 이것이 의미하는 것은 분명하지 않습니까? 성도들의 의는 속량의 피로부터 나온 것이며 하나님께 가치가 있도록 받아들여진바 된 것입니다.[1)]

더 나아가 웨슬리는 다시 한 번 정통이란 종교의 작은 부분이며, 기독교 신앙의 내용으로 잘못 이해되어서는 안 됨을 지적한다. 기독교 신앙의 내용은 일종의 개념이나 사색이 아니고 마음에 거하는 거룩한 사랑이다.

설교하는 존 웨슬리

놀랍게도 웨슬리는 감리회원들이 기독교 신앙의 형식이나 껍데기에 만족하지 않도록 결혼예복이라 할 수 있는 거룩함을 연합신도회의 일반규칙들 중 일부와 구분을 하였다. 그러므로 웨슬리는 먼저 거룩함과 "악을 피하는 것"의 차이를 강조한 다음 거룩함과 "선을 행하는 것"의 차이를 강조하였다. 거룩함과 "악을 피하는 것"의 차이에 대해서 웨슬리는 이렇게 지적하였다. "얼마나 많은 사람들이 거룩함과 해를 끼치지 않음을 같은 의미로 이해하고 있는가! 해를 끼치지 않으려는 것과 거룩함 사이는 하늘과 땅이 먼 것처럼 거리가 있다."[2] 거룩함과 "선을 행하는 것"의 차이에 대해서 웨슬리는 다음과 같이 설명한다.

> 맞습니다. 그가 있는 곳에서 많은 선을 행하고, 배고픈 자를 먹이며, 헐벗은 자를 입히고, 나그네에게 따뜻한 자리를 내어주며, 병자와 옥에 갇힌 자를 돌아보며 죽음에서 많은 영혼을 구원하는 온유한 성품의 사람을 생각해 보십시오. 이 사람이 거룩함에 미치지 못하여 하나님을 보지 못할 수도 있습니다.[3]

그러므로 분명한 것은 어떤 행위가 아무리 고상하다고 해도 거룩함의 필요성을 대신한다고 생각하는 것은 "율법폐기론의 골수"이다. 율법폐기론은 거룩한 사랑의 법을 공허하게 만든다.

내적 종교의 재검토

1790년 4월[4] 웨슬리는 삶의 굴곡을 통해 분여된 거룩함과 즉각적으로 주어진 거룩함을 강조하는 것을 넘어 아 켐피스, 파스칼, 페넬론을 읽었다. 이를 통해 웨슬리는 가치로 평가할 수 없는 영혼의 중요성을 확신하였다. 일례를 들면 몇 달 후 윌리엄 블래이크(William Blake)에게 보낸 편지에서, 웨슬리는 "한 영혼은 세계의 모든 상품을 다 합한 것만큼의 가치가 있습니다."[5] 라고 적었다. 웨슬리는 목회의 여정에서 영혼의 활력과 내적 종교의 중요성을 지속적으로 강조했다. 그러나 때때로 웨슬리는 영혼과 내적 종교를 간과하는 사람들이나 이를 부적절하고 터무니없으며 경건에 대한 지나친 탐닉이라고 생각했던 이들로부터 날선 비판을 받기도 하였다.

이 같은 비판에 흔들리지 않았던 웨슬리는 노년에 이를수록 두 가지 방법으로 내적 종교의 중요성을 더욱 강조하였다. 첫째로 웨슬리는 잘 정리된 진정한 기독교를 강조하였고, 둘째는 "완전에 이르는 지속적인 노력"의 필요성을 제시하였다. 진정한 기독교와 관련해서 웨슬리는 1790년 조카 사라(Sarah)에게 보낸 편지에서 "항상 기뻐하는 것"을 "그리스도인의 성정"[6]이라고 하였다. 웨슬리는 "항상 기뻐하는 것이 진정한 그리스도인의 의무임을 안다."[7]고 주장하였다. 더 나아가 전 달에 웨슬리는 믿는 자들이 "새로운 지각, 개념, 열정, 성정을 가지지 않는다면 더 이상 그리스도인이 아니며, 이들이 아무리 의롭고 참되며 사랑이 있다 하더라도 여전히 무신론자일 뿐이다."[8]라고 주장하였다. 웨슬리는 1790년 10월 윈첼시아(Winchelsea)에서 생애 마지막 옥외설교에서 진정한 기독교를 설교하였다.

> 저는 오래된 도시 윈첼시아의 피골이 상접한 가난한 사람들에게로 갔습니다. … 나는 큰 나무 아래 서서 또 나무의 가지에 올라 도시의 주민들에게 외쳤습니다. "하늘나라가 가까웠다. 회개하고 복음을 믿으라." 지금과 같이 복음의 소식을 들은 모든 사람들은 거의 모두가 그리스도인이 되고자 하는 것 같았습니다.[9)]

그해 초여름 웨슬리는 "하나님 없이 사는 삶에 대해서"(On Living Without God)라는 설교를 작성하였다. 이 설교는 기독교를 윤리와 완전히 동일시하려고 했던 사람들에게는 완전히 수수께기와 같은 것이었다. 이 설교에서 웨슬리는 본래적인 기독교 신앙이란 도덕적이거나 윤리적인 것을 넘어 우리를 거룩케 하는 내적인 성화 은총을 통해 하나님의 참 삶에 참여하는 것이라고 주장하였다.

> 이로써 우리는 기독교와 도덕 사이의 큰 차이를 인식할 수 있습니다. 분명코 내적인 경험과 정의와 자비와 진리라는 외적 수행이 없이는 **참된** 기독교가 존재할 수 없습니다. 도덕성이란 외적 종교에만 속합니다. 그러나 기독교가 아니고도 존재할 수 있는 모든 도덕성, 정의, 자비, 진리는 그리스도인의 기질을 가진 사람들에게는 하나님의 시각에서 볼 때 아무런 유익이 없는 것입니다.[10)]

웨슬리는 노년에 그리스도인의 완전에 대해서 지속적으로 강조하였다. 그리스도인의 완전은 은총 안에서 자라가고 영적인 향상으로 이끌어 가는 결정적인 교리이다. 예를 들면, 웨슬리는 앞서 로버트 홉킨스에게 "당신이 다른 사람들에게 완전을 향해 나아가라고 진지하게 권고할 때 자신의 영혼에 더 풍성한 생명을 발견하게 될 것입니다."[11]라고 한 적이 있었다. 그러나 웨슬리 자신은 이런 주장을 담대하게 하지 못했던 경험을 들려주고 있다. 웨슬리는 10년 전 사라 크로스비(Sarah Crosby)에게 "그들에게 상처가 되는 것이 두려워 제 자신에 대해 말하지 않겠습니다. 제 주장을 참을 수 있는 사람이 아주 적다는 것을 압니다. 해서 제가 편하게 말하는 것을 삼가겠습니다."[12]라고 편지하였다. 여기서 웨슬리가 언급한 것은 웨슬리 자신의 사랑의 완전을 암시한 것이었을까? 말하자면 온전한 성화를 암시한 것이었을까? 이 문장으로 보아서는 무엇을 의미하는지 분명하지 않다.

1790년 9월 웨슬리는 그리스도인의 완전을 "하나님께서 감리교도라 불리는 사람들에게 부여한 큰 책임"이라 주장하였다. 더 나아가 그는 "하나님께서는 그리스도인의 완전을 두루 전하기 위해서 우리를 일으켜 세운 듯 싶습니다."[13]라고 주장하였다. 그러나 웨슬리가 그리스도인의 완전에 대해 거침없이 주장했다고 해서 그가 그리스도인의 완전이 마치 감리회의 상징인 양 감리회의 고유한 특징으로 본 것은 아니었다. 웨슬리는 감리회라는 편협한 시각으로 그리스도인의 완전을 보는 것이 감리회에 득이 될 수 없음을 잘 알고 있었다. 완전한 사랑의 교리는 감리회원들만의 것이 아니라 보편적 신앙의 공동체 곧 전체 교회에 속한 것이었다. 예를 들면 몇 개월 전인 1790년 4월에 웨슬리는 "감리회원들은 **모든** 교단들 사이에서 생명을 전해야 합니다. 분리된 소종파로서 이 일을 계속할 것입니

찰스 웨슬리와 존 웨슬리 형제

다."[14]라고 상기시켰다. 이로 미루어 보아, 웨슬리가 목회하는 동안 늘 고민했던 물음 곧 감리회가 영국 국교회에 남아 있을 것인가라는 교회론적 질문은 먼저 감리회의 목적과 연결되어 있다. 예컨대 감리회의 목적은 영국 전역에 성서적 거룩함을 전하는 것, 영국교회 교인들, 모라비안 교도들, 칼뱅주의자들, 로마 가톨릭 교인들, 그 외 모든 사람들에게 거룩한 사랑의 놀라운 가치에 대해 증언하는 것이다. 이 증언의 보편성을 견지하기 위해서 웨슬리는 자기 사람들에게 영국 국교회를 떠나지 말라고 촉구하였다. 이 문제에 대해 웨슬리와 동생 찰스는 깊은 관심을 갖고 있었다.

그러나 웨슬리는 이 문제와 함께 또 다른 영역에 관심하였다. 곧 감리회원들이 영국 국교회를 떠나지 말 것을 관심할 뿐 아니라, 적의에 찬 혹은 냉담한 영국 국교회 성직자들로 인해서 감리회원들의 지속적인 선교가 소외되거나 좌절을 경험하는 것에 대한 관심이었다. 예를 들면, 6월 웨슬리는 링컨의 주교였던 프레티만 톰라인 박사(Dr. Pretyman Tomline)에게 "무슨 이유에서 당신이 이 사람들을 교회에서 내어 쫓습니까?"[15]라고 질문하였다. 그리고 "자신의 양 무리를 그토록 박해하는 것이 과연 기독교인이며 개신교회의 주교입니까?"[16]라고 쏘아붙였다. 다음 달 브리스톨에서 열린 웨슬리의 마지막 연회가 끝나고 며칠이 지나서 종교개혁자이자 국회의원이었던 윌리엄 윌버포스(William Wilberforce)에게 편지를 보냈다. "이제 감리회원들은 무엇을 할 수 있습니까? 이들은 소집회령(the Conventicle Act)에 따라 붕괴될 위기에 놓여 있습니다. 그리고 신교 자유령(the Act of Toleration)의 어떤 혜택도 받지 못하고 있습니다. 이것이 박해가 아니고 무엇이란 말입니까?"[17]

축적된 부의 지속적인 위험

감리회를 지속적으로 살아있게 한 또 다른 요인은 웨슬리가 부의 위험성에 대해 자기 주변 사람들에게 경고한 데 있다. 웨슬리는 이미 오래전부터, 특별히 1780년대 동안 부의 위험에 대해 강조하였다. 죽음이 가까워오면서 웨슬리는 "세상적인 어리석음에 대해서"(On Worldly Folly)와 "부를 축적하는 것의 위험"(The Danger of Increasing Riches)이란 제목의 설교를 작성하였다. "세상적인 어리석음에 대해서"에서는 웨슬리는 하나님 외에 잠시 있다 없어지는 덧없는 것에 마음을 주지 말라고 경고한다. "없어질 것들에서 행복을 추구하는 사람들은 보물을 자신을 위해 쌓아두는 것입니다. 이는 절대로 (하나님을 향해 자라가는 것도 아니고) 부유한 것도 아닙니다."[18] 이에서 더 나아가 웨슬리는 요약적이고도 시적인 방법으로 "하나님의 자녀는 진정 이렇게 말할 수 있어야 합니다. 나의 모든 부는 하늘에 있습니다. 나의 모든 재물은 하나님의 사랑입니다."[19]라고 주장하였다. 또한 "부를 축적하는 것의 위험"이란 설교에서 어떤 경우든 빚이 고려되어야 한다고 함으로써 웨슬리는 초기의 중세적이며 "교회적인" 부의 정의에 예외를 인정한다.

평생 검소한 삶과 이웃에 대한 나눔을 실천한 존 웨슬리

그러나 여기서 예외가 있을 수 있습니다. 어떤 사람은 자신의 가족의 생계와 편리함을 누리는 것 이상을 소유할 수 있습니다. 그렇다고 해서 부유한 것이

> 아닙니다. 왜냐하면 그가 빚을 갖고 있을 수 있기 때문입니다. 빚이 갚을 수 없을 만큼 많을 수도 있습니다. 이런 경우라면 그가 손 안에 아무리 많은 돈을 갖고 있다 하더라도 부유한 사람이 아닙니다.[20)]

이런 예외를 통해서 이웃의 겉모양만을 보고 쉽게 판단할 수 없도록 하였다. 웨슬리는 같은 설교에서 "그러니 이웃의 행복을 성급히 판단하지 마십시오. 사람에게는 알려지지 않은 하나님만이 아시는 비밀이 있을 수 있습니다."[21)]라고 경고하였다.

그러나 "부를 축적하는 것의 위험"이 주는 가장 탁월한 가르침은 "병자들을 방문하는 것에 대해"(On Visiting the Sick)라는 설교에서 이미 전개한 웨슬리의 독특한 목회 유형이다. "부를 축적하는 것의 위험"의 내용은 웨슬리가 앞서 표현했던 내용과 너무나 흡사하다. 예를 들면, 웨슬리는 이 설교에서 다음과 같이 설득력 있는 설명을 곁들이고 있다.

> 너희 하나님의 천사들이여, 너희 하나님의 종들이여, 계속해서 하나님을 기쁘시게 하십시오. 우리의 주님께서 여러분에게 금과 은보다 **더 소중한** 재능을 주셨습니다. 그러니 여러분이 처한 그 일터에서 구원의 상속자들을 섬기십시오.[22)]

따라서 전인적인 방식으로 몸과 영혼을 섬기는 것이 언제든 웨슬리의 목적이었다.

노예제도에 대한 생각들

부의 축적은 그리스도인의 정직에 빗나가는 것이었고 충분히 나쁜 것이었다. 그러나 노예를 데리고 있으면서 노예를 사고파는 일로 이웃을 담보로 하여 부를 축적하는 것은 명백히 양심을 버린 일이며 인간의 기본적인 자유권의 침해로서 결코 관용할 수 없는 일이었다. 이 일로 인해 웨슬리는 죽기 직전 당시 의회의 의원이었던 윌버포스에게 편지를 써서 윌버포스로 하여금 그의 개혁적인 노예 폐지 운동을 지속해 줄 것을 촉구하였다. "선한 일을 하는 데 지치지 말기를 기원합니다. 하나님의 이름으로 하나님의 전능하신 능력으로 (해 아래 악 중에 가장 사악한) 미국의 노예까지도 이 땅에서 사라질 때까지 귀하의 운동을 계속해 주시오."[23] 몇 년 전, 웨슬리는 1787년 노예제도의 철폐를 위헤 신도회를 만들었던 그랜빌 샤프(Granville Sharp)와 서신을 주고받았다. 이 편지에서 "내가 소식을 들은 이후 … 나는 끔찍한 노예 무역에 치를 떨고 있습니다. 그러나 제가 이 주제를 갖고 귀하께서 쓴 글을 읽고 난 후 더욱 새롭게 이해하게 되었습니다."[24] 더 나아가 1787년 11월에 한 달이 지난 후 웨슬리는 토마스 펜넬(Thomas Funnell)에게 비슷한 정서를 표현하였다. "이렇게 혐오스런 노예 무역을 반대하는 대열에 참여하는 관대한 사람들에게 나는 어떤 도움이라도 줄 것입니다. 나는 『노예제도에 대한 생각들』(*Thoughts on Slavery*)을 큰 활자로 인쇄하였습니다."[25] 웨슬리의 눈에는 노예제도를 계속 견지하는 것은 "기독교뿐 아니라 인간에게도"[26] 걸림돌이 된다고 생각했다.

그러나 노예제도에 대한 이런 웨슬리의 생각은 정치 철학에서 나온 것이 아니었다. 오히려 도덕법에 주목한 그의 신학적 표현이었다. 그는 실제로 도덕법이 "하나님 마음의 복사"라고 생각을 하고 있었다. 달리 말하면, 하나님과 인간의 "적절한 관계"를 표현한 도덕법은 웨슬리가 불의한 법과 정치적 압력의 밀고 당기는 상황을 극복하고 하나님의 형상과 모양으로 창조된 모든 인간은 기본적인 자유의 권한을 갖고 있음을 확신을 갖고 호소하게 했던 "객관적" 표준이었다. 그러므로 치밀한 신학적 논증으로 정리된 웨슬리의 삶과 증언은 윌버포스와 새프츠버리(Shaftsbury) 등이 영국의 "혐오스런 노예 무역"을 반대하는 데 큰 격려가 되었다.

악화된 건강

1790년 초 웨슬리는 특별히 다른 사람들의 어려운 사정에 관심하였다. 그러나 정작 자신의 건강은 쉼을 필요로 하고 있었다. 이제 그의 기운이 거의 다 소진되었고 일지에서 자신의 건강을 장담하였던 낙관적인 표현은 사라지고 몸의 움직임도 현저하게 둔화되었다. 간단히 말해서 그는 영원의 문턱에 다다른 늙은이였고, 남은 힘은 목회를 돌아보는 데 사용하고 있었다. 1790년 2월 웨슬리는 프리본 가렛손(Freeborn Garrettson)에게 "시간이 내 손을 흔들며 재촉하는구려. 죽음이 얼마 남지 않았소."[27]라고 편지하였다. 힘이 다한 웨슬리는 1789년 8월 눈이 침침해지고 기력이 다해가는 갑작스런 변화를 인정하고 있다.[28] 1791년 웨슬리는 토마스 그레이트헤드(Thomas Greathead)에게 "나는 반은 장님이고 반은 귀머거리입니다."라고 편지하였다. 그러면서도 "그러나 하나님의 이름으

악화된 건강에도 편지 작성과 집필 활동을 지속한 존 웨슬리

로 아직도 기어 다니고 있습니다."[29]라고 위로의 말을 덧붙였다. 다음 달 웨슬리는 끝이 가까워 옴을 알고는 에제키엘 쿠퍼(Ezekiel Cooper)에게 "내게 편지하거나 뭔가 말하고 싶은 사람은 이제 망설일 시간이 없습니다."[30]라고 편지하였다. 웨슬리는 넉넉한 은총에 힘입어 2월 말 레더헤드(Leatherhead)에서 마지막 설교를 하였다. 18세기를 살아온 긴 여정이었다. 그리고 이제 인생의 문을 닫고 있었다.

계속되는 신학적 주제들

존 웨슬리의 삶의 여정은 참으로 놀라운 것이었다. 따라서 이 시점에서 요약 형식으로 그의 길고도 풍요로운 여정을 수놓았던 그의 독특한 신학 여정을 살피는 것이 저절하다 생각한다.

청교도 영성과 영국 국교회의 정서가 섞인 경건한 사제관에서 성장한 웨슬리는 자신이 속했던 영국 국교회뿐 아니라 가톨릭교회의 살아있는 거룩한 전통을 사랑하였다. 아 켐피스, 테일러, 로는 본래적 그리스도인의 믿음으로 그를 깨우쳐 주었고, 그의 이상과 목적이었던 은총을 실현하느라 수년의 투쟁과 노력을 하였다. 목회 초기 특별히 조지아에 있을 때 여러 차례 잘못 이해한 구원론은 오히려 감리회원들과 다음 세대들을 바르게 가르치는 데 큰 도움이 되었다. 놀랍게도 그가 속한 영국 국교회 전통은 부분적이긴 하지만 무심결에 성화를 칭의의 기초로 만들어 버렸던 당시 신학자들의 세계로 웨슬리를 안내하였다.

조지아로 향하던 시몬즈 호 선상에서 웨슬리는 여러 명의 모라비안 경건주의자들을 만났다. 감리회 지도자는 이들 독일인들이 죽음 앞에서 보여 준 경건함과 두려움 없음에 깊은 감명을 받았다. 그 후 웨슬리는 이들과 아주 중요한 대화를 나눴는데 특별히 어거스트 스팡겐버그와 많은 대화를 나누었다. 또한 웨슬리는 '기독교 지식 증진을 위한 신도회'(SPCK)의 후원 아래 조지아로 선교를 같이 떠났던 잘츠부르크 사람들과의 대화를 통해 할레 경건주의의 진수를 배우게 되었다. 이들 중 볼지우스(Bolzius)와 그로나우(Gronau)는 경건, 깊은 겸손, 은총이 넘치는 영감으로 웨슬리에게 지울 수 없는 인상을 남겼다. 조지아에서의 목회의 실패와 함께 이들 모라비안 교도들과 잘츠부르크 경건주의자들의 영향은 깨어지고 낮아져서 배움의 준비가 된 웨슬리에게 큰 도전이었다.

1738년 영국으로 돌아온 웨슬리는 네덜란드 상인이었던 봐이난츠 씨(Mr. Weinantz)의 집에서 페터 뵐러를 만나는 행운을 얻었다. 웨슬리의 철학이 주로 행위와 결단으로 이루어졌음을 보여준 피터 뵐러는 웨슬리에게 칭의와 중생과 관련하여 하나님의 은혜를 단순하게 감사하도록 하는 루터교 경건주의의 은총 이해를 소개해 주었다. 복음의 평화와 능력이 순수하게 공로 없이 오직 은총으로만 지금 받아들일 수 있는 은사라는 단순한 가르침에 놀란 웨슬리는 자신의 믿음의 기초였던 성서를 서둘러 찾아보았다. 그러고는 "즉각적인 회심과 다른 경우, 곧 사도 바울의 느린 회심과 같은 경우가 거의 존재하지 않음을"[31] 발견하였다.

1738년 3월이 되어 웨슬리는 뵐러의 가르침이 성서와 영국 국교회의 교리에 부합한다고 철저하게 확신하였다. 믿음으로 받아들여진다는 이 소중한 약속이 웨슬리의 생각을 사로잡았지만 언제나 하나님을 향해 있어야만 하는 복합적인 기질들로 이루어진 그의 마음은 아직 사로잡지 못하였다. 드디어 1738년 5월 24일 웨슬리의 영적 여정에 결정적인 날이 도래하였다. 웨슬리는 7년이 지나 이날을 특별히 회상하였다. 런던의 올더스게이트 거리에 있는 경건회에 참석하여 『루터의 로마서 강해 서문』(*Luther's Preface to the Epistle to the Romans*)을 듣고 있었던 웨슬리는 바로 그때 순간적으로 칭의, 중생, 어느 정도의 확신의 은총을 받아 마음에 빛을 경험하였다. 그 사실에 대해 웨슬리는 자신의 일지에 "나는 이상하게 마음이 따뜻해짐을 느꼈다."[32]

라고 적었다.

그러므로 웨슬리는 루터의 고전인 로마서 강해 서문을 **듣는 중에** 용서와 성령의 능력 주시는 현존, 어느 정도의 확신을 받았다. 이 상황에서 성령은 그날 저녁 서문을 읽고 있었던 이의 **말에** 임하였고 이 말이 웨슬리의 마음을 따뜻하게 했던 것이다. 그러므로 이들 은총의 은사들 곧 말씀과 성령이 접속되어 부분들의 총합보다 더 위대한 전체의 역사로서 웨슬리에게 전해졌다. 분명 웨슬리는 그날 저녁 경건회에서 다른 사람들과 마찬가지로 분명하고 명쾌한 말씀을 들었다. 그러나 요점은 웨슬리가 그날 저녁의 말씀 그 이상을 받았던 것이다. 왜냐하면 믿음으로 듣는 귀를 가진 자에게 주시는 성령의 초월적 능력이 웨슬리에게 임하였고, 말씀을 전하는 인간을 통해서 그의 마음에 자리하게 되었다. 분명 이는 말씀을 듣다가 경험한 개신교적 회심이었다. 그 후 얼마 지나지 않아 웨슬리는 1739년 4월 구원의 좋은 소식을 영국의 중산층과 가난한 자들에게 **선포하기로** 결단하였다.

1741년에 이르러서 대부흥 운동이 진행되고 있을 때 웨슬리는 다음 여정을 시작하였다. 말하자면 피터 뵐러가 웨슬리에게 가르쳐 주었던 칭의와 중생뿐 아니라 온전한 성화를 순수한 은총의 선물로 인식함으로써 개신교 종교개혁의 특징을 계속 이어나갔다. 간단히 말해서 칭의(평화)와 중생(능력)이 **오직** 믿음으로만 받게 될 하나님의 은총의 선물들을 구성하듯이, 최고의 은총인 마음(존재)의 온전한 성화조차 오직 믿음으로만 받게 된다. 은총과 믿음에 관련하여 결국 웨슬리는 종교개혁의 중심 통찰들을 그가 그토록 사랑했던 거룩한 삶의 전통의 전체 영역과 연결하였다. 온전한 성화를 향한 접근과 관련해서 웨슬리의 말을 다시 회상해 보자.

> 이로써 여러분은 믿음으로 구하는지 아니면 행위로 구하는지를 알 것입니다. 만일 행위로써라면 여러분은 거룩하여지기 전에 먼저 뭔가를 하기를 원합니다. 여러분은 "나는 먼저 이러저러한 존재가 되어야 하거나 혹은 이러

저러한 행위를 해야 한다."고 생각합니다. 그래서 여러분은 오늘날까지 행위로 그것을 추구하고 있는 것입니다. 만일 여러분이 믿음으로써 그것을 구한다면, 여러분은 지금 이 모습 이대로 그것을 구할 수 있습니다. 맞습니다. 여러분의 이 모습 이대로 **지금** 그것을 구하십시오.[33)]

1752년 웨슬리는 공로가 아닌 은사의 은총을 강조하면서 "구원의 전체를 이루는 칭의와 성화와 영화는 하나님 홀로의 사역임을 우리가 인정합니다."[34)]라고 하였다. 물론 이러한 생각은 칭의와 성화와 영화가 구원의 흐름의 총화를 구성하는 것이 아니라 하나님의 즉각적인 행위의 결정성과 수여를 긴장 가운데 포용하고 견지하는 더 큰 접속의 틀에서 하나의 과정이 되는 접속적 방식으로 이해될 때 신인 협력(종종 신인협동으로 불림)을 배제하지 않는다. 그러므로 속량의 과정을 거의 배타적으로 강조하면서도 (때로는 아주 미래를 향해 개방적인) 웨슬리를 "가톨릭적" 성향을 지닌 신학자로 고집스럽게 해석하는 것은 (기억되건 기억되지 않건, 극적으로 나타나건 아니건) 신앙인들의 계속적인 삶의 여정에서 어떤 결정적인 순간에 일어나는 결정적이면서도 질적으로 구분된 은총의 실현들을 설명할 수 없게 한다.

웨슬리는 하나님의 자녀가 되는 최초의 거룩함으로부터 온전한 거룩함이 되는 것으로의 전개과정뿐 아니라 죄인에서 의롭다 함을 얻기까지의 전개과정들을 가리켜 "문지방"이라 하였다. 어떤 의미에서 문지방이란 은총 안에서 이전의 성장과는 구분되는 변화를 말한다.[35)] 달리 말하면, (넓게 이해했을 경우) 칭의와 온전한 성화는 웨슬리의 구원의 길의 두 주요 핵심이다. 이 둘의 통합은 오직 은총으로만(*sola gratia*)과 오직 믿음으로만(*sola fide*)이라는 표현에서 이루어진다.

그러나 종교개혁의 통찰이 간과되고 웨슬리의 그리스도인의 완전 교리가 과정적 성장으로서의 "가톨릭적" 유형으로만 이해된다면, 온전한 성화를 특징짓는 질적인 차이가 드러나지 않게 된다. 왜냐하면 이 경우 온전한 성화란 길고도 지속적인 과정에서 마지막에 도달한 결과로 비쳐질 것이기 때문이다. 이렇게 이해된다면, 완전에서 수반된 변화란 그것이 "마지막" 변화라는 것을 제외하면 앞서 마음을 깨끗하게 하는 변화와 다를 바가 없다. 그러나 이 입장은 칭의와 신생을 제외하고는 다른 모든 점진적 변화와는 달리 마음의 불순함에서 순수함으로의 변화를 간과한다. 진정 사랑 안에서 아직 완전하지 않은 마음에서 순수한 마음으로의 변화는 실제로 거룩하지 않음에서 하나님의 자녀가 됨으로의 변화와 유사하다. 이 경우 둘 다 의미 있는 질적인 변화를 뜻하는 결정적인 은총의 수용을 뜻한다. 곧 여기서 말하는 은총은 웨슬리가 사용한 오직(sola)이란 용어로 표현된 "개신교적" 패러다임을 통해서만 본래의 의미가 이해될 수 있는 은총의 수용이다.

더 나아가 웨슬리는 결국 신/인 협력의 과정은 공로에 기초하지 않은 순전한 은혜인 은총이 드러나게 될 때 끝날 수 있다. 왜냐하면 신자들에게 온전한 성화와 죄인들에게 신생은 언제나 **지금** 실현될 수 있기 때문이다. 달리 말하면, 많은 성장과 변화는 상대적으로 짧은 기간 동안에 발생할 수 있다. 그렇지만 자기-정당화와 칭의에 기울어 있는 이들 혹은 때때로 미묘한 방식으로 구원의 과정에서 자신들의 행함이 완전히 인정되거나 인식되지는 않더라도 온전한 성화를 위해 필요하다고 생각하는 사람들에게는 이 주장이 당혹스러운 것이 된다. 왜냐하면 이들은 성화가 시간적인 성숙과 성숙한 그리스도인의 상태와 일치한다고 잘못 이해하고 있기 때문이다.

그러나 구원의 여정에서 단계마다 하나님의 은총의 활동을 강조하는 웨슬리의 "개신교적" 차원 역시 그의 "가톨릭적" 차원과 접속적인 방식으로 이해되어야 한다. 웨슬리의 가톨릭적 차원은 (부분적으로는 영국교회 전통을 통해 그에게 전달된 동방교부들의 사상인 바) 신/인 협력을 강조한다. 이 전통의 신앙인들은 은총의 수단 안에서 경건과 자비 같은 행위 안에서 은총이 예시되기를 기다린다. 웨슬리는 1765년 문제를 제기한 칼뱅주의자들을 향해 "성서적 구원의 길"이란 설교에서 아주 조심스럽게 이러한 구분으로 설명하였다. 이 설교에서 웨슬리는 한편에서 순수한 은총으로서의 하나님의 은사를 주장하고 또 다른 한편에서는 은총으로 말미암아 가능한 응답 그 자체 곧 하나님의 주도권에 응답하는 것의 중요성을 주장하기 위해서 "동일한 의미에서가 아닌" 혹은 "동일한 정도에서가 아닌"이란 표현을 사용하였다. 이러한 노력에도 불구하고, 많은 복음주의적 칼뱅주의자들은 ("하나님이 일하시니 너희도 일해야 한다.")라는 웨슬리 신학의 단언적 분위기와 오직 은총으로만과 오직 믿음으로만이 어떻게 조화를 이룰 수 있는지 이해할 수 없었다. 웨슬리는 "가톨릭적인" 강조와 "개신교적인" 강조 둘 다를 크고 복잡한 긴장 속에 함께 묶었다. 이 긴장 속에서 순수한 은총의 선물과 하나님의 주도권에 응답하고 거룩함으로 자라가는 것의 중요성이 함께 강조되었다. 더 나아가 웨슬리는 하나님께서 인간에게 은총으로 다가오는 것과의 협력이 시간이 있고 기회가 있다면 어떤 점에서 필연적이긴 하겠지만 그렇다고 결코 인간이 회심하거나 그 결과 죄의 존재로부터 깨끗해지는 기반이 될 수는 없다고 반복해서 주장하였다. 왜냐하면 그리스도의 공로로만 구원의 은택과 놀라운 은사가 은총으로 주어지기 때문이다.

그러므로 넓은 의미로 이해했을 경우 웨슬리의 신/인 협력으로서의 은총은 마치 믿는 자들이 "특별하고" 질적으로 구별된 "문지방을 넘는" 칭의와 온전한 성화의 은총을 받기까지 기다리고 은총의 수단 안에서 자라가는 "정상적인" 과정처럼 보인다. 여기서 칭의와 온전한 성화의 은총은 웨슬리의 구원의 길에서 잘 설명된 두 축일 뿐 아니라 하나님 홀로의 사역이다. 웨슬리에 따르면 실제로 신생과 온전한 성화 사이에 무슨 일이 일어나는가? 한편에서 믿는 자들은 교회의 삶에 참여하여 경건과 자비의 사역을 통해 그 놀라운 믿음 곧 온전히 거룩하게 하는 은총의 선물을 다시금 받게 될 때 거룩한 성정으로 자라간다. 미묘한 차이지만 이러한 은총들의 접속이 구원의 길에서 보다 큰 근사치와 비약적인 성장(instantiated increments)을 품는 진정한 구원론적 법칙이 된다. 그렇지만 은총 안에서의 모든 성장이 점진적인 정도의 차이만은 아니다. 왜냐하면 질적으로 구별된 사건이 하나님 홀로의 사역으로서 믿는 자들의 마음 안에서 일어나기 때문이다. 말하자면 지극히 높으신 하나님만이 영혼에 생명을 줄 수 있기 때문이다. 영적으로 말한다면 지극히 높으신 하나님만이 인간의 영혼을 온전히 거룩하게 할 수 있기 때문이다.

순간 혹은 (시공간 안에서의) 은총의 실현의 중요성과 필연성 또한 감리교도들이 소중히 생각하는 그리스도인의 확신 교리에서 생겨났다. 대체로 추정적 지식에 경도되어 성례전의 안전지대를 제공하면서 신자들을 사제적 위계질서로 몰고 간 로마 가톨릭과는 달리 감리교회는 그리스도인의 확신이 하나님의 아들과 딸의 공통된 특권이며 교회의 울타리 안과 밖의 다양한 현장에서 성례전을 통해 일어날 수 있다고 가르쳤다. 이처럼 양심을 넘어 성령의 열매들인 구원받은 영혼을 향한 직접적인 성령의 증거로 성령의 열매를 인정하는 것은 가톨릭교회에게 "신비주의"로 비춰졌다. 왜냐하면 성령의 증거가 사제들의 중재적인 통치를 대신하였기 때문이었다. 더 나아가 영국 국교회의 몇몇 사제들도 비슷한 입장을 견지하고 있었다. 예컨대 버틀러 주교(Bishop Butler) 같은 이들은 성령의 직접적인 증거가 감리회의 또 다른 광신주의라 여겨 이를 즉각 거부하였다.[36] (죄와 근접한 상태인) 확신이 없는 상태에서부터 그리스도인의 완전을 수반하는 믿음의 완전한 확신에 이르는 구원의 길에서 분명하고도 직접적인 비약은 실천신학의 예증에서 끔찍하게 잘못된 것이라고 여겨 삭제되었다. 깁슨(Gibson)과 다른 사람들은 은총이 이성, 착한 교인 됨, 일반적인 덕목으로 이해되어 진전을 목표로 하는 기독교인 양육의 "정상적인" 순환이자 통로라고 주장하였다. 인간의 능력의 한계와 거룩한 사랑의 하나님을 인간이 철저히 의존할 것을 강조하는 성령의 증거의 초자연적인 특성은 이들에게 아주 거슬리는 것이었다.

존 웨슬리의 마지막 시간들

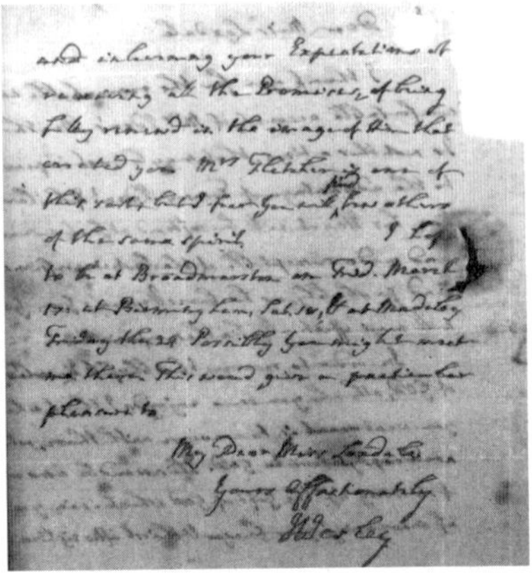

존 웨슬리의 일기(1791년 2월)

1791년 2월 25일 금요일 웨슬리는 런던의 시티 로드에 돌아왔고 친구인 엘리자베스 리치가 노신사 웨슬리가 마차에서 내리는 것을 염려스럽게 지켜보고 있었다. 전날부터 감기로 몸살을 앓기 시작한 웨슬리는 즉시 침대로 옮겨졌고 30분 동안 홀로 누워 있었다. 그는 주말 내내 침상에 머물러 있었다. 월요일쯤 되었을 때 병세가 더 악화되었고 친구들이 긴장하였다. 그날 저녁 웨슬리는 밤새 몸을 뒤척였다. 그러나 아프냐고 물으면 "아니오"라고 답하였다. 다음날 3월 1일 화요일 웨슬리는 몸이 가라앉고 있었다. 웨슬리는 브래드포드(Mr. Bradford)에게 펜과 잉크를 달라고 요청하였지만 더 이상 뭔가를 쓸 수 없었다. 엘리자베스 리치가 웨슬리 옆에서 대답하였다. "제가 대신 쓸게요, 선생님. 말씀하고 싶은 것을 제게 말해주세요."[37] 웨슬리는 대답했다. "하나님이 나와 함께 하신다는 말밖에는 쓸 것이 아무것도 없어."[38] 오후에 웨슬리는 침상에서 일어났다. 그의 상태를 생각해 본다면 놀라운 일이었다. 그는 아이작 왓츠(Isaac Watts)의 찬송가의 한 소절을 노래하였다.

숨이 있는 동안 창조자 하나님을 찬양하리라.
죽음이 임하여 목소리가 나지 않을 때
내 안의 거룩한 영으로 찬양하리라.

찬양의 날은 결코 지나가지 않으리.
우리의 생명과 생각과 존재가 계속되는 한
영원이 존재하는 한

하늘과 땅과 바다를 만드시고 길을 내신
이스라엘의 하나님을 의지하며 희망하는 자들은 행복하여라.
하나님의 진리는 영원하며
하나님은 압제받는 자를 구원하시고
가난한 자를 먹이시니
영원히 그의 약속이 이루어지도다.[39]

존 웨슬리의 임종(1791년 3월 2일)

화이트헤드 박사, 엘리자베스 리치, 찰스 웨슬리의 부인과 딸 그리고 다른 아홉 명의 사람들이 조그만 방에 모여 있었다. 웨슬리는 다시 한 번 힘을 모아 소리를 질렀다. "모든 것 중에 가장 좋은 것은 하나님이 우리와 함께 하신다는 것입니다." 죽어가면서도 웨슬리는 밤새 "내가 찬양하리라, 내가 찬양하리라"는 왓츠의 찬송가 가락을 계속 노래하였다. 다음날 아침 3월 2일 아침 10시쯤 "안녕"이란 마지막 말을 남기고 "별 어려움이나 괴로움 없이" 죽음에 들었다.

웨슬리가 눈을 감던 3월, 영국에만 300명이 넘는 설교가들이 있었고, 70,000명이 넘는 감리회원들이 있었다. 속회, 반회, 선발신도회들이 모였고, 가난한 사람들은 영적이며 물질적인 돌봄을 받았으며 일반인들은 옥외와 교회당에서 구원의 기쁜 소식을 들었다. 웨슬리는 주식을 대여하고, 대출을 상환해 주며, 약을 나눠주고, 나그네들을 섬기면서 영국의 소외된 사람들을 섬겼다. 그가 한푼 두푼 모은 돈과 그의 설교를 출판한 것으로 얻은 수익은 웨슬리의 섬김의 목회에 사용되었다. 웨슬리는 완전한 사랑을 고백

런던 존 웨슬리 채플 후원에 위치한 존 웨슬리의 무덤

하지 않았고, 죽음의 침상에서조차 완전한 사랑에 이르렀다고 고백하지 않았다. 이러한 사실로 미루어, 우리는 그가 하나님과 이웃을 섬기면서 살았지만 하나님의 지고의 은총으로 죽었는가는 (완전한 사랑의 고백으로 죽었는가는) 의심할 수 있다. 그러나 웨슬리의 삶은 모범적인 그리스도인의 삶이었다. 그날 아침 웨슬리가 죽음에 들 때 둘러섰던 사람들은 그의 죽음의 경외, 거룩함, 아름다움을 경험하였다. "주님을 성실하게 따르는 성도의 죽음은 주님께 귀중하다."(시 116:15)

웨슬리는 영국 국교회의 선한 아들로 살다가 갔다. 그는 영국 국교회의 교리에 신실하였고, 영국 국교회의 보편성과 풍부한 종교개혁 전통을 견지하였으며 힘과 열정과 사랑을 다하여 가난한 이들을 섬겼다. 그러나 영국 국교회의 동료들은 이런 웨슬리를 인정하지도, 감사하지도 않았다. 그렇지만 웨슬리의 목회는 유산으로 넘겨졌고 그의 사역은 지속되고 있다. 거룩하고 희생적인 사랑에 기초한 증언은 다양한 사람들에게 번져갔다. 이들은 아주 만족스러운 속량적인 방식으로 예수 그리스도를 알게 되었고, 은총으로 공고하여졌으며, 사랑으로 능력을 덧입었다. 또한 이들은 고요한 침묵이 내리던 1791년 3월 2일 아침, 그의 목회가 인정되었건 아니건, 감사하게 받아들였건 아니건, 여기 영국 최고의 성자 중 한 사람이 죽었다는 사실을 목도하고 있었다.

주

제 1 장 청교도와 영국 국교회가 존 웨슬리에게 남긴 것

1) 옮긴이 주. 영국 역사에서 1640년 11월 3일 찰스 1세가 소집하여 1660년 3월까지 계속된 회의.
2) 옮긴이 주. 1645년 의회파가 편성하여 제1차 내란을 끝내고 크롬웰 아래서 크게 정치력을 떨친 군대.
3) 옮긴이 주. 공화 정치 시대의 올리버 크롬웰(Oliver Cromwell)과 그의 아들 리처드(Richard)의 칭호.
4) 옮긴이 주. 비국교도를 배제하기 위해 지방 자치 단체의 관리에게 충성과 국교 신봉의 선서를 시킨 법령(1661-1828).
5) Anthony Armstrong, *The Church of England, the Methodists, and Society*, 1700-1850 (Totowa, N.J.: Rowman and Littlefield, 1973), 46.
6) Ibid.
7) Ibid., 35.
8) 존 화이트는 문제가 되는 목회자들의 심사위원장으로도 임명되어 여러 영국 국교회의 성직자들을 심사하여 파문하는 일을 맡았다. 이 주제와 관련해서 더 많은 자료를 얻고자 한다면, Robert C. Monk, *John Wesley: His Puritan Heritage* (Nashville: Abingdon Press, 1966), 20을 참조할 것.
9) 사무엘 아네슬리 박사는 1639년 집사 목사로서 이미 안수를 받았을 것이라는 자료가 있다. Frank Baker, "Wesley's Puritan Ancestry," *London Quarterly & Holborn Review 187* (July 1962): 183.
10) Ibid. 프랭크 베이커(Frank Baker)가 이후의 상황에 대해서 전해주는데, 아네슬리 박사는 1662년 국교회에서 쫓겨난 후 1694년 청교도 사제들이 집례한 공식적인 안수를 처음으로 거행하였다. 이때 안수를 받은 이들 가운데 한 사람이 애드먼드 칼래미(Edmund Calamy)였다. 그는 경건한 청교도로서 웨스트민스터 회의(Westminster Assembly)와 사보이 회의(Savoy Conference)에서 탁월한 지도력을 발휘하였다. 그러나 칼래미는 1666년 출교를 당한 이후 사망하여 1694년 회의에는 참석할 수 없었다. 때문에 어떤 이들은 칼래미가 안수 받았을 것으로 추정하는 1694년 안수식의 날짜에 대해 의문을 제기한다.
11) John A., *Newton, Methodism and the Puritans* (London: Dr. Williams's Trust, 1964), 19.
12) Charles Wallace Jr., ed., *Susanna Wesley: The Complete Writings* (New York: Oxford University Press, 1997), 70.
13) Rupert E. Davies, *The Works of John Wesley, Bicentennial* ed., vol. 9, *The Methodist Societies: History, Nature, and Design* (Nashville: Abingdon Press, 1989), 231. 여기서 강조한 부분은 필자가 한 것이다. 엘리스 로버츠(R. Ellis Roberts)는 "청교도적 안식일 준수"에 비평적이다. "청교도인들이 무슨 논리로 안식일 준수를 주장했는지 당혹스럽다. 이들은 유대인들이 즐거움의 날로 지켰던 안식일과는 달리 안식일을 우울한 날로 지켰다." R. Ellis Roberts, *The Church of England* (London: Francis Criffiths, 1908), 144를 참조할 것.
14) 슈데이(Southey)는 수잔나 웨슬리가 소시누스주의(Socinianism)에 빠졌었는데 후에 남편이 이곳에서 빠져나오도록 도왔다고 주장한다. 이는 논증을 통해서 얻어진 결론이 아니고 주장일 뿐

이다. 왜냐하면 슈데이는 자기 주장을 입증하는 충분하고도 설득력 있는 논리를 제시하지 못하기 때문이다. Robert Southey, *The Life of Wesley; and Rise and Progress of Methodism*, vol. 1 (London: Longman, Brown, Green, and Longmans, 1846), 9–10.

15) 정치적인 문제에서 수잔나와 사무엘은 의견이 나누어졌다. 그렇지만 하이젠레이터에 의하면 이들 부부는 "신학과 정치에서 비슷한 입장을 견지하고 있었고 자녀를 양육하는 일에 있어서도 같은 마음을 갖고 있었다." Richard P. Heizenrater, *Wesley and the People Called Methodists* (Nashville: Abingdon Press, 1965), 26.

16) Rebecca Lamar Harmon, *Susanna, Mother of the Wesleys* (Nashville: Abingdon Press, 1968), 47.

17) Francis J. McConnell, *John Wesley* (New York: Abingdon Press, 1939), 12.

18) 에드워즈(Edwards)는 사무엘이 돌아온 이유는 자코바이트(망명한[1688] 영국의 왕 제임스 2세파의 스튜어트 왕가 지지자)였음에도 불구하고 (법률상으로는 아니더라도 실제로는) 윌리엄과 메리의 왕위를 인정하고 있었기 때문이었을 것이라고 본다. Maldwyn Edwards, *Family Circle: A Study of the Epworth Household in Relation to John and Charles Wesley* (London: The Epworth Press, 1961), 47.

19) 잘 알려진 전기 작가들에 의하면, 웨슬리는 1703년 6월 17일에 태어났다고 주장된다. 그러나 어떤 학자들은 1703년 6월 28일에 태어났다고 주장하기도 한다. 왜 이런 차이가 있을까? 그 대답은 황제, 교황, 영국적 상황과 관계가 있다.

서방 달력의 처음 개혁은 주전 45년 줄리어스 시저(Julius Caesar)에 의해 이루어졌다. 개정된 달력은 일 년을 365와 1/4일로 정하였다. 그러므로 4년마다 윤년으로 정하여 하루를 더해 일년이 되었다. 그러나 "줄리어스"식 달력이 갖는 문제는 지구가 태양을 도는 데 걸리는 시간은 365와 1/4일보다 실제로는 덜 걸린다는 점이다. 이 차이가 작은 것처럼 보임에도 불구하고, 실제 달력은 천년에 한 번씩 7일을 변경시켜야 한다. 그래서 16세기경 교황 그레고리우스 8세(Pope Gregory Ⅷ)는 부활절을 정하는 데 상당한 어려움을 겪게 되었다.(그 기준으로 10일의 차이가 난다.)

교황 그레고리우스는 위원회를 구성하여 그레고리우스 달력으로 알려진 새로운 해법을 제시하였다. 이에 따르면 줄이어스 달력처럼 4년에 한 번씩 하루를 더할 수 있지만, 1700, 1800, 1900년 등 100년이 되는 해에는 윤년을 지키지 않기로 하였다. 그렇지만 (1200, 1600, 2000년과 같이) 400년을 단위로 다시 돌아가 윤년을 지키게 하였다. 따라서 그레고리우스의 달력은 줄리어스의 달력에서 400년마다 3일을 빼고 2800년마다 하루를 조정하였다. 이렇게 되면 4832년이 되면 달력이 하루가 조정되어야 한다는 말이 된다. (여기까지 집중력이 떨어지지 않기를 바란다.)

이 개혁을 적용시켰을 경우 그러면 왜 18세기 영국의 달력에 11일의 차이가 날까? 그 대답은 1752년까지 교황의 책략에 의해 영국이 그레고리우스 달력을 받아들이지 않은 데 있다. 이 당시 달력은 11일의 차이가 있었다. 그래서 영국의회는 1703년 11일 차이를 수정하기로 결정하였다. 이렇게 하고 보니 웨슬리의 생일은 6월 17일이 아니고 6월 28일이 되었던 것이다. 인생 후기에 웨슬리는 (자신의 건강을 축하하면서) 6월 28일에 생일을 지켰다. 줄리어스 달력과 그레고리우스 달력의 차이에 대해 더 많은 정보를 원한다면, Stephen Jay Gould, *Questioning the Millennium: A Rationalist's Guide to a Precisely Arbitrary Countdown* (New York: Harmony Books, 1997), 141–49를 참조할 것.

20) Newton, *Methodism and the Puritans*, 6.

21) Leslie F. Church, *Knight of the Burning Heart: The Story of John Wesley* (London: The Epworth Press, 1938), 15–16.

22) W. Reginald Ward and Richard P. Heitzenrater, eds., *The Works of John Wesley*, Bicentennial ed., vol. 19, *Journals and Diaries II* (Nashville Abingdon Press, 1990), 286–87.

23) Ibid., 19:286.

24) Frank Baker, ed., *The Works of John Wesley*, Bicentennial ed., vol. 25, *Letters* I (New York: Oxford University Press, 1980), 330–31.

25) Ward and Heizenrater, *Journals and Diaries*, 19:290–91.

26) Baker, *Letters*, 25:329.
27) John Telford, *The Life of John Wesley* (New York: Methodist Book Concern, 1899), 19–20.
28) Frank Baker, *John Wesley and the Church of England* (Nashville Abingdon Press, 1970), 9.
29) Harmon, *Susanna*, 80.
30) Monk, *Puritan Heritage*, 182.
31) Telford, *Life of John Wesley*, 5.
32) John Telford, ed., *The Letters of the Rev. John Wesley, A.M.* (London: The Epworth Press, 1931), 5:76.
33) Baker, "Puritan Ancestry," 183.
34) Gordon Rupp, *Religion in England, 1688-1791* (Oxford: Clarendon Press, 1986), 173.
35) Ibid.
36) Southey, *Life of Wesley*, 7.
37) Armstrong, *Church of England*, 51.
38) Heizenrater, *Wesley and the People*, 24.
39) Ibid., 30.
40) Ibid., 27–28.
41) Ibid., 30–31.
42) Ward and Heitzenrater, *Journals and Diaries*, 18:243 (May 24, 1738).
43) 그러나 여기 자서전적 이야기의 요점은 엡웟에서의 삶과 차터하우스의 삶을 각을 세워 비교하려는 것이 아니다. 19세기 전기 작가였던 루크 타이어만(Luke Tyerman)은 "웨슬리가 거룩한 사람으로 차터하우스에 들어갔다가 죄인이 되어 차터하우스를 졸업하였다."라고 주장함으로써 비판을 받았다. Luke Tyerman, *The Life and Times of the Rev. John Wesley, M.A., Founder of the Methodists* (New York: Harper & Bros., 1872), 1:22.
44) Telford, *Life of John Wesley*, 30.
45) Ibid.
46) Church, *Burning Heart*, 31.
47) Baker, *Letters*, 25:148(1724년 8월 19일 수잔나 웨슬리로부터)
48) 아우틀러(Albert C. Outler)는 웨슬리가 "도덕적 교훈의 복음으로 자란 후 (1725년) 제레미 테일러(Jeremy Taylor), 윌리엄 로(William Law), 토마스 아 켐피스(Thomas à Kempis), 동방의 교부들의 '거룩한 삶'의 전통으로 회심하였다고 주장한다. Thomas C. Oden and Leicester R. Longden, eds., *The Wesleyan Theological Heritage: Essays of Albert C. Outler* (Grand Rapids, Mich.: Zondervan Publishing House, 1991), 64.
49) Baker, *Wesley and the Church*, 12.

제 2 장 거룩과 성화의 재발견

1) Luke Tyerman, *The Life and Times of the Rev. John Wesley, M.A., Founder of the Methodists* (New York: Harper & Bros., 1872), 1:33.
2) Frank Baker, ed., *The Works of John Wesley*, Bicentennial ed., vol. 25, *Letters* I (Nashville: Abingdon Press, 1980), 149.
3) Ibid., 25:160.
4) Ibid.
5) Ibid.
6) Ibid.
7) Ibid., 25:158.
8) Ibid., 25:160.
9) Ibid., 25:157. 강조는 필자가 한 것임.

10) Ibid., 25:160.
11) W. Journals and Reginald Ward and Richard P. Heitzenrater, eds., *The Works of John Wesley*, Bicentennial ed., vol. 18, *Journals and Diaries* I (Nashville: Abingdon Press, 1988), 244 (May 24, 1738).
12) Ibid., 18:244 (May 24, 1738).
13) Ibid., 18:212.
14) Ibid.
15) Ibid.
16) Baker, *Letters*, 25:162.
17) Ibid. 25:163. 수잔나는 아 켐피스가 제안했듯이 그렇게 모든 즐거움이 "헛되고 소용없는 일"이라면 "왜 시편 기자는 자주 주님 안에서 기뻐하라고 권고하였을까"라는 물음을 갖고 있었다.
18) Ibid., 25:166.
19) Ibid. 1749년 출판된 「감리회원이라고 불리는 사람들에 대한 평이한 해설」(*A Plain Account of the People Called Methodists*)에서 웨슬리는 사려 깊은 규칙들(prudential rules)의 중요성을 빈센트 페로넷(Vincent Perronet)에게 설명하고 있다. "이들 작은 사려 깊은 규칙들을 계속 바꾸어가고 있다. 이처럼 규칙들을 만들어가는 것은 당신이 생각하듯이 약점이거나 오류가 아니고 특별한 이점이다. 우리는 이 규칙들이 하나님이 제정하신 본질적인 규칙들이라 하지 않고 사려 깊은 규칙들이라 부른다. 우리는 이 규칙들이 형식화되고 사장되는 것을 예방한다. 우리는 언제나 가르침에 열려 있고, 매일매일 이전보다 더 현명하기를 원하며 더 좋은 방향으로 바꿀 수 있기를 희망한다." Rupert E. Davies, ed., *The Works of John Wesley*, Bicentennial ed., vol. 9, *The Methodist Societies: History, Nature, and Design* (Nashville: Abingdon Press, 1989), 262–63을 참조할 것.
20) Baker, *Letters*, 25:171.
21) 옮긴이 주. 그리스 신화에 나오는 바다의 요정. 아름다운 목소리로 뱃사람을 유혹하여 배를 난파시켰다고 한다.
22) Ibid.
23) Thomas Jackson, ed., *The Works of John Wesley* (Grand Rapids, Mich.: Baker Book House, 1978), 11:366–67.
24) Ibid., 11:366.
25) Baker, *Letters*, 25:168.
26) Richard P. Heitzenrater, *Wesley and the People Called Methodists* (Nashville: Abingdon Press, 1995), 35.
27) Baker, *Letters*, 25:169.
28) Ibid., 25:170.
29) Ibid.
30) Ibid., 25:174–175.
31) Heitzenrater, *Wesley and the People*, 35.
32) Albert C. Outler, ed., *The Works of John Wesley*, Bicentennial ed., vols. 1–4. *Sermons* (Nashville: Abingdon Press, 1984–87), 3:152, "In What Sense We Are to Leave the World."
33) Baker, *Letters*, 25:175.
34) Ibid.
35) Ibid., 25:175–76. 캠브리지 플라톤주의자 존 노리스(John Norris)의 흥미로운 연구에 대해서는, John C. English, "John Wesley's Indebtedness to John Norris [epistemology and education]," *Church History 60* (March 1991): 55–69를 참조할 것.
36) Baker, *Letters*, 25:179.
37) Ibid., 25:188. 수잔나도 피어슨(Pearson)의 책들을 추천하였다. 수잔나는 피어슨의 믿음에 대

한 정의가 결코 해가 되지 않는다고 평가하였다. Baker, *Letters*, 25:183.

38) Richard P. Heitzenrater, "John Wesley and the Oxford Methodists" (Ph. D. diss., Duke University, 1972), 59.

39) Ibid.

40) Ibid.

41) Baker, *Letters*, 25:194.

42) Henry D. Rack, *Reasonable Enthusiast: John Wesley and the Rise of Methodism*, 2nd ed. (Nashville: Abingdon Press, 1992), 63.

43) Ibid.

44) Ibid., 68.

45) Gerald R. Cragg, ed., *The Works of John Wesley*, Bicentennial ed., vol. 11, *The Appeals to Men of Reason and Religion* (Nashville: Abingdon Press, 1989), 183.

46) Baker, *Letters*, 25:208.

47) Ibid., 25:215. 강조는 필자가 한 것임.

48) Jackson, *Works*, 12:20.

49) Baker, *Letters*, 25:208-9.

50) Ward and Heitzenrater, *Journals and Diaries*, 18:244.

51) Ibid., 244-45. 윌리엄 로와 웨슬리의 관계에 대해 또한 윌리엄 로에 대한 공정한 연구를 위해서는 J. Brazier Green, *John Wesley and William Law* (London: The Epworth Press, 1945)를 참고할 것. 또한 Eric W. Baker, *A Herald of the Evangelical Revival: A Critical Inquiry into the Relation of William Law and John Wesley and the Beginnings of Methodism* (London: The Epworth Press, 1948)를 참고할 것.

52) Jackson, *Works*, 11:367.

53) Gordon Rupp, *Religion in England, 1688-1791* (Oxford: Clarendon Press, 1986), 224. 1760년에 출판한 "돈의 사용"(The Use of Money)이란 설교에서 웨슬리는 다음과 같이 주장한다. "그러므로 여러 시도를 통해 내가 확신하는 바는, 수학이나 대수나 기하학을 완전하게 공부하려면 무신론자가 아니면 이신론자가 될 수밖에 없다는 것입니다. 그러나 어떤 사람들은 이 학문들을 불편함 없이 평생을 연구합니다. 그러므로 누구도 다른 사람들을 대신해서 결정할 수 없습니다. 모든 사람이 스스로 판단해야 합니다. 특별히 자신의 영혼에 해가 되는 것이라 여겨지는 것을 삼가야 합니다." Outler, *Sermons*, 2:270을 참조할 것.

54) 아우틀러는 웨슬리가 "1725년에 제레미 테일러, 윌리엄 로, 토마스 아 켐피스, 동방 교부 신학자들의 '거룩한 삶'의 전통으로 회심하였다."고 주장한다. "이때 웨슬리 자신이 자신의 신학적 여정에 공헌했던 뿌리를 설명하면서 아 켐피스, 테일러, 로의 서방 신학자들만을 언급한다." Albert C. Outler, "John Wesley as a Theologian: Then as Now," in *The Wesleyan Theological Heritage: Essay of Albert C. Outler*, ed. Thomas C. Oden and Leicester R. Longden (Grand Rapids, Mich.: Zondervan Publishing House, 1991), 64.

55) V. H. H. Green, *The Young Mr. Wesley: A Study of John Wesley and Oxford* (New York: St. Martin's Press, 1961), 305-10.

56) 이 균형의 예를 보려면, Hoo-Jung Lee, "Experiencing the Spirit in Wesley and Macarius," *Rethinking Wesley's Theolofy for Contemporary Methodism, ed. Randy L. Maddox* (Nashville: Kingswood Books, 1998), 197-212를 참조할 것.

57) Baker, *Letters*, 25:235.

58) Ibid., 25:240.

59) Outler, *Sermons*, 3:581.

60) John Telford, *The Life of John Wesley* (New York: Methodist Book Concern, 1899), 58-59.

61) Ibid., 59.

62) Heitzenrater, *Wesley and the People*, 45-46.

63) J. H. Overton, *John Wesley* (Boston: Houghton, Mifflin, 1891), 28, n. 1. 하이젠레이터는 "당시 메소디스트라는 용어가 처음 사용된 것은 옥스퍼드에 있던 존 클래이튼(John Clayton)이 1732년 8월 런던을 방문하고 있었던 웨슬리에게 보낸 편지"에서라고 지적한다. Heitzenrater, *Wesley and the People*, 45–46을 참조할 것.

64) 타이어만(Tyerman)은 여기 소개된 메소디스트들 가운데 여러 명이 신도회를 떠났다고 지적한다. "클래이튼은 웨슬리 형제를 피하였고, 브로우튼은 웨슬리 형제를 반대하였으며, 허비는 기독교인의 예의를 갖추긴 했지만 이들에게 반박하는 글을 썼고, 갬볼드는 한때 이들을 부끄럽게 생각한다고 스스럼없이 말했으며, 휫필드는 한동안 이들과 결별하였다." Tyerman, *Life and Times*, 1:68.

65) Rack, *Reasonable Enthusiast*, 90.

66) Ibid.

67) Heitzenrater, "Oxford Methodists," 143.

68) V. H. H. Green, *John Wesley* (London: Thomas Nelson, 1964), 29.

69) Outler, *Sermons*, 3:275–76.

70) Jackson, *Works*, 11:367.

71) Outler, *Sermons*, 3:504.

72) Martin Schmidt, *John Wesley: A Theological Biography*, 3 vols., trans. Norman R. Goldhawk (Nashville: Abingdon Press, 1962), 1:140. 앤톤 빌헬름 뵈메(Anton Wilhelm Böhme)는 아른트(Arndt)의 『참된 기독교』(*True Christianity*)를 영어로 번역했던 바로 그 인물이다.

73) August H. Francke, *A Christian Library*, vol. 29, *Nicodemus*, ed. John Wesley (London: J. Kershaw, 1826), 468.

74) Ibid., 29:479.

75) Ibid., 29:473.

76) Ibid., 29:483. 웨슬리도 또한 1730년에 쓴 "안식일에 대해"(On the Sabbath)라는 자신의 설교 속에서 청교도가 자신의 삶과 사상에 지속적으로 영향을 미쳤음을 보여주고 있다. Outler, *Sermons*, 4: 268–78을 참조할 것.

77) Francke, *Nicodemus*, 29:482.

78) Ibid.

79) Ibid., 29:492.

80) 아우틀러는 "'경건주의'라는 용어가 현재까지 4세기 동안 우리 신학의 중심으로 자리해온 정통주의 신학과 자유주의 신학의 화술에서 경멸적 의미를 담고 있다고 주장한다. 이는 표준적인 교회사나 기독교사에 분명하게 나타나고 있는 현상이다."라고 주장한다. Albert C. Outler, "Pietism and Enlightenment: Alternatives to Tradition," in *Christian Spirituality* Ⅲ, ed. Louis Dupre and Don Saliers (New York: Crossroad, 1989), 242.

81) Baker, *Letters*, 25:293.

82) Ibid.

83) Ibid., 25:365.

84) Heitzenrater, *Wesley and the People*, 52.

85) Baker, *Letters*, 25:365–66.

86) Rack, *Resonable Enthusiast*, 76.

87) Baker, *Letters*, 25:366.

88) Ibid., 25:369.

89) John W. Wright, "Wesley's Theology as Methodist Practice: Postmodern Retrieval of the Wesleyan Tradition," *Wesleyan Theological Journal* 35, no. 2 (Fall 2000): 9.

90) Ibid., 21.

91) 예를 들면, 왓슨(David Lowes Watson)은 "초기 메소디스트 제자도의 형식과 힘은 그 방법에 있다."고 주장한다. 그러나 형식이 방법에 있고 능력은 성령의 임재에 있다고 주장하는 것이 더

정확한 주장일 것이다. David L. Watson, "Aldersgate Street and the General Rules: The Form and the Power of Methodist Discipleship," in *Aldersgate Reconsidered*, ed. Randy L. Maddox(Nashville: Kingswood Books, 1990), 45를 참조할 것.

92) Jackson, *Works*, 8:299.
93) Outler, *Sermons*, 1:399.
94) John Telford, ed., *The Letters of the Rev. John Wesley, A.M.* (London: The Epworth Press, 1931), 4:299.
95) Jackson, *Works*, 11:367.
96) Ward and Heitzenrater, *Journals and Diaries*, 23:105.
97) Outler, *Sermons*, 1:402.
98) Ibid.
99) Ibid.
100) Ibid., 1:404.
101) "마음의 할례"를 설교하기 1년 전 수잔나에게 보낸 편지에서 웨슬리는 다시금 겸손의 가치를 강조한다. "겸손이 진정 내가 원하는 바입니다. 이 세상에 대한 사랑을 내려놓고 더 좋은 세상을 만드는 것에 관심하고자 합니다. 그러면 어떻게 해야 하겠습니까? 무엇이 더 좋은 세상을 만드는 데 가장 확실한 지름길일까요? 겸손해지는 것 아닐까요? 겸손은 진정 큰 진보입니다." Baker, *Letters*, 25:329를 참조할 것.
102) Baker, *Letters*, 25:395.
103) Ibid., 25:396.
104) Ibid., 25:411.
105) Ibid., 25:420.
106) Ibid., 25:421.
107) Ibid., 25:399.
108) Ibid., 25:400.
109) Richard P. Heitzenrter, "Great Expectations: Aldersgate and the Evidences of Genuine Christianity," in Maddox, *Aldersgate Reconsidered*, 61을 참조할 것.

제 3 장 조지아에서의 도전과 좌절

1) Maldwyn Edwards, *Family Circle: A Study of the Epworth Household in Relation to John and Charles Wesley* (London: The Epworth Press, 1961), 32.
2) Ibid., 31.
3) Martin Schmidt, *John Wesley: A Theological Biography* (Nashville: Abingdon Press, 1962–1973), 1:131.
4) Frank Baker, *The Works of John Wesley*, Bicentennial ed., vol. 25, *Letters* I (Nashville: Abingdon Press, 1980), 439.
5) Ibid., 25:441.
6) Ibid.
7) Ibid., 25:442.
8) W. Reginald Ward and Richard P. Heitzenrater, eds., *The Works of John Wesley*, Bicentennial ed., vol. 18, *Journals and Diaries* I (Nashville: Abingdon Press, 1988), 136–37.
9) V. H. H. Green, *John Wesley* (London: Thomas Nelson, 1964), 41.
10) Ward and Heitzenrater, *Journals and Diaries*, 18:140.
11) Ibid., 18:314.
12) Ibid., 18:140.
13) Ibid., 18:139.

14) Ibid., 18:141.
15) Ibid., 18:142.
16) Ibid., 18:143.
17) Ibid.
18) Ibid., 18:165.
19) Ibid., 18:169.
20) 흥미로운 해석 가운데 하나는 테오도어 제닝스(Theodore Jennings)의 경우 웨슬리의 구원론적 입장에 대한 전체적인 물음을 실제로 희석시켜 버린다. 제닝스는 종으로서 하나님을 섬겼든 아니면 아들로서 하나님을 섬겼든 웨슬리에게는 그렇게 큰 차이가 없다고 주장한다. Theodore W. Jennings, "John Wesley Against Aldersgate," *Quarterly Review* 8, no. 3 (Fall 1988): 16.
21) Baker, *Letters*, 25:265.
22) Gerald R. Cragg, ed., *The Works of John Wesley*, Bicentennial ed., vol. 11, *The Appeals to Men of Reason and Religion* (Nashville: Abingdon Press, 1989), 136.
23) 1783년 8월 네덜란드에서 영국으로 돌아온 후에 웨슬리는 아주 심한 설사를 하게 되었다. 한 알 반의 마약을 세 차례 복용하여 설사를 멋게 하였다. 마약의 복용은 그동안 앓아온 복통을 멈추게 하였다. 그렇지만 그 여파로 웨슬리의 말대로라면 머리에서 발끝까지 "언변, 청력, 운동의 힘을 마비시켜 버렸다. 그래서 통나무처럼 누워 있었다." Ward and Heitzenrater, *Journals and Diaries*, 23:287.
24) Albert C. Outler, ed., *The Works of John Wesley*, Bicentennial ed., vol. I, *Sermons* (Nashville: Abingdon Press, 1984), 162. 웨슬리가 죽음의 두려움으로부터의 자유가 그리스도인의 완전을 연결하려 했는지는 의심해 볼 수 있다. 그러나 죽음의 두려움으로부터의 자유를 칭의와 신생과 연결했던 것은 사실이다. 웨슬리는 죽음의 두려움으로부터의 자유는 하나님의 자녀가 누리는 은총에 수반되며 바울의 주장 가운데 그 의미가 내포되어 있다고 말한다. "그러므로 이제 그리스도 예수 안에 있는 자에게는 결코 정죄함이 없다."(롬 8:1) 달리 말하면, 정죄함이 없다면 거기에는 죽음과 심판을 염려하는 두려움도 없다. 더 나아가 1738년 2월 3일 웨슬리가 "이제 나는 젊었을 적 무서워 떨었던 바다의 두려움으로부터 자유하게 되었다."라고 한 표현이 죽음의 모든 두려움으로부터 자유하게 되었음을 의미하는 것은 아니다. 예컨대 우리가 물이나 높이의 두려움을 극복할 수 있다. 그때에도 여전히 자신의 영적 조건 때문에 임하게 되는 죽음, 지옥, 심판의 두려움은 남아 있을 수 있다.
25) Cragg, *Appeals*, 11:146.
26) Outler, *Sermons*, 1:257. 영원한 상실에 대한 웨슬리의 이해를 더 보려면 "지옥에 대해서"(Of Hell)라는 설교를 참조할 것. Outler, *Sermons*, 3:31ff. "지옥"이란 단어는 웨슬리의 글에 500번 이상 등장한다. 현대 신학자들 중에는 지옥이란 용어가 "감상적"이며 "거룩한 사랑"에 대한 비현실적 이해일 수 있다고 주장한다.
27) Ibid., 1:258.
28) Ibid., 1:259. 괄호로 묶은 부분은 이 설교가 이루어진 상황에서 볼 때 이 자료가 존 웨슬리에게 자서전적이 아님을 보여주기 위해서 삽입된 것이다. 달리 말하면 이 설교에서 "나"라는 표현은 독자들에게 실존적 의미를 불러일으키기 위해 사용한 문학적 기법이다.
29) Ibid., 도덕법과 영적 삶에서 죄인들을 확신시켜 그리스도께로 안내하고 은총 안에서 성장을 향해 안내하는 도덕법의 역할에 대한 웨슬리의 이해를 좀 더 탐구하고자 한다면, Kenneth J. Collins, "John Wesley's Theology of Law" (Ph. D. diss., Drew University, 1984)를 참조할 것.
30) Outler, *Sermons,* 2:142. 웨슬리가 복음적 회심을 경험한 이후 죽음에 대한 두려움은 사라졌고 일지에 더 이상 언급되지 않았다. 1758년 5월 엘리자베스 하디(Elizabeth Hardy)에게 보낸 편지에서 웨슬리는 이 주장을 확인시켜주고 있다. 이 편지에서 웨슬리는 이렇게 적고 있다. "몇 년 전에는 제가 그랬습니다. 저는 하나님의 진노가 내게 임했다고 느꼈습니다. 매시간 지옥에 떨어지고 있다고 생각했습니다. 나는 죄인 중의 괴수임을 알고 있었습니다. 다른 면에서 저는 순진하였습니다. 그러나 저는 제 마음이 죄와 타락 가운데 있었음을 보았습니다." 홍

미롭게도 여기서 "몇 년 전에"라는 표현은 문자적인 의미가 아니고 웨슬리 특유의 표현이었다. 우리가 웨슬리의 언어 사용법에 주목하게 되면 웨슬리는 나이가 들어가면서 과거 중요한 사건들을 회상할 때 종종 감상적이 되어 시간에 대한 표현이 문자적이지도 않고 정확하지도 않았음을 알 수 있다.

예를 들어, 하디에게 보낸 편지를 참조해 볼 수 있다. 먼저, "몇 년 전"이라는 말이 문자적으로 해석되어야 한다면, 이는 5년 전 웨슬리가 죽음이 가까웠다고 생각하여 1753년 11월 26일에 유서를 써 놓은 일이 있는데 이때를 의미하는 것임이 틀림없다. (John Telford, *The Letters of the Rev. John Wesley, A.M.* [London: The Epworth Press, 1931], 4:20; Ward and Heitzenrater, *Journals and Diaries*, 20:482). 그러나 문제는 이 당시 웨슬리의 일지 안에 죽음의 두려움에 대한 증거가 없다는 점이다. 오히려 웨슬리는 그해 초여름 심하게 아팠음에도 불구하고 여전히 놀랄 만한 믿음을 갖고 하나님에 대한 확신을 보여주고 있다. "설사와 계속적인 두통, 울렁거림, 한 시간에 몇 차례나 다리와 발에 근육통이 임하고 있다. … 그러나 하나님께서는 나로 하여금 그분께 부복하여 온전히 만족하고 감사하게 하셨다." (Ward and Heitzenrater, *Journals and Diaries*, 20:469). 둘째, "다른 면에서 저는 순진하였습니다."라는 표현 역시 웨슬리 스스로는 죄인이었음을 알고 있었지만 1738년 4월 웨슬리의 믿음에 대한 브로우톤 씨(Mr. Broughton)의 긍정적인 평가가 설득력 있는 것임을 보여준다.(Ward and Heitzenrater, *Journal and Diaries*, 18:234-35).

어쨌든 아직 더 큰 요인이 남아 있다. 본래적이고 성서적인 기독교인은 죽음을 두려워하지 않는다는 것이 웨슬리가 반복적으로 주장했던 구원론적 기준이라면 무엇이 웨슬리로 하여금 조지아로 가게 했던가? 다시 말하지만 여기서 중심적인 요점은 속량의 기준들과 관계가 있다. 웨슬리는 생애를 통해 이런 기준에 맞추어 살지 않았다. 그렇지만 1753년에서 1758년에 이르는 기간 동안 젊은 시절 웨슬리에게 나타났던 죽음에 대한 두려움의 증거는 보이지 않는다. 진정 하디가 언급한 것은 문자적이기보다는 웨슬리의 젊은 시절에 사용한 독특한 표현이다.

31) Outler, *Sermons*, 2:207. 다시 한 번 죄에 빠져 올무에 잡히고 영원한 상실에 이른다고 한 웨슬리의 표현은 웨슬리의 신학이 알미니아누스주의적임을 보여준다.

32) Ward and Heitzenrater, *Journals and Diaries*, 22:357. 이 상황에서 웨슬리는 "그가 양자의 영을 받기까지" 성령이 주시는 확신의 은총에 주목한다면 좋을 것이라고 생각한다.

33) Telford, *Letters*, 5:95.

34) 웨슬리 구원론에서 참된 기독교의 동기와 그 의미에 대한 연구를 찾아보고자 한다면, Kenneth J. Collins, *A Real Christian: The Life of John Wesley* (Nashville: Abingdon Press, 1999)와 Kenneth J. Collins, "Real Christianity as Integrating Theme in Wesley's Soteriology: The Critique of a Modern Myth," *The Asbury Theological Journal* 51, no. 2 (Fall 1996): 15-45을 참조할 것.

35) Cragg, *Appeals*, 135-136. 비록 죽음의 두려움이 올더스게이트 경험 이후 웨슬리에게 문제가 되지는 않았지만, 간혹 죽음의 연장선에서 생각하게 되는 망각이나 사라짐의 문제를 놓고 씨름하였다. 예를 들면, 1766년 동생 찰스에게 보내는 편지에서 웨슬리는 이렇게 쓰고 있다. "나는 두려움보다는 사랑을 갖고 있다. 만일 내가 어떤 두려움을 갖고 있다면, 그 두려움은 지옥에 빠지게 될까봐 느끼는 두려움이 아니고 무에 빠지게 될까봐 갖는 두려움이다." Telford, *Letters*, 5:16.

36) Thomas Jackson, ed., *The Works of John Wesley* (Grand Rapids, Mich.: Baker Book House, 1978), 10:479-80.

37) Telford, *Letters*, 6:31. 웨슬리는 쿠민스(Ms. Cummins)에게 "모든 죄를 극복할 능력이 있는가?"라는 이 시기 자주 했던 질문을 던졌다. 온전한 그리스도인(altogether Christians)과 온전에 가까운 그리스도인(almost Christians)을 구분해서 지속적으로 사용한 범례를 보고자 한다면 1772년 3월 17일자 웨슬리의 일지를 읽어볼 것. 1772년 8월 12일에는 "추상적 그리스도인"(notional Christians)이란 용어를 사용하고 있고, 1777년 페티언스 엘리슨에게 보낸 편지에서는 온전에 가까운 그리스도인과 온전한 그리스도인의 분류를 외면의 그리스도인(outside

Christians)과 내면의 그리스도인(indise Christians)의 분류와 연결시키고 있다. Ward, *Journals*, 22:311, 22:345와 Telford, *Letters*, 6:274를 참조할 것.

38) Ward and Heitzenrater, *Journals and Diaries,* 18:146.

39) Baker, *Letters*, 25:448, n. 3.

40) Richard P. Heitzenrater, *Wesley and the People Called Methodists* (Nashville: Abingdon Press, 1995), 60.

41) Arthur Wilford Nagler, *Pietism and Methodism, Or, The Significance of German Pietism in the Origin and Early Development of Methodism* (Nashville: Publishing House M. E. Church, South, 1918), 143.

42) Johann Arndt, *A Christian Library,* vol. 1, *True Christianity* (London: T. Blanshard, 1819), 1:137–39.

43) Outler, "The Spirit of Bondage and of Adoption," in *Sermons*, 1:248–66 and Outler, "The Scripture Way of Salvation," in *Sermons*, 2:153–69.

44) Arndt, *True Christianity in A Christian Library*, 1:355. 아른트의 구원론적 관심은 그의 책 *True Christianity* 안에 회개(277), 자기–부정(168), 믿음에 의한 칭의(172, 173, 381), 믿음과 사랑(170, 240, 241), 겸비(305–6), 믿음에 의한 중생(267), 신생(153), 믿음이 죄책과 죄의 능력으로부터 구원한다(177, 367–68), 하나님의 형상의 회복(135–43), 거룩함과 행복(173, 203), 그리스도는 우리의 지혜, 의로움, 성화, 속량이시다(208, 274). 하나님과 이웃의 사랑(217–219, 221, 313), 속량은 좁은 길이다(250), 그리스도인의 완전(355, 358)이라는 항목에서 잘 나타나고 있다. Wilhelm Koepp, *Johann Arndt* (Berlin: Protestantischer Schriftenvertrieb, 1912), 73ff.

45) Johann Arndt, *True Christianity,* trans. Peter Erb (New York: Paulist Press, 1979), 21.

46) Arndt, *True Christianity,* in *A Christian Library,* 1:207, 211, 213, 270, 356.

47) Ibid., 1:177, 269. 아른트와 웨슬리에게 내적 종교(경건)의 반대는 현대적 관점에서 보았을 때 사회적 행위와 적합성이 아니라 형식적이며 (정확한 의견인) 정통적이고 비인격적이며 생명이 없는 종교(경건)임을 기억하라. 또한 웨슬리가 내적 종교와 마음의 종교를 어떻게 선행과 연결시켰는지는 다음의 인용구에 잘 나타난다. "분명 참된 종교는 자연스럽게 선한 말과 선한 행동으로 이어집니다. 그러나 그 진정한 특성은 더 깊은 곳 '숨겨진 마음의 사람' 안에 있습니다." "하나님 나라에 이르는 길"(The Way to the Kingdom), in Outler, *Sermons*, 1:220, 3:313, 3:320, 3:349, 3:523.

48) 웨슬리 사상에서 내적 종교에 대한 또 다른 자료는 다음과 같다. "신생의 표징들"이란 설교에서 "참된 삶인 기독교인의 신앙을 가지고 '하나님께로 난' 자는 이해의 행위인 동의뿐 아니라 하나님께서 그 마음에 역사한 기질을 갖고 있습니다."(Outler, *Sermons*, 1:418)라고 하였고, "하나님께로 태어난 사람들의 위대한 특권"(The Great Privilege of Those That Are Born of God)이란 설교에서는 "[하나님께로 났다는 것]은 세례를 받았다는 것을 의미할 뿐 아니라 … 마음의 큰 변화 곧 성령의 역사로 영혼에 일어난 변화를 의미합니다."라고 주장하였다.(Ibid., 432) 또한 Outler, *Sermons*, 2:117("그리스도인의 완전"[Christian Perfection])과 2:195 "신생"[The New Birth]) 을 참조할 것.

49) Arndt, *True Christianity*, in *A Christian Library*, 1:356.

50) Nehemiah Cunock, *The Journal of the Rev. John Wesley, A.M.* (London: The Epworth Press, 1938), 4:4.

51) Outler, *Sermons*, 2:61–78 ("편협을 주의하라"[A Caution Against Bigotry])와 2:79–95("보편적 정신"[Catholic Spirit]).

52) Schmidt, *Theological Biography,* 1:180.

53) Ibid., 181.

54) W. H. Fitchett, *Wesley and His Century: A Study in Spiritual Forces* (New York: Abingdon Press, 1922), 104.

55) Baker, *Letters*, 25:455.

56) Ward and Heitzenrater, *Journals and Diaries,* 18:161-62.
57) Green, *John Wesley,* 45. 웨슬리는 자신의 목회 스타일에 대해 어떤 의심도 없이 자기 확신에 차 있었던 것처럼 보인다. 특별히 어떤 독자의 죽음과 관련하여 웨슬리는 자신의 일지에 이 일은 아이의 아버지에게는 "행복한 불행"이며 "그 형벌은 정당하다."고 적어놓음으로써 아주 차갑고 냉정하게 생각하는 사람처럼 보일 수 있다. Ward and Heitzenrater, *Journals and Diaries,* 18:516.
58) Ward and Heitzenrater, *Journals and Diaries,* 18:160.
59) Ibid., 18:172. Heitzenrater, *Wesley and the People,* 66ff. 웨슬리가 조지아 주에 있을 때 실제로 에프렘(Ephrem)을 읽었는지 의심하는 학자들이 있다. Randy L. Maddox, "John Wesley and Eastern Orthodoxy: Influences, Convergences, and Differences," *The Asbury Theological Journals* 45, no. 2 (Fall 1990): 45, n. 19.
60) Heitzenrater, *Wesley and the People,* 66.
61) Ward and Heitzenrater, *Journals and Diaries,* 18:175.
62) 앞서 1736년 6월에 웨슬리는 "아메리카 식민지 원주민 거주지 가운데 가장 미개한, 예컨대 가장 타락하지 않은 촉타우(Chowtaws)에 즉시 올라 갈 수 있는 문"이 열리기를 희망하였다. 그러나 이 계획은 오글소프에 의해서 좌절되었다. 오글소프는 웨슬리가 그곳에 가면 프랑스인들에 의해 공격을 받거나 죽임을 당할 위험이 있다고 생각했고 또 그렇게 되면 서배너에 "목회의 공백"이 생길 수 있다고 생각하였다. Ward and Heitzenrater, *Journals and Diaries*, 18:163.
63) Baker, *Letters,* 25:486.
64) Heitzenrater, *Wesley and the People,* 66.
65) Ibid., 69.
66) 앞서 1736년 3월경 존과 찰스는 한동안 채식주의자들이 되었다. 형 사무엘은 이 사실이 마음에 걸렸던지 다음 달이 되어 이렇게 언급하고 있다. "너희들이 왕의 요청을 거절했던 다니엘과 같은 부름을 받았다고 생각할 수는 없다. 고기를 금하는 것은 종교가 아니라 악마의 교리이다." Baker, *Letters*, 25:458; Ward and Heitzenrater, *Journals and Diaries*, 18:155.
67) Baker, *Letters*, 25:500. 베이커는 윌리엄 오건(William Wogan)이 여러 권의 책을 썼으며 그 중에 적어도 한 권 곧 『사순절 바로 보내기』(*Right Use of Lent*, 1732)를 웨슬리가 옥스퍼드에 있는 동안 읽었다고 주장한다. 오건의 가장 유명한 책은 *An Essay on the Proper Lessons of the Chruch*였다. Baker, *Letters,* 25:499, n. 1.
68) Ibid., 25:502, n. 1.
69) Ibid., 25:502.
70) Ward and Heitzenrater, *Journals and Diaries,* 18:179.
71) Ibid., 18:436.
72) Ibid., 18:442.
73) Ibid., 18:469. 웨슬리의 인간적인 성에 대한 생생하면서도 어느 정도 논쟁적인 글을 원한다면 Willie Snow Ethridge, *Strange Fires: The True Story of John Wesley's Love Affair in Georgia* (New York: Vanguard, 1971)를 참조할 것.
74) Ward and Heitzenrater, *Journals and Diaries,* 18:476.
75) Ibid.
76) Ibid., 18:477.
77) Ibid., 18:480.
78) Ibid., 18:482.
79) Ibid., 18:485.
80) Ibid.
81) Ibid., 18:486.
82) Ibid.

83) Ibid., 18:490. 여성들과 웨슬리의 관계에 대한 더 많은 자료를 찾고자 한다면, John P. Briggs, "Unholy Desires, Inordinate Affections: A Psychodynamic Inquiry into John Wesley's Relationship with Women," *Connecticut Review* 13 (Spring 1991): 1-18; Henry Abelove, *The Evangelist of Desire: John Wesley and the Methodists* (Stanford, Calif.: Standford University Press, 1990); Earl Kent Brown, *Women in Mr Wesley's Methodism* (Lewiston, N.Y.: Edwin Mellon, 1983); John C. English, " 'Dear Sister' : John Wesley and the Women of Early Methodism," *Methodist History* 33, no. 1 (October 1994): 26-33.
84) Ward and Heitzenrater, *Journals and Diaries,* 18:193.
85) Ibid., 18:195.
86) Ibid., 18:207.
87) Ibid.
88) Ibid., 18:208-9.
89) Ibid., 18:209. "삶이 내게 짐이 되게 하라."
90) Ibid., 18:211.
91) Ibid., 18:213.
92) Jackson, *Works,* 11:366.

제 4 장 올더스게이트에서 만난 하나님

1) W. Reginald Ward and Richard P. Heitzenrater, eds., *The Works of John Wesley*, Bicentennial ed., vol. 18, *Journals and Diaries* I (Nashville: Abingdon Press, 1988), 213.
2) Ibid., 18:214.
3) Ibid., 18:214-15. 오버턴(Overton)은 이렇게 기술한다. "만일 존 웨슬리가 조지아 주에서 참된 그리스도인이 아니었다면, 그때 신앙을 고백하고 스스로를 그리스도인이라 했던 수백만의 사람들은 어찌되는 것인가!" J. H. Overton, *John Wesley* (Boston: Houghton, Mifflin, 1891), 58.
4) 이 입장의 대표자는 매닥스(Randy L. Maddox)이다. 그는 『올더스게이트 다시 생각하기』(*Aldersgate Reconsidered*)라는 책에서 회심에 대한 복음주의적 이해를 비판하였다. 또 다른 글에서 매닥스는 다음과 같이 기술하고 있다. "웨슬리는 그의 주장을 수정하여 … '하나님의 종'의 초기 믿음을 의롭다 하시는 믿음으로 생각하였다. 이러한 용인 때문에 [회심의] 독특한 중생 모델을(two-born model) 주장하는 것이 더욱 어렵게 되었다." Randy L. Maddox, *Responsible Grace: John Wesley's Practical Theology* (Nashville: Kingswood Books, 1994), 155.
5) Ward and Heitzenrater, *Journals and Diaries,* 18:215.
6) Ibid., 18:215-16.
7) Ibid., 18:216. 올더스게이트 이전 웨슬리는 죄의 노예화 시키는 능력으로부터 자유하고자 하였다는 주장은 대단히 중요한 주장이다. 왜냐하면 이를 간과하는 입장에서는 웨슬리가 지극히 높으신 하나님을 종의 신분으로 섬겼는지 아니면 하나님의 자녀로 섬겼는지가 분명하지 않기 때문이다. Theodore W. Jennings Jr., "John Wesley Against Aldersgate," *Quarterly Review* 8(Fall 1988): 3-22.
8) Ward and Heitzenrater, *Journals and Diaries,* 18:221.
9) Ibid., 18:223.
10) Martin Schmidt, *John Wesley: A Theological Biography* (New York: Abingdon Press, 1962), 1:225.
11) Ward and Heitzenrater, *Journals and Diaries*, 18:226. "내 형제여, 내 형제여, 당신은 당신의 철학을 깨끗이 버려야 합니다."
12) Ibid., 18:228.
13) Ibid.
14) Rupert E. Davies, ed., *The Works of John Wesley, Bicentennial* ed., vol. 9, *The Methodist*

Societies: History, Nature, and Design (Nashville: Abingdon Press, 1989), 430.

15) 존 웨슬리의 생애와 사상에 경건주의가 미친 영향을 더 연구하려면, F. Ernest Stoeffler, "Pietism, the Wesleys and Methodist Beginnings in America," in *Continental Pietism and Early American Christianity*, ed. F. Ernest Stoeffler (Grand Rapids, Mich.: William. B. Eerdmans, 1976), 184–221; Kenneth J. Collins, "The Influence of Early German Pietism on John Wesley [Arndt and Francke]," *The Covenant Quarterly 48* (November 1990): 23–42; Dale W. Brown, "The Wesleyan Revival from a Pietist Perspective," *Wesleyan Theological Journal 24* (1989): 7–17; Sir Percy Scott, *John Wesleys Lehre von der Heiligung vergleichen mit einen lutherish-pietistischen Beispel* [John Wesley's doctrine of salvation compared with a Lutheran-pietistic example] (Berlin: Alfred Topelman, 1939).

16) Ward and Heitzenrater, *Journals and Diaries*, 18:223–34. 1738년 4월 1일에 웨슬리가 폭스 씨의 신도회(Mr. Fox's Society)에 참여하고 있을 때 그의 마음이 "충만하여" "우리가 익숙하게 사용하던 기도의 형식에 구애될 수 없었다"고 하였다. "나는 더 이상 기도의 형식에 구애받지 말고 상황에 따라 자연스럽게 기도할 것을 제안하였다." Ward and Heitzenrater, *Journals and Diaries*, 18:223.

17) Ibid., 18:234. 웨슬리는 "폭스 부인과 (펨브로케 대학[Pembroke College]의) 허치슨 씨(Mr. Hutchins)로부터 (적어도 항상 그런 것은 아니라 할지라도) 번개가 하늘로부터 치는 것처럼 순간적으로 구원이 임한다는 믿음을 주신다고 고백한 두 사람의 살아있는 증언을" 들었다. Ward and Heitzenrater, *Journals and Diaries*, 18:235.

18) Ibid. 당시의 웨슬리에 대해서 뵐러는 이렇게 기술하였다. "그는 상한 심령을 가지고 지금까지 지니고 있었던 의보다 더 좋은 의 곧 예수 그리스도의 피 안에 있는 의를 추구하는 불쌍한 죄인입니다." Schmidt, *Theological Biography*, 1:243.

19) Robert Southey, *The Life of Wesley; and Rise and Progress of Methodism* (London: Longman, Brown, Green, and Longmans, 1846), 1:134.

20) William James, *The Varieties of Religious Experience: A Study in Human Nature* (New York: Modern Library, 1929), 78ff.

21) John Telford, *The Life of John Wesley* (London: Methodist Book Concern, 1899), 99.

22) Arnold Lunn, *John Wesley* (New York: The Dial Press, 1929), 109.

23) Ward and Heitzenrater, *Journals and Diaries*, 18:236.

24) Albert C. Outler, ed., *The Works of John Wesley*, Bicentennial ed., vols., 1–4, *Sermons* (Nashville: Abingdon Press, 1984–87), 1:533, "Upon Our Lord's Sermon on the Mountain, Discourse Ⅳ."

25) Ward and Heitzenrater, *Journals and Diaries*, 18:235.

26) Ibid., 18:238.

27) Ibid., 18:239. 뵐러가 미국을 향해 출발하려 준비하고 있을 때 웨슬리는 뵐러를 얼마나 소중하게 생각하는지를 담아 다음과 같은 글을 썼다. "그가 영국에 온 후로 하나님께서는 얼마나 놀라운 일을 시작하였는가! 이 일은 하늘과 땅이 없어지기까지 결코 끝이 없을 것이다." Ward and Heitzenrater, *Journals and Diaries*, 18:237.

28) Schmidt, *Theological Biography*, 1:240.

29) Ibid. 슈미트가 적절하게 지적하였듯이 뵐러는 "구원을 가져다주는 믿음이 부족한 것이 가장 중대한 죄"라는 루터의 깊은 통찰을 웨슬리에게 전수하였다.

30) Frank Baker, ed., *The Works of John Wesley*, Bicentennial ed., vol. 25, *Letters* I (New York: Oxford University Press, 1982), 540–41.

31) Ibid., 25:541.

32) Ibid.

33) Ibid. 윌리엄 로와 존 웨슬리의 다소 복잡한 관계에 대한 연구를 위해서는 K. Harper, "[William] Law and [John] Wesley," *Church Quarterly Review* 163 (January–March 1982): 61–

71; John R. Tyson, "John Wesley and William Law: A Reappraisal [Appendices]," *The Wesleyan Theological Journal* 17, no. 2 (Fall 1982): 58–78.

34) Baker, *Letters,* 25: 541.

35) Ibid. J. Brazier Green, *John Wesley and William Law* (London: The Epworth Press, 1945); and Eric W. Baker, *A Herald of the Evangelical Revival: A Critical Inquiry into the Relationship Between William Law and John Wesley and the Beginnings of Methodism* (London: The Epworth Press, 1948).

36) Baker, *Letters*, 541–42.

37) Telford, *Life of John Wesley,* 108.

38) Ward and Heitzenrater, *Journals and Diaries,* 18:237.

39) Thomas Jackson, ed., *The Journals of Rev. Charles Wesley* (May 17, 1738) (London: John Mason, 1849), 재 인쇄 (Grand Rapids, Mich.: Baker Book House, 1980), 1:88.

40) Ibid.

41) Ibid., 1:90. 찰스 웨슬리의 회심을 다룬 연구로는, Franz Hildebrandt, *Christianity According to the Wesleys* (London: The Epworth Press, 1956); Bernard G. Holland, "The Conversions of John and Charles Wesley and Their Place in Methodist Tradition," *The Proceedings of the Wesley Historical Society 38* (1971): 45–53, 65–71; Barbara Ann Welch, "Charles Wesley and the Celebration of the Evangelical Experience" (Ph. D. diss., University of Michigan, 1971).

42) Ibid., 1:91.

43) V. H. H. Green, *John Wesley* (London: Thomas Nelson, 1964), 59.

44) Ibid., 웨슬리는 진정으로 "성서 점"(bibliomancy, 임의로 펼친 곳의 문장으로 판단하는)을 통해 만난 성서의 본문을 그 순간 주님이 주시는 말씀으로 생각하였다.

45) Baker, *Letters,* 25:575, 26:183.

46) Ward and Heitzenrater, *Journals and Diaries,* 18:246.

47) Ibid., 18:247.

48) Ibid., 18:247–48.

49) Ibid., 18:248. 1738년 5월 24일의 사건과 초기 신학적 일지를 정확하게 해석하려면 웨슬리가 종의 믿음과 하나님의 자녀의 믿음을 구분한 것과 신생의 기준을 죄의 능력으로부터 자유하게 된 것을 정확하게 읽어야 한다. 그런데 이를 간과함으로써 올더스게이트의 의미를 부적절하게 축소한 것으로는 다음과 같은 연구들이 있다. Theodore W. Jennings Jr., "John Wesley Against Aldersgate," *Quarterly Review* 8 (Fall 1988): 3–22; Randy L. Maddox, "Celebrating Wesley – When?" *Methodist History* 29, no. 2 (January 1991): 63–75; Randy L. Maddox, "Aldersgate: A Tradition History," in *Aldersgate Reconsidered,* ed. Randy. L. Maddox (Nashville: Kingswood Books, 1990), 133–46.

50) Ward and Heitzenrater, *Journals and Diaries,* 18:249.

51) Ibid., 18:249–50.

52) Schmidt, *Theological Biography,* 1:263.

53) E. Theodore Bachmann, ed., *Luther's Works: Word and Sacrament* I (Philadelphia: Fortress Press, 1960), 35:369.

54) Ibid., 35:370.

55) Ward and Heitzenrater, *Journals and Diaries,* 18:250.

56) Ibid., 18:251. 웨슬리의 죄론(hamartiology)에 대해서는 John Chongnahm Cho, "Adam's Fall and God's Grace: John Wesley's Theological Anthropology," *Evangelical Review of Theology* 10, no. 3 (July 1986): 203–13; John R. Tyson, "Sin, Self and Society: John Wesley's Hamartiology Reconsidered [his Sermons on several occasions]," *The Asbury Theological Journal* 44, no. 2 (Fall 1989): 77–89.

57) Ward and Heitzenrater, *Journals and Diaries*, 18:253.

58) Outler, *Works,* 2:187.
59) Ibid., 1:431-32. 경건주의자의 중생에 대한 강조와 이것이 웨슬리의 신학 구성에 미친 영향을 탐구한 연구로는 J. Steven O'Malley, "Pietistic Influence on John Wesley: Wesley and Gerhard Tersteegen," *Wesleyan Theological Journal* 31, no. 2 (Fall 1996): 48-70; Geoffrey F. Nutall, "Continental Pietism and the Evangelical Movement in Britain," in *Pietismus und Reveil: Referate der internationalen Tagung der Pietismus in der Niederlanden und seiner internationalen Beziehungen* [Pietism and awakening: Papers of the International Congress of Peitism in the Netherlands and its international relationships], ed. J. Van den Berg and J. P. Van Doreen (Zist Verlag, 1987), 74ff.; and Sir Percy Scott, *John Wesleys Lehre von der Heiligung vergleichen mit einen lutherish-pietistischen Beispel* [John Wesley's doctrine of salvation compared with a Lutheran-pietistic example] (Berlin: Alfred Topelman, 1939).
60) Outler, *Sermons,* 1:187.
61) Albert C. Outler, "The Place of Wesley in the Christian Tradition," in *The Wesleyan Theological Heritage: Essays of Albert C. Outler,* ed. Thomas C. Oden and Leicester R. Longden (Grand Rapids, Mich.: Zondervan Publishing House, 1991), 84.
62) Maddox, *Responsible Grace,* 151ff.
63) Outler, *Sermons,* 2:163.
64) Jackson, *Works,* 10:230.
65) Outler, *Sermons,* 1:120.
66) Ward and Heitzenrater, *Journals and Diaries,* 18:247.
67) Ibid.
68) John Telford, ed., *The Letters of John Wesley, A.M.* (London: The Epworth Press, 1931), 2:264.
69) Outler, *Sermons,* 1:120. 악마의 믿음과 웨슬리 자신의 초기 믿음에 대한 흥미 있는 자서전적 자료에 대해서는 Telford, *Letters,* 4:219를 참조할 것.
70) Outler, *Sermons,* 1:121. 웨슬리는 구원을 주는 믿음은 그리스도의 죽음과 부활 이전 사도들이 가졌던 믿음을 넘어선다고 주장한다. 이 말은 제자들이 오순절 이전에는 본래적인 의미에서 하나님께로 난 자들이 아니었다는 의미다. 그러므로 오순절 날에 사도들은 몇몇 거룩함의 연구들이 잘못 주장하듯이 "온전히 거룩하게 된" 것이 아니었다.
71) Ibid.
72) Ibid. 믿음에 대해 이와 비슷한 내용을 보고자 한다면, "믿음에 의한 칭의"(Justification by Faith) 1:193ff와 "성서적 구원의 길"(The Scripture Way of Salvation) 2:160ff를 참조할 것.
73) Cragg, *Appeals,* 11:69.
74) Outler, *Sermons,* 1:230.
75) Ibid., 1:123.
76) Ibid., 1:124. 웨슬리는 "믿는 자들 안에 있는 죄에 대해서"(On Sin in Believers)와 "믿는 자들의 회개"(The Repentance of Believers)라는 설교에서 죄책감, 죄의 능력, 죄의 존재를 구분하여 설명한다. Outler, *Sermons,* 1:314-53.
77) Jackson, *Works,* 10:364.
78) Ward and Heitzenrater, *Journals and Diaries,* 18:215-16.
79) Outler, *Sermons,* 1:137.
80) Ibid., 1:139.
81) Clifford W. Towlson, *Moravian and Methodist: Relationships and Influences in the Eighteenth Century* (London: The Epworth Press, 1957), 69.
82) Ward and Heitzenrater, *Journals and Diaries,* 18:260.
83) Ibid., 18:274. 크리스천 데이비드(Christians David)는 로마서 7장에 기술된 노예와 8장에 기술된 하나님의 자녀들의 자유 사이에 "중간 상태"(intermediate state)가 존재하였다고 지적하였다. Ibid., 18:270ff.

84) Ibid., 19:18.
85) Ibid., 18:281-82.
86) Ibid., 18:254. 모라비안 교도들과 감리교도들에 대한 톨슨(Towlson)의 중요한 연구 외에 이 둘 사이의 복잡한 관계를 정확하게 설명하는 자료로는 다음과 같은 것들이 있다. Leon O. Hynson, "John Wesley and the 'Unitas Fratrum' : A Theological Analysis," *Methodist History* 18 (October 1979): 26-60; F. Ernest Stoeffler, "Religious Roots of the Early Moravian and Methodist Movements," *Methodist History* 24, no. 3 (April 1986): 132-40; W. P. Stephens, "Wesley and the Moravians," in *John Wesley: Contemporary Perspectives*, ed. John Stacey(London: The Epworth Press, 1988), 23-36.
87) Ward and Heitzenrater, *Journals and Diaries,* 18:254.
88) Ibid., 19:19.
89) Telford, *Letters,* 1:258.
90) Baker, *Letters,* 25:576-77. 웨슬리의 이런 주장은 올더스게이트가 웨슬리의 확신을 얻게 된 시간이었다고 주장하는 이들의 주장을 지지하기 어렵게 한다. 이 주제와 관련해서 Arthur S. Yates, *The Doctrine of Assurance: with Special Reference to John Wesley* (London: The Epworth Press, 1952); Mark A. Noll, "John Wesley and the Doctrine of Assurance," *Bibliotheca Sacra* 132 (April-June 1975): 161-77; and Michael E. Lodahl, " 'The Witness of the Spirit' : Questions of Clarification for Wesley's Doctrine of Assurance," *Wesleyan Theological Journal* 23, nos. 1 and 2 (Spring-Fall 1988): 188-97.
91) Baker, *Letters,* 25:575.
92) Ibid., 25:598.
93) Ibid.
94) Ward and Heitzenrater, *Journals and Diaries,* 19:21.
95) Ibid., 19:22.
96) Ibid., 19:46.
97) Ibid. 이 시점에서 웨슬리의 "성직자의 지위"가 변화하고 있었다. 때로 웨슬리는 옥외설교에서 "교수 설교의 경계를 침범"하곤 하였다. 이로 인해서 웨슬리는 다른 영국 국교회 성직자들의 화를 돋우고 있었다. 영국 국교회와 웨슬리의 관계를 다룬 책으로 Frank Baker, *John Wesley and the Church of England* (Nashville: Abingdon Press, 1970)가 있다.
98) Ward and Heitzenrater, *Journals and Diaries,* 19:46.
99) Baker, *Letters,* 25:616.
100) Ward and Heitzenrater, *Journals and Diaries*, 19-51.

제 5 장 감리회의 구성과 힘

1) W. Reginald Ward and Richard P. Heitzenrater, *The Works of John Wesley*, Bicentennial ed., vol. 19, *Journals and Diaries* II (Nashville, Abingdon Press, 1990), 64 (June 5, 1739).
2) Ibid., 19:70. 이러한 현상은 쌀쌀맞은 옥스퍼드 대학에서 놀라운 것으로 받아들이지 않았다. 왜냐하면 웨슬리의 반대자가 "웨슬리가 옥스퍼드에 있을 때 언제나 약간 머리가 간 사람으로 행동했었다."고 보고하였기 때문이었다. Ward and Heitzenrater, *Journals and Diaries,* 19:81.
3) Ibid.
4) Frank Baker, ed., *The Works of John Wesley,* Bicentennial ed., vol. 25, *Letters* I (Oxford: Clarendon Press, 1980), 682.
5) Ibid., 25:694-95.
6) Ibid., 25:660. 1739년 웨슬리의 설교에 대해 좋은 반응이 있었음에도 불구하고, 웨슬리는 "하나님께서 나를 버리고 추수할 곳에 다른 일꾼들을 보내지는 않을지" 의심하기 시

작했다. Ward and Heitzenrater, *Journals and Diaries,* 19:73.

7) Baker, *Letters,* 25:692.

8) Ibid., 25:660. 크로스비 부인(Mrs. Crosby)에게 보낸 편지에서 웨슬리는 "나는 힘의 근거가 당신이 특별 소명을 가진 데 있다고 생각합니다. 그러므로 나는 평신도 설교가 한 분 한 분이 이런 특별 소명을 갖도록 권면하는 바입니다. 그렇지 않다면 나는 그의 설교를 결코 지지할 수 없습니다. 감리회란 이름의 전체 하나님 사역은 하나님의 섭리에 기초한 특별 소명임이 분명합니다." Thomas Jackson, ed., *The Works of John Wesley,* 14 vols. (Grand Rapids, Mich.: Baker Book House, 1978), 12:356.

9) Baker, *Letters*, 26:237.

10) Ward and Heitzenrater, *Journals and Diaries,* 19:96.

11) Ibid., 19:106.

12) Ibid., 19:123.

13) Ibid. 웨슬리가 어떤 내용으로 설교하였는가에 대한 것은 같은 해 9월 "나는 램베스(Lambeth)로 가서 어떻게 '하나님께로 난 자가 죄를 짓지 않는지 (거기에 있던 많은 사람들에게) 보여주었다."라고 한 그의 표현에 나타난다. Ward and Heitzenrater, *Journals and Diaries,* 19:99.

14) V. H. H. Green, *John Wesley* (London: Thomas Nelson, 1964), 130.

15) Henry D. Rack, *Reasonable Enthusiast: John Wesley and the Rise of Methodism,* 2nd ed., (Nashville: Abingdon Press, 1992), 210.

16) Ward and Heitzenrater, *Journals and Diaries,* 19:185.

17) Jackson, *Works*, 5:516; Richard P. Heitzenrater, *Wesley and the People Called Methodists* (Nashville: Abingdon Press, 1989), 29.

18) 옮긴이 주. 리온의 가난한 사람들이란 1176년 리온의 부유한 상인이었던 피터 왈도가 조직한 단체다. 왈도는 자신의 모든 재산을 헌납하고 사도적 청빈을 설교하는 것을 구원의 길로 여겼다. 왈도와 그를 따르는 이들은 모든 면에서 가톨릭 정통에 속하였는데 평신도로서 설교하는 것이 문제가 되었다. 왈도는 3차 라테란 회의에 참석해 설교권을 요청하였지만 거절당하였고 결국 교회의 허락을 받지 않고 계속해서 설교를 하다가 1180년대 초 교회와 리온으로부터 추방당하였다.

19) Gerald R. Cragg, ed., *The Works of John Wesley,* Bicentennial ed., vol. 11, *The Appeals to Men of Reason and Religion and Certain Related Open Letters* (Nashville: Abingdon Press, 1989), 29.

20) Baker, *Letters,* 26:595.

21) Ward and Heitzenrater, *Journals and Diaries*, 19:130 (December 19, 1739).

22) Ibid., 19:132. "완전한 확신"(full assurance)에 대해서 더 알고자 한다면 Arthur S. Yates, *The Doctrine of Assurance: With Special Reference to John Wesley* (London: The Epworth Press, 1952), 128ff를 참조할 것.

23) Albert C. Outler, *The Works of John Wesley,* Bicentennial ed., vols. 1-4, *Sermons* (Nashville: Abingdon Press, 1984-87), 1:381.

24) Ibid., 1:378.

25) Ibid., 1:383. 은총의 수단에 대한 철저한 연구로는, Henry H. Knight Ⅲ, *The Presence of God in the Christian Life: John Wesley and the Means of Grace* (Metuchen, N.J.: Scarecrow Press, 1992)가 있다.

26) Outler, *Sermons,* 1:381.

27) Ibid., 1:384. 아우틀러는 영국교회의 탁월한 전례 학자인 매세이 쉐퍼드(Massey Shepherd) 교수가 웨슬리의 삼중적 은총의 수단은 "기도서, 예배규정서, 설교, 요리 문답서 등 공식적인 영국교회의 예배서에 기초하고 있음"을 주장했다고 지적한다. Ibid., 1:377.

28) Ward and Heitzenrater, *Journals and Diaries,* 19:147.

29) Ibid.

30) Ibid. 몰더의 입장이 갖는 위험성은 열광주의이다. 왜냐하면 믿음이 부족한 사람이나 마음이 청결한 사람 누구라도 은총의 수단을 사용해서는 안 된다고 한다면 말씀과 성만찬에서 받은 하나님의 말씀 외에 다른 것이 그 내용을 구성할 것이기 때문이다.

31) Ibid., 19:151. 야고보서를 "지푸라기 서신"이라 불렀던 루터와 달리 웨슬리는 야고보서를 좋아하였고 이를 믿음 맹신주의(solafidianism)의 오류를 공격하는 중요한 수단으로 삼았다.

32) Ibid., 19:159.

33) Ibid., 19:161. 제임스 휴턴(James Hutton)은 페터래인 신도회가 사용할 채플을 얻었다. 그렇지만 곧 웨슬리가 그곳에서 설교하는 것에 대해서는 거부하였다. Heitzenrater, *Wesley and the People*, 112.

34) Ward and Heitzenrater, *Journals and Diaries,* 19:191.

35) Ibid., 19:190.

36) Ibid., 19:213. 이러한 입장을 견지할 때 진젠도르프는 기본적으로 그리스도의 의가 칭의뿐 아니라 성화에서도 믿는 자들에게 전가된다고 주장한다. 그러나 웨슬리는 법적인(juridical) 의와 참여적(participatory) 의를 구분하였고, 전가(imputation)는 법적인 의에만 적용된다고 가르쳤다. 웨슬리에게 전가란 초기 성화와 온전한 성화의 참여적 주제에 적용되지 않는다. 성화는 전가된 은총(imputed grace)이 아니라 분여된 은총(imparted)으로 특징된다. 예컨대 실제로 믿는 자들은 거룩함 안에서 거룩하게 되고 자라게 된다.

37) Ibid.

38) Ibid., 19:214.

39) Ibid., 19:195. 육체적 본성이 하나님의 자녀 안에도 남아 있다는 통찰은 "믿는 자들 안에 있는 죄"와 "믿는 자들의 회개"에 잘 요약되어 있다. Outler, *Sermons,* 1:314-34 and 1:335-52.

40) Ward and Heitzenrater, *Journals and Diaries*, 18:216. 강조 부분은 필자가 한 것임.

41) Ibid., 19:222.

42) Ibid., 20:88.

43) Henry R. McAdoo, *The Spirit of Anglicanism: A Survey of Anglican Theological Method in the Seventeenth Century* (London: A. & C. Black, 1965), 320-26. 또한 P. E. More and F. L., Cross, *Anglicanism: The Thought and Practice of the Church of England,* illustrated from the Religious Literature of the Seventeenth Century (London: S.P.C.K., 1957)를 참조할 것.

44) Ward and Heitzenrater, *Journals and Diaries,* 19:180.

45) Luke L. Tyerman, *The Life and Times of the Rev. John Wesley, M.A., Founder of the Methodists,* 3 vols. (New York: Harper & Bros., 1872), 1:316.

46) Ward and Heitzenrater, *Journals and Diaries,* 19:188.

47) Ibid., 188-89.

48) Ibid., 19:182. 센닉(John Cennick)도 같은 비판을 하였다. 휫필드와 다른 이들에 대한 웨슬리의 비판을 보고자 한다면, Ibid., 19:182-83을 참조할 것.

49) Baker, *Letters,* 26:32

50) Robert Southey, *The Life of Wesley; and the Rise and Progress of Methodism* (London: Longman, Brown, Green, and Longmans, 1846), 1:314.

51) Baker, *Letters,* 26:32.

52) Ibid., 26:54. 웨슬리의 죄론에 대한 명쾌하고도 정확한 연구들로는, Richard S. Taylor, *A Right Conception of Sin: Its Importance to Right Thinking and Right Living* (Kansas City, Mo.: Nazarene Publishing House, 1939); John R. Tyson, "Sin, Self and Society: John Wesley's Hamartiology Reconsidered [his Sermons on several occasions]," *The Asbury Theological Journal* 44, no. 2 (Fall 1989): 77-89; Corson Stanley Dicker, "The Concept 'Simul Justus et Peccator' in Relation to the Thought of Luther, Wesley and Bonhoeffer, and Its Significance for a Doctrine of the Christian Life" (Th. D thesis, Union Seminary, 1971)를 참조할 것.

53) Baker, *Sermons,* 26:54.
54) Outler, *Sermons,* 2:105.
55) Ibid., 2:107.
56) Ibid., 1:419. 웨슬리의 죄 이해와 19세기 미국의 접근방식에 대한 비교 연구로는, Paul M. Bassett, "Wesleyan Words in the Nineteenth-Century World: 'Sin,' a Case Study," *Evangelical Journal* 8 (Spring 1990): 15-40을 참조할 것.
57) Ward and Heitzenrater, *Journals and Diaries,* 19:260.
58) Baker, *Letters,* 26: 113-14.
59) Leslie F. Church, *Knight of the Burning Heart: The Story of John Wesley* (London: The Epworth Press, 1938), 126.
60) Rupert E. Davies, *The Works of John Wesley*, Bicentennial ed., vol. 9, *The Methodist Societies: History, Nature, and Design* (Nashville: Abingdon Press, 1989), 31.
61) Ibid.
62) Ibid., 9:34.
63) Ibid., 9:35.
64) Ibid., 여기서 웨슬리는 큰 두 계명을 강조하면서 감리회는 순수한 성서적 기독교라고 생각한다.
65) Ibid., 9:38.
66) Ibid., 9:53. 저주에 대한 주제와 관련해서는, 웨슬리의 설교 "지옥에 대하여"를 참조할 것. Outler, *Sermons,* 3:30-44.
67) Davies, *Methodist Societies,* 9:53, n. 28.
68) Ibid., 웨슬리는 하나님의 자녀가 갖는 "일반적인" 특권인 확신에 대해 터커에게 편지하였다. "'그러나 나는 한참이 지나서까지 그가 믿음을 가졌다는 것을 모를 수도 있다고 생각합니다.' 나는 이를 부인합니다. 나는 이런 것을 믿지 않습니다. '나는 누군가 의롭다 함을 얻은 순간 하나님과 평화하게 된다고 생각합니다.'" Ibid.
69) Ward and Heitzenrater, *Journals and Diaries*, 19:283.
70) Ibid., 19:283-84.
71) Arnold A. Dallimore, *Susanna Wesley: The Mother of John and Charles Wesley* (Grand Rapids, Mich.: Baker Book House, 1993), 162.
72) Davies, *Methodist Societies*, 9:222-23. 자신의 결정에 증거를 대면서 웨슬리는 1743년 이렇게 주장하였다. "나는 점점 더 악마들이 모든 지역의 사람들이 반쯤 깨어나 다시 잠들기를 원한다고 확신하게 되었다. 그러므로 나는 하나님의 은총으로 후폭풍을 일으킬 수 없는 곳에서는 말씀을 전하지 않기로 마음먹었다." Ward and Heitzenrater, *Journals and Diaries,* 19:318.
73) Davies, *Methodist Societies,* 9:67.
74) Ibid., 9:77.
75) Ibid., 반회는 속회와 구분되었다. 반회는 일반적으로 장소와 상관없이 좀 더 작은 수로 구성이 되었다. 대신 나이, 성, 결혼의 상태에 따른 구분은 있었다. Heitzenrater, *Wesley and the People,* 119.
76) Davies, *Methodist Societies,* 9:78.
77) Ibid., 9:69
78) Ibid. 하이젠레이터는 "존과 찰스 웨슬리가 아직 어렸을 때 엡웟의 경건한 신도회와 교류가 있었다는 어떤 증거도 없지만 가족에 대한 부모의 관심이 회중을 양육하는 데 분명 나타나고 있음"을 지적한다. Heitzenrater, *Wesley and the People,* 30-31.
79) Davies, *Methodist Societies*, 9:69.
80) D. Michael Henderson, *John Wesley's Class Meeting: A Model for Making Disciples* (Nappanee, Ind.: Francs Asbury Press, 1997), 83.

81) Rack, *Reasonable Enthusiast*, 279.
82) Ibid., 97-98.
83) Henderson, *John Wesley's Class Meeting,* 47.
84) Davies, *Methodist Societies,* 9:69.
85) Ibid., 9:256.
86) Ward and Heitzenrater, *Journals and Diaries,* 19:318 (March 12, 1743).
87) Maximin Piette, *John Wesley in the Evolution of Protestantism* (London: Sheed & Ward, 1937), 464.
88) Henderson, *Class Meeting,* 30.
89) Cragg, *Appeals,* 11:25-26.
90) Ibid., 11:25.
91) Ibidl, 11:33. 이후 웨슬리는 비숍 와버튼(Bishop Warburton)과 라빙튼(Lavington)이 감리회원들에 대해 "풍자만화"를 그렸다는 이유로 고발을 하였다. Ward and Heitzenrater, *Journals and Diaries,* 22:246.
92) Cragg, *Appeals,* 11:14.
93) Ibid., 11:30.
94) 웨슬리와 당시 영국 국교회 주교들과의 관계를 탐구한 연구로는 Frank Baker, *John Wesley and the Church of England* (Nashville: Abingdon Press, 1970), 58-73을 참조할 것.
95) Ward and Heitzenrater, *Journals and Diaries,* 20:407.
96) Cragg, *Appeals,* 11:5.
97) Ibid., 11:51.
98) Ibid., 11:53. 이 상황에서 웨슬리가 이성에 호소한 것은 "이론적 이성"에 국한된 것이 아니고 실천적이며 도덕적인 요인들도 포함하고 있다 어떤 점에서 웨슬리가 말하는 이성은 중세의 "이성"(ratio)보다는 "지성"(Intellectus)과 유사하다.
99) Ibid., 11:5.
100) Outler, *Sermons,* 2:10.
101) William Perkins, *The Works of William Perkins*, ed. Ian Breward (Abingdon, Bershire: Sutton Courtenay Press, 1970); and Richard Baxter, *A Call of the Unconverted, to Turn and Live* (New York: American Tract Society, 1833).
102) 1738년 10월 30일에 형 사무엘에게 보낸 웨슬리의 앞선 편지를 참조할 것(Baker, *Letters*, 25:575).
103) Outler, *Sermons*, 1:136.
104) Ibid., 1:139.
105) 예를 들면 1746년 「자세히 설명한 감리회원의 원리들」(*Principles of a Methodist Father Explained*)에서 웨슬리는 영국 사람들이 유아세례를 받았기 때문에 모두 그리스도인이 되었다는 주장을 거부한다. 다소 신랄한 어조로 자신의 감정을 섞어 표현한 웨슬리는 "결과적으로 이들은 성서적 그리스도인들이 아니라 알려진 술주정뱅이거나 일반적인 욕쟁이들이다."라고 덧붙였다. 다음 해 웨슬리는 이 주제를 계속 이어가면서 "외면적인 행위나 예배의 형식을 갖고서 그리스도인이라는 이름을 가진 사람들이 많은 것에 대해 경고하였다." Davies, *Methodist Societies,* 9:225; Baker, *Letters,* 26:229. 이 기간 진정한 기독교에 대한 다른 자료를 위해서는 Ward and Heitzenrater, *Journals and Diaries,* 19:198; John Telford, ed., *The Letters of the Rev. John Wesley,* 8 vols. (London: The Epworth Press, 1931), 2:267; and Davies, *Methodist Societies*, 9:228을 참조할 것.
106) Outler, *Sermons*, 1:178.
107) Ibid., 1:179
108) John Telford, *The Life of John Wesley* (New York: Methodist Book Concern, 1899), 172.
109) Ward and Heitzenrater, *Journals and Diaries*, 20:36-37.

제 6 장 존 웨슬리 신학의 특성과 기준들

1) Thomas Jackson, ed., *The Works of John Wesley*, 14 vols. (Grand Rapids, Mich.: Zondervan Publishing House, 1959), 8:312.
2) Theodore W. Jennings, "John Wesley **Against** Aldersgate," *Quarterly Review* 8, no. 3 (Fall 1988): 16.
3) Randy L. Maddox, *Responsible Grace: John Wesley's Practical Theology* (Nashville: Kingswood Books, 1994), 155.
4) W. Reginald Ward and Richard P. Heitzenrater, eds., *The Works of John Wesley*, Bicentennial ed., vol. 19, *Journals and Diaries* II (Nashville: Abingdon Press, 1990), 136.
5) Albert C. Outler, ed., *The Works of John Wesley,* bicentennial ed., vols. 1–4, *Sermons* (Nashville: Abingdon Press, 1984–87), 1:154.
6) Frank Baker, ed., *The Works of John Wesley*, Bicentennial ed., vol. 26, *Letters* I (Oxford: Clarendon Press, 1980), 107–8.
7) Jackson, *Works,* 8:27
8) Ibid.
9) Ibid. 몇 달이 지난 후 웨슬리는 네 살의 어린아이가 온전한 믿음의 확신을 가지고 있었고 온전히 성화되었음을 주목하였다. 웨슬리는 지고의 은총이 어른에게만 해당되는 것은 아니라고 보았다. Ward and Heitzenrater, *Journals and Diaries,* 20:39.
10) Jackson, *Works,* 8:282.
11) Ibid., 8:293.
12) Ibid. 감리교회의 확신 교리에 대한 현대적 논의를 위해서는 Geoffrey Wainwright, "The Assurance of Faith: A Methodist Approach to the Question Raised by the Roman Catholic Doctrine of Infallibility," *One in Christ: A Catholic Ecumenical Review* 22, no. 1 (1986): 44–61.
13) Robert Southey, *The Life of John Wesley; and Rise and Progress of Methodism* (London: Longman, Brown, Green, and Longmans, 1846), 1:258. 웨슬리는 확신이 하나님의 아들과 딸의 일반적인 특권이라고 주장한다. 이는 의심과 두려움으로 특징되는 확신이 신생을 잇고 있음을 보여준다.
14) Jackson, *Works*, 8:293.
15) Baker, *Letters,* 26:182. 다음 해 웨슬리는 다시 "존 스미스"(John Smith)에게 편지를 써서 이렇게 주장했다. "나는 위로부터 인지 불가능한 영향을 받은 모든 기독교 신자는 하나님의 자녀라는 성령의 직접적인 인지 가능한 증언을 갖는다고 생각한다." Ibid., 26:203.
16) Ibid., 26:246. "존 스미스"에게 보낸 이전 편지에서 웨슬리는 "하나님께로 태어나 죄를 짓지 않는 사람은 자신의 행위로 '하늘에 계신 아버지여,' '자신이 하나님의 자녀인 것을 자신의 영과 더불어 성령 자신이 증언한다.'고 말합니다."라고 썼다. Ibid., 26:254–55.
17) Ibid., 26:254–55. 사도행전 1장 5절에 대한 주석에서 웨슬리는 온전히 성화를 이룬 사람들뿐 아니라 모든 참된 믿는 자들이 성령으로 세례를 받았다고 주장한다. "여러분은 성령으로 세례를 받을 것입니다. 또한 모든 참된 믿는 자들도 세상 끝까지 성령의 세례를 받습니다." John Wesley, *Explanatory Notes Upon the New Testament* (Salem, Ohio: Schmul Publishers), 275.
18) 나는 내가 앞서 낸 『성서적 구원의 길』(*The Scripture Way of Salvation*)에서 사용했던 용어를 반대로 사용하였다. 이전의 책에서 "넓은"이란 용어와 "좁은"이라는 용어는 그 입장이 칭의를 포함시켰느냐 아니냐를 두고 사용하였다. 예컨대 이 용어들은 수반된 수를 의미한 것이 아니었다. 이 구분이 적절함에도 불구하고, 나는 이번 책에서 대부분의 사람들이 "넓은"이란 말과 "좁은"이란 말이 사용될 때 칭의를 포함하느냐 배제하느냐의 문제가 아니고 수반된 사람들의 수를 생각하기 때문에 그 용어를 반대로 사용하였다. 그러므로 여기서 "넓은"이란 많은 사람을 포함한 경우이고, "좁은"이란 의미는 적은 사람을 포함한 경우이다. 이렇게 사용한 경우는 Kenneth J. Collins, *A Real Christian: The Life of John Wesley* (Nashville: Abingdon Press,

1999)이다. 이 문제와 관련해 더 분명한 설명이 요구된다.

19) Jackson, *Works,* 8:287–88.

20) Ibid., 8:288–89. 이 상황에서 연회는 신실함(sincerity)을 "주어진 모든 은총을 사용하려는 지속적인 기질"로 정의하였다.

21) Outler, *Sermons*, 4:35.

22) Ibid., 1:258.

23) Ibid. 하나님의 종들이 깨어나지만 사랑의 하나님을 보지 못하고 진노의 하나님을 보고 있음에 주목하라. 그러므로 깨어남과 중생(과 회심)을 혼돈하지 않는 것이 중요하다.

24) Baker, *Letters*, 25:575. 비록 웨슬리가 "믿는 자들 안에 있는 죄"라는 설교에서 나타나듯이 죄책으로부터의 자유(칭의), 죄의 능력으로부터의 자유(중생), 죄의 존재로부터의 자유(온전한 성화)를 구분하지만, 지속적으로 그리스도 안에 있는 어린아이라 할지라도 죄의 능력으로부터 자유하다고 주장하였다. Outler, *Sermons*, 1:314–34.

25) 매닥스는 웨슬리가 사용한 "죄책, 죄의 능력, 죄의 존재"로부터의 자유 대신 "형벌(penalty), 재난(plague), 현존(presence)"이란 말로 바꾸어 사용하였다. 그 결과 구원의 중요성이 상실되었다. "웨슬리는 온전한 의미의 인간의 구원은 1) 즉각 죄의 형벌로부터, 2) 점차 죄의 재앙으로부터, 3) 종말론적으로 죄와 죄의 결과의 현존으로부터의 구원을 포함한다고 이해하였다." 또한 죄의 "현존"으로부터의 구원은 이 세상에 속한 것이 아니고 종말에 속한 것이라고 기술하였다. Maddox, *Responsible Grace*, 143–44.

26) Rupert E. Davies, *The Works of John Wesley,* Bicentennial ed., vol. 9, *The Methodist Societies: History, Nature, and Design* (Nashville: Abingdon Press, 1989), 80.

27) John Telford, ed., *The Letters of the Rev. John Wesley, A.M.,* 8 vols. (London: The Epworth Press, 1931), 2:224.

28) Ibid.

29) Jackson, *Works,* 8:278.

30) Ibid., 10:271. 믿는 자의 삶 안에 나타나는 규범적인 가치를 포함하는 웨슬리의 도덕법에 대한 전체적인 접근은 루터보다는 칼뱅의 접근에 가깝다. Paul Scott Wilson, "Wesley's Homiletic: Law and Gospel for Preaching," *Toronto Journal of Theology* 10 (1994): 215–25.

31) Jackson, *Works*, 10:270, 279.

32) Ibid., 10:281.

33) Telford, *Letters*, 4:332. 이 편지와 웨슬리의 "네 자신의 구원을 이루라"(On Working Out Your Own Salvation)를 비교해 보라. 이 설교에서 웨슬리는 "구원이란 '선행 은총'으로 … 시작한다."고 주장한다. 그러나 이 주장은 앞선 웨슬리의 주장과 모순되지 않는다. 전자의 경우 웨슬리는 언제나 거룩함을 포함하는 구원을 의미한 것이고, 후자의 경우 웨슬리는 죄인이 적어도 거룩함의 길에 들어섰다는 구원의 "등급"을 강조한다. 간단히 말해서 웨슬리는 자신의 설교에서 선행 은총만을 가진 사람들은 거룩하기에 본래적으로 말해서 구원 받은 것이라고 말하는 것이 아니다. Outler, *Sermons*, 3:203.

34) Jackson, *Works,* 8:285.

35) Outler, *Sermons*, 2:411. 흥미롭게도 "하나님 없이 삶을 살아가기"(On Living Without God)라는 설교에서 웨슬리는 중생에서 믿는 자의 영적 감각들이 하나님의 사랑을 분별할 만큼 살아난다고 주장한다. 이 경우 웨슬리는 "맛보기", "느끼기" 등의 감각적 용어를 사용하여 자신의 논지를 펼쳐간다. Outler, *Sermons*, 4:173.

36) Ibid., 1:419. 이후에 웨슬리는 그의 가르침을 분명히 하였고 "믿는 자들 안에 있는 죄"와 "믿는 자들의 회개" 같은 설교에서는 죄의 죄책감, 죄의 능력, 죄의 존재로부터의 자유를 구분하였다. Outler, *Sermons*, 1:327.

37) 이 같은 이해가 이 설교 안에서 분명하게 나타나고 있음에도 불구하고 웨슬리는 이 구분을 베니스 부인(Mrs. Bennis)에게 보내는 편지에서 표현한다. Telford, *Letters*, 5:322.

38) Outler, *Sermons,* 1:420.

39) Telford, *Letters,* 3:169.

40) Outler, *Sermons,* 1:439ff. 중후한 설교 경력에서 성찰된 표준들은 후기 웨슬리의 표준과는 다르다는 주장에도 불구하고 1748년에 쓴 이 설교와 1760년대에 쓴 "믿는 자들 안에 있는 죄"와 "믿는 자들의 회개"라는 설교를 비교함으로써 위의 주장을 반대하였다. Outler, *Sermons*, 1:314-53.

41) Ibid., 1:442.

42) Randy L. Maddox, "Responsible Grace: The Systematic Perspective of Wesleyan Theology," *Wesleyan Theological Journal* 19, no. 2 (Fall 1984): 13. 매닥스의 입장을 좀 더 자세하게 알기 원한다면 Kenneth J. Collins, "Recent Trends in Wesley Studies and Wesleyan Holiness Scholarship," *The Wesleyan Theological Journal* 35, no. 1 (Spring 2000): 67-86.

43) Outler, *Sermons*, 2:197.

44) Cragg, *Appeals*, 11:111. 135쪽도 참조할 것. 중생과 유아 세례의 연관과 관련해 가톨릭과 영국 국교회의 전통을 견지했던 웨슬리는 역설적이게도 자신의 신학을 성직을 존중하고 은총의 불가항력성을 강조하는 쪽으로 몰고 갔다. 이러한 곤경을 피해보고자 나이트(Knight)는 불가항력적 은총과 은총의 저항할 수 없음 사이를 구분한다. 이 구분은 최소한의 것을 말하기 위해 인위적으로 구분한 것처럼 보인다. 나이트는 "어린아이들이 새로 거듭나는 이유는 세례의 은총이 저들에게 불가항력적이기 때문이 아니라 어른들과는 달리 어린아이들이 은총을 저항할 수 없기 때문이다."라고 설명한다. Henry H. Knight Ⅲ, *The Presence of God in the Christian Life: John Wesley and the Means of Grace* (Metuchen, N.J.: Scarecerow Press, 1992), 180.

45) Telford, *Letters,* 6:239-40.

46) Davies, *Methodist Societies,* 225.

47) Outler, *Sermons*, 1:428-29. 윌리엄 그린에게 보내는 편지에서 웨슬리는 "영국에 있는 사람들 중 9/10는 말보다도 못한 경건을 갖고 있다. 경건을 경시함으로 멸망을 받은 것"이라고 주장한다. Telford, *Letters*, 8:179.

48) Outler, *Sermons,* 1:428-29.

49) Ibid., 1:430. 여기서 웨슬리의 표현은 단호하다. "여러분이 세례 속에서 다시 태어났다는 부러진 갈대 지팡이에 더 이상 의지하지 마십시오." 그럼에도 불구하고 웨슬리는 진정하고 살아있는 내적 변화의 중요성을 강조하면서 이 변화가 없이는 우리가 하나님의 나라에 합당한 것이 아니라고 주장한다.

50) Cragg, *Appeals,* 11:107.

51) Outler, *Sermons,* 1:429.

52) Baker, *Letters,* 26:125.

53) Ibid., 26:179. 강조부분은 필자가 한 것임. 웨슬리 저술에서 "참된 종교[경건]"란 말은 1730년대부터 1790년대에 이르기까지 백 번도 넘게 등장한다. 이는 진정한 기독교의 동기와 같이 참된 경건의 주제가 불연속이나 소멸로서가 아니라 연속성과 중요성으로 특징됨을 보여준다.

54) Outler, *Sermons,* 1:219.

55) Ibid., 1:219-20.

56) Ibid., 1:220. 또한 1748년 웨슬리가 빈센트 페로넷(Vincent Perronet)에게 보낸 편지를 참조할 것. 이 편지에서 웨슬리는 정통 혹은 옳은 의견은 "잘해야 종교의 얄팍한 부분에 지나지 않는다."고 주장한다. Telford, *Letters*, 2:293.

57) Outler, *Sermons*, 1:220. 아우틀러는 웨슬리가 자신의 설교에서 종교는 정확한 수행이나 교리가 아니라고 주장한다고 보았다. Outler, *Sermons*, 1:217.

58) Ibid., 1:221.

59) Ibid., 1:466-67.

60) Ibid., 1:467. 물론 토마스 아 켐피스가 제일 먼저 웨슬리에게 마음의 종교인 내적 종교의 중

요성을 가르쳐 주었다. 이에 대해서 웨슬리는 후에 「그리스도인의 완전에 대한 평이한 해설」에서 설명하고 있다. Jackson, *Works*, 11:366을 참조할 것.

61) Outler, *Sermons*, 1:533.

62) Ibid., 1:535.

63) Telford, *Letters*, 6:205.

64) Outler, *Sermons*, 1:673. 또한 「이성과 경건의 사람들에게 던지는 계속적인 호소」(*A Farther Appeal to Men of Reason and Religion*)에서 웨슬리가 내적 종교에 대해 주석한 것을 참조할 것. Cragg, *Appeals*, 11:275.

65) Jackson, *Works*, 4:493.

66) Davies, *Methodist Societies*, 9:283.

67) Ibid., 9:284. 웨슬리는 많은 아일랜드 사람들이 로마 가톨릭 신앙에 머물러 있었던 것을 당연하게 생각하였다. 왜냐하면 "개신교인들이 형사법과 국회 제정법보다 이들을 개종시킬 수 있는 더 좋은 방법을 발견할 수 없었기 때문이었다." Ward and Heitzenrater, *Journals and Diaries*, 20:189.

68) Outler, *Sermons*, 1:572-73.

69) 클래퍼(Clapper)는 기질(과 정서)이 일시적임을 주목함으로써 이 역동을 표현한다. 말하자면 기질과 정서는 "대상"을 취한다. Gregory S. Clapper, *John Wesley on Religious Affections: His Views on Experience and Emotion and Their Role in the Christian Life and Theology* (Metuchen, N.J.: Scarecrow Press, 1989), 163ff.

70) Jackson, *Works*, 10:274.

71) Clapper, *Religious Affections*, 163.

72) Jackson, *Works*, 10:273.

73) Outler, *Sermons*, 2:58. 매덕스도 웨슬리가 "기질"과 "성정"을 같은 의미로 사용했다고 생각한다. "웨슬리는 성정을 한 인간이 지속적으로 혹은 **습관적으로** 갖는 기질이란 18세기에 통용되었던 의미로 사용한다." Maddox, *Responsible Grace*, 69. "기질"과 "성정"을 상호 교차해서 사용하는 또 다른 경우를 위해서는, Jackson, *Works*, 5:176, 325, 459를 참조할 것.

74) John Wesley, *Explanatory Notes upon the New Testament* (London: William Bowyer, 1755), most recent reprint, Grand Rapids, Mich.: Baker Book House, 1987 (1 Thess. 2:17)

75) Maddox, *Responsible Grace*, 69.

76) 흥미롭게도 클래퍼는 인간이 욕정보다는 [애]정의 통제 아래 있다고 주장한다. Clapper, *Religious Affections*, 69. 리처드 스틸(Richard Steele)은 "욕정과 애정 사이에 단단하고 견고한 분리선"은 존재하지 않는다고 주장한다. Richard B. Steele, *"Gracious Affection" and "True Virtue" According to Jonathan Edwards and John Wesley* (Metuchen, N.J.: Scarecrow, 1994), 208.

77) Jackson, *Works*, 10:468.

78) Outler, *Sermons*, 2:474.

79) Ibid., 2:198. 웨슬리는 다양한 신학적 전통이라는 좀 더 높은 범주에 위치시키는 글들을 위해서는 Kenneth E. Rowe, ed., *The Place of Wesley in the Christian Tradition*, rev. ed. (Metuchen, N.J.: Scarecrow Press, 1980)를 참조할 것.

80) Outler, *Sermons*, 2:169. 강조한 것은 필자가 한 것임.

81) Ibid., 3:506.

82) 온전한 성화와 관련해서 웨슬리가 유비를 사용해 주석한 것을 위해서는 Outler, *Sermons*, 2:169를 참조할 것.

83) Ward and Heitzenrater, *Journals and Diaries*, 20:203. 웨스틀리 홀은 건달 같은 사람이었다. 그는 다른 여자와 결혼하기 위해서 웨슬리의 자매인 케지아(Kezia)를 버렸다. 그는 넘지 말아야 할 금지된 사랑을 하였고 실제로 일부다처제를 설교하고 실천하였다. 그러나 죽기 전 바로 전에 회개했다는 증거가 있다.

84) Ronald H. Stone, *John Wesley's Life and Ethics* (Nashville: Abingdon Press, 2001), 217.

85) Jackson, *Works,* 8:280.
86) Ibid., 8:281.
87) Davies, *Methodist Societies*, 9:127. 노년에 웨슬리는 감리회원들이 영국 국교회를 떠나간 다면 저들이 경건의 능력은 없으면서 경건의 모양만 갖게 될까봐 두려워하였다. "'그러나 감리회원들이 영국 국교회를 떠나게 될 때, 하나님도 감리회원들을 떠나가게 될 것이다.' 주여, 인간이 무엇이란 말인가! 몇 개월이 지나 잉햄 씨가 영국 국교회를 떠났고 그의 지도하에 있던 모든 신도회들이 독립교단의 회중으로 바뀌었다. 도대체 어떤 일이 있었던 것일까? 바로 그가 예견했던 일이 일어난 것이었다. 이들은 속히 무너지고 말았다." Outler, *Sermons*, 3:589-90.
88) Ward and Heitzenrater, *Journals and Diaries,* 20:110.
89) Telford, *Letters*, 4:150.
90) Ward and Heitzenrater, *Journals and Diaries,* 20:110.
91) Davies, *Methodist Societies,* 9:244.
92) Ibid. 다섯 번째 이유로서 웨슬리는 다시 한 번 기독교 신앙의 번영을 위해 사회적 관계의 중요성을 강조한다. 19세기 미국의 상황에서 이 역동을 보려면 A. Gregory Schneider, *The Way of the Cross Leads Home: The Domestication of American Methodism* (Bloomington: Indiana University Press, 1993)을 참조할 것.
93) Davies, *Methodist Societies,* 9:245.
94) Ibid., 9:258.
95) Ibid. "그러나 교구 안에 진정한 그리스도인들이 몇이 있다. 너희가 이들과 저들 사이의 그리스도인의 친교를 해치고 있다."라는 물음에 대해서 웨슬리는 "결코 존재하지 않았던 것은 파괴될 수 없다. 그러나 너희가 말하는 교제는 결코 존재하지 않았다. 그러므로 그것은 파괴될 수 없다."고 답하였다. Davies, *Methodist Societies,* 9:258-59.

제 7 장 감리회의 기초를 다지다

1) W. Reginald Ward and Richard P. Heitzenrater, eds. *The Works of John Wesley,* Bicentennial ed., vol. 20, *Journals and Diaries* Ⅲ (Nashville: Abingdon Press, 1991), 445.
2) Ibid., 21:156.
3) Manfred Marquardt, *John Wesley's Social Ethics: Praxis and Principles* (Nashville: Abingdon Press, 1992), 28.
4) Ward and Heitzenrater, *Journals and Diaries*, 20:151, n.6.
5) Ibid., 20:125.
6) Ibid., 20:204.
7) John Telford, ed., *The Letters of John Wesley, A.M.,* 8 vols. (London: The Epworth Press, 1931), 3:262.
8) Ibid., 3:265.
9) Ibid., 3:266.
10) Ibid., 3:267.
11) Albert C. Outler, ed., *The Works of John Wesley*, Bicentennial ed., vols. 1-4, *Sermons* (Nashville: Abingdon Press, 1984-87), 2:46.
12) Ibid.
13) Ibid., 2:45. 아우틀러는 "웨슬리가 이 용어를 사용하자고 하지도 않았고 스스로를 변호하지도 않았으며, 대신 비평가들의 전제를 사용하여 광신이 '잘못된 확신'임을 밝히고 이를 통해 다른 결론에 도달하도록 했음"을 지적한다.
14) J. R. H. Moorman, *A History of the Church in England,* 2nd ed. (New York: Morehouse-Barlow Co., 1967), 237ff.

15) Outler, *Sermons,* 2:10.

16) Ibid.

17) Ibid., 1:59. 아우틀러는 "노리스가 프랑스의 데카르트 학파인 니콜라스 멜러브랑쉬(Nocholas Malebranche)의 영국인 제자였고, 웨슬리는 18세기 신학자 중에서 멜러브랑쉬의 우인론(occasionalism)에서 가장 큰 영향을 받았음"에 주목한다.

18) Ibid.

19) V. H. H. Green, *The Young Mr. Wesley* (New York: St. Martin's Press, 1961), 305-19.

20) Gerald R. Cragg, ed., *The Cambridge Platonists* (New York: Oxford University Press, 1968), 30.

21) John C. English, "The Cambridge Platonists in Wesley's 'Christian Library,'" *Proceedings of the Wesley Historical Society* 36 (October 1968): 161-62.

22) Cragg, *Cambridge Platonists*, 26.

23) Mitsuo Shimizu, "Epistemology in the Thought of John Wesley" (Ph. D. diss., Drew University, 1980), 29.

24) Outler, *Sermons,* 2:10.

25) Thomas Jackson, ed., *The Works of John Wesley,* 14 vols. (Grand Rapids, Mich.: Baker Book House, 1978), 11:486. 그럼에도 불구하고 하나님은 율법을 통해 두려움뿐 아니라 위로를 줄 수 있다. 1761년 4월 심야예배를 설명하면서 웨슬리는 "내가 비록 처음부터 끝까지 내 설교에서 율법을 설교하였음에도 불구하고 많은 사람들이 위로를 받고 있다. 그런 것을 보면 하나님께서 기뻐하시는 수단을 통해 마음에 두려움이나 위로를 보낼 수 있다."고 적고 있다. Ward and Heitzenrater, *Journals and Diaries,* 21:301.

26) Outler, *Sermons*, 2:22. 깨달음을 얻지 못한 죄인들에게 복음을 전하는 오류를 지적한 웨슬리 저술에 대해서는, Frank Baker, ed., *The Works of John Wesley,* vol. 26. *Letters* (New York: Oxford University Press, 1982), 418, 483, 485-87을 참조할 것.

27) Baker, *Letters,* 26: 482.

28) John Wesley, *Explanatory Notes Upon the Old Testament* (Salem, Ohio: Schmul Publishers, n.d.).

29) Outler, *Sermons,* 1:551.

30) Wesley, *NT Notes,* 294 (행 7:35).

31) Ward and Heitzenrater, *Journals and Diaries,* 20:366. 흥미로운 것은 웨슬리는 십계명에 표현된 도덕법을 다음의 주장에 제시한 자연법과 연결시키고 있다. "주님은 이제 이방인들을 확신시키고자 이방인에 대해 직접 … 외적인 규칙 없이 본성상 행하라(*Do by nature*)고 말씀하신다. 엄격하게 말해 이는 선행 은총으로 비롯된 것이다. 만물이 율법 안에 속하였고 십계명은 자연법의 내용이다." Wesley, *NT Notes,* 366 (롬 2:14).

32) Outler, *Sermons,* 1:553. "율법의 기원, 본성, 속성, 사용"(The Original, Nature, Properties and Use of the Law)이라는 자신의 설교에서 밝힌 웨슬리의 도덕법의 기능과 루터와 칼뱅의 도덕법의 기능을 비교해 보라. Outler, *Sermons,* 2:15-16; Jaroslav Pelikan, ed., *Luther's Works: Lectures on Galatians, 1535,* vol. 26 (St. Louis: Concordia Publishing House, 1963), 308-9; John T. McNeill, ed., *Calvin: Institutes of the Christian Religion,* vol. 1 (Philadelphia: The Westminster Press, 1960), 360.

33) 옮긴이 주. 정적주의(靜寂主義), 인간의 능동적 의지를 최대한 억제하고 신에게 전적으로 의지하려는 수동적 사상.

34) Outler, *Sermons,* 2:27.

35) Ibid., 2:1.

36) Ibid., 2:3.

37) 이 구분은 1770년 연회록에 웨슬리를 도덕주의로 고발한 칼뱅주의 비평가들에게 보낸 웨슬리의 편지에 잘 나타나 있다. 웨슬리는 "질문의 맥락에 하나님의 은혜를 받은 조건은 언급하지 않고 하나님의 은혜 안에 계속 거하는 것에 대해서만 언급한다."고 응답한다. Telford, *Letters*, 5:259.

38) Outler, *Sermons*, 2:18. 웨슬리에게 율법이란 용어의 사용은 모두가 신학적이라는 사실이 아주 흥미롭다. 그러므로 루터와 칼뱅의 신학에서 나타나는 율법의 정치적인 사용이 웨슬리에게는 나타나지 않는다. 웨슬리는 율법의 기능에 대해 설명한다.
39) Ibid., 2:76.
40) Ibid., 2:69-70.
41) Ibid., 2:76. 제임스 리그(James Rigg)는 속량에 대한 성례전적인 이해와 복음주의적 이해를 구분함으로써 평신도 설교가들을 사용한 것의 가치를 강조한다. 그는 "고교회 사람들은 구원을 성례전적 은총과 사도적 계승에 직접" 기인하도록 하였다. 피터 뵐러와 개혁교회들의 가르침과 이해에 따르면 믿음으로 말미암은 구원 교리를 받아들인 복음주의 신앙인들은 사도 바울에게서 "믿음은 들음에서, 하나님의 말씀을 들음에서 남"이라고 배웠다. James Harrison Rigg, *The Churchmanship of John Wesley and the Relations of Wesleyan Methodism to the Church of England* (London: Wesleyan Conference Office, 1878), 58.
42) Outler, *Sermons,* 2:75.
43) Ibid., 2:88.
44) Richard P. Heitzenrater, *Wesley and the People Called Methodists* (Nashville: Abingdon Press, 1995), 188.
45) Ward and Heitzenrater, *Journals and Diaries,* 21:10.
46) Baker, *Letters,* 26:609.
47) Ibid.
48) Ibid., 26:610.
49) Frank Baker, *John Wesley and the Church of England* (London: The Epworth Press, 1970), 137ff. 존 웨슬리가 고교회 인물이었는지에 대한 19세기 평가를 위해서는, James Harrison Rigg, John Wesley, *The Church of England and Wesleyan Methodism* (London: The Wesley-Methodist Book Room, 1883)을 참조할 것.
50) Ward and Heitzenrater, *Journals and Diaries,* 20:489.
51) Telford, *Letters*, 3:170-71.
52) Ward and Heitzenrater, *Journals and Diaries,* 20:356.
53) Heitzenrater, *Wesley and the People,* 181.
54) Ibid. 흥미롭게도, 루프(Rupp)는 "웨슬리 운동과 영국 국교회의 관계는 다양하게 발전되었다. 홀리클럽의 본래 회원들이나 새로운 복음주의적 성직자들은 순회목회에 참여하도록 준비가 되었었다. 그러나 안수 받은 성직자의 수가 모자란 상황에서 존 웨슬리는 평신도들에게 의지할 수밖에 없었다." E. Gordon Rupp, *Religion in England, 1688-1791* (Oxford: Clarendon Press, 1986), 391.
55) Baker, *Letters,* 26:500.
56) Ibid.
57) Ibid., 26:601. 1751년 12월 에벤에저 블랙웰(Ebenezer Blackwell)에게 보낸 편지에 웨슬리는 "복음을 설교"하는 것이 자신의 의도한 바라고 적고 있다. 그는 "어떤 이는 율법만을 설교하고, 다른 이들은 복음만을 설교한다고 생각한다. 나는 이것이나 저것 하나만을 설교하지 않는다. 다만 모든 설교는 아니더라도 모든 곳에서 율법과 복음 둘 다를 적절히 함께 설교한다고 생각한다." Ibid., 26:483.
58) Jackson, *Works,* 10:482.
59) Ibid., 10:484.
60) Ibid., 10:485.
61) Ibid., 10:486. 웨슬리가 평신도 설교가를 초청한 것은 교회에 대한 넓은 이해에서 비롯된 것이다. James L. Garlow, "John Wesley's Understanding of the Laity as Demonstrated By His Use of the Lay Preachers" (Ph. D. diss., Drew University, 1979).
62) Jackson, *Works,* 10:499.

63) 하드위크의 조례(Hardwicke's Act)는 이 문제를 비준하기 위해서 몇 년이 지난 1753년에 통과되었다. 간단히 말해서, 이 조례는 "어떤 결혼도 결혼예고 없이 혹은 결혼 허가증 없이 이루어진다면 유효한 것이 아니라고 선언하였다. John Pollock, *John Wesley* (Oxford, England: Lion Publishing, 1989), 193.
64) Baker, *Letters,* 26:388–89.
65) Pollock, *John Wesley,* 193.
66) Baker, *Letters,* 26:451.
67) Ward and Heitzenrater, *Journals and Diaries*, 20:378, n. 51.
68) Baker, *Letters*, 26:455. 웨슬리가 부인 메리에게 보낸 사랑의 편지를 더 보려면, Baker, *Letters*, 16:456, 457, 462를 참조할 것. ("나는 이 땅의 가장 사랑하는 친구로부터 두 통의 편지를 받은 기쁨을 누렸습니다.")
69) Ibid., 26: 454.
70) Stanley Ayling, *John Wesley* (New York: William Collins Publishiers, 1979), 224.
71) Telford, *Letters,* 4:4.
72) Ibid., 3:180.
73) Ibid., 3:180.
74) Ibid., 10:206–7.
75) Ibid., 10:210.
76) Ibid. 이것과 칼뱅의 다음의 주장과 비교해보라. "그러므로 성서가 분명하게 보여주듯이, 우리는 하나님께서 영원하고 변할 수 없는 계획에 따라 오래전에 단 한 번에 어떤 사람들은 구원으로 받아들이기로 하였고 또 어떤 사람들은 멸망에 거하게 하셨다. … 하나님의 정의롭고 비난 받을 수 없는 그러나 이해할 수 없는 판단으로 말미암아 그는 저주에 넘겨준 사람들에게 생명의 문을 걸어 잠갔다." McMeill, *Calvin,* 2:931.
77) Jackson, *Works,* 10:220.
78) Ibid., 10:221.
79) Ibid., 10:204. 웨슬리가 칼뱅과 동의했던 관계된 문제는 중생이 자연적 행위가 아니라 초자연적 사역이었다는 점이다. 예컨대 신생은 인간의 본성의 능력을 넘어서는 것이다. 그러므로 신생은 은총을 주시는 사랑 많으신 하나님으로부터 은혜로써 값없이 주어져야 한다. Outler, *Sermons,* 1:179; Jackson, *Works*, 9:92.
80) Jackson, *Works*, 9:92.
81) Telford, *Letters*, 4:298.
82) Jackson, *Works*, 10:230.
83) Ibid., 10:231.
84) Ibid., 10:306.
85) Heitzenrater, *Wesley and the People,* 203.
86) Rupert E. Davies, *The Works of John Wesley,* Bicentennial ed., vol. 9, *The Methodist Societies: History, Nature, and Design* (Nashville: Abingdon Press, 1989), 254 ("A Plain Account of the People Called Methodists").
87) Ibid., 9:258.
88) Ibid.
89) Frank Baker, ed., *The Works of John Wesley,* Bicentennial ed., vol. 26, *Letters* Ⅱ (New York: Oxford University Press, 1982), 505.
90) Ward and Heitzenrater, *Journals and Diaries,* 20:482.
91) Telford, *Letters*, 4:13. 다음 달 엘리자베스 하디에게 보낸 편지에서 웨슬리는 자신의 두려웠던 순간을 이렇게 기술하고 있다. 자신에게 임할 하나님의 진노를 느꼈던 올더스게이트 경험을 하기 "몇 해 전 나는 다른 것에서는 아주 온전하였음에도 불구하고," 브로톤이 앞서 했던 언급이 버젓이 살아있었다. "브로톤은 내가 이토록 고통을 받은 것을 보면 믿음이 있었다

고 생각할 수 없었다." 이런 상황에서 웨슬리가 "몇 해 전"이라고 한 것은 그의 글 쓰는 방법상 문자적 의미를 지닌 것이 아니었다. 엘리자베스 하디에게 보낸 5월의 편지에서 웨슬리의 영적 상태는 4월에 같은 부인에게 보낸 편지의 내용에 비추어 보면 분명 차이가 있어 보인다. 4월의 편지에서 웨슬리는 진정한 신앙인은 "삶이나 죽음으로" 낙심하지 않는다고 하였다. 또한 죽음의 두려움에 대한 언급이 없다는 점에서 보면 1753년 몇 해 전 웨슬리가 실제 죽을 것이라 생각했던 시점으로 생각할 수도 있다. 더 나아가 1766년 동생 찰스에게 보낸 웨슬리의 아주 침울한 편지에서도 역시 죽음이나 형벌에 대한 두려움은 나타나지 않고 있다. 그렇지만 그의 죽음이 "무로 떨어지는" 망각으로 이어지진 않을까 의구심을 갖는다. Telford, *Letters,* 4:20, 5:16, Ward and Heitzenrater, *Journals and Diaries,* 20:483.

92) Ward and Heitzenrater, *Journals and Diaries*, 20:483.

93) Baker, *Letters*, 26:190. 베이커의 각주 10번을 참조할 것. 여기에서 베이커는 웨슬리가 도드리지에게 "복음주의 신학의 선집"에 대한 충고를 요청하는 내용으로 편지하였다. (이 편지는 분실되어 현존하지 않는다.)

94) 전문적으로 말해 아른트는 사제가 아니지만, 그의 저술들은 – 특별히 『참된 기독교』(*Wahres Christentum*) – 프랑케와 스펜서에게 놀라운 영향을 미쳤다. 이들 저술에서 아른트는 "사제"이며 경건 운동의 중요한 선구자로 표현되고 있다.

95) Baker, *Letters,* 20:483.

96) Heitzenrater, *Wesley and the People,* 188.

97) Wesley, *NT Notes*, 48, 107 (마 13:24; 막 4:26).

98) Ibid., 188 (눅 17:21).

99) Ibid., 357 (행 28:23).

100) Ibid., 401 (롬 14:17).

101) Ibid., 266 (요 19:36).

102) Ibid., 218 (요 3:3).

103) 이 주장은 가난한 사람들의 필요를 섬겨주는 것의 중요함을 부인하지 않는다. 그럼에도 "우리가 무엇을 먹을까 무엇을 마실까"가 마치 가장 중요한 염려인 것인 양 이 땅에서의 필요가 결코 믿는 자의 궁극적 관심이 될 수는 없음을 보여주고 있다.

104) Baker, *Letters*, 26:575. 그러나 웨슬리는 1759년 몇 해가 지난 후 모두 아니면 아무것도 아니라는 식의 표현을 사용하였다. "그분이 아직도 당신과 더불어 일하고 계십니까? 당신으로 하여금 온전함에 가까운 그리스도인이 아니라 온전한 그리스도인을 만들고자 분투하고 있습니까? 진정 여러분은 모든 것이 되든지 아니면 아무것도 아니든지 해야 합니다. 성인이든지 악마이든지, 죄에 특출하든지 아니면 거룩함에 특출하든지 해야 합니다." Telford, *Letters,* 4:52.

105) Baker, *Letters*, 26:575.

106) Ibid.

107) Ibid.

108) Outler, *Sermons*, 2:161. 여기 인용의 내용은 설교적 상황에서 이루어진 것이다. 이 상황에서 루터가 자신의 믿음을 위해 사용한 "나를 위해"라는 표현이 반향되고 있다. 확신과 관련해 웨슬리가 구분한 (예컨대 믿음의 완전한 확신, 희망의 완전한 확신과 같이) 예를 보고자 한다면, Telford, *Letters,* 2:385, 3:161; Wesley, *NT Notes,* 575, 632, 638; Jackson, *Works,* 9:32; Davies, *Methodist Societies,* 9:375–76을 참조할 것.

109) Telford, *Letters*, 3:163. 그럼에도 불구하고 이 중요한 예외에서조차 웨슬리가 진정한 기독교와 확신을 관계시켰던 것을 약화시키지 않았다. 한 달이 지난 후 1756년 3월 웨슬리는 리처드 톰슨에게 편지를 썼다. "전체적으로 나의 믿음은 이것이오. 모든 기독교 신앙인은 자신이 하나님과 화해되었다는 확신을 갖는 것이요." Telford, *Letters,* 3:174. Wesley's letter to Mr. Tompson on February 6, 1756.

110) Ibid., 5:358.

111) 덧붙여 웨슬리는 1768년 러더퍼스 박사에게 다음과 같은 내용의 편지를 썼다. "그러므로 나는 여러 해 동안 수용의 의식을 칭의의 믿음에 본질적인 것이라 생각하지 않았소." Telford, *Letters*, 5:359; Lycurgus M. Starkey Jr., *The Work of the Holy Spirit: A Study in Wesleyan Theology* (Nashville: Abingdon Press, 1962), 68-69.

제 8 장 영국 국교회와 거룩함

1) John Telford, ed., *The Letters of the Rev. John Wesley, A.M.,* 8 vols. (London: The Epworth Press, 1931), 4:115.
2) Ibid.
3) Ibid., 4:131.
4) Ibid., 4:290. 동방 교회에 대한 웨슬리의 생각에 대해서는 Thomas Jackson, ed., *The Works of John Wesley,* 14 vols. (Grand Rapids, Mich.: Zondervan Publishing House, 1959), 9:217, 274를 참조할 것.
5) Telford, *Letters,* 4:100.
6) Ibid.
7) Ibid., 4:147.
8) W. Reginald Ward and Richard P. Heitzenrater, eds., *The Works of John Wesley*, Bicentennial ed., vol. 21, *Journals and Diaries* Ⅳ (Nashville: Abingdon Press, 1992), 479.
9) Ibid., 22:8.
10) Telford, *Letters,* 4:339.
11) Ibid., 4:344.
12) Ibid., 4:342. 웨슬리 전통에서 회심을 주제로 한 연구의 자료를 위해서는 Kenneth J. Collins and John H. Tyson, eds., *Conversion in the Wesleyan Tradition* (Nashville: Abingdon Press, 2001)을 참조할 것.
13) Ibid., 4:375. 주교와의 각을 세운 열띤 논쟁에서 웨슬리의 목소리의 무게는 다음의 문장에서 보듯이 다시 한 번 바뀐다. "나는 주교가 신약성서에 대해 전혀 무지하다는 사실을 깨닫고 약간 놀랐다. 그럼에도 불구하고 그의 모든 지식을 펼쳐 보이다니. 내 생각에 그는 그리스어에 있어서 전문가가 아니다." Telford, *Letters,* 4:199.
14) Telford, *Letters,* 4:380.
15) Ibid., 4:376.
16) John S. Simon, *John Wesley, the Master-Builder* (London: The Epworth Press, 1927), 166.
17) Albert C. Outler, ed., *The Works of John Wesley,* Bicentennial ed., vols. 1-4, *Sermons* (Nashville: Abingdon Press, 1984-87), 1:445.
18) Ibid., 1:446.
19) Ward and Heitzenrater, *Journals and Diaries,* 22:29.
20) Telford, *Letters,* 5:69.
21) Ward and Heitzenrater, *Journals and Diaries,* 22:168, 172.
22) Telford, *Letters,* 4:48.
23) Outler, *Sermons,* 2:183. 이 설교에서 육체적인 본성을 표현하기 위해서 사용한 "전적인 타락," "모든 선의 부재," "악의 모든 방식으로 가득 찬"과 같은 용어는 호레이드(Horace)와 세네카(Seneca)와 같은 고전 이방 인간학자의 인각학을 비판하는 기초가 된다. Burtron Raffel, trans., *The Essential Horace: Odes, Epodes, Satires and Epistles* (San Francisco: North Point Press, 1983); and Seneca, *Moral Essays,* 3 vols. (Cambridge, Mass.: Harvard University Press, 1935), vol. 1.
24) Ibid. 원죄 교리에 대한 웨슬리의 생각은 평생 계속되었다. 예를 들면 1759년에 쓴 "원죄"라는 설교와 이보다 29년 앞서 쓴 "하나님의 형상"이란 설교를 비교해보라. "왜냐하면 인간이 본성적으로 타락하지 않았다면, 인간의 본성이 타락되었으며 모든 치유의 방법이 질병을 전제한다

고 가르치는 유대교와 기독교 모두는 헛된 것이다." 이 두 설교 사이의 연속성이 놀랍다.

25) William Ragsdale Cannon, *The Theology of John Wesley: With Special Reference to the Doctrine of Justification* (Nashville: Abingdon Press, 1946), 200.

26) Outler, *Sermons,* 2:183-84.

27) Jackson, *Works*, 9:407. 그러나 웨슬리는 전적인 타락이 자연적인 본성(indifferent nature)이란 말처럼 인간의 자유를 폄하하는 것이 아님을 보여준다. 오히려 전적인 타락은 하나님의 빛에서 보면 의를 향한 인간의 자유에 영향을 주고 있다. Wesley, "*Remarks on a Defense of Aspasio Vindicated,*" in Jackson, *Works,* 9:197, 237, and 273.

28) Outler, *Sermons,* 3:207.

29) Ibid.

30) Umphrey, Lee, *John Wesley and Modern Religion* (Nashville: Cokesbury Press, 1936), 124-25. 웨슬리는 "자연인"이란 말과 "자연적 상태"라는 말을 다르게 사용하였다. 학자들 중에는 이 둘의 차이를 파악하지 못하여 많은 어려움을 겪는 이들이 있다. "원죄"라는 설교에서 자연적 상태는 하나님의 은총이 없는 상태를 말한다. 그러나 앞서 말했듯이 선행 은총이 없는 사람은 없기 때문에 이런 사람은 존재하지 않는다. 그러나 1746년 찰스의 "너 잠자는 자여 깨어라"라는 설교와 1746년 존의 "노예의 영과 양자의 영"이라는 설교에 나타나는 "자연인"과 "자연적 상태"라는 표현은 이론적 구성이 아니라 실제로 혈육을 지닌 개체 인간들을 말한다.

31) Philip Schaff, *The Creeds of Christendom with a History and Critical Notes,* vol. 3, 6th ed. (Grand Rapids, Mich.: Baker Book House, 1983), 492-494. (원죄 혹은 타고난 죄에 대해서는) 종교 강령 9조의 용어를 (자유의지에 대해서는) 종교 강령 10조의 용어를 참고할 것.

32) Outler, *Sermons,* 2:190. 강조는 필자가 한 것임.

33) Ward and Heitzenrater, *Journals and Diaries,* 21: 456.

34) Outler, *Sermons,* 2:186.

35) Robert C. Monk, *John Wesley: His Puritan Heritage* (Nashville: Abingdon Press, 1966), 249-52.

36) Outler, *Sermons,* 2:193; Monk, *Puritan Heritage*, 43; F. Ernest Stoeffler, "Tradition and Renewal in the Ecclesiology of John Wesley," in *Traditio-Krisis-Renovatio aus theologische Sicht* [Tradition, crisis, and renewal from a theological point of view], ed. B. Jasper and R. Mohr (Marburg, Germany: N. G. Elwert, 1976), 305.

37) Outler, *Sermons,* 2:195.

38) Telford, *Letters*, 4:332. 이 편지와 웨슬리의 설교 "우리 자신의 구원을 이룸에 대하여"(On Working Out Our Own Salvation)를 비교해 보라. 이 설교에서 웨슬리는 "구원이 '선행 은총'으로 시작된다."고 주장한다. 그러나 웨슬리의 편지는 구원이 거룩함을 포함한다고 한 그의 초기 진술과 모순되지 않는다. "우리 자신의 구원을 이룸에 대하여"라는 설교에서는 구원의 "정도"를 강조하는 바, 여기서 죄인은 적어도 거룩함에 이르는 도상에 있다고 주장한다. 간단히 말해서 단순히 선행 은총만을 가진 사람들은 사실 거룩한 것이 아니며 본래적으로 말해 구원을 받은 것이 아니라고 주장하고 있다. Outler, *Sermons,* 3:203.

39) Jackson, *Works,* 9:310.

40) Outler, *Sermons,* 2:198.

41) Telford, *Letters,* 4:332. "그것이 점차적으로 이루어지든 순간적으로 이루어지든 우리는 만족하지 않습니다."라고 한 웨슬리의 부가적인 해석은 신생이 순간적이라고 한 그의 기본적인 입장에서 벗어나지 않는다. 오히려 웨슬리가 선호하는 주제인 진정한 변화의 중요성을 강조하는 데 도움을 준다.

42) Outler, *Sermons,* 2:198. 린드스트롬은 "점진성과 순간성의 조합"이 바로 웨슬리의 구원의 과정의 개념을 특징짓는다고 주장한다. Lindstrom, *Sanctification: A Study in the Doctrine of Salvation* (Grand Rapids, Mich.: Francis Asbury Press, 1982), 121.

43) Outler, *Sermons,* 2:198.

44) Ibid., 2:158. 나는 "순간"(moment)과 "순간적인"(instant)이란 말을 강조하였다. 다른 한편 웨

슬리는 신생의 결정성과 성화의 점진적인 요소의 관계를 강조하였다.

45) Telford, *Letters,* 4:332.

46) Outler, *Sermons*, 2:163. 웨슬리에게 있어서 순간적인 계기는 시간적인 순서의 방식뿐 아니라 구원론적 방식으로 기능한다. 순간적인 계기를 시간적인 순서의 방식에서만 본다면 웨슬리에게 담겨 있는 다양한 전통을 찾아낼 수 없다. 시간적 주제와 관련한 자료를 위해서는 Kenneth J. Collins, *The Scripture Way of Salvation: The Heart of John Wesley's Theology* (Nashville: Abingdon Press, 1977), 114-17을 참조할 것.

47) Ward and Heitzenrater, *Journals and Diaries,* 18:216.

48) Ibid., 19:214.

49) Outler, *Sermons,* 1:318.

50) Ibid., 1:323.

51) Ibid., 1:328. 웨슬리는 때때로 약간 다른 용어를 채택하여 온전한 성화에 담긴 자유를 죄의 뿌리로부터 깨끗해진 존재로 기술한다. 달리 말하면 죄의 존재 혹은 죄의 현존으로부터 깨끗해진 존재로 기술한다. Outler, *Sermons,* 3:204; 4:26.

52) Randy L. Maddox, *Responsible Grace: John Wesley's Practical Theology* (Nashville: Kingswood Books, 1994), 143.

53) Outler, *Sermons*, 2:97. 아우틀러의 구원론적 비관론은 "신생의 흔적들"(The Marks of the New Birth)(과 "하나님으로 난 자들의 위대한 특권"[The Great Privilege of Those That Are Born of God])의 서론에서 냉소적 논평으로 나타난다. "여기서 웨슬리는 그리스도인의 실존을 죄가 없는 것과 가까운 것인 양 별 의미 없이 언급하고 있습니다. 그러고는 죄 없는 그리스도인의 실존과 '중생한 자는 습관적으로 죄를 범하지 않는다…'는 겸손한 고백을 동일시하려는 사람들을 비난합니다." Outler, *Sermons,* 1:416.

54) Ibid., 1:346.

55) 웨슬리는 토마스 올리버스(Thomas Olivers)에게 다음과 같은 편지를 썼다. "우리는 두 번째 축복을 받았다고 생각하는 사람들을 믿을 필요도 믿지 않을 필요도 없습니다." 또 크로스비 부인(Mrs. Crosby)에게 편지하기를, "나는 지난 5주 동안 한 속회에서 여섯 명이 죄 사함을 받았고 한 밴드에서 다섯 명이 두 번째 축복을 받았다고 생각합니다."라고 하였다. 사무엘 바즐리(Sameul Bardsley)에게 "오랜 전통의 감리회 교리에 대해 결코 부끄러워하지 마십시오. 모든 신자들로 하여금 그리스도인의 완전을 향해 나아가도록 하십시오. 어디에 있든 한순간에 지금 단순한 믿음으로 두 번째 축복을 받을 수 있다고 가르치십시오." 하고 편지하였다. 제인 삭켈드(Jame Salkeld)에게는 "믿음이 작은 자들을 권면하여 서둘러 두 번째 축복을 받도록 하십시오. 하나님을 진정으로 경외하는 당신의 영을 위해 하나님께서 행하신 일을 선포하는 데 뒤로 머물러 있지 마십시오."라고 편지하였고, 바톤 부인(Mrs. Barton)에게는 "분명한 것은 하나님께서 당신에게 두 번째 축복을 주셨다는 것입니다. 하나님께서 비통함의 뿌리로부터 현실적 죄뿐 아니라 태어나면서 가졌던 죄로부터 당신을 구원하셨습니다."라고 편지하였다. 그리고 앤 볼튼(Ann Bolton)에게 "분명 사람들이 두 번째 축복을 경험하기까지 태어나면서 갖게 된 죄로부터 구원을 얻도록 진지하게 마음으로 애통하기까지 우리는 현재의 성화를 저들에게 가르칠 필요가 없습니다."라고 편지하였다. Telford, *Letters*, 3:212; 4:133; 5:315; 5:333; 6:116; 6:144-45.

56) Outler, *Sermons,* 2:210.

57) Ibid., 2:234.

58) Ibid., 2:229.

59) Jackson, *Works,* 14:277. 십자가의 요한에 대한 논의를 참조할 것. Robert G. Tuttle Jr., *Mysticism in the Wesleyan Tradition* (Grand Rapids, Mich.: Francis Asbury Press of Zondervan Publishing House, 1989), 31-38.

60) St. John of the Cross, *Dark Night of the Soul,* trans. and ed., E. Allison Peers (New York: Doubleday, 1990), 75.

61) 예를 들면, 웨슬리는 "셋째로 우리는 사도들로부터 마음의 무기력이 언제나 필요한 것은 아님을 배울 수 있습니다."라고 쓰고 있다. Outler, *Sermons,* 2:234.

62) Ward and Heitzenrater, *Journals and Diaries,* 21:343.

63) 웨슬리 또한 존 뉴턴에게 보낸 편지에서 자기의 생각이 어떻게 발전되어 왔는지 간략한 역사를 정리해 주고 있다. Ward and Heitzenrater, *Journals and Diaries,* 21:510-11.

64) 아우틀러는 다음과 같이 설명한다. "웨슬리는 거룩함의 신학과 관련한 자신의 독서 목록을 자세하게 기록하고 있다. 예컨대 웨슬리는 아 켐피스, 윌리엄 로, 프랑스와 스페인의 신비가들, 주앙 드 카스타니자(Juan de Castaniza) [로렌조 스쿠폴리 (Lorenzo Scupoli)], 이집트인 마카리우스를 읽었다." 아우틀러 자신이 편집한 『존 웨슬리』(*John Wesley*)의 서론에 이들 이름을 거론함으로써 『존 웨슬리』에 소개된 『그리스도인의 완전에 대한 평이한 해설』과 다른 웨슬리의 글들이 위의 자료 모두를 사용한 것처럼 잘못 비쳐지고 있다. 그러나 그리스도인의 완전에 대해 그가 역사적으로 통찰을 얻은 자료들은 서방 저자들뿐이었다고 그의 논문에서 언급하고 있다. Albert C. Outler, ed., John Wesley, *The Library of Protestant Thought* (New York: Oxford University Press, 1964), 251-52.

65) Jackson, *Works,* 8:329.

66) Dietrich Bonhoeffer, *The Cost of Discipleship,* 2nd ed. (New York: Macmillan Publishing Co., 1960), 7.

67) Randy L. Maddox, "John Wesley and Eastern Orthodoxy: Influences, Convergences and Differences," *The Asbury Theological Journal* 45, no. 2 (Fall 1990): 29-53; and Brian Frost, "Orthodoxy and Methodism," *London Quarterly & Holborn Review* 189 (1964): 13-22.

68) Outler, *Sermons,* 3:586. 이레니우스의 이름이 다른 목록에는 나오는데 여기서는 빠져 있다. 1748년 1월 24일 웨슬리가 미들턴 박사에게 보낸 편지를 참조할 것. Jackson, *Works,* 10:79.

69) Jackson, *Works,* 9:217.

70) Outler, *Sermons,* 2:487.

71) Ibid., 4:88. 그리스 정교회에 대한 부정적 견해에 대해서는 Outler, *Sermons,* 2:580-81; Jackson, *Works,* 9:216-17을 참조할 것.

72) Ted A. Campbell, *John Wesley and Christian Antiquity: Religious Vision and Cultural Changes* (Nashville: Kingswood Books, 1991), 125-34.

73) 위 마카리우스는 380년부터 430년까지 시리아 혹은 소 아시아에서 살았던 수도승이었다. (웨슬리는 위 마카리우스가 바로 이집트 수도승이었던 마카리우스 대제라고 생각했다).

74) Outler, *Sermons,* 2:159. 웨슬리와 마카리우스에 대한 자료를 더 원한다면, John C. English, "The Path to Perfection in Pseudo-Macarius and John Wesley," *Pacifica,* 11, no. 1(February 1998): 54-62를 참조할 것.

75) 마카리우스의 글을 웨슬리가 사용한 것에 대한 흥미로운 연구에 대해서는 Howard A. Snyder, "John Wesley and Macarius the Egyptian," *The Asbury Theological Journal* 45, no. 2 (Fall 1990): 55-60을 참조할 것.

76) Macarius, *Primitive Morality: Or, the Spiritual Homilies of St. Macarius the Egyptian* (London: W. Taylor and J. Innys, 1721); John Wesley, *A Christian Liberty, Consisting of Extracts from and Abridgements of the Choices Pieces of Practical Divinity which have been published in the English Tongue,* 30 vols. (London: T. Blanshard, 1819-27), 1:72ff.

77) Mark T. Kurowski, "The First Step Toward Grace: John Wesley's Use of the Spiritual Homilies of Macarius the Great," *Methodist History* 36, no. 2 (January 1998): 113-24.

78) 예를 들면, 1742년 출판한 『감리회원의 특성』(*The Character of a Methodist*)이란 책에서 웨슬리는 알렉산드리아의 클레멘스가 쓴 『스트로마타이스』(*Stromateis*)에 나오는 "완전한 그리스도인"(perfect Christian)의 개념을 빌려오고 있다. 그러나 여러 해가 지난 1774년에 쓴 중요한 편

지에서 웨슬리가 자신의 글을 통해 클레멘스가 말한 그리스도인의 특성을 신랄하게 비판했다고 쓴 것에 대해서는 잘 알려지지 않았다. 웨슬리는 이렇게 설명한다. "수년 전 나는 '피그말리온의 한 과부, 곧 돌로 만든 한 여인을 내게 주시오.'라고 말했는지 모르지만 지금은 그렇지 않습니다. 교부들 중 한 분인 알렉산드리아의 클레멘스가 그렇게 진술한 바 있습니다. 그러나 나는 이전처럼 그렇게 그 진술을 찬양하지 않습니다. 나는 이제 금욕주의자와 그리스도인은 다른 특성을 지녔다고 생각합니다." Jackson, *Works*, 12:297-98.

79) 존 웨슬리의 생애와 사상에 미친 독일 경건주의의 영향에 대한 연구를 위해서는 Arthur Wilford Nagler, "Pietism and Methodism: a Comparative Study," in *Pietism and Methodism, Or, The Significance of German Pietism in the Origin and Early Development of Methodism* (Nashville: Publishing House M.E. Church, South, 1918), 120-41.

80) Ward and Heitzenrater, *Journals and Diaries*, 19:21. 웨슬리가 출판과 교육을 위해 발췌한 설교들은 크랜머(Cranmer)와 영국 종교개혁으로부터 특별한 영향을 받은 것임을 보여준다. *Certain Sermons or Homilies, Appointed to Be Read in Churches* (Oxford, 1683)를 참조할 것. 설교와 종교 강령에 대한 역사와 신학에 대한 해설을 위해서는 J. T. Tomlinson, *The Prayer Book, Articles and Homilies* (London, 1897)를 참조할 것.

81) "캐롤라인 경건"의 한 범례로서 제레미 테일러의 거룩함을 다룬 모어(More)의 논의를 참조할 것. Paul Elmore More, *The Spirit of Anglicanism* (London: S.P.C.K, 1957), 740-42.

82) Luke Tyerman, *The Life and Times of the Rev. John Wesley, M.A., Founder of the Methodists*, 3 vols. (New York: Harper & Bros., 1872), 2:593.

83) Outler, *Sermons*, 2:169.

84) Ibid., 2:163. 이 상황에서 "성화"는 "온전한 성화"를 의미한다.

85) Ted A. Campbell, "Christian Tradition, John Wesley, and Evangelicalism [his view of apostolic and Anglican traditions]," *Anglican Theological Review* 74 (Winter 1992): 54-67; and Ernest Gordon Rupp, "Son to Samuel: John Wesley, Church of England Man," in *The Place of Wesley in the Christian Tradition*, ed. Kenneth E. Rowe (Metuchen, N.J.: Scarecrow Press, 1976), 39-66.

86) Telford, *Letters*, 5:20.

87) Ibid., 웨슬리는 같은 편지에서 자기의 동생을 꾸짖고 있다. "칭의와 죽음 사이에 어떤 순간적인 성화가 존재하느냐 아니면 존재하지 않느냐? 나는 존재한다고 말한다. 그런데 너는 (종종) 존재하지 않는다(고 말하는 것처럼 보인다)."

88) Ward and Heitzenrater, *Journals and Diaries*, 21:415.

89) Telford, *Letters*, 4:133.

90) Ward and Heitzenrater, *Journals and Diaries*, 21:414-15.

91) Ibid., 21:247.

92) Ibid., 21:398-99.

93) Ibid., 21:394.

94) J. Brazier Green, *John Wesley and William Law* (London: The Epworth Press, 1945), 207; Outler, *John Wesley*, 299-304.

95) Ward and Heitzenrater, *Journals and Diaries*, 21:403.

96) Ibid.

97) Ibid., 21:408.

98) Telford, *Letters*, 5:38.

99) 웨슬리가 초기에 맥스필드를 설교자로 받아들이는 것을 꺼려했던 것에 대한 다른 해석을 위해서는 Frank Baker, *John Wesley and the Church of England* (Nashville: Abingdon Press, 1970), 83-84를 참조할 것.

제 9 장 논쟁으로 보낸 10년

1) Henry D. Rack, *Reasonable Enthusiast: John Wesley and the Rise of Methodism,* 2nd ed. (Nashville: Abingdon Press, 1992).
2) Roy Porter, *A History of England* (London: The Folio Society, 1982), 53.
3) J. H. Plumb, *England in the Eighteenth Century* (Baltimore: Penguin Books, 1950), 78–79.
4) Thomas Jackson, ed., *The Works of John Wesley,* 14 vols. (Grand Rapids, Mich.: Baker Book House, 1978), 11:14.
5) Ibid., 11:15.
6) Plumb, *England,* 122, 125.
7) Jackson, *Works,* 11:37.
8) Ibid.
9) Ibid., 11:40. 웨슬리는 그가 쓴 『간략한 영국 역사』(*Concise History of England*)에서 하노버 왕가의 적법성을 강력하게 지지하였다. 클라크(Clark)가 지적한 대로 이 책에서 웨슬리는 "1209년 존 왕(King John)과 이사벨라(Isabella)의 결혼은 합법적인 것이 아니었고, 이들의 자녀들도 적법한 것이 아니었다. 이들에게서 스튜어트 왕가의 칭호에 붙는 '태생' (by birth)이 발견되지 않는다. 조지 1세 왕은 '우선권' (prior right)을 갖고 있었던 마틸다(Matilda)의 계보를 잇고 있었다."고 주장하였다. J. C. D. Clark, *English Society 1660-1832* (Cambridge: Cambridge University Press, 2000), 287.
10) Jackson, *Works,* 11:42.
11) Ibid., 11:137.
12) Ibid.
13) Rack, *Reasonable Enthusiast,* 378. 웨슬리를 마르크스주의 비평과 분석의 빛에서 (사유 재산권을 반대했던) 정치적 급진주의자라고 보려는 입장에 대해서는, Theodore W. Jennings Jr., *Good News to the Poor: John Wesley's Evangelical Economics* (Nashville: Abingdon Press, 1990)과 『영국교회의 39개 종교강령』(*The Thirty-nine Articles of the Church of England*)을 참조할 것. 『영국교회의 39개 종교강령』은 사유 재산권을 인정하고 있다. Philip Schaff, *The Creeds of Christendom,* vol. 3 (Grand Rapids, Mich.: Baker Book House, 1983), 493.
14) Jackson, *Works,* 11:46.
15) Ibid., 13:153; Frank Baker, "The Origins, Character, and Influence of John Wesley's Thoughts Upon Slavery," *Methodist History* 22, no. 2 (January 1984): 75–86.
16) Jackson, *Works,* 11:70.
17) Albert C. Outler, ed., *The Works of John Wesley*, Bicentennial ed., vols. 1–4, *Sermons* (Nashville: Abingdon Press, 1984–87), 2:10. 이 상황에서 웨슬리 또한 율법을 아주 "이상적인"(platonic) 표현으로 기술한다. "하나님의 율법은 영원한 정신의 거울이고 신적 본성의 사본입니다. 맞습니다. 율법은 영존하시는 하나님의 가장 공의로운 자녀이고 하나님의 본질적인 지혜의 가장 밝은 빛이며, 지극히 높으신 분의 눈부신 아름다움입니다."
18) Jackson, *Works*, 11:79.
19) Ibid. 감리교 감독교회의 감독인 앤드류(Andrew)는 그의 두 번째 부인에게 결혼과 더불어 여러 명의 노예를 유산으로 주었다. 도덕적인 문제가 되고 있음을 감지한 감독은 노예의 소유권을 포기하고 노예들을 자신의 부인에게 양도하는 법적 문서를 작성하였다. 미국의 감리교 감독교회를 둘로 나누어 놓은 분리 계획이 있을 때까지 북 대표와 남 대표 사이에는 이 문제와 또 다른 문제를 놓고 긴장이 고조되고 있었다. Frederick Norwood, *The Story of American Methodism: A History of the United Methodists and Their Relations* (Nashville: Abingdon Press, 1974).
20) Jackson, *Works,* 11:79.
21) Ibid., 힌손(Leon O. Hynson)은 웨슬리가 주장하는 인권의 중요성을 강조한다. Leon O. Hynson, "Wesley's Thoughts Upon Slavery: A Declaration of Human Rights," *Methodist*

History 33, no. 1 (October 1994): 46-57.

22) Plumb, *England,* 126. John Wesley Bready, *England before and after Wesley: The Evangelical Revival and Social Reform*(London: HOdder and Stoughton, 1938)도 참조할 것.

23) Plumb, *England,* 126.

24) Jackson, *Works,* 11:24.

25) John Telford, ed., *The Letters of the Rev. John Wesley, A.M.,* 8 vols. (London: The Epworth Press, 1931), 6:161.

26) Ibid., 6:267.

27) Ibid., 6:192. 조지 왕의 성품에 대한 논의를 위해서는 Roy Porter, *England in the Eighteenth Century* (London: The Folio Society, 1998), 426, 431-32.

28) Rack, *Reasonable Enthusiast*, 346.

29) Porter, *England in the Eighteenth Century,* 165.

30) Jackson, *Works,* 11;82.

31) Ibid.

32) Ibid., 11:83. 당시 미국 감리교도들과 웨슬리의 긴장된 관계를 살펴보려면, L. M. Hollan, "John Wesley and the American Revolution," *Journal of Church and State* 5 (November 1963): 199-213; David T. Morgan, "Dupes of Designing Men: John Wesley and the American Revolution," *Historical Magazine of the Protestant Episcopal Church* 44 (June 1975): 121-131; Allan Raymond, "I Fear God and Honour the King: John Wesley and the American Revolution," *Church History* 45(September 1976): 316-28.

33) Jackson, *Works,* 11;87.

34) Ibid., 11:88.

35) Plumb, *England,* 135. 플럼은 비록 프라이스(Price)와 프리스틀리(Priestley)가 신비 성향의 인물이었고 죄를 넘어 덕의 승리를 강조하면서 식민지 지배를 큰 성공으로 생각하여 윌케스(Wilkes)를 지지하였지만, 그의 도덕성에 대해서는 몹시 싫어하였다.

36) Jackson, *Works,* 11:18.

37) Richard P. Heizenrater, *Wesley and the People Called Methodists* (Nashville: Abingdon Press, 1995), 264.

38) Jackson, *Works,* 11:18.

39) Outler, *Sermons*, 3:601.

40) Ibid. 웨슬리도 「영국의 주민들에게 드리는 조용한 권고」(*A Calm Address to the Inhabitants of England*)에서 같은 주장을 한다. 이 글에서 웨슬리는 "나라의 여기저기에서 특별히 이 시기 동안 인구가 크게 늘었다. 이는 정부가 백성을 향해 관대하였고 완전한 시민의 자유와 종교의 자유가 주어졌기 때문이었다. 또한 세금이 적고 본국으로부터 받은 많은 혜택으로 인해 (적들로부터 보호를 받았고) 인구가 느는 속도로 부가 축적되었다. 인구와 재산이 늘어감에 따라 독립의 정신 또한 점증하고 있었다." Jackson, *Works,* 11:131.

41) Jackson, *Works*, 11:155.

42) Ibid.

43) Ibid. 힌슨은 웨슬리가 다른 형태의 정부보다는 입헌 군주제(a limited monarchy)를 선호하였다고 주장한다. Leon O. Hynson, *The Weslyan Revival: John Wesley's Ethics of Church and State* (Salem, Ohio: Schmul Publishing Co., 1999), 155-90.

44) Jackson, *Works,* 11:155.

45) Telford, *Letters,* 6:102.

46) Ibid., 6:273-74.

47) Ibid. 이 편지에서 존은 메리가 자신을 간음죄로 고소하였다고 주장한다. 이는 아주 근거 없는 혐의였다. 이 사건과 관련해 더 자세한 정보를 원한다면, Rack, *Reasonable Enthusiast*, 266을 참조할 것.

48) Telford, *Letters,* 6:322.
49) Ibid., 6:368. (부인의 죽음에 대한 웨슬리의 반응에 대한 텔포드의 평가).
50) Robert Southey, *The Life of Wesley; and Rise and Progress of Methodism,* 2 vols. (London: Longman, Brown, Green, and Longmans, 1846), 2:245.
51) Telford, *Letters*, 5:192.
52) W. Reginald Ward and Richard P. Heitzenrater, *The Works of John Wesley*, Bicentennial ed., vol. 22, *Journals and Diaries* I (Nashville: Abingdon Press, 1993), 286, n. 42.
53) Telford, *Letters,* 5:252.
54) Ibid., 5:231.
55) W. Reginald Ward and Richard P. Heitzenrater, *Journals and Diaries,* 22:285.
56) Nolan Harmon, ed., *The Encyclopedia of World Methodism*, vol 2 (Nashville: The United Methodist Publishing House, 1974), 2146("Walter Shirley"를 볼 것).
57) W. Reginald Ward and Richard P. Heitzenrater, 22:285-87, n. 42 (Aughust 6, 1771).
58) Harmon, *Encyclopedia,* 2:2146.
59) Telford, *Letters,* 5:274.
60) Ibid., 5:275.
61) Ibid., 5:282. 물론 복음주의적 칼뱅주의자들은 문제를 아주 다른 시각으로 보았다. 이들은 여러 청교도 전통의 고전에서 거룩한 삶을 강조한 것에 자긍심을 갖고 있었다. 이 고전들 중 얼마는 웨슬리가 편집한 『기독교 총서』에도 실려 있었다. 청교도 전통의 저자들과 이들이 거룩함의 교리에 끼친 영향을 보고 싶다면, Robert C. Monk, *John Wesley: His Puritan Heritage* (Nashville: Abingdon Press, 1966), 258-62를 참조할 것.
62) W. Reginald Ward and Richard P. Heitzenrater, *Journals,* 23::57, n. 68.
63) Ibid., 23:56-57.
64) Jackson, *Works,* 10:377.
65) Ibid., 10:404.
66) Ibid., 10:378. 웨슬리는 자신의 저술에서 40번 넘게 "아르미니우스주의자"라는 용어를 사용하였지만, 그의 신학은 독일 개혁주의 신학자 야콥 아르미니우스(Jacob Arminius)와는 중요한 차이를 보여주고 있다. 웨슬리의 아르미니우스주의는 1610년의 항의서(the Remonstrance)에 나타난 것으로 이해되어서는 안 되고 영국교회에 소개된 것으로 이해되어야 한다. Peter O. G. White, *Predestination, Policy and Polemic: Conflict and Consensus in the English Church from the Reformation to the Civil War* (Cambridge, N.Y.: Cambridge University Press, 1992).
67) Jackson, *Works*, 10:378.
68) Gerald R. Cragg, ed., *The Works of John Wesley*, Bicentennial ed., vol. 11, *The Appeals to Men of Reason and Religion* (Nashville: Abingdon Press, 1989), 11:117. 웨슬리는 "회개에 합당한 행위들"의 비난에 두려워한 나머지 감리교도들을 위한 역사적 자료가 되는 축약본을 준비하면서 39개 종교 강령 중에 강령 13번("칭의에 앞선 행위들에 대해서"[Of Works before Justification]) 을 생략하였다. Paul F. Blankenship, "The Significance of John Wesley's Abridgment of the Thirty-nine Articles as Seen from His Deletions," *Methodist History* 2, no. 3 (April 1964): 35-47.
69) Jackson, *Works,* 10:309.
70) Cragg, *The Appeals,* 11:106; 11:116.
71) Ibid., 11:453. 또한 웨슬리의 『신약성서주석』을 참조할 것. 이 주석에서 웨슬리는 십자가 위의 강도조차 "회개에 합당한 행위"를 할 시간이 있었다고 주장하였다. Wesley, 『신약성서주석』(*NT Notes*), 205(Luke 23:40).
72) Outler, *Sermons*, 2:162-63. 「이성과 경건의 사람들에게 던지는 계속적인 호소」에서 전개한 동일한 구분이 다소 수정된 형태이긴 하지만 1765년에 펴낸 "성서적 구원의 길"이란 설교에서도 나타나고 있다. (웨슬리는 「이성과 경건의 사람들에게 던지는 계속적인 호소」에서 믿음과 관련해 "근접적

으로 필연적인"[proximately necessary]이라는 용어의 동의어로서 "즉각적으로"[immediately]와 "직접적으로 필연적인"[directly necessary]이라는 용어를 사용한다.)

73) Telford, *Letters,* 4:298.

74) 1770년 연회록의 출판이 있은 후 레이디 헌팅던은 "연회의 논제들을 완전히 거부하지 않은 사람들은 자기가 세운 대학에 나오는 것을 그만두어야 한다."고 선언하였다. Luke L. Tyerman, *The Life of Times of the Rev. John Wesley, M.A., Founder of the Methodists,* 3 vols. (New York: Harper & Bros., 1872), 3:73.

75) Jackson, *Works,* 8:337.

76) 많은 경우 웨슬리는 "하나님을 경외하고 의를 행하는"이란 표현을 사용하고 이 표현이 칭의를 의미하는 것이 아니었지만, 때로 이 용어는 칭의를 포함하였고, 이러한 용례는 내가 종종 "좁은 의미"라고 불렀던 것을 말한다. 예를 들면, 웨슬리는 당시 영적 스승이었던 윌리엄 로의 영적 자산을 다음과 같이 생각하였다. "믿음으로 말미암은 칭의를 거부하는 신비가가(예를 들면, 윌리엄 로) 구원을 받을 수도 있다. 그러나 그렇게 주장한다면 무엇이 교회를 세우고 넘어지게 하는 조항(*articulus stantis vel cadentis ecclesiӫ*)이 되었는가? 만일 그렇다면, 지금이 의미를 결정하는 중요한 용어들을 제쳐놓을 수 있는(*Projicere ampullas et sesquipedalia verba*) 절호의 기회가 아닌가? 그래서 '하나님을 경외하고 의를 행하는 사람이 받아들여진다는 수수한 말로 돌아갈 수 있는 시간이 아닌가? …" Ward and Heitzenrater, *Journals*, 22:114-15.

77) John Wesley, *Explanatory Notes Upon the New Testament* (Salem, Ohio: Schmul Publishers), 646. 유다서 주석에서 웨슬리는 이차적 의미에서 종을 양자의 영을 가진 사람으로 정의한다. 그러나 이 정의는 드물게 사용되고 있으며 종의 믿음과 아들의 믿음을 처음 구분할 때는 사용되지 않았다. 다만 아들의 믿음에 대해서만 양자의 영이라 하였다. Wesley, *Notes*, 646.

78) Ibid., 304.

79) Ibid.

80) 선행 은총에 대해 좀 더 자세하게 살피고 싶다면 "양심에 대하여"라는 웨슬리의 설교를 참조할 것. Outler, *Sermons*, 3:480ff.

81) Telford, *Letters*, 6:51. 같은 해 웨슬리는 「예정론에 대하여」(*On Predestination*)라는 논문과 다음 해 「필연성에 대한 단상들」(*Thoughts Upon Necessity*)이라는 두 개의 논문을 썼다. 이 논문에서 예정론과 하나님의 주권 교리는 결정론에 속한 것이 아니라고 하였다. 예를 들면 「필연성에 대한 단상들」이란 논문에서 웨슬리는 다음과 같이 기술하였다. "인간의 모든 행위와 정념과 기질은 자신의 선택에 따라 아주 독립적이고 외적인 원리의 지배를 받는다면, 이들 중 어떤 것도 보상을 받거나 형벌을 받는 것이 아니다." Jackson, *Works,* 10:464.

82) Ward and Heitzenrater, *Journals*, 22:400.

83) Telford, *Letters,* 6:250.

84) Ibid., 6:326-27. 죄로부터 구원을 말하지 않고는 어떤 구원에 대해서도 아는 바가 없다고 한 웨슬리의 주장은 1762년에 출판한 「근본을 흔드는 일격, 혹은 자신의 친구들 집에서 찔린 그리스도」(*A Blow at the Root, Or Christ Stabbed in the House of His Friends*)에서 아주 분명하게 나타난다. Jackson, *Works,* 10:369.

85) Outler, *Sermons*, 2:385. 후기의 이 증거(1775)는 웨슬리가 본래적인 그리스도인의 믿음에서 확신의 문제를 빼뜨리고자 했던 해석에 문제거리로 남는다.

86) Harmon, *Encyclopedia,* 1:139.

87) Ibid., 1:39-40.

88) Telford, *Letters*, 6:238. "순전한 믿음"이라는 웨슬리의 적극적인 평가에 대한 다른 예를 보기 원한다면, Jackson, *Works*, 13:2, 132를 참조할 것.

89) Ward and Heitzenrater, *Journals,* 23:111.

제 10 장 감리교회를 설립하다

1) John Telford, ed., *The Letters of John Wesley, A.M.,* 8 vols. (London: The Epworth Press, 1931), 7:30.
2) Ibid.
3) Ibid., 7:30-31.
4) Ibid., 7:30. 편지와 설교에서 웨슬리의 용어 사용은 때때로 신랄하였다. 웨슬리 설교의 수사학적 분석에 대한 연구로는 Harold Vaughn Whited, "A Rhetorical Analysis of the Published Sermons Preached by John Wesley at Oxford University" (Ph. D. diss., University Michigan, 1958)가 있다. 불행하게도 웨슬리가 출판한 편지에 대한 수사학적 분석은 연구가 된 것이 없다. 이를 연구한다면 훌륭한 연구가 될 것이다.
5) Telford, *Letters*, 7:31.
6) Ibid., 7:239. 미국 감리교도들 사이에서 교리적 표준과 관련하여 "온전한 자유의 상태에"라는 문구의 의미에 대한 생생한 논의를 위해서는 Richard P. Heitzenrater, "At Full Liberty: Doctrinal Standards in Early American Methodism," in *Mirror and Memory: Reflections on Early Methodism,* ed. Richard P. Heitzenrater (Nashville: Kingswood Books, 1989), 189-204를 참조할 것. 또한 Thomas C. Oden, *Doctrinal Standards in the Wesleyan Tradition* (Grand Rapids, Mich.: Francis Asbury Press of Zondervan Publishing House, 1988)을 참조할 것.
7) 그러나 킹과 스틸링플리트를 읽고 웨슬리가 주장했듯이 장로사제와 주교가 같은 직제라고 한다면 코크와 애즈버리를 감리사에 성별한 것은 모순되고 의미도 없게 된다. Robert Southey, *The Life of Wesley; and Rise and Progress of Methodism,* 2 vols. (London: Longman, Brown, Green, and Longmans, 1846), 2:298.
8) Telford, *Letters,* 7:238.
9) Ibid., 7:262.
10) Ibid., 7:288.
11) Frank Baker, *John Wesley and the Church of England* (Nashville: Abingdon, 1970), 243.
12) 웨슬리의 생략에 대한 신학적 평가로는 Paul Freeman Blankership, "The Significance of John Wesley's Abridgement of the Thirdy-nine Articles as Seen from His Deletions," *Methodist History* 2, no. 3 (1964): 35-47.
13) Baker, *Church of England,* 255.
14) Telford, *Letters,* 8:91.
15) Ibid.
16) Ibid., 8:183.
17) Ibid., 8:73.
18) W. Reginald Ward and Richard P. Heitzenrater, *The Works of John Wesley*, Bicentennial ed., vol. 23, *Diaries and Journals* Ⅵ (Nashville: Abingdon Press, 1992), 422.
19) Ibid., 8:142; Anthony Armstrong, *The Church of England, the Methodist, and Society, 1700-1850* (Totowa, N.J.: Rowman and Littlefield, 1973), 108-17.
20) Telford, *Letters,* 8:92.
21) Richard, P. Heitzenrater, *Wesley and the People Called Methodists* (Nashville: Abingdon Press, 1995), 284.
22) Baker, *Church of England,* 218.
23) Telford, *Letters,* 7:284.
24) Ibid., 7:321.
25) Ibid., 7:384.
26) V. H. H. Green, *John Wesley* (Lanham, Md.: University Press of America, 1987), 150. 1964년판을 재판한 것임.
27) Albert C. Outler, ed., *The Works of John Wesley,* Bicentennial ed., vols. 1-4, *Sermons*

(Nashville: Abingdon Press, 1984-1987), 4:81. 강조는 필자가 한 것임. 1788년 연회에서 웨슬리가 한 주장에 대해서는 Nehemiah Curnock, ed., *The Journal of the Rev. John Wesley, A.M.*, 8 vols. (London: The Epworth Press, 1938), 7:422.
28) Telford, *Letters,* 7:262.
29) Ibid., 8:58.
30) Ibid., 8:59. 웨슬리 자신의 생각에 영국 국교회를 떠나지 않았다는 부가적인 자료를 위해서는 Telford, *Letters*, 7:288, 7:324, 7:332-33, 7:377, 8:186을 참조할 것.
31) Southey, *Life of Wesley,* 4:95-96.
32) Outler, *Sermons,* 4:95-96.
33) Ibid., 3:236.
34) Ibid., 2:494.
35) Ibid., 4:11. 그러나 그는 즉시 부요하게 되는 것은 "표현을 넘어 위험하다"고 덧붙였다.
36) Curnock, *Journal,* 7:436 (September 19, 1788). 웨슬리의 설교 "The Mystery of Iniquity"(사악함의 신비)를 참조할 것. 이 설교에서 웨슬리는 기독교 교회의 첫 번째 병은 돈을 사랑하는 것이라고 역설한다. Outler, *Sermons,* 2:456.
37) J. Ernest Rattenbury, *Wesley's Legacy to the World* (London: The Epworth Press, 1928), 230-31.
38) J. H. Plumb, *England in the Eighteenth Century* (Baltimore: Penguin Books, 1950), 97.
39) Outler, *Sermons,* 3:527. 강조는 필자가 한 것임.
40) Ward and Heitzenrater, *Works,* 23:235.
41) Outler, *Sermons,* 3:390.
42) Ibid., 3:391.
43) Ibid., 3:393. 부와 가치에 대한 보다 광범위한 입장을 위해서는 "The Soteriological Orientation of John Wesley's Ministry to the Poor," *The Asbury Theological Journal* 50, no. 1 (Spring 1995): 75-92를 참조할 것.
44) Outler, *Sermons,* 1:519.
45) Ibid., 1:695.
46) Ibid.
47) Telford, *Letters,* 8:51.
48) Ibid., 8:52. 찰스 웨슬리의 삶과 목회와 관련된 일차적 자료를 위해서는, John R. Tyson, Comp., *Charles Wesley: A Reader* (New York: Oxford University Press, 1989).
49) Ward and Heitzenrater, *Journals,* 23:179-80.
50) Ibid., 23:287.
51) Ibid.
52) Curnock, *Journal,* 8:17.
53) Ibid., 8:35.
54) Outler, *Sermons,* 2:501. 또한 Kenneth J. Collins, *The Scripture Way of Salvation: The Heart of John Wesley's Theology* (Nashville: Abingdon Press, 1997), 144-52를 참조할 것.
55) Outler, *Sermons,* 3:152.
56) Telford, *Letters,* 7:231.
57) Outler, *Sermons,* 3:452. 더 나아가 그의 설교 "하나님의 포도원에 대해서"(On God's Vineyard)에서 웨슬리는 그리스도인 됨과 칭의와 신생과 연결시킨다. Outler, *Sermons,* 3:507.
58) Telford, *Letters,* 7:230. 웨슬리 역시 그의 조카인 사라 웨슬리와 상담했었다. "만일 네가 온전에 가까운 기독교인이 아니라 온전한 기독교인이 되고자 한다면, 더 많은 용기와 인내가 필요하다. 그리되면 너는 너를 강하게 하는 그리스도를 통해서 모든 것을 할 수 있을 것이다." Telford, *Letters,* 7:39 and 7:78.
59) Outler, *Sermons*, 4:49. 노년에 웨슬리는 종의 믿음을 기독교인의 믿음과 연결하지 않고 유대교적인(혹은 율법적인) 믿음과 연결하였음을 주목하라.

60) Ibid., 4:121-22. 찰스에게 보낸 이 편지와 또 다른 편지에서 웨슬리는 경건의 능력과 신생을 연결시킨다. Telford, *Letters,* 7:217.
61) Outler, *Sermons,* 3:498.
62) Ibid., 3:130.
63) Ibid., 3:497.
64) Telford, *Letters,* 7:157.
65) Ibid., 7:95. 이 문제에 대해 좀 더 자세한 논의를 위해서는 Kenneth J. Collins, "The Motif of Real Christianity in the Writings of John Wesley," *The Asbury Theological Journal* 49, no. 1 (Spring 1994): 49-62을 참조할 것.
66) Outler, *Sermons,* 3:497.
67) Ibid., 3:498.
68) Ibid., 3:497-98. 성령의 직접적인 증거에 대한 탁월한 논의를 위해서는, Arthur S. Yates, *The Doctrine of Assurance: with Special Reference to John Wesley* (London: The Epworth Press, 1952), 111ff를 참조할 것.
69) Outler, *Sermons,* 4:35.
70) Telford, *Letters*, 7:361-62. 웨슬리가 비상한 영감을 가진 것처럼 행세했다고 주장했던 플루리(Mr. Fleury)에 대해 웨슬리는 성령의 증거(확신)가 기독교 신앙에 결정적이라고 주장하였다. "나는 모든 진정한 그리스도인들에게 임하는 공통적인 영감 외에 다른 것을 말하는 것이 아닙니다. 이 영감이 없이는 누구도 그리스도인이 될 수 없습니다." Rupert E. Davies, *The Works of John Wesley,* Bicentennial ed., vol. 9, *The Methodist Societies: History, Nature, and Design* (Nashville: Abingdon Press, 1989), 392.
71) Outler, *Sermons*, 3:497-98. "완전한 확신"(Full Assurance)의 의미에 대해서는, Wesley, *NT Notes*, 638; Outler, *Sermons,* 3:549, 4:36 그리고 Ward and Heitzenrater, *Journals and Diaries,* 22:436을 참조할 것.
72) Southey, *Life of Wesley*, 1:258. 확신이 하나님의 아들들과 딸들의 공통된 특권이라고 주장한 것은 의심과 두려움이 있을 경우 확신은 신생으로 이어지는 경우가 드물다는 것을 뜻한다.
73) 웨슬리가 영성이란 용어를 사용한 것과 관련해서는 Outler, *Sermons,* 1:552, 568; 2:36을 참조할 것.
74) 묘사적인 의미에서 다양한 현대의 영성을 탐구한 모델을 위해서는 Kenneth J. Collins, *Exploring Christian Spirituality: An Ecumenical Reader* (Grand Rapids, Mich.: Baker Books, 2000), 9-18을 참소할 것.
75) 예를 들면 웨슬리는 프리본 가렛슨(Freeborn Garrettson)에게 다음과 같이 편지를 썼다. "이는 성서적인 표현이 아닙니다. 아주 잘못된 규칙입니다. 작고 큰 모든 일에서 저는 성서적이고 합리적인 그리스도인이 되고 싶습니다." Thomas Jackson, ed., *The Works of John Wesley,* 14 vols. (Grand Rapids, Mich.: Baker Book House, 1978), 13:73.
76) 무엇보다도 현대의 복음주의자들이 인식론에 기초한다면 18세기 웨슬리와 그 후예들은 구원론에 뿌리를 두고 있다. 이 같은 성찰은 마크 놀(Mark Noll)이 웨슬리적 거룩함과 오순절주의자들에 대한 잘못된 비판에서 다뤄졌다. 예컨대 놀은 우선적으로 감리회의 역사적 목적을 성찰했어야 했다. Mark A. Noll, *The Scandal of the Evangelical Mind* (Grand Rapids, Mich.: William B. Eerdmans Publishing Co., 1994), 227, 249.
77) Outler, *Sermons,* 3:260.
78) Allan H. Sager, *Gospel-Centered Spirituality: An Introduction to Our Spiritual Journey* (Minneapolis: Augsburg Fortress Press, 1990), 36.
79) 여기서 교만/겸손 모델이 배타적으로 로마 가톨릭의 유산이라고 주장하는 것이 아니다. 가톨릭 영성은 이보다 훨씬 다양하다. 나는 다만 교만/겸손 모델이 가톨릭 세계에서 잘 정리된 익숙한 모델로서 독특한 영성이자 기독교적 형성이라고 주장한다.

80) Anthony C. Meisel and M. I., del Mastro, trans., *The Rule of St. Benedict Dialogue* (New York: Doubleday, 1975), 54.
81) Serge Hughes, ed., *Catherine of Genoa: Purgation and Purgatory, the Spiritual Dialogue* (New York: Paulist Press, 1979), 15.
82) Thomas à Kempis, *The Imitation of Christ,* rev. ed., trans. Joseph N. Tylenda (New York: Vintage Books, 1984), 85.
83) Jaroslav Pelikan, ed., *Luther's Works,* vol. 1, *Lectures on Genesis* (Saint Louis: Condordia Publishing House, 1955), 147.
84) Ibid., 1:147-48.
85) John T. McNeil, ed., *Calvin: Institutes of the Christian Religion,* 2 vols. (Philadelphia: Westminster Press, 1960), 1:245.
86) Ibid., 1:246.
87) Ibid., 1:245.
88) Outler, *Sermons*, 2:477. 기독교 영적 발전에서 믿음의 역할을 조심스럽게 보여주고 있는 연구를 위해서는 Sondra Matthaei, *Making Disciples: Faith Formation in the Wesleyan Tradition* (Nashville: Abingdon Press, 2000)을 참조할 것.
89) Outler, Sermons, 2:402-3. "인간의 마음의 기만"(The Deceitfulness of the Human Heart)이란 설교에서 웨슬리는 교만과 악의 기원을 관계시킨다. 그러나 독립과 자기-의지와 함께 교만이 "이 모든 무신론의 중심"이거나 불신앙이라고 주장한다. Outler, *Sermons*, 4:152.
90) Outler, *Sermons,* 2:163.
91) 앞서 "순전한 믿음"을 부정적으로 사용한 경우를 위해서는, Ward and Heitzenrater, *Journals and Diaries,* 20:143-44; 22:406; Outler, *Sermons,* 2:212을 참조할 것.
92) Outler, *Sermons,* 2:163.
93) Jackson, *Works,* 13:2.
94) Telford, *Letters,* 7:295.
95) Ibid., 7:322. 강조는 필자가 한 것임.
96) Outler, *Sermons,* 2:167-68.

여정을 끝내며

1) Albert C. Outler, ed., *The Works of John Wesley,* Bicentennial ed., vols. 1-4, *Sermons* (Nashville: Abingdon Press, 1984-87), 4:143.
2) Ibid., 4:146.
3) Ibid., 4:147.
4) John Telford, ed., *The Letters of John Wesley, A.M.,* 8 vols. (London: The Epworth Press, 1931), 8:218.
5) Ibid., 8:222.
6) Ibid., 8:234.
7) Ibid.
8) Outler, *Sermons,* 4:175.
9) Nehemiah Curnock, ed., *The Journal of the Rev. John Wesley, A.M.,* 8 vols. (London: The Epworth Press, 1938), 8:93, 8:102.
10) Outler, *Sermons,* 4:174. 강조는 필자가 한 것임.
11) Telford, *Letters,* 7:76.
12) Ibid., 7:19.
13) Telford, *Letters,* 8:238.
14) Ibid., 8:211. 강조는 필자가 한 것임.

15) Ibid., 8:224. 같은 편지에서 웨슬리는 이렇게 써내려간다. "오 나의 주님. 하나님을 위하여, 그리스도를 위하여, 사랑을 위하여 가난한 사람들이 시민으로서의 자유와 종교적인 자유를 누리고자 고난을 당하는구려! 나는 이제 영원의 문턱에 있습니다." Ibid., 8:225.
16) Ibid., 8:224-25.
17) Ibid., 8:231.
18) Outler, *Sermons,* 4:137.
19) Ibid., 4:138.
20) Ibid., 4:179.
21) Ibid; Charles Edward White, "What Wesley Practiced and Preached About Money," *Leadership: A Practical Journal of Church Leaders* 8 (Winter 1987): 27-29.
22) Outler, *Sermons*, 4:184. 강조는 필자가 한 것임.
23) Telford, *Letters,* 8:265.
24) Ibid., 8:17.
25) Ibid., 8:23.
26) Ibid., 8:207. 힌슨은 당시의 상황에서 예컨대 자연법과 인간 기본권의 입장에서 노예제도에 대한 웨슬리의 입장을 탐구한다. Leon O. Hynson, "Wesley's 'Thoughts Upon Slavery': A Declaration of Human Rights," *Methodist History* 33, no. 1 (October 1994): 46-57.
27) Ibid., 8:199.
28) Curnock, *Journals*, 8:76.
29) Telford, *Letters,* 8:257.
30) Ibid., 8:259.
31) W. Reginald Ward and Richard P. Heitzenrater, eds., *The Works of John Wesley,* Bicentennial ed., vol. 18, *Journals and Diaries* I (Nashville: Abingdon Press, 1988), 234. 웨슬리는 "폭스 부인과 (펨브로케 대학[Pembroke College]의) 허치슨 씨(Mr. Hutchins)로부터 (적어도 항상 그런 것은 아니라 할지라도) 하늘로부터 번개가 치는 것처럼 순간적으로 구원이 임한다는 믿음을 주신다고 고백한 두 사람의 살아있는 증언을" 들었다. Ward and Heitzenrater, *Journals and Diaries,* 18:235.
32) Ibid., 18:250.
33) Outler, *Sermons,* 2:169.
34) Thomas Jackson, ed., *The Works of John Wesley*, 14 vols. (Grand Rapids, Mich.: Baker Book House, 1978), 10:230.
35) 이 말은 하나님의 완전한 은혜인 은총이 웨슬리로 하여금 칭의와 같은 법정의 주제뿐 아니라 중생, 칭의와 같은 참여적 주제를 이해하게 했다는 뜻이다. 또한 하나님의 은혜로서의 은총은 구원의 과정의 모든 단계와 관계하고 있다는 의미이다. 그러나 행위로서 곧 "신/인협력적 응답"으로서의 은총은 어떤 의미에서 본성상 칭의, 중생, 그리스도인의 완전과 같은 은총의 결정적인 실현의 순간에는 뒤로 물러나 있어야 한다. 칭의, 중생, 그리스도인의 완전은 아주 실제적인 방식으로 하나님 **홀로**의 사역들이다. 그러므로 순전한 은사로 받아들여야 한다. 진정 우리는 먼저 행위나 협력에 기초하여 온전히 거룩하게 되는 것이 아니다. 궁극적으로 우리는 은총이 넘치는 믿음 안에서 "손을 뻗어" 칭의와 중생과 그리스도인의 완전의 은사들을 받아야 한다.
36) Jackson, *Works,* 11:30.
37) Curnock, *Journal,* 8:138.
38) Ibid.
39) Ibid.

참고문헌

Primary Sources

Baker, Frank, ed. *The Works of John Wesley*. Bicentennial ed. Vol. 25, *Letters* Ⅰ. Nashville: Abingdon Press, 1980.

______, *The Works of John Wesley*. Bicentennial ed. Vol. 26, *Letters* Ⅱ. Nashville: Abingdon Press, 1982.

Burwash, Rev. N., ed. *Wesley's Fifty-two Standard Sermons*. Ssalem, Ohio: Schmul Publishing Co., 1967.

Cragg, Gerald R., ed. *The Works of John Wesley*. Bicentennial ed. Vol. 11, *The Appeals to Men of Reason and Religion and Certain Related Open Letters*. Nashville: Abingdon Press, 1975.

Curnock, Nehemiah, ed. *The Journal of the Rev. John Wesley*. 8 vols. London: The Epworth Press, 1909–16.

Davies, Rupert E., ed. *The Works of John Wesley*. Bicentennial ed. Vol. 9, *The Methodist Societies,* Ⅰ*: History, Nature, and Design*. Nashville: Abingdon Press, 1989.

Green, Richard. *The Works of John and Charles Wesley*. 2nd rev. ed. New York: AMS Press, 1976. Reprint of the 1906 edition.

Hildebrandt, Franz, and Oliver Beckerlegge, eds. *The Works of John Wesley*. Vol. 7, *A Collection of Hymns for the Use of the People Called Methodists*. Nashville: Abingdon Press, 1983.

Jackson, Thomas, ed. *The Works of Rev. John Wesley*. 14 vols. London: Wesleyan Methodist Book Room, 1829–31. Reprinted Grand Rapids, Mich.: Baker Book House, 1978.

Jarboe, Betty M., comp. *Wesley Quotations: Excerpts from the Writings of John Wesley and Other Family Members*. Metuchen, N.J.: Scarecrow Press, 1990.

Outler, Albert C., ed. *John Wesley. The Library of Protestant Thought*. New York: Oxford University Press, 1964.

______, ed. *The Works of John Wesley*. Bicentennial ed. Vols. 1–4, Sermons.

Nashville: Abingdon Press, 1984–87.

Outler, Albert C., and Richard P. Heitzenrater, eds. *John Wesley's Sermons: An Anthology*. Nashville: Abingdon, 1991.

Telford, John, ed. *The Letters of the Rev. John Wesley*. 8 vols. London: The Epworth Press, 1931.

Ward, W. Reginald, and Rechard P. Heintzenrater, eds. *The Works of John Wesley*. Bicentennial ed. Vols. 18–23, *Journals and Diaries*. Nashville: Abingdon Press, 1988–95.

Wesley, John. *A Christian Library, Consisting of Extracts from and Abridgements of the Choicest Pieces of Practical Divinity Which Have Been Published in the English Tongue*. 30 vols. London: T. Blanshard, 1819–27.

______, *Explanatory Notes upon the New Testament*. London: William Bowyer, 1755. Most recent reprint, Grand Rapids, Mich.: Baker Book House, 1987.

______, *Explanatory Notes upon the Old Testament*. 3 vols. Bristol: William Pine, 1765. Facsimile reprint, Salem, Ohio: Schmul Publishers, 1975.

______, *A Plain Account of Christian Perfection*. London: The Epworth Press. Philadelphia: Trinity Press International, 1990.

______, *A Plain Account of Genuine Christianity*. Library of Methodist Classics. Nashville: The United Methodist Publishing House, 1992.

______, *Primitive Physic : An Easy and Natural Method of Curing Most Diseases by John Wesley*. Library of Methodist Classics. Nashville: The Untied Methodist Publishing House, 1992.

Secondary Sources

Books

Abelove, Henry. *the Evangelist of Desire: John Wesley and the Methodists*. Stanford, Calif.: Stanford University Press, 1990.

Armstrong, Anthony. *The Church of England, the Methodists, and Society, 1700-1850*. Totowa, N.J.: Rowman and Littlefield, 1973.

Ayling, Stanley. *John Wesley*. Nashville: Abingdon Press, 1982.

Baker, Eric W. *A Herald of the Evangelical Revival: A Critical Inquiry into the Relation of William Law to John Wesley and the Beginnings of Methosdism*. London: The Epworth Press, 1948.

Bready, J. Wesley. *This Freedom–Whence?* New York: American Tract Association, 1942.

Brown, Earl Kent. *Women of Mr. Wesley's Methodism*. New York: Edwin Mellon, 1983.

Brown–Lawson, Albert. *John Wesley and the Anglican Evangelicals of the Eighteenth Century: A Study in Cooperation and Separation with Special Reference to the Calvanistic Controversies*. Edinburgh: Pentland Press, 1994.

Burkhard, Johann Gottlieb. *Vollständige Geschichte Der Methodisten in England*. Stuttgart: Christliches Verlagshaus. 1995.

Cannon, William R. *The Theology of John Wesley, with Special Reference to the Doctrine of Justification*. Lanham, Md.: University Press of America, 1984.

Church, Leslie. *Knight of the Burning Heart: The Story of John Wesley*. London: The Epworth Press, 1938.

Clapper, Gregory S. *As If the Heart Mattered: A Wesleyan Spirituality*. Nashville: Upper Room Books, 1997.

Clark, J. C. D. *English Society 1660-1832: Religion, Ideology, and Politics During the Ancient Regime*. Cambridge: Cambridge University Press, 2000.

Collins, Kenneth J. *Exploring Christian Spirituality: An Ecumenical Reader*. Grand Rapids, Mich.: Baker Books, 2000.

______, *The Scripture Way of Salvation: The Heart of John Wesley's Theology*. Nashville: Abingdon Press, 1997.

Collins, Kenneth J., and John H. Tyson. eds. *Conversion in the Wesleyan Tradition*. Nashville: Abingdon Press, 2001.

Dallimore, Arnold A. *Susanna Wesley: The Mother of John and Charles Wesley*. Grand Rapids, Mich.: Baker Book House, 1993.

Davey, Cyril. *John Wesley and the Methodists*. Nashville: Abingdon Press, 1986.

Dobree, Bonamy. *John Wesley*. Folcraft, Pa.: Folcroft Library Edition, 1974.

Edwards, Maldwyn. *Family Circle*. London: The Epworth Press, 1961.

______, *John Wesley*. 4th ed. Madison, N.J.: General Commision on Archives, 1987.

Elmore, Paul. *The Spirit of Anglicanism*. London: S.P.C.K., 1957.

Ethridge, Willie Snow. *Strange Fires: The True Story of John Wesley's Love Affair in Georgia*. New York: Vanguard, 1971.

Fitchett, W. H. *Wesley and His Century: A Study in Spiritual Forces*. London: Smith, Elder, & Co., 1906.

Green, J. Brazier. *John Wesley and William Law*. London: The Epworth Press, 1945.

Green, V. H. H. *John Wesley*. Lanham, Md.: University Press of America, 1987.

Reprint of 1964 edition.
______, *The Young Mr. Wesley*. New York: St. Martin's Press, 1961.
Harmon, Rebecca Lamar. *Susanna, Mother of the Wesleys*. Nashville: Abingdon Press, 1984.
Heitzenrater, Richard P. *The Elusive Mr. Wesley*. 2 vols. Nashville: Abingdon Press, 1984.
______, *Wesley and the People Called Methodists*. Nashville: Abingdon Press, 1995.
Henderson, D. Michael. *John Wesley's Class Meeting: A Model for Making Disciples*. Nappanee, Ind.: Evangel Publishing House, 1997.
Hindmarsh, D. Bruce. *John Newton and the English Evangelical Tradition: Between the Conversions of Wesley and Wilberforce*. Pbk. ed. Grand Rapids, Mich.: William B. Eerdmans, 2001.
Hughes, Serge, ed. *Catherine of Genoa: Purgation and Purgatory, the Spiritual Dialogue*. New York: Paulist Press, 1979.
Hulley, Leonard D. *Wesley: A Plain Man for Plain People*. Westville, South Africa: Methodist Church of South Africa, 1987.
Hynson, Leon O. *The Wesleyan Revival: John Wesley's Ethics for Church and State*. Salem, Ohio: Schmul Publishing Co., 1999.
Knight, Henry H., Ⅲ. *The Presence of God in the Christian Life: John Wesley and the Means of Grace*. Metuchen, N.J.: Scarecrow Press, 1992.
Koepp, Wilhelm. *Johann Arndt*. Berlin: Protestantischer Schriftenvertrieb, 1912.
Lee, Umphrey. *John Wesley and Modern Religion*. Nashville: Abingdon–Cokesbury, 1936.
______, *The Lord's Horseman: John Wesley the Man*. New York: Abingdon Press, 1928.
Lipsky, Abram. *John Wesley: A Portrait*. New York: AMS Press, 1928.
Logan, James *C. Theology and Evangelism in the Wesleyan Heritage.* Nashville: Kingswood Books, 1994.
Lunn, Arnold. *John Wesley*. New York: Dial Press, 1929.
Macquiban, Tim. *Pure, Universal Love: Reflections on the Wesleys and Inter-Faith Dialogue*. Westminster Wesley Series No. 3. Oxford: Applied Theology Press, 1995.
Maddox, Randy L. *Responsible Grace: John Wesley's Practical Theology*. Nashville: Kingswood Book, 1994.
Marquardt, Manfred. *John Wesley's Social Ethics: Praxis and Principles.* Nashville: Abingdon Press, 1992

Matthaei, Sondra. *Making Disciples: Faith Formation in the Wesleyan Tradition*. Nashville: Abingdon Press, 2000.

Meisel, Anthony C., and M. L. Del Mastro, eds. *The Rule of St. Benedict*. New York: An Image Book, Doubleday, 1975.

Mercer, Jerry. *Being Christian: A United Methodist Vision for the Christian Life: Based on John Wesley's Original Tract, "The Character of a Methodist."* Nashville: Discipleship Resources, 1993.

McConnell, Francis J. *John Wesley*. New York: Abingdon Press, 1939.

McNeer, May, and Lynd Ward. *John Wesley*. Nashville: Abingdon Press, 1957.

Miller, Basil. *John Wesley*. Minneapolis: Bethany House, 1969.

Monk, Robert C. *John Wesley: His Puritan Heritage*. 2nd ed. Pietist and Wesleyan Studies No.11. Lanham, Md.: Scarecrow Press, 1999.

Moorman, J. R. H. A *History of the Church of England*. Wilton, Conn.: Morehouse-Barlow Co., 1953.

Nagler, Arthur. *Pietism and Methodism*. Nashville: Publishing House of the Methodist Episcopal Church, South, 1918.

Newton, John A. *Methodism and the Puritans*. London: Dr. William's Library Trust, 1964.

Noppen, J. P. van. *Transforming Words: The Early Methodist Revival from a Discourse Perspective*. Religions and Discourse, V. 3. Bern; New York: Peter Lang, 1999.

Overton, J. H. *John Wesley*. London: Methuen and Co., 1891.

Peers, E. Allison, trans. *John of the Cross: The Dark Night of the Soul*. New York: Doubleday, 1990.

Piette, Maximin. *John Wesley in the Evolution of Protestantism*. London: Sheed and Ward, 1938.

Plumb, J. H. *England in the Eighteenth Century*. Harmondsworth, England: Penguin Books, 1950.

Pollock, John. *John Wesley*. Oxford: Lion Publishing, 1989.

Pool, Thomas E. *John Wesley the Soul Winner*. Salem, Ohio: Schmul Pub. Co., n.d.

Porter, Roy. *England in the Eighteenth Century. A History of England*. London: The Folio Society, 1982.

Pudney, John. *John Wesley and His World*. New York: Charles Scribner's Sons, 1978.

Rack, Henry D. *Reasonable Enthusiast: John Wesley and the Rise of Methodism*. London: The Epworth Press, 1989.

Rattenbury, J. Ernest. *Wesley's Legacy to the World: Six Studies in the Permanent*

Values of the Evangelical Revival. London: The Epworth Press, 1928.

Rigg, James H. *The Churchmanship of John Wesley and the Relations of Wesleyan Methodism to the Church of England.* London: Wesleyan Conference Office, 1878.

Roberts, R. Ellis. *The Church of England.* London: Francis Griffiths, 1908.

Rogal, Samuel J. *John and Charles Wesley.* New York: Macmillan, 1983.

Rowe, Kenneth E. *The Place of Wesley in the Christian Tradition.* Rev. ed. Metuchen, N.J.: Scarecrow Press, 1980.

Rupp, E. Gordon. *Religion in England, 1688-1791.* Oxford: Clarendon Press, 1986.

Sager, Allan. *Gospel-Centered Spirituality.* Minneapolis: Augsburg Fortress Press, 1990.

Schmidt, Martin. *The Young Wesley: Missionary and Theologian of Missions.* London: The Epworth Press, 1958.

______, *John Wesley: A Theological Biography.* 2 vols. Nashville: Abingdon Press, 1962–73.

Scott, Sir Percy. *John Wesleys Lehre Von Der Heiligung Vergleichen Mit Einen Lutherish-Pietistischen Beispel* [John Wesley's doctrine of salvation compared with a Lutheran–pietistic example.]. Berlin: Alfred Topelman, 1939.

Simon, John S. *John Wesley and the Religious Societies.* London: The Epworth Press, 1955.

Slaatte, Howard. *Fire in the Brand: An Introduction to the Creative Work and Theology of John Wesley.* Lanham, Md.: University Press of America, 1983.

Senll, F. J. *Wesley and Methodism.* New York: Scribner, 1900.

Snyder, Howard A. *The Radical Wesley: Pattern for Church Renewal.* Grand Rapids, Mich.: Zondervan Publishing House, 1987.

Southey, Robert. *The Life of Wesley; and Rise and Progress of Methodism.* Vol. 1. London: Longman, Brown, Green, and Longmans, 1846.

Starkey, Lycurgus M. *The Work of the Holy Spirit: A Study in Wesleyan Theology.* Nashville: Abingdon Press, 1962.

Telford, John. *The Life of John Wesley.* London: Wesleyan Methodist Book Room, 1899.

Towlson, Clifford W. *Moravian and Methodist: Relationships and Influences in the Eighteenth Century.* London: The Epworth Press, 1957.

Tuttle, Robert G., Jr. *John Wesley: His Life and Theology.* Grand Rapids, Mich.: Zondervan, 1982.

Tyerman, Luke. *The Life and Times of the Rev. John Wesley, M.A.* 3 vols. New York:

Burt Franklin, 1872.
Tylenda, Joseph N., trans. *Thomas à Kempis: The Imitation of Christ*. New York: Vintage Books, 1984.
Vickers, John. *John Wesley*. Fort Washington, Pa.: Christian Literature Crusade, 1977.
Vulliamy, C. E. *John Wesley*. Westwood, N.J.: Barbour and Company, 1985.
Wainwright, Geoffrey, ed. *Hymns on the Lord's Supper*. Madison, N.J.: Charles Wesley Society, 1995.
Wallace, Charles, Jr.,ed. *Susanna Wesley: The Complete Writings*. New York: Oxford University Press, 1997.
Watson, Philip S. *Anatomy of a Conversion: The Message and Mission of John and Charles Wesley*. Grand Rapids, Mich.: Francis Asbury Press, 1990.
Watson, Richard. *The Life of Rev. John Wesley*. New York: Hoyt & Co., 1831.
White, James F., ed. *John Wesley's Prayer Book : The Sunday Service of the Methodists in North America*. Cleveland, Ohio: OSL Publications, 1991.
Wood, A. Skevington. *The Burning Heart: John Wesley, Evangelist*. Minneapolis: Bethany House, 1978.
Yates, Arthur S. *The Doctrine of Assurance: With Special Reference to John Wesley*. London: The Epworth Press, 1952.

Chapters in Books

Lee, Hoo-Jung. "Experiencing the Spirit in Wesley and Macarius." In *Rethinking Wesley's Theology for Contemporary Methodism*. Ed. Randy Maddox. Nashville: Abingdon Press, 1998.
Outler, Albert C. "John Wesley as a Theologian: Then as Now." In *The Wesleyan Theological Heritage: Essays of Albert C. Outler*. Ed. Thomas C. Oden and Leicester R. Longden. Grand Rapids, Mich.: Zondervan, 1991.
______, "Pietism and Enlightenment: Alternatives to Tradition." In *Christian Spirituality* Ⅲ. Ed. Louis Dupre and Don Saliers. New York: Crossroad, 1989.
Stephens, W. P. "Wesley and the Moravians." In *John Wesley: Contemporary Perspectives*. Ed. John Stacey. London: The Epworth, 1988.
Stoeffler, F. Ernest. "Pietism, the Wesleys and Methodist Beginnings in America." In *Continental Pietism and Early American Christianity*. Ed. F. Ernest Stoeffler. Grand Rapids, Mich.: William. B. Eerdmans, 1976.
Watson, David L. "Aldersgate Street and the General Rules: The Form and the

Power of Methodist Discipleship." In *Aldersgate Reconsidered*. Ed. Randy L. Maddox. Nashville: Kingswood Books, 1990.

Articles

Baker, Frank. "The Real John Wesley." *Methodist History* 12 (July 1974): 183–97.

______, "Investigating Wesley Family Traditions [genealogical table]." *Methodist History* 26, no. 3 (April 1988): 154–62.

______, "Wesley's Puritan Ancestry." *London Quarterly & Holborn Review* 187 (1962): 180–86.

Bassett, Paul M. "Finding the Real John Wesley." *Christianity Today* 28, no. 16 (9 November 1984): 86–88.

Brown, Dale W. "The Wesleyan Revival from a Pietist Perspective." *Wesleyan Theological Journal* 24 (1989): 7–17.

Butler, David. "'Look for the Mother to Find the Son': The Influence of Susana Wesley on Her Son John." *Epworth Reivew* 25 (1998): 90–100.

Campbell, Ted A. "Christian Tradition, John Wesley, and Evangelicalism [His View of Apostolic and Anglican Traditions]." *Anglican Theological Review* 74 (1992): 54–67.

Cho, John Chongnahm. "Adam's Fall and God's Grace: John Wesley's Theological Anthropology." *Evangelical Review of Theology* 10, no. 3 (1986): 202–13.

Collins, Kenneth J. "The Influence of Early German Pietism on John Wesley [Arndt and Francke]." *The Covenant Quarterly* 48 (1990): 23–42.

______, "John Wesley's Correspondence with His Father." *Methodist History* 26, no.1 (October 1987): 15–26.

______, "John Wesley's Relationship with His Wife as Revealed in His Correspondence." *Methodist History* 32, no. 1 (October 1993): 4–18.

______, "Real Christianity as Integrating Theme in Wesley's Soteriology: The Critique of a Modern Myth." *The Asbury Theological Journal* 51, no. 2 (1996): 15–45.

______, "The Soteriological Orientation of John Wesley's Ministry to the Poor." *The Asbury Theological Journal* 50, no. 1 (1995): 75–92.

Drakeford, John W. "How Growing Old Looks from Within: A Study of John Wesley's Perception of the Aging Process Revealed in His Journal's 'Birthday Reflections.'" *Journal of Religion and Aging* 1, no. 2 (Winter 1984): 39–51.

Edwards, M. "Reluctant Lover; John Wesley as Suitor." *Methodist History* 12 (January

1974): 46–62.

English, John C. " 'Dear Sister' : John Wesley and the Women of Early Methodism." *Methodist History* 33, no. 1 (1994): 26–33.

______, "The Cambridge Platonists in Wesley's 'A Christian Library.' " *Proceedings of the Wesley Historical Society* 36 (October 1968): 161–73.

______, "John Wesley's Indebtedness to John Norris [Epistemology and Education]." *Church History* 60 (1991): 55–69.

Estep, James Riley, Jr. "John Wesley's Philosophy of Formal Childhood Education." *Christian Education Journal* 1, no. 2 (1997): 43–52.

Frost, Brian. "Orthodoxy and Methodism." *London Quarterly & Holborn Review* 189 (1964): 13–22.

Goodwin, Charles H. "John Wesley's Indebtedness to Jonathan Edwards." *Epworth Rewiew* 25 (1998): 5–17.

Harland, H. Gordon. "John Wesley." *Touchstone: Heritage and Theology in a New Age* 2, no. 3 (October 1984): 5–17.

Harper, K. "[William] Law and [John] Wesley." *Church Quarterly Review* 163 (1982): 61–71.

Holland, Bernard G. "The Conversions of John and Charles Wesley and Their Place in Methodist Tradition." *The Proceedings of the Wesley Historical Society* 38 (1971): 45–53, 65–71.

Holland, L. M. "John Wesley and the American Revolution." *Journal of Church and State* 5 (1963): 199–213.

Hynson, Leon O. "Wesley's 'Thoughts Upon Slavery' : A Declaration of Human Rights." *Methodist History* 33, no. 1 (1994): 46–57.

Kurowski, Mark T. "The First Step Toward Grace: John Wesley's Use of the Spiritual Homilies of Macarius the Great." *Methodist History* 36, no. 2 (1998): 113–24.

Lodahl, Michael E. " 'The Witness of the Spirit' : Questions of Clarification for Wesley's Doctrine of Assurance." *Wesleyan Theological Journal* 23, no. 1 and 2 (1988): 188–97.

Maddox, Randy L. "John Wesley and Eastern Orthodoxy: Influences, Convergences and Differences." *The Asbury Theological Journal* 45, no. 2 (1990): 29–53.

Maser, Frederick E. "John Wesley's Only Marriage [With reply by Frank Baker, pp. 42–45]." *Methodist History* 16 (October 1977): 33–41.

______, "Things You've Really Wanted to Know About the Wesleys." *Methodist History* 29, no. 2 (January 1991): 119–21.

O'Malley, J. Steven. "Pietistic Influence on John Wesley: Wesley and Gerhard Tersteegen." *Wesleyan Theological Journal* 31, no. 2 (1996): 48–70.

Pembroke, Neil F. "From Self–doubt to Assurance: The Psychological Roots of John Wesley's Early Spiritual Development." *Journal of Psychology and Christianity* 13 (Fall 1994): 242–53.

Raymond, Allan. "I Fear God and Honour the King: John Wesley and the American Revolution." *Church History* 45 (1976): 316–28.

Rogal, Samuel J. "John Wesley's Daily Routine." *Methodist History* 8 (October 1974): 41–51.

Sanders, Paul Samuel. "The Puritans and John Wesley." *Work and Worship* 17, no. 2 (1967): 13–19

Smith, Warren Thomas. "The Wesleys in Georgia: An Evaluation." *The Journal of the Interdenominational Theological Center* 6 (Spring 1979): 157–67.

Turner, John M. "John Wesley: Theologian for the People." *Journal of United Reform Church History Society* 3 (1986): 320–28.

Tyson, John R. "John Wesley and William Law: A Reappraisal [Appendices]." *Wesleyan Theological Journal* 17, no. 2 (1982) 58–78.

______, "Sin, Self and Society: John Wesley's Hamartiology Reconsidered [His Sermons on Several Occasions]." *The Asbury Theological Journal* 44, no. 2 (1989): 77–89.

Wallace, Charles. "Simple and Recollected: John Wesley's Life–style." *Religion in Life* 46 (Summer 1977): 198–212.

White, Charles Edward. "What Wesley Practiced and Preached About Money." *Leadership: A Practical Journal for Church Leaders* 8 (1987): 27–29.

Wilson, Paul Scott. "Wesley's Homiletic: Law and Gospel for Preaching." *Toronto Journal of Theology* 10 (1994): 215–25.

Young, Norman. "Wesley's View of Catholic Spirit and the Ecumenical Situation Today." *Uniting Church Studies* 5 (1999): 59–66.

Yrigoyen, Charles, Jr. "John Wesley–2000th Anniv. Studies." *Methodist History* 29, no. 2 (January 1991): 63–121.

찾아보기

●
옮긴이 **이세형** 박사는 감리교 목사이며 감신대학원과 드루대학교에서 공부하였고, 현재 협성대학교 신학대학 조직신학 교수로 재직하고 있다. 그동안 『도의 신학』, 『목회 리더십』 등의 책을 저술하였고, 『하나님: 세계의 미래』, 『과정신정론』, 『신학이 변해야 교회가 산다』, 『웨슬리의 신학』 등 15권을 번역하였다. 신학의 이론과 실천, 학교와 현장의 가교에 힘쓰면서 과정사상, 동양철학, 기독교 영성 분야의 공부를 계속하고 있다.

밀알 아카데미 28
존 웨슬리 톺아보기

지은이 / 케네스 콜린스
옮긴이 / 이세형
펴낸이 / 최병천

펴낸날 / 2016년 4월 13일(초판1쇄)
2021년 4월 19일(초판3쇄)

편집주간 / 홍승표
디자인 / 강면실 윤진선 교정 / 김영옥 영업 / 김만선

발행처 / 신앙과지성사/ 출판등록 제9-136(88. 1. 13)
주소 / 서울시 서대문구 연희로 177 옥산빌딩 2층
전화 / 335-6579 · 323-9867 · 323-9866(F)
E-mail / miral87@hanmail.net 홈페이지 //www.miral.co.kr

ISBN 978-89-6907-128-6 94230
ISBN 978-89-85602-50-1 (세트)

값 23,000원